환단桓檀의 후예後裔

상

김영태 지음

어문학사

머리말

    환단의 후예 첫 권을 출간했던 2006년 이후 벌써 10년이 흘렀습니다. 그동안 격려와 비평 그리고 관심 어린 조언을 해주신 많은 독자분께 감사를 드립니다. 많은 의견 중 가장 대표적인 의견은 '너무 길고 어렵다. 그래서 더러는 짜증도 난다.'는 것이었습니다. 지적해 주신대로 많은 독자들이 쉽게 읽을 수 없다는 점은 문제가 된다는 생각을 했습니다.

    저는 오랜 세월 수많은 자료를 섭렵하고 유물이나 증거를 찾아 국내외의 유적을 다녔습니다. 그러다 보니 욕심이 지나쳐 너무 자세한 설명을 늘어놓게 된 듯합니다. 더러는 앞뒤가 맞지 않거나 논리가 안 통하는 부분이 있다는 지적을 받기도 했습니다. 특히 인명이나 지명을 원음으로 표기하려고 노력한 것이 도리어 혼란을 드린 것 같습니다. 중국의 이름들은 한자를 병기해도 생소하다는 평이 많아, 이번 책에서는 독자의 편의를 도모하자는 뜻에서 중국의 명칭을 한국식 음으로 표기하였습니다.

    이번에 어문학사의 도움을 받아 본래 여섯 권이었던 대하소설을 단 두 권으로 줄인 개정본을 출판하게 되었습니다. 자신이 쓴 글을 줄이고 깎고 다듬는 것이 이처럼 고통스러운 줄은 미처 몰랐지만, 천신만고 끝에 드디어 두 권의 책으로 세상에 나오게 되었습니다. 上권은 전설과 설화가 중심이 되고, 下권은 한반도 3국 시대를 끝내게 된 신라통일을 다루었습니다. 그리고 이 소설을 쓰면서 참조한 자료를 책의 말미에 열거했습니다.

해외에서는 플루타르크 영웅전이나 로마사 등 역사와 사람들의 뿌리를 다룬 인물 중심의 이야기가 많은데, 극동 지역에는 그런 종류의 책이 많지 않다는 개인적인 아쉬움에 이 소설을 쓰게 되었습니다. 동북아를 누비던 기마민족은 농경민족으로 발전하면서 많은 우여곡절을 겪었습니다. 그들의 활동의 근본에는 어떤 생각이 있었을까? 한반도, 북중국, 일본 등지를 동이 9족이 서로 각축하거나 협력해 온 배경은 무엇일까? 역사를 통해 배울 수 있는 것은 어떤 것일까? 이런 의문들을 다루었습니다.

두 권으로 줄이다 보니 공들여 쓴 많은 부분이 삭제되었습니다. 씨름, 활쏘기, 칼 짓기, 점술과 무당 등 많은 자료를 활용했던 부분이 전체 이야기의 진행상 생략되었는데, 그나마 6권으로 된 초판본이 있어 다행으로 생각합니다. 끝으로 그동안 격려와 비평을 보내어 주신 독자들과 편집과 교정을 맡아주신 어문학사 편집실, 그리고 어려운 여건 속에서도 좋은 책을 꾸준히 펴내고 계신 어문학사의 윤석전 대표께 감사드립니다.

2015년 가을

효암曉岩 김영태金永泰

환단桓檀의 후예後裔

상

제1장

격동

1. 바다를 건너온 도전자

낙동강 하구에서 바라보는 바다의 모습은 아침 해돋이 때와 저녁 해거름 때가 전혀 다르다. 해돋이 때는 동으로부터 바다를 건너오는 금빛 햇살로 온 바다가 보석처럼 반짝인다.

모든 것이 평화롭기만 한 이른 봄이었다. 저 멀리 조그마하게 보이던 배 세 척이 단번에 뚜렷한 모습을 드러내며 낙동강 하구로 다가오고 있었다. 낙동강 가까이 온 배의 노 젓는 속도가 차츰 빨라졌다. 놀란 기러기 떼가 '후드득' 소리를 내며 갈대밭 위로 날아올랐다. 매봉산妹峰山에서 망을 보던 가야伽倻 군사가 수비 대장 유천留天에게 이상한 배가 오는 것을 알렸다. 필시 왜구倭寇일 것으로 생각한 유천은 곧바로 봉화를 올려 왕궁에 알리도록 하고 부하들에게 무기를 챙기라고 지시했다.

매봉산에 오른 봉화를 보고 왕궁에서는 즉각 군사를 보냈다. 기마병과 보병을 인솔하여 출동한 사람은 가야의 아홉 간干 중 한 사람인 여도汝刀

였다. 매봉산에서 왕궁까지는 사십 리 남짓한 거리밖에 안 되기 때문에 그리 많은 시간이 걸리지는 않았다.

낙동강 하구에 상륙한 사람들은 왜인들이었다. 이들은 을숙도乙淑島를 거쳐 노적봉 아래까지 진출했다. 이들 중 유독 눈에 띄는 다섯 명의 왜인이 있었다. 그 다섯 명의 왜인에 둘러 싸여 있는 사내아이는 남색 저고리와 바지를 입고 금동관을 쓰고 있었는데, 다섯 자 키에 굳게 다문 입과 단아한 자세 그리고 단검을 찬 모양이 제법 의젓했다. 그가 쓰고 있는 금동관은 네 개의 불꽃 모양 장식에 금빛 달개와 푸른 곡옥이 주렁주렁 달려 햇살을 받아 화려하게 반짝이고 있었다. 금동관 하나만으로도 이 무리의 우두머리를 나타내는 상징으로 손색이 없어 보였다.

이윽고 한 장수가 나서서 큰 소리로 외쳤다.
"들으시오. 나는 해 돋는 나라 야마토大和의 이즈모出雲 지방에 있는 용성국 사람, 다케미카즈치武甕槌요. 이번에 스쿠나히고나少彦名를 모시고 이 땅의 사람들과 친교를 맺으러 왔소. 서로 재주를 겨루어 이기는 사람이 나라를 다스렸으면 하오. 우리는 이곳에서 기다리고 있을 테니 어서 당신들 왕에게 알리시오."
이렇게 말한 뒤 그들은 숙영 준비를 하기 시작했다. 여도는 유천에게 왜군들을 잘 감시하도록 이르고는 왕궁으로 급히 돌아갔다. 서기 44년 김수로왕金首露王이 금관가야金官伽倻를 다스리기 시작한 지 2년여 세월이 흐른 시절이었다.

2. 가야伽倻의 지도자

"걱정이다, 이러다가는. 사람은 자꾸 몰려오지, 지마다 하고 싶은 대로 하몬 곡식도 모자랄 기고 또 괴기(고기)도 동이 나몬 우찌 사노?"

김해 지역 아홉 마을의 촌장으로 한기旱岐의 직책을 갖고 있는 아도我刀는 큰 시름에 잠겨 혼잣말로 중얼거렸다. 그가 처음 한기를 맡을 때만 해도 그를 따르는 식솔이래야 오천 명을 겨우 넘을 정도였다. 하지만 이제는 마을을 이끌고 있는 한기만 해도 자신을 포함해서 아홉 명이나 되고, 주민의 수가 칠만 오천 명이 넘었다. 그것은 북부여北夫餘가 위만衛滿의 침공과 한사군漢四郡의 설치로 북동쪽으로 밀려 난 뒤, 사람들이 계속 한반도 남쪽으로 몰려 내려왔기 때문이었다. 인구가 늘어나면서 아도의 능력으로는 전체 마을을 이끌기 어려운 지경에 이르고 있었다.

"후유."
자기도 모르게 긴 한숨을 쉬는데 문 밖에서 사람의 기척이 있었다.
"누고?"
아도가 문도 열지 않은 채 물었다.
"한기 님 접니다."
굵직한 목소리를 내며, 선뜻 들어서는 사내는 쇠돌이었다. 그는 두 달 전에 동해안의 사로국斯盧國 정세를 살펴보고 오라고 아도가 보냈던 사람이었다.
"언제 돌아 왔나? 잘 알아 봤나?"
"예, 한기 님."
쇠돌이는 자신이 보고 들은 이야기를 늘어놓기 시작했다.
그의 말을 요약하면 다음과 같았다.

단군조선檀君朝鮮이 멸망하여 나라를 잃은 후예들은 세 무리로 나뉘어 한반도로 남하했다. 한 무리는 두만강豆滿江을 건너 동쪽 해안을 따라 태백산맥太白山脈을 타고 내려와, 서라벌徐羅伐에 자리 잡았는데, 말을 잘 타고 쇠를 잘 다루었다. 또 한 무리는 서쪽으로 내려와 마한馬韓 땅에 이르렀다. 다른 한 무리는 산동반도山東半島로 건너가 한漢나라의 일을 거들다가 한사군이 설치되면서 바다를 건너 낙랑樂浪을 거쳐 남하하여 가야산伽倻山 근처의 고령高靈 일대에 정착하였다. 서라벌에 정착한 무리는 사로국이라 칭하고 여섯 마을로 나뉘어 살았다.

하루는 여섯 마을의 촌장들이 서라벌에 흐르는 알천閼川 상류에 모여 나라 살림을 의논하고 있는데, 멀리 남쪽의 양산梁山 기슭 나정羅井이라는 우물가에 서기瑞氣가 있다는 보고가 들어왔다. 족장들이 그곳으로 가보니 박만큼 큰 자줏빛 알을 놓고 흰 말이 절을 하다가 사람들이 다가서니 사라졌다. 사람들이 그 알을 깨뜨려 사내아이가 나왔는데, 동천東泉에 목욕을 시켰더니 온몸에서 밝은 빛이 났다. 족장들은 그 알에서 태어난 아이에게 박씨 성과 혁거세赫居世라는 이름을 붙였다. 불꽃 나라에 살아 밝다는 뜻이었다. 사로국에서는 화백和白이라 하여 각 마을의 촌장들이 중요한 국사를 의논해서 결정하는 제도가 있었는데, 화백회의에서 박혁거세를 것간居西干으로 추대했다. 여기에서 '것'은 쇠를 부리는 거수를 뜻하고, '간干'은 '한'이라고도 했는데 우두머리를 뜻했다.

혁거세가 태어나던 날, 알영閼英 우물가에 계룡鷄龍이 나타나 왼쪽 겨드랑이로 예쁜 딸을 낳았는데 입술이 닭 부리와 같이 튀어 나와 있었다. 이 딸을 월성의 북천北泉에 데려가 목욕을 시키니 입 부리가 떨어져 제 모습을 찾았기에 혁거세의 아내로 삼았다. 나정과 알영은 이웃한 마을이었다. 쇠를 부리기 위해 많은 나무가 필요했던 사로국은 다음 왕으로 나무를 잘 키우는 남해차차웅南解次次雄(나무를 잘 다스리는 제관)을 화백에서 임금으로 선출했다. 그리고 뒤를 이어 남해차차웅의 아들인 유리 이사금琉璃尼

師今이 임금이 되었고, 이를 남해의 사위인 석탈해昔脫解가 좌보左輔로 정사를 돕고 있었다.

한편 산동반도에서 한반도로 건너와 가야산 근처의 고령 일대에 정착한 사람들은 제관이었던 고황산령신(다카미무스비)高皇産靈神과 아마테라스오오미가미天照大神를 정신적인 지도자로 삼고 있었다. 고황산령신을 모시는 무리는 한반도의 동남쪽 변진弁辰에서 수렵과 채집으로 그들의 터전을 일궜다. 그리고 아마테라스를 모시던 또 한 무리는 대마도와 이키 섬壹岐島을 거쳐 규슈九州 북부로 진출했다. 고황산령신이나 아마테라스는 모두 태양을 신으로 모시는 제관들이었고, 사람들은 이들을 천군天君이라 불렀다. 천군은 해마다 5월에 새로운 밭을 일구며 한 해 농사가 풍년이 되기를 기원하는 제례를, 또 10월에 추수를 끝낸 뒤 하늘에 감사하는 축제를 주관했다. 고황산령신과 함께 고령 지역을 다스리던 비류沸流는 구태仇台로 이름을 고치고 아내 히미코卑彌乎와 함께 바다를 건너 왜倭의 이즈모로 진출했다. 그 뒤를 이어 정견모주正見母主가 고령을 중심으로 한 미오야마국彌烏耶馬國의 정신적 지주가 되었고, 미오야마국은 후에 대가야大伽倻로 발전하였다. 정견모주가 산동반도에 있을 때 이비가夷毗訶와 혼인하여 여러 명의 아들을 낳는데, 그 가운데 뇌질주일惱窒朱日과 뇌질청예惱窒靑裔가 뛰어난 재주를 지녔다. 뇌질주일은 이진아시伊珍阿豉라고도 했으며, 뒤에 대가야의 왕이 되었다. 뇌질청예는 쇠를 잘 다루었다. 뇌질청예는 중국 산동반도에서 인도 샤카Shakha족 출신인 명견대사冥見大師를 만나 함께 한반도로 건너오게 되었다. 명견대사는 힌두교와 불교에 통달하고 강태공姜太公의 『육도六韜』와 『손자병법孫子兵法』까지 익힌 사람이었다.

3. 김수로왕金首露王의 즉위

　이야기를 모두 들은 아도는 쇠돌이에게 수고했다며 은자 두 냥을 주어 보냈다. 다음 날 아도는 마을의 다른 한기들을 불러 모았다. 그는 쇠돌이에게 들은 내용을 알려주고, 마을의 현재 실정과 자신들을 이끌어 줄 지도자가 필요하다는 것을 이야기했다. 그리고 쇠를 잘 다룬다는 뇌질청예를 왕으로 추대하자고 제안했다. 여덟 명의 한기들은 아도의 제안에 찬성했다. 다음 날 아도는 쇠돌이를 고령으로 보내어 명견대사에게 자신의 생각을 전하게 했다. 일주일 뒤 쇠돌이는 아도의 뜻을 따르겠다는 대사의 전갈을 가지고 돌아왔다. 그런데 대사는 고을 백성들이 아도와 같은 마음으로 뇌질청예를 지도자로 삼을 수 있을지 의문이라며, 한 가지 계책을 전해왔다. 명견대사의 계책이 절묘하기에 아도는 그렇게 하자는 답신을 보냈다.

　얼마 뒤 동짓날에 아도는 다른 여덟 명의 한기들과 마을 사람 수백 명을 거느리고 구지봉龜旨峰으로 올라갔다. 그곳에는 그들이 매년 제를 지내던 신목神木이 있었다. 수백 년이 지나도록 늠름한 자태를 유지해온 신목, 소나무 아래 제단을 차리고 모두 엎드려 절을 하며 제를 막 시작했을 때, 구지봉 높은 곳에서 굵은 목소리가 쩌렁쩌렁 들려왔다.

　"나는 이곳을 다스리기 위해 하늘 나라에서 내려온 사람이다. 너희가 정녕 내 뜻을 받겠다면 그 징표로 나를 따라 노래를 불러야 한다."

　깜짝 놀란 백성들이 우왕좌왕할 때, 아도가 나서서 큰 소리로 답했다.

　"야, 지는 이곳 백성들을 이끌고 있는 아도라고 합니더. 흠, 흠, 하늘 나라에서 오시는 분을 저희들 지도자로 삼겠나이다. 분부 내려주십시오."

　"그렇다면 너희 모든 백성은 오늘부터 내가 전하는 노래를 널리 퍼트려 온 마을이 나를 따르도록 하여라."

　영문을 몰라 아도의 눈치만 살피던 백성들은 구지봉에서 들려오는 굵은 목소리에 머리만 조아리고 있었다. 그러자 그 목소리가 노래를 들려주기 시작했다.

"거북아, 거북아, 머리를 내어 놓아라. 머리를 내놓지 않으면 구워서 먹으리라."

아도가 그 노래를 따라 부르니, 나머지 백성들도 아도를 따라 부르기 시작했다. 그러고 있는데 신목 아래로 자줏빛 천으로 감싼 상자가 내려왔다. 천을 풀어보니, 금빛으로 빛나는 상자 안에 여섯 개의 금알이 햇빛을 받아 눈부시게 번쩍이고 있었다.

그런 일이 있은 후 마을에서는 경사스런 일이 일어났다는 소문이 퍼졌고, 어른 아이 할 것 없이 모든 사람들이 구지봉에서 불렀던 노래를 따라 불렀다. 그렇게 온 마을이 술렁거리기를 여러 날이 지난 어느 날, 아도의 집 앞에 여섯 명의 귀공자와 한 도인이 나타났는데, 특히 그 가운데 한 사내는 키가 아홉 자는 되는 듯 했고, 어깨에는 활을 메고 손에는 철퇴를 들고 있었다. 여섯 명의 귀공자를 인솔했던 도인이 바로 그 사내가 뇌질청예라고 아도에게 소개했다. 아도는 즉시 사람들을 불러 모아, 이들을 극진히 대접하라 이르고는 여덟 명의 한기들과 상의했다. 그들은 회의 끝에 뇌질청예를 왕으로 추대하여 김수로왕이라 부르기로 했다. 수로라는 뜻은 먼저왔다는 뜻도 있지만 쇠를 잘 다루는 사람이라는 뜻도 포함하고 있었다. 그제서야 아도와 명견대사의 계책대로 김해평야 일대의 변한弁韓에 위치한 구사국狗邪國은 왕을 모실 수 있게 되었다. 이때가 서기 42년의 일이었다.

4. 무엇으로 힘을 겨룰 것인가

뇌질청예가 구지봉에서 구사국왕으로 추대되어 김수로왕이 되고, 나라 이름을 금관가야로 고친 지 벌써 2년이 되었다. 하지만 아직은 모든 백성들이 왕을 진정으로 섬기지는 않았다. 김수로왕과 명견대사의 고민은 바로 여기에 있었다. 나라를 하나로 통합하여 튼튼한 국력을 기르는 것과 백성들에게 진정한 믿음을 주어 민심을 확보해야 하는 일이 급선무였다. 왕으로서 백성들에게 능력을 보여주어 국론을 하나로 통일하고 이끌어야 할 중요한 시기에 스쿠나히고나의 일행이 온 것이었다. 김수로왕과 명견대사는 이 기회를 이용해서 백성들을 한마음으로 묶을 수 있는 계기를 만들고자 하였다.

"이들이 어떤 사람들인가?"

왕이 명견대사를 돌아보며 물었다.

"이즈모라면 이곳에서 동쪽으로 천 리 떨어진 아키쓰秋津 섬의 한 고을입니다. 대가야 사람들이 아키쓰 바닷가에 무리를 짓고 산다고 했습니다. 그들 가운데 스사노오素戔男라는 장사가 있다고 했는데, 그의 손자 스쿠나히고나의 재주가 보통이 넘는다고 합니다. 키가 다섯 자라니 아마도 그 사람이 온 것 같습니다. 힘겨루기를 하자고 하니 우리가 세 가지 방식으로 겨루자고 제안하는 것이 좋겠습니다. 씨름, 활 쏘기 시합을 한 뒤에 우리의 국력을 보여 줄 수 있는 쇠를 다루는 방법으로 마지막 승부를 정하는 것이 좋겠습니다. 칼을 만들어 대나무를 베는 시합을 하는 것입니다."

"그들이 우리가 제안하는 방식을 수락하겠는가?"

왕이 물었다.

"우리가 충분히 설명한다면 그들도 굳이 반대하지는 않을 겁니다. 그리고 그들에게는 선택의 여지가 없습니다."

"하하하, 그것 재미있겠군. 알았소, 세 가지 방식으로 겨루자고 그들에게 전하라."

왕은 대사에게 나머지 일을 마무리하도록 지시했다.

이튿날 아침, 여도가 다시 매봉산으로 말을 몰았다. 왜인들이 여도를 움막 안으로 안내하려 했으나, 여도는 그 자리에 서서 자신이 온 이유를 설명하기 시작했다. 그들은 여도의 말을 다 듣고 나서, 여도가 제안한 세 가지 방법을 받아들이겠다는 뜻을 밝혔다.

5. 힘겨루기

그로부터 이틀이 지난 날 낙동강 서쪽 나루에 사람들이 모여들었다. 징소리와 함께 나팔소리가 요란하게 울리면서 김수로왕이 흰 말을 타고 군사들의 호위를 받으며 나타났다. 북쪽에 한 길쯤 높이 올려 세운 단 위에 왕은 신하들과 함께 앉았다. 주변에는 청동 부월斧鉞과 철제 창과 방패를 들고 칼을 찬 병사들과 활을 멘 사수들이 지켜 섰고, 청룡靑龍, 백호白虎, 주작朱雀, 현무玄武를 각각 그린 큰 기를 비롯하여 크고 작은 기치들이 바람에 휘날리고 있었다. 치우천왕蚩尤天王의 동두철액銅頭鐵額을 그린 큰 기를 왕의 오른 편에, 거북을 둘러 싼 여섯 개의 알을 그린 기를 왼편에 세웠다. 반대편 남쪽에는 구름 위에서 용이 해를 안고 있는 모습을 수놓은 기를 세우고, 그 곁에 용성국의 스쿠나히고나 일행이 활과 장검을 손마다 들고 모여 섰다.

씨름으로 힘겨루기를 한 것은 금관가야 쪽의 승리로 끝났다. 양쪽에서 첫 번째 선수로 신천과 사라히가 나왔다. 신천이 세 번의 승부 가운데 두 번을 이기자 환호성을 올리고 만세를 부르는 가야 사람들로 북적거렸다. 두 번째 시합에서는 가야의 유수가 용성국의 소호리에게 먼저 한 판을 이겼으나, 나머지 두 판을 내리 짐으로써 승부가 원점으로 돌아갔다. 하지만 마지막 시합에서 가야의 여도가 용성국의 가라에게 한 판을 지고, 두 판을 내리 이김으로써 짜릿한 역전승을 일궈냈다.

다시 하루가 지나고 날이 밝았다. 하룻밤 사이에 씨름판이 있었던 자리는 활 쏘기 시합장으로 변해 있었다. 두 번의 활 쏘기 시합은 비겼다. 이제 남은 것은 말을 타고 활을 쏘는 시합뿐이었다. 마지막 시합에는 가야국 선수로 김수로왕이 직접 나왔고, 용성국 쪽에서는 스쿠나히고나가 출전했다. 김수로왕은 장끼 깃을 단 자줏빛 두건, 절풍折風을 쓰고 좌우에 끈을 달아 턱 밑에 묶었다. 그리고 짧은 소매에 허리까지 내려오는 긴 상의와 통이 큰 바지를 입었는데, 옷자락에는 자줏빛 단과 동령銅鈴을 달았다. 곰을 조각한 금 걸쇠에 비둘기를 새긴 옥을 매달아 허리를 조일 수 있는 띠를 둘렀다. 팔에는 활 쏘기에 편하게 토시를 끼었고 가죽으로 만든 장화를 신었다. 왕이 타고 나온 말은 새까만 오추마烏騅馬였다. 왕은 이번 활 쏘기를 위해 특별히 아끼는 짧은 각궁角弓을 오른손에 들고, 활과 화살을 넣은 가죽 동개를 등에 메었다.

스쿠나히고나는 어제 자신이 손수 골라 길들였던 회백색 말을 타고, 동개활과 대우전을 들고 나왔다.

'둥, 둥, 둥.' 세 번의 북소리가 울리면서 김수로왕이 먼저 말을 달려 나왔다. 금관가야에서는 스키타이Scythai와 흉노匈奴의 승마법과 기사법이 유행했다. 김수로왕은 등자를 밟은 발에 힘을 주면서 몸을 꼿꼿이 세운 상태에서 상체만을 틀어 뒤를 돌아보며 활을 쏘는 방식을 택했다. 이런 방식은 오래전에 이란Iran 사람들이 고대 로마Roma제국과 대전하여 크게 이긴 뒤 유행한 파르티아Parthia 사법이었다. 그는 말고삐를 놓고 두 손으로 활을 다루며, 말이 뛰는 박자에 맞추어 활시위를 귓전을 넘겨 어깨 끝까지 힘껏 당겼다가 천천히 조절하면서 쏘았다. 화살은 '쉬익' 하고 울면서 날아가 붉은 기가 나부끼는 솔 판에 정확하게 꽂혔다.

"관중이오."

붉은 기를 든 군사가 소리치며 깃발을 크게 흔들었다.

이날의 시합은 김수로왕이 다섯 대의 화살을 모두 솔 판에 꽂았고, 스쿠나히고나는 네 대를 맞추는데 그쳐 김수로왕의 승리로 끝났다. 김수로왕은 자신에게는 졌지만 스쿠나히고나의 말 타고 활 쏘는 재주에 탄복했다.

"몸집도 작은 것이 나와 비등하게 겨루다니, 대단한지고."

김수로왕은 스쿠나히고나를 아끼고 싶은 마음이 들었다.

6. 스쿠나히고나少彦名

"마마, 스쿠나히고나가 뵙기를 청해 왔나이다."

스쿠나히고나는 머리를 곱게 다듬어 빗고 가운데에서 양쪽으로 갈라 묶어 두 귀 옆으로 드리운 '미즈라角髮'의 모습이었다. '아유이足結'라는 풍습으로 통 바지 무릎 근방을 끈으로 묶고 베로 만든 신을 신고 있었다. 그리고 금동관을 쓰고 있었다. 그는 방으로 들어와서 긴 소매 속으로 두 손을 마주 잡고 허리를 굽혀 절을 했다.

"마마, 쌀과 소금을 주셔서 저희가 굶주리지 않고 지낼 수 있게 되었습니다. 답례로 저희들의 예물인 구슬을 가져왔습니다. 우리나라에서는 마가다마勾玉라 부르며 세 가지 신기神器 가운데 하나로 대단히 귀한 것입니다. 저희들의 정성으로 생각하시고 받아 주소서."

스쿠나히고나가 낮지만 카랑카랑하고 야무진 목소리로 말했다.

"고맙소. 잘 받겠소. 자 이리 앉으시오."

왕은 스쿠나히고나가 자리에 앉으니, 정겨운 미소를 띠우며 가볍게 물어보았다.

"어제 말 타는 것과 활 쏘는 솜씨를 보았는데, 보통 실력이 아니었소. 그대는 어디서 그런 재주를 익혔는가?"

"마마, 저의 할아버지 스사노오께서 워낙 말을 잘 타시고 활 쏘기에 능하십니다. 그리고 쇠부리도 잘 하십니다. 숙부 야즈카矢塚께서도 제가 어릴 적부터 직접 가르쳐 주셨습니다."

"야즈카라면 '예濊나라의 둑'이란 뜻인데. 그럼 그대들은 다 예나라 사람들이란 말입니까?"

명견대사가 두 사람의 말 중간에 끼어들었다.

"예. 그렇습니다. 우린 예나라 사람이지요. 그래서 숙부가 뿌리를 찾아 서쪽으로 간다며 고향을 떠난 지 벌써 수십 년이 되었습니다."

"아니, 그렇다면……. 지금 서라벌에서 좌보로 나라 살림을 맡은 사람이 옛토개昔脫解라는 이름을 가진 사람인데 동쪽으로 천 리 밖에서 왔다고 합니다. 옛토개는 야즈카와 뜻도 비슷하고, 소리도 비슷합니다."

명견대사가 말했다.

"스쿠나히고나, 나와 함께 우리 가야의 쇠부리 점터에 가보지 않겠소?"

김수로왕은 금관가야의 제철 생산능력에 대해 자신감을 갖고 있었고, 이러한 능력을 스쿠나히고나에게 보여줌으로써 그들이 진정으로 승복할 수 있도록 하려는 마음을 갖고 있었다.

"그래도 되겠습니까? 제가 많이 배울 수 있을 것 같아 저로서는 고마울 따름입니다."

스쿠나히고나의 입장에서는 금관가야의 실력을 알 수 있는 좋은 기회라고 생각했다.

김수로왕과 스쿠나히고나의 일행이 왕궁에서 북쪽으로 두어 마장 올라갔을 때에 해가 뉘엿뉘엿 지기 시작했다. 그런데 그들이 가는 방향인 북쪽 산 위로 불빛이 하늘을 찌르고 있는 것이 보였다. 그곳이 바로 쇠부리 점터였다. 금관가야의 주 산업이 쇠를 다루는 것이었는데 이 기술은 이웃하는 어느 나라보다 우수하다는 평가를 받고 있었다. 그래서 양산梁山, 동래東萊, 김해金海, 마산馬山, 창원昌原, 진해鎭海, 고성固城 등의 산에서 나는 철광과 낙동강洛東江에서 캔 사철沙鐵을 써서 쇠를 생산하는 쇠부리는 금관가야의 자랑이었다. 그 가운데 가장 큰 것이 김해 북쪽의 미리미에 있었다.

쇠부리가 처음 시작된 것은 김수로왕 시대로부터 천 사백여 년 전의 일이었다. 서쪽 나라 아나톨리아Anatolia에서 힛타이트Hittite 족이 처음으로 쇠를 다루기 시작했는데, 쇠부리 기술을 이용하여 힛타이트 족은 강철로 된 3인용 전차의 차축을 만들었다. 이 전차로 당시 2인용 전차밖에 갖지 못했던 이집트Egypt 제19대 왕조의 람세스 2세Ramses II의 군사를 크게 이졌다. 이들이 개발한 제철 기술은 흑해 주변의 기마민족 스키타이를 통해 만주와 산동山東에 있던 배달국으로 전해지고, 다시 한반도를 남하해서 금관가야에서 꽃을 피우고 있었다.

7. 칼 만들기

다음 날부터 금관가야와 용성국의 두 나라는 칼을 만드는 작업에 들어갔다. 이번에는 김수로왕이 직접 도편수 역할을 맡았다. 왕은 작은 대장간을 하나 골라서 대장간 입구 문설주에 세로 3치, 가로 1치의 붉은 종이를 붙이고, 문 머리에 금줄을 친 다음 고추를 달았다. 이는 먼 서쪽 나라인 이스라엘Israel의 과월제過越祭 영향을 받은 액을 막는 부적이었다. 과월제는 서기 전 13세기에 이스라엘 사람들이 하느님의 계시를 받아 집집마다 어린 양의 피를 문설주에 발라 재앙을 피하고 이집트 왕으로부터 탈출을 허락받은 일을 기념하는 축제였다.

왕은 정성을 다해 목욕재계를 하고, 머리를 곱게 빗고 흰 명주 띠로 이마를 꽉 매었다. 그리고 흰 웃옷의 소매를 걷어 올리고 흰 바지를 입었다. 왕을 도와줄 사람으로 망치꾼 두 사람과 풀무꾼 한 사람, 그리고 잔심부름을 하는 일꾼 한 사람이 따라왔다. 왕은 이들을 거느리고 대장간으로 들어섰다. 대장간 화덕에는 이미 숯불이 이글거리고 있었다.

김수로왕이 화덕 앞에 무릎을 꿇고 재배함에, 뒤따라 온 네 사람도 함께했다. 왕은 모든 작업을 손수 했다. 왕이 쇠를 잘 다룬다는 것을 익히 알고 있었던 신하들과 점터 사람들도 실제로 왕이 다섯 자 환두대도環頭大刀를 만드는 과정을 보고 감탄했다. 한편 스쿠나히고나와 다케미카즈치는 작은 대장간으로 가서 판장쇠를 달구어 망치질해서 석자 반 길이의 칼을 만들었다.

그러나 그들은 담금질 기법이 김수로왕과는 달라 황토를 바르는 과정을 하지 않았다. 게다가 그들은 냉각수에 석순가루를 넣는 김수로왕의 비법도 알지 못했다.

8. 마지막 시합

다음 날 아침 일찍부터 노적봉이 올려다 보이는 낙동강 서쪽 백사장에 사람들이 다시 모였다. 넓은 백사장에는 짚단을 감은 대나무가 어른의 키 높이로 여섯 개씩 두 줄로 꽂아 세워져 있었다. 사방에서 마음껏 칼을 휘두를 수 있을 만큼 대나무 사이를 넉넉히 벌렸다. 김수로왕 일행과 스쿠나히고나 일행이 모두 자리를 잡고 앉은 것을 확인한 천군 한울은 시합장 가운데로 나와 크게 외쳤다.

"오늘이 드디어 가야국과 용성국 간의 마지막 시합입니다. 이번 시합은 백사장에 세워놓은 대나무를 칼로 베는 것으로 대나무를 베면서 어느 칼의 성능이 좋은지 알아보겠소."

용성국에서 다케미카즈치가 선수로 나왔다. 그는 석 자 반짜리 칼을 들고 나와 김수로왕과 스쿠나히고나를 향해 목례를 하고, 대나무 앞으로 자리를 옮겼다. 잠시 호흡을 고르는 것 같더니 날카로운 기합과 함께 칼을 휘둘렀다. 대나무를 둘러 싼 짚단이 두 동강이 나서 흩어졌다. 단칼에 성공한 그는 연이어 오른쪽 무릎을 굽히며 수평으로 대나무를 치고 빗겨 베기 동작으로 대나무를 잘랐다. 발걸음을 가볍게 움직이며 빠른 동작으로 다섯 번째 대나무까지 자른 다케미카즈치는 여섯 번째 대나무를 베러 발걸음을 옮기기 전에 호흡을 한 번 가다듬었다. 호흡을 가다듬은 다케미카즈치는 날카로운 기합을 내지르며 칼을 빗겨 올렸지만, 칼날이 짚단에 닿는 순간 살짝 미끄러졌다. 그리고 순간적으로 짚단 안에 있던 대나무에 칼날이 빗겨 닿으면서 '댕강' 하고 칼이 부러지고 말았다. 당황한 다케미카즈치는 반 토막 난 칼을 손에 든 채 창백한 얼굴로 멈칫하다가, 땅에 떨어진 나머지 칼날을 주워들었다. 그는 더 이상 어찌할 도리가 없어 김수로왕과 스쿠나히고나에게 예를 올리고 용성국 진영으로 물러났다.

다음으로 가야국에서 여도가 나왔다. 여도가 든 칼은 어제 김수로왕이 직접 만든 다섯 자의 환두대도였다. 여도는 이 칼로 여섯 개의 대나무를 번개처럼 빠른 자세로 잇달아 베어 나갔다. 여도는 지칠 줄을 몰랐다. 환두대도의 고리에 묶인 끈을 손목에 감고, 칼춤을 추듯 빙글빙글 돌면서 하나하나 대나무를 베어 나갔다. 마침내 여섯 개의 대나무를 모두 벤 여도는 호흡을 가다듬으며 칼날을 살펴보았다. 서늘한 기운을 뿜는 칼날은 작은 흠집 하나 없이 깨끗했다. 여도는 절도 있는 동작으로 칼을 칼집에 꽂았다. 그리고 그는 김수로왕이 앉아 있는 방향으로 조용히 걸어왔다. 왕 앞에서 허리를 굽혀 절을 하고 앞으로 두어 걸음 나아가 두 손으로 칼을 바쳤다. 숨을 죽이고 있던 사람들이 그때서야 잠에서 깨어난 듯 징, 꽹과리, 북, 피리, 나발을 한꺼번에 울리며 함성을 질렀다. 백사장이 떠나갈 듯했다. 두 나라간의 힘겨루기 시합에서 마지막까지 금관가야의 김수로왕이 스쿠나히고나를 이겼다.

"마마, 졌습니다. 저의 절을 받으십시오."
패배를 깨끗이 인정한 스쿠나히고나가 자리에서 일어나 김수로왕 앞으로 가서 무릎을 꿇고 절을 올렸다. 김수로왕은 그의 손을 덥석 잡아 일으켰다.
"스쿠나히고나, 그동안 수고가 많았소. 일어서시오. 이제 우리는 남이 아니니 함께 힘을 합쳐 서로 도우며 지냅시다."
이 광경을 지켜보던 가야국 사람들은 다시 환성을 지르며, 춤을 추고 얼싸안으며 기쁨을 나누기 시작했다.
"김수로왕 만세. 김수로왕 만만세. 금관가야 만세."

"자, 우리 함께 왕궁으로 갑시다. 우리가 힘을 합하고 뜻을 모은다는 것을 기념해서 잔치를 한 판 크게 벌립시다. 그리고 지난번 듣다가 말았던 스쿠나히고나의 얘기도 마저 들어 보기로 합시다."

왕은 측근에게 이렇게 말하며 왕궁으로 향했다.

그날 밤 피곤에 지쳐 깊은 잠에 빠져 있던 스쿠나히고나는 이상한 꿈을 꾸었다. 주변에는 아무도 없고 단지 김수로왕과 단 둘이 백사장 가운데 서 있었다. 이번에는 김수로왕과 자신이 직접 칼을 들고 동시에 대나무를 베어 나갔다. 한참 칼로 대나무를 베는데, 먼저 대나무를 다 벤 김수로왕이 칼을 들고 자신에게 달려오는 것을 보고 스쿠나히고나는 매로 둔갑해서 하늘로 날아올랐다. 매는 빠른 속도로 노적봉과 을숙도를 돌았다. 이를 보고 있던 김수로왕이 독수리로 변해서 쫓아왔다. 매로 변한 자신과 독수리로 변한 김수로왕의 쫓고 쫓기는 싸움이 계속 되다가, 힘이 다한 매가 거의 잡힐 뻔할 때 황급히 참새로 변해 소나무 뒤로 숨었다. 그러자 김수로왕은 다시 새매로 변하여 참새를 쫓았다. 두 사람 간에 쫓고 쫓기는 둔갑 시합이 일어난 셈이었다. 그런데 김수로왕은 계속해서 쫓아오면서도 자신을 잡거나 죽이려 하지 않았다. 마침내 힘이 다한 스쿠나히고나가 본래 모습으로 돌아와서 땅 위에 넙적 엎드렸다. 그리고 고개를 들어보니 김수로왕은 간 곳이 없었고, 자신 혼자 침대에 누워 있었다. 스쿠나히고나의 온몸이 땀으로 흠뻑 젖어 있었다. 꿈이 주는 암시는 강력했다.

9. 형제결의

천군의 시종들이 방울, 북, 피리, 금을 써서 풍악을 울렸고, 마당 가운데에서는 삼인무三人舞와 군무群舞, 독무獨舞 등을 차례로 추어 주흥을 돋우었다. 열서너 살로 보이는 무희는 소녀로 보기에는 어리지 않았고 아직 성숙한 여인으로 볼 수도 없는 묘한 매력을 발산하며 춤을 추고 있었다.

그녀는 노란 웃옷에 색동 치마를 입었다. 하양, 빨강, 파랑, 노랑, 보라의
다섯 가지 색으로 허리춤에서 치마 끝까지 세로로 색동을 지은 것이 까만
긴 머리에 쓴 금동관과 어울려 하늘에서 선녀가 내려온 듯 화사했다. 천군
이 가장 아끼던 용녀龍女였다. 용녀는 유수留水 간의 딸이었다. 스쿠나히
고나는 넋을 놓고 용녀의 춤추는 모습을 보고 있더니 자리에서 문득 일어
서며 말했다.

"마마, 오늘 이 자리가 즐거워 절로 흥이 날 지경입니다. 제가 지금부
터 마마를 형님으로 모실 수 있도록 허락하시옵소서. 제 마음을 표현하는
뜻으로 지금 춤을 추고 있는 저 여자와 더불어 마마를 즐겁게 해드리고 싶
습니다."

"하하하. 스쿠나히고나가 춤을 추겠다고? 그리고 내 아우가 되고 싶다
고? 참으로 기쁜 일이 아닌가? 그래 춤 솜씨 좀 보여주시게."

김수로왕이 기꺼운 마음으로 말했다.

스쿠나히고나는 왕에게 가볍게 목례하고, 자리에서 일어나 춤을 추고
있는 용녀에게 다가서서 함께 어울려 춤을 추자는 눈빛을 보냈다. 처음에
는 스쿠나히고나가 용녀의 춤을 조금씩 따라 하기 시작하더니, 어느새 두
사람의 호흡이 척척 들어맞는 듯 자연스러운 동작이 나오기 시작했다. 두
사람은 북과 피리의 소리에 맞추어 서로 슬며시 다가갔다가, 살포시 뒷걸
음질을 치면서 떨어졌고, 다시 한 손을 들면서 빙글 한 바퀴 돌았다. 스쿠
나히고나가 하늘을 가리키며 몸을 펴고 서면, 용녀는 그 가슴에 머리를 비
스듬히 기대며 몸을 낮추었다. 둘이 맞잡고 한 바퀴를 더 돌더니 서로 눈
길을 맞추면서 다시 너울너울 추었다. 이러기를 여러 번, 이윽고 징 소리
가 크게 나면서 두 사람은 춤을 마치고 왕을 향하여 가볍게 절을 했다.

"스쿠나히고나가 짐을 형님으로 모시겠다고 하니 어찌 이를 받아들이
지 않을 수 있는가? 마땅히 형제결의를 위한 예를 갖추어 이를 행하도록
준비하라."

김수로왕이 큰 소리로 말하자 금관가야의 예부禮部를 맡은 간干 피도彼刀가 앞으로 나서며 대답했다.

"예, 마마 내일 아침 해 돋는 시각에 형제결의 의식을 삼성각에서 행하실 수 있도록 마련하겠습니다."

한편 스쿠나히고나와 춤을 춘 용녀는 두근거리는 가슴을 진정시키지 못하고 있었다.

'스쿠나히고나는 말 잘 타고 활만 잘 쏘는 줄로 알았는디, 내 춤에 이렇게 호흡을 잘 맞추는 것을 보니 예사 사람이 아닌갑다. 왜인 중에서 저렇게 잘 생긴 사내가 있었나?'

잔치가 끝나고 집으로 향하는 용녀의 가슴 속은 무언지 알 수 없는 기대감으로 가득 차 두근거리는 마음을 진정시킬 수 없었다. 하늘에 붕 떠 있는 기분으로 잠자리에 들 때까지 그녀는 혼자서 미소 짓곤 했다. 며칠 후 용녀와 스쿠나히고나의 정분을 알아차린 왕이 용녀에게 김씨 성을 하사하면서 양녀로 삼고 교제할 것을 허락했다.

다음 날이 밝았다. 아침 일찍부터 왕궁은 제단을 만드느라 부산했다. 삼성각三聖閣 정면에는 환인桓因, 환웅桓雄, 단군檀君 세 분의 영정이 걸렸다. 환국과 배달국倍達國 그리고 단군조선을 건국하고 이끌어 오신 어른들이었다. 그 양 옆으로 소호少昊 김천씨金天氏와 치우천왕의 초상이 있었다. 이 다섯 분이 금관가야가 모시던 조상신이었다. 다섯 신상의 주위에는 구미호九尾狐와 삼족오三足烏를 비롯해서 소, 말, 개, 돼지, 양 등의 가축을 배경으로 신선과 선녀들이 에워 싼 그림이 있었다. 구미호는 남만주와 북중국 그리고 한반도에 걸쳐 배달국과 단군조선, 청구국靑邱國 등에 퍼져 살았던 아홉 갈래의 동이족東夷族을 상징했다. 전한前漢 시대에 동이족이 활동한 지역에는 흉노, 오환烏桓, 단군조선, 부여夫餘, 예濊, 맥貊, 숙신肅愼, 한韓, 왜倭 등의 나라가 있었다. 『예기礼記』의 왕제편王制篇에 "동방을 이夷라고 하는데 근본을 뜻한다"고 했다. 동이의 여러 민족은 유순하고 도리를 지키기 때문에 군자의 나라나 영생의 나라가 있다고도 전했다. 삼족오는 동이족 조상이 알에서 태어났다는 신화에서 비롯된 것으로 태양 속에 검은 세 발 까마귀를 그려 넣어 하늘에서 내려온 민족임을 나타냈다.

이처럼 오색으로 아름답게 채색한 신상도 아래에 제단을 차리고, 커다란 청동 향로에 향을 피우고 두 개의 등잔걸이에 등불을 켰다. 모든 준비가 끝나자 천군 한울이 하얀 고깔과 소복 차림으로 나타났다. 허리에는 요고腰鼓라 부르는 작은 장구를 찼다. 천군은 허리에 찬 작은 장구, 요고를 '텅텅텅텅' 손으로 치면서 제천의식을 시작했다. 김수로왕과 스쿠나히고나가 제단 앞으로 나와 영정을 향해 향을 피우고 네 번 엎드려 절했다. 김수로왕과 스쿠나히고나는 술잔에 술을 따르고 각자 작은 칼로 새끼손가락 끝을 베어 흘러내리는 피를 술잔에 떨어뜨렸다.

"오늘 이 시각부터 우리 두 사람은 형제로 지낼 것을 서약합니다. 삼성님과 소호 할아버님, 치우천왕께서 지켜보시고 우리들을 축복하소서."

김수로왕은 큰 소리로 형제결의에 대한 보고를 한 다음에 두 사람의 피가 섞인 술잔을 들어 반을 마신 뒤에 스쿠나히고나에게 건넸다. 스쿠나히고나도 이를 받아 마시고 김수로왕에게 큰절을 올렸다.

"형님마마, 아우의 절을 받으소서"

이 순간을 지켜보던 모든 사람들이 일제히 소리쳤다. 가야 사람, 용성국 사람을 가리지 않고 더불어 기뻐하며 함께 함성을 올렸다. 두 나라 사람들은 마치 한 가족이 된 것처럼 어울렸다.

"금관가야 만세."

"김수로왕 만세, 스쿠나히고나 만세."

형제결의를 맺는 모든 의식이 끝나서 김수로왕과 스쿠나히고나를 비롯한 고위 관료들은 왕궁의 정전으로 들어갔다.

"우리 왕궁에 며칠 머물면서 천천히 이야기를 해주게. 나도 아우하고 오래 이야기를 나누고 싶으니까." 김수로왕이 말했다.

"예, 형님마마. 저도 곁에서 오래 머물고 싶습니다. 다만 어느 정도 시간이 지나면 동해안을 거슬러 올라 아진포阿珍浦로 갔으면 합니다. 저희 숙부께서 그곳에 계신다고 들었는데, 한번 찾아가 뵐까 합니다."

"그렇게 하게. 그동안은 왕궁의 별채를 내어줄 테니 그곳에서 머물면서 내 말벗이나 되어주게."

제 2장

스쿠나히고나의 유래

1. 해가 돋는 곳으로

김수로왕은 저녁이 되면 함께 식사를 하면서 스쿠나히고나의 이야기를 들었다. 한반도에서 왜국에 이르기까지 그의 조상이 거쳐 온 여정에는 말로 다 표현할 수 없는 감동이 있었다. 김수로왕은 그의 이야기를 들으면서 한없는 애정을 느끼게 되었다. 스쿠나히고나의 이야기는 동해안에서 배를 만드는 장면부터 시작되었다.

동해안의 한적한 마을인 이곳은 '해를 맞는 고을의 달뜨는 벌판'이라 하여 '도기야'라고 했다. 사람들이 동부여東夫餘의 옛 땅에서 두만강을 건너 태백산맥을 따라 이곳까지 흘러 들어온 지도 벌써 여러 해가 되었다. 그런데 바다에서 표류하다 돌아온 사람들의 이야기를 듣는 순간 이곳보다 더 좋은 곳이 있다는 희망에 사람들은 들뜨기 시작했다. 그런 때에 왜의 여덟 개 섬을 장악하고 있던 이자나기伊邪那岐命가 이 마을의 족장인 이숏겔에게 그쪽으로 오라고 사신을 보내왔다. 이숏겔은 오래 생각한 끝에 바다를 건너가기로 마음먹었다. 이숏겔은 마을 사람들에게 자신의 생각을 이야기했다. 많은 사람들이 그의 이야기에 공감하여 그와 함께 떠나기로 했다. 그래서 이들은 통나무 배와 뗏목을 만들었다.

"내가 가리키는 이곳이 우리가 가야 할 아와지 섬淡路島이요. 아와지 섬까지 가려면 두 가지 길이 있소."

이숫겔이 해도에 표시된 조개 껍질을 가리키며 말했다.

"아니, 두 가지 길이라니, 어떤 길이 있습니까?"

수장을 맡고 있는 이메가 물었다.

"바기루가 거기에 대해 설명해 보시오."

바기루는 바다에서 오랜 생활을 해온 어부였다. 그는 왜에도 갔다 온 적이 있는 물 길잡이였고, 해도를 갖지 않고도 항해를 할 수 있는 경험이 풍부한 사람이었다.

"북쪽에서 남쪽으로 흘러오는 바닷물은 찬 해류고, 류큐琉球 남쪽에서 올라오는 바닷물은 따뜻한 해류지요. 이 두 한류와 난류가 여기 대마도의 북쪽에서 만납니다. 북쪽에서 내려오는 한류를 타고 가다가 대마도 바로 북쪽에서 난류로 바꿔 타면 이즈모로 갈 수 있습니다. 이즈모에 상륙하면 산을 넘어 남쪽의 아와지 섬으로 가는 길이 있습니다. 그리고 또 다른 길은 절영도絕影島와 대마도對馬島까지 갔다가, 거기에서 남쪽으로 더 내려가서 이키 섬을 지나, 쓰쿠시竺紫에 가는 길입니다. 쓰쿠시의 북서쪽 해역을 현해탄玄海灘이라고 하지요. 이 해역을 건너 쓰쿠시의 북쪽 해안을 따라 동으로 나가 세토내해瀬戸内海로 들어가면 아와지 섬에 갈 수 있습니다. 첫 번째 길은 항해 도중에 쉬어갈 수 있는 곳이 없습니다만 두 번째 길은 대마도, 이키, 쓰쿠시를 지나가기 때문에 가다가 쉬어 갈 수 있습니다. 바다를 건널 때 첫 번째 길보다는 날씨 영향을 덜 받아서 안전하기는 하지만 항해를 오래 해야 합니다. 섬에 사는 원주민들의 습격을 받을 수도 있습니다."

"그래, 다들 바기루의 말을 잘 들었는가? 그럼 우리는 어떤 길을 택해야 할지 의논해 보세."

오랜 시간 토론을 해도 사람들의 의견이 서로 달라 합의하지 못하여 각자 자신이 가고 싶은 길을 선택하기로 결론을 내렸다. 이에 마을 사람들은 두 패로 갈라졌다. 주로 젊은이들이 두 번째 길을 택했다. 이들은 시간이 걸리더라도 여러 곳을 거치면서 모험을 해 보는 것이 신날 것이라고 생각했다. 이들은 수장인 이메가 인솔하기로 했다. 반면에 아낙네와 아이들이 대부분인 본진은 이숫겔이 인솔해서 첫 번째 길로 가기로 했다. 그들은 험한 뱃길과 원주민을 만나지 않는 더 쉽고 빠른 길로 가는 편이 좋다는 생각을 했다. 모든 준비가 끝나자, 사람들은 모래톱에 모였다.

갯가에 모인 사람들 머리 위로 갈매기가 '끼룩 끼룩' 날아갈 때, 파도가 '좌르륵 쏴아, 좌르륵 쏴아' 하며 요동치고 있었다. 이처럼 평화로운 바닷가에서 사람들은 비장한 각오로 배를 띄우고 있었다. 사람들은 미리 약속한 대로 두 패로 나뉘어 준비한 식량과 식수를 배로 날랐고, 통나무 배와 뗏목으로 각자 짐을 들고 올라타기 시작했다. 통나무 배마다 물 길잡이가 한 명씩 이물에 자리 잡았고, 고물에는 사공의 경험이 있는 장골들이 키를 잡고 앉았다. 이들 외에도 열 척의 통나무 배마다 각각 일곱 명의 장골들이 노를 갖고 탔다. 촌장인 이숫겔과 수장인 이메가 뗏목을 하나씩 맡았고, 천군 히루메가 나머지 뗏목을 지휘하기로 했다. 뗏목마다 물 길잡이 한 명과 노를 저을 수 있는 장정 세 명 그리고 아낙네 다섯 명이 함께 탔다.

출발 시간이 되었다. 바닷물이 가장 높아지는 밀물 때를 맞춰 바닷가 해송에 매어두었던 끈을 풀었고, 잠시 후 썰물을 타고 바다로 나갔다. 육지를 떠난 그들은 열심히 노를 저어 해류가 흐르는 곳까지 나아갔다. 한반도의 북쪽에서 내려오던 해류는 이 근방에서 남쪽으로 한 시간에 오 리의

속도로 흘렀다. 노와 키를 잘 조종해서 이 해류를 타면 배는 수월하게 남쪽 끝으로 내려갈 수 있었다. 이틀 밤낮을 내려가다가 남쪽에서 흘러 온 해류, 흑조黑潮를 만나 이숫겔과 히루메의 뗏목은 돛을 달았다. 이숫겔은 두 척의 뗏목과 세 척의 통나무 배를 몰고 서서히 동쪽으로 방향을 틀었다. 남쪽 바닷길로 가야 하는 이메가 일행은 힘껏 노를 젓기 시작했다.

두 선단은 조금씩 멀어지다가 점점 작아져서 점으로만 남았다.

남쪽으로 향하는 수장 이메가의 뗏목과 통나무 배 일곱 척은 한류를 타고 하루를 더 내려가 변한의 절영도에 닿았다. 마침 그때에 비가 와서 그칠 때까지 섬에 머물기로 하고, 항해로 지친 몸과 마음을 다스리기로 했다.

며칠 후 비가 그쳐 썰물을 타고 다시 바다로 나간 그들은 하루 종일 노를 저었건만 배는 좀처럼 나아가지 못했다. 남쪽에서 올라오는 따뜻한 해류의 영향으로 배들이 동쪽으로 밀렸다. 젖 먹던 힘까지 보탠 그들은 겨우 난류 지역을 벗어나서 대마도의 사고佐護, 사스나佐須奈라는 곳에 배를 댔다. 하룻밤을 쉬고 이들은 대마도의 두 섬 중에서 위쪽 섬의 서쪽 해안을 따라 한나절을 내려갔다. 섬을 돌아 남쪽 끝까지 나오니 작은 섬이 앞을 막았다. 이메가 일행이 섬을 통과하려고 계속 나아가자, 그 섬에서 여남은 척의 통나무배가 나타났다. 섬에 살고 있는 원주민들이 뜻밖의 방문객을 경계하여 나온 듯했다. 그때 물 길잡이가 남쪽을 가리키며 큰 소리로 외쳤다.

"이키로 가요. 이키로."

이메가 일행은 긴장한 상태로 그들의 반응을 살폈으나, 원주민들은 물 길잡이의 말을 알아들었는지 더 이상 따라오지 않았다. 섬을 돌아 남쪽 끝까지 내려갔다가 남동쪽으로 방향을 틀어 다시 하루를 꼬박 항해했다. 그들이 하루 만에 다시 다다른 곳은 이키 섬 북쪽 끝 포구였다. 이키 섬은 사방에 산이 있고 가운데에 평지가 있는 둥근 섬인데 원주민들이 많이 살고 있었다. 이메가 일행이 섬으로 다가가는데, 사나이들이 갯가로 모습을 드러냈다. 이때 물 길잡이가 다시 남쪽으로 손짓하며 말했다.

"우리는 아와지까지 가려는데, 잠시 쉬었다 가려고 들렸소. 우리는 싸우러 온 것이 아니오. 여기 우리가 가지고 온 쇠도끼와 칼을 드릴 테니, 식량과 물로 바꾸어 주시오."

물 길잡이의 말이 끝나자, 사내들 뒤에서 원주민의 추장인 듯한 사람이 나타났다.

"어서 오시오. 우리와 싸우러 온 것이 아니라면 그대들을 환영하오. 이곳은 평화로운 곳이니 마음 놓고 쉬었다 가시오."

추장이 길을 열어 안내하니, 경계를 하던 사내들이 무기를 거두었고, 일행은 갯가에 배와 뗏목을 올려놓고 모두 뭍에 올랐다.

일행은 그날 밤을 여기서 자고 다음 날 새벽에 일찍 일어나 섬을 떠났다. 그들은 쓰쿠시를 향해 항해를 시작했고, 하루 밤낮을 쉬지 않고 노를 저어 다음 날 아침에서야 현해탄을 건너 쓰쿠시의 가라쓰唐津에 도착했다. 가라쓰를 떠난 선단은 오른 편에 해안을 두고 동쪽으로 나아가서 세토내해로 들어갔다. 세토내해는 사방이 혼슈本州, 규슈九州, 시코쿠四國, 아와지淡路 등 큰 섬으로 막혀 있어 호수처럼 잔잔한 바다였다. 들뜬 기분으로 닷새를 더 나아간 그들 앞에 드디어 아와지 섬이 모습을 드러냈다.

한편 대마도의 북쪽에서 북동쪽으로 방향을 튼 이솟겔과 히루메 일행은 남쪽으로부터 흘러오는 난류인 흑조를 타고 하루 낮과 밤을 떠내려갔다. 이들 두 척의 뗏목과 세 척의 통나무 배는 잔잔한 바다를 지나면서 아무런 문제가 없는 듯했다. 그런데 이틀째 되는 날, 서쪽 하늘로부터 거무스레한 구름이 빠른 속도로 다가왔다. 맑았던 하늘이 금세 시커멓게 변하고, 바람이 점점 거세지면서 파도가 높아지기 시작했다.

"날씨가 좋을 거라 했는데! 왜 이리 심한 비가 오는가?"

이숏겔이 키를 잡고 있는 바기루에게 목청껏 외쳤다.

"오래 가진 않을 겁니다! 조금만 참으면 됩니다!"

바기루는 자신 있다는 듯이 고함으로 응수했다. 그러나 장대비는 그칠 줄 몰랐고, 집채만 한 파도는 뗏목을 삼키려는 듯 연신 덮쳤다. 하얀 물보라는 산발한 머리를 풀어헤친 두억시니처럼 억세게 덤벼들었다. 통나무배 한 척과 장골 아홉 명을 잃고, 반나절을 싸우고 나서야 바람이 잦아들기 시작했다. 언제 그랬느냐는 듯 다시 맑아진 하늘과 잠잠해진 파도는 야속하기만 했다. 이윽고 그들은 하루 전에 보았던 산 그림자를 직접 눈으로 볼 수 있는 곳까지 도달하여 뗏목과 통나무 배를 근처에 대었다. 그곳은 높이가 열 길 정도이며, 둘레 오백여 보로 동서를 통하는 가가加賀의 구구리도潛戸라는 동굴이었다. 그런데 동굴 안으로 들어갔던 통나무 배는 돌풍으로 뒤집어져 장골들만 가까스로 헤엄쳐 나와 소리쳤다.

"이쪽은 안 됩니다. 물살이 빠르게 흘러 건너 갈 수 없습니다. 우리 배도 가라앉았어요. 오른쪽으로 배를 돌려야 됩니다."

이숏겔과 바기루는 배를 잃은 장골들을 두 척의 뗏목에 나눠 태우고 오른쪽으로 방향을 돌렸다. 한참을 돌아간 이들은 마도馬島와 계도桂島를 오른쪽으로 끼고 시마네島根의 가가 해안에 배를 댈 수 있었다. 뭍에 오르니 사방에서 사람들이 나타났다. 키가 대여섯 자 밖에 안 되고 삼베로 아랫도리만 살짝 가린 사내들이 대부분이었다. 모여든 원주민들은 이들의 행진을 보고 감히 접근할 생각도 못한 채 그 자리에 모두 엎드렸다. 그들은 아홉 자 키의 이숏겔이 갑주로 무장하고 당당한 위엄을 갖추며 걸어 나가는 모습에 겁을 집어먹고 있었다. 게다가 천군 히루메의 큰 거울이 햇빛에 반사하여 찬란하게 번쩍이는 것을 본 그들은 이숏겔 일행이 자신들을 다스리기 위해 하늘에서 내려온 신이라고 믿었다.

"우리는 사로국의 도기야 사람이오. 이자나기의 부르심을 받아 예까지 왔소. 아와지에 가려고 하니 길 안내를 부탁하오."

그때 그들 가운데 한 사내가 일어서며 앞으로 나섰다.

"제가 모시고 가겠습니다. 다와田和까지 갔다가, 거기서 아와지로 가는 길을 안내할 수 있는 사람을 소개해 드리겠습니다."

이솟겔 일행은 원주민이 이끄는대로 다와로 갔다가 다시 그곳의 원주민인 임베론部 집단의 안내를 받아 산길을 따라 남쪽으로 며칠 밤낮을 이동해서 태평양 연변의 아와지로 걸어갔다.

2. 이자나기伊耶那岐神와 이자나미伊耶那美神

"그대가 전해주는 왜인들 이야기는 매우 신기하면서도 다양해서 들을 때마다 재미가 다르고, 듣고 또 들어도 지루하지가 않으니, 매일 밤 그대와 보내는 시간이 즐겁기만 하다네. 자, 오늘은 어떤 이야기를 내게 들려주겠는가?"

"예, 형님마마 오늘은 왜인들에게 전해오는 아주 오래된 이야기를 할까 합니다."

처음에는 혼돈 외에는 아무것도 없었다. 어느 날 하늘이 열리고, 땅이 생기면서 갈대 싹과 같은 것이 나타났는데, 이것이 자라서 신이 되었다. 이때 처음으로 생긴 신이 아메노미나카누시노가미天之御中主神, 고황산령신高皇産靈神, 가무미무스히神皇産靈神이고, 그 뒤를 이어서 이자나기伊耶那岐神라는 남신이 나타났다. 그리고 그 뒤를 따라 이자나미伊耶那美神라는 여신도 나타났다. 그 이후에도 칠 대에 걸쳐 많은 신들이 계속해서 태어났다. 이런 신들이 사는 하늘 나라를 다카아마노하라高天原라고 했다. 신들이 사는 나라에서 아메노미나카누시와 고황산령신, 가무미무스히 등이 으뜸이었다. 특히 고황산령신이 주동적으로 하늘 나라를 다스리는 역할을 담당했다. 어느 날 고황산령신이 아자나기와 아자나미에게 땅으로 내려가 사람들을 도와주라고 했다. 이에 두 신은 고황산령신으로부터 옥으로 장식한 쌍 날의 긴 창을 받아 하늘 나라를 떠났다. 그들이 땅으로 내려와 처음으로 발을 내디딘 곳이 지금의 아와지 섬 근처였다.

이자나기는 배를 타고 땅으로 내려오다가 뱃머리에서 옥으로 장식한 창으로 바닷물을 휘휘 저었다가 끌어올렸다. 이때 창 끝에 맺힌 소금물이 뚝뚝 튀었고, 그 물이 굳어 섬이 되었다. 사람들은 섬이 만들어질 때 바닷물이 '오노골골' 하고 소리를 내었다고 해서 이 섬을 오노고로 섬이라 불렀다. 두 신은 자신들이 만든 이 섬에 큰 집을 짓고 솟대를 세웠다. 어느 날 이자나미가 이자나기를 보고 말을 걸었다.

"잘 생긴 사나이여, 함께 놀지 않겠습니까?" 이자나기는 이자나미를 보고 물었다.

"그대 몸은 어떻게 생겼습니까?"

"내 몸은 모든 곳이 완벽하여 나무랄 데가 없으나, 오직 한 곳만 갈라져서 합쳐지지 않았습니다."

이 말을 들은 이자나기는 의미심장한 표정을 지으며 말했다.

"내 몸 또한 모든 곳이 완벽하여 더 이상 손을 댈 데가 없으나 오직 한 곳만 차고 넘친 곳이 있습니다. 내 몸의 차고 넘친 곳과 그대 몸의 갈라져 합쳐지지 않은 곳이 결합한다면 이 보다 좋은 일은 없을 것이라고 생각하는데, 그대 생각은 어떻습니까?"

"저도 좋습니다. 그렇게 합시다."

이자나미가 기쁜 어조로 즉시 대답했다.

"그러면 이 솟대를 가운데 두고 서로 돌다가 마주치면 두 사람이 합치는 것으로 합시다. 그대는 오른쪽으로 돌고 나는 왼쪽으로 돌아 만납시다."

눈이 맞은 두 사람은 서로 희롱하다가 곧 잠자리를 갖게 되었다. 그 후에 두 신 사이에 자식이 태어났는데, 첫 번째 자식은 연체동물처럼 뼈가 없었고, 두 번째 자식도 거품처럼 생겨나와 실체가 없었다. 두 신은 이 자식들을 거두지 못하고 물에 띄워 보낸 다음에 하늘에 있는 신들에게 어찌된 영문인지 물어보았다. 이 소식을 들은 고황산령신은 두 신이 만날 때 여신이 먼저 말을 걸었기 때문이라고 대답했다. 그리고 세상만사는 남신이 주도해야 바로 된다고 알려주었다.

두 신은 다시 솟대를 중심으로 돌다가, 이번에는 이자나기가 먼저 수작을 붙이기 시작했다.

"얼씨구나, 어여쁜 나의 아가씨여."

"어머나, 잘 생긴 내 님이여."

이자나미가 즉시 화답했고, 두 신은 곧 잠자리를 함께했다. 그리고 자식을 생산했는데, 처음으로 만든 것이 혼슈, 시코쿠, 규슈 등의 섬으로, 두 신은 자신들이 머물고 있는 세토내해를 이 섬들이 에워싸게 만들었다. 그 이후로 계속해서 많은 섬을 만들어, 세토내해는 많은 작은 섬들로 경치가 수려해졌다. 그 외에도 혼슈 서북쪽의 사도佐度, 오키陰岐, 이키壹岐, 대마도 등도 만들었다. 이 두 신은 자신이 만든 섬들을 둘러본 후 매우 흡족해하며, 이제는 다른 것들을 만들어 내기로 했다. 세상을 이루고 있는 모든 만물을 이 두 신이 만들었다. 그러다가 이자나미는 마지막으로 불의 신을 낳다가 국부에 화상을 입고 신음하다 죽었다.

이자나기는 아내의 유해를 이즈모와 하하기伯伎 사이에 있는 히바比婆의 산에 묻었다. 이자나기는 아내가 죽게 된 원인이 불의 신 탓이라고 여겨 장검으로 그의 목을 쳤는데, 불의 신이 죽으면서 또다시 많은 신들이 태어났다. 이자나기는 죽은 이자나미를 잊지 못하고 그리워하다가, '아직 해야 할 일이 많으니 돌아오라' 하면서 저승의 나라로 찾아갔다. 하지만 이자나미는 이미 황천의 음식을 먹어 이승으로 돌아올 수 없게 되었고, 자신을 찾아온 이자나기에게 함께 저승에서 살자고 붙잡았다. 이자나기는 이자나미를 피하여 저승에서 도망쳐 나왔다.

이자나기는 이렇게 신들을 만드는 사이에도 멀리 한반도까지 사람을 보내어 많은 신들을 초대하여 아와지로 오도록 일렀다. 이때 이자나기의 부름을 받고 한반도에서 건너온 신 가운데에는 해의 신, 아마테라스天照大神와 달의 신 쓰쿠요미月讀命가 있었다. 또한 스사노오도 이자나기의 부름을 받고 찾아왔다. 이들이 찾아오니 이자나기는 귀한 신들을 얻었다고 매우 기뻐했다. 그리고 이자나기는 구슬 목걸이를 아마테라스에게 걸어 주면서 '그대는 천상세계를 다스리라'고 하였다. 그리고 쓰쿠요미를 보고는 밤의 세계를 다스리라'고 했고, 스사노오를 보고는 '바다를 다스리라'고 했다. 아마테라스와 쓰쿠요미, 두 신은 이자나기가 시키는 대로 따랐으나 욕심이 많은 스사노오만은 자기가 주도권을 쥐지 못하자 크게 실망했다. 그는 결국 자신의 뜻대로 되지 않으니 고향으로 돌아가고 싶다며 이자나기 앞에서 통곡했다. 이에 이자나기는 크게 화를 내고 스사노오를 추방한 뒤 아와지에 유택幽宅을 짓고 숨었다.

3. 아마테라스天照大神와 스사노오素戔男

어느덧 밤이 깊어 자정이 가까워졌다. 김수로왕은 스쿠나히고나의 이야기에 시간 가는 줄 모르고 흠뻑 빠져 있었다.

"신들이 섬도 만들고, 나라도 만들고, 게다가 다른 신까지 낳았다카니 신기하기만 합니더." 아도가 말했다.

"우리 모두가 한 뿌리라는 이야기가 아닌가? 우리 모두 환인, 환웅, 단군의 후손이 아닌가? 그래서 서로 말이 통하고 모습이 비슷한 게로군."

왕이 고개를 끄덕이며 신기한 듯이 말했다.

"예, 마마. 한 가지 예를 든다면, 고황산령신은 다카미무스비라고도 하며 한자로 '高皇産靈神'으로 적는데, 고황산령의 이름 가운데 '황'은 높이는 말이고 '산'은 생산을 뜻하는 것으로, 그 앞뒤에 '고'와 '령'을 붙였습니다. 가야의 시조를 낳으신 정견모주가 고황산령의 후예로 전해지고 있습니다. 대가야의 시조라는 뇌질주일의 다른 이름이 이진아시인데 이자나기, 이자나미와도 소리가 닮았습니다. 조금 전에 스쿠나히고나가 한반도에서 건너간 신들이 있다고 했는데, 그들이 고령에서 건너갔다는 이야기를 하는 이유가 이런 데 있는 것 같습니다. 아마테라스는 天照大神으로 적는데 고령에 고황산령과 함께 있다가 바다를 건너간 천군이라는 말이 전해지고 있습니다."

명견대사가 김수로왕에게 말했다.

"명견대사의 말을 들으니 그럴 듯 하오. 오늘도 재미있는 이야기를 많이 들었소. 점점 더 흥미로워지고 있지만, 밤이 늦었으니 이만 헤어졌다가 내일 다시 스쿠나히고나의 이야기를 마저 듣도록 하자."

왕이 자리에서 일어나며 말했다.

다음 날에도 스쿠나히고나의 이야기는 계속되었다.

이자나기로부터 하늘 나라를 다스리라는 명을 받은 아마테라스는 자신의 임무에 충실하였다. 한편 이자나기의 초대를 받고 한반도에서 건너온 바다의 신 스사노오는 아마테라스만 농민들로부터 천군으로 받들어 모셔지는 것이 부당하다고 생각했다. 스사노오는 세상을 다스리는 주도권을 걸고 아마테라스에게 도전했으나 대결에서 지고 말았다. 싸움에 진 그는 아마테라스에게 귀순할 것을 서약하고, 그 증거로 다섯 명의 남신을 아마테라스에게 바쳤다. 아마테라스는 그 답례로 세 명의 여신을 주었다.

세 여신을 얻은 스사노오가 바다로 돌아가서 주도권 싸움은 끝이 났다. 하지만 여전히 기분이 풀리지 않은 스사노오는 사사건건 아마테라스를 못살게 굴었다. 아마테라스가 봄에 씨를 뿌려 놓으면 그 위에 다른 씨를 뿌리고, 논에 물을 대는 이랑을 만들면 그 둑을 무너뜨렸다. 가을에는 논밭에 얼룩말을 풀어 농작물을 훼손했으며, 햅쌀을 신에게 바치려고 준비하고 있는 신전에 오줌과 똥을 쌌다. 심지어는 아마테라스가 천신의 옷을 짜기 위해 베틀 방에 있는 것을 보고, 지붕의 기와를 벗기고 껍질을 벗긴 얼룩말을 던져 희롱하는 일까지 저질렀다. 마침 베틀에 앉아 베를 짜던 와카히루메稚日女가 그 소동에 놀라 베틀에서 떨어지며 북에 국부가 찔려 죽었다. 아마테라스는 머리끝까지 화가 나서 큰 동굴에 들어가 몸을 숨기고 입구를 큰 바위로 막았다.

태양의 신인 그녀가 몸을 숨기니, 세상이 암흑으로 변했고, 밤낮이 사라졌다. 여러 신들이 아마테라스를 동굴 밖으로 나오도록 하자고 모의를 했다. 우선 아마테라스가 숨어 있는 동굴 앞에 야마토의 아마노카구야마天香山에서 오백 그루의 늘 푸른 나무를 캐어다 심고 오백 개의 곡옥 띠를 걸었다. 그리고는 한가운데에 커다란 거울을 놓고 아래쪽에 푸른 삼과 흰 면사로 금줄을 쳤다. 입구를 막은 큰 바위 옆에는 가장 힘이 센 장정인 아메노타지가라오天手力男로 하여금 지키고 서 있게 하였다. 그는 틈을 봐서 바위를 옆으로 치우도록 명을 받았다. 그리고 동굴 앞에 커다란 통을 엎어 놓고 그 위에서 아메노우즈메天鈿女라는 무녀가 양면 날 장창에 억새풀을 감아 들고 남성의 상징을 흉내 내면서 우스꽝스러운 동작으로 '두둥둥, 두둥둥' 발을 굴리며 음탕하게 춤을 추었다. 이를 보고 모든 신들과 사람들이 폭소를 터뜨렸다.

아마테라스는 동굴 안에 있다가 바깥이 소란스러운 것에 호기심을 보였다. 그녀는 '온 세상이 깜깜하여 아무것도 볼 수 없을 텐데, 무엇이 그렇게 우스운가' 하고 바위틈으로 바깥을 살폈다. 동굴 바깥에 설치해 놓은 거울에 그녀의 모습이 비치는 것을 보고 입구에서 기다리고 있던 타지가라오가 그 순간 바위를 힘껏 밀치면서 아마테라스의 손을 잡고 밖으로 끌어내었다. 그러자 천지가 다시 밝은 빛을 찾아 환해졌다. 신들은 이 모든 사태가 스사노오의 행패에서 비롯된 것을 알게 되었다. 그래서 그의 손톱과 발톱을 뽑고, 수염을 자른 다음에 그가 가지고 있던 많은 재물을 뺏고 먼 나라로 추방했다.

자신이 다스리던 곳에서 쫓겨난 스사노오는 일단 한반도로 건너갔다가 뱃길을 따라 이즈모로 돌아 왔다. 스사노오가 한반도에서 돌아와 이즈모의 히이斐伊 냇가에 당도했을 때, 늙은 남녀가 어린 소녀를 가운데 두고 서글프게 울고 있었다. 호기심이 생긴 스사노오는 그들에게 다가서서 어찌된 일이냐고 물어보았다.

"그대들은 누구인데, 이렇게 슬피 우는가?"

"저는 아시나치足名椎라고 하는데 이곳에서 살고 있습니다. 저 여인은 제 아내로 데나치手名椎라고 합니다. 이 아이는 구시나다奇稻田라고 하며 저희들에게 마지막으로 남은 딸입니다. 저희에게는 딸이 여럿 있었는데 해마다 머리와 꼬리가 여덟 개인 큰 구렁이 '야마다노오로치八肢大蛇'에게 잡아먹혔습니다. 그런데 이번에 또 당하게 되었답니다. 아무리 애를 써도 피할 길이 없어 이렇게 울고만 있답니다."

"그런 일이 있다니, 내가 두고 볼 수가 없네. 이 보게, 아시나치. 내가 그대 딸을 구해줄 테니 나를 사위로 삼으시겠소?"

"예, 저희 딸을 구해만 주신다면 무슨 약속인들 못하오리까. 제발 저희 딸을 살려만 주십시오."

아시나치는 엎드려 큰절을 하고는 거듭 약속을 했다. 스사노오는 아시나치의 집으로 가서 구시나다를 집 안쪽 깊이 숨겨놓았다. 그리고 자신이 구시나다로 변장한 다음 여덟 칸 방에 여덟 개의 술독을 묻고 여덟 번 걸러 만든 술을 담아놓고 구렁이를 기다렸다. 시간이 흘러 자정이 되어, 여덟 개의 언덕과 골짜기에 몸을 걸친 큰 구렁이가 시뻘건 눈알을 부라리며 나타났다. 그런데 이 구렁이가 아시나치의 집으로 들어오다가 술 냄새를 맡고, 술독을 하나 둘씩 찾더니 여덟 개의 머리를 각각 여덟 개의 술독에 처박고 '꿀꺽 꿀꺽' 마시기 시작했다. 구렁이는 마침내 술에 취해 잠이 들었다. 이때를 기다리던 스사노오는 큰 칼을 들어 구렁이의 여덟 개의 머리와 꼬리를 순식간에 베었다. 그런데 마지막 꼬리를 자르는 순간 '쨍' 하는 소리가 나더니 칼의 이가 빠졌다. 이상하게 생각한 스사노오가 구렁이

꼬리를 갈라 보니 그 속에서 보검이 나왔다. 이 보검을 후세 사람들은 구소(흉악한)나기(구렁이)검이라고 불렀다. 이후 스사노오는 구시나다를 아내로 삼은 다음 스가에 왕궁을 짓고 오래오래 살았다. 그는 다섯 남매를 낳았고, 오호나무치大己貴를 데릴사위로 삼았으며, 행복한 삶을 살다가 신의 세계로 돌아갔다.

여기까지 이야기를 한 스쿠나히고나는 한숨을 돌리며, 술을 한 잔 들었다. 이야기를 듣고 있던 김수로왕과 명견대사는 신들이 지배하는 하늘 나라가 있다는 것에 신기롭다는 표정을 지었다. 스쿠나히고나는 김수로왕과 명견대사의 표정을 보고는 입가에 미소를 보이며 다시 말을 이어나갔다.

"왜국에서는 이 모든 이야기를 사람들이 믿고 있습니다. 물론 조금씩 내용이 다를지라도 줄거리는 제가 말씀드린 그대로입니다. 그런데 제 생각은 지금까지 이야기한 것과 조금 다릅니다. 스사노오가 금이나 은, 쇠가 나는 나라인 소시모리에서 다시 이즈모로 건너갔을 때, 그곳에는 쇠부리와 고기잡이를 주업으로 삼는 원주민들이 있었습니다. 스사노오는 그들을 평정하여 왕이 되었고, 사람들은 그 이야기를 부풀려 했을 것입니다. 여덟이라는 숫자가 이 신화에 많이 나오는 것은 예맥의 후손이 '여덟'이라는 숫자를 좋아했기 때문입니다. 그들은 여덟이라는 것을 '많다, 크다'는 뜻으로 나타냈습니다. 그리고 구렁이를 죽이고 얻었다는 보검은 스사노오가 평정한 그 지방의 원주민들이 복종의 뜻으로 바친 것이라 생각합니다."

"그래, 그 이야기도 듣고 보니 일리가 있네."

"예, 형님마마. 그렇습니다. 비슷한 예로 또 이런 이야기도 있었습니다."

스쿠나히고나는 술을 한 잔 들이키더니 계속 말을 이어나갔다.

4. 오호나무치大己貴

스사노오의 데릴사위가 된 오호나무치가 아직 어릴 때의 일이었다. 야소신八十神들이 이나바稻羽의 공주와 혼인하기 위해 여행을 하기로 했다. 그들은 오호나무치를 종으로 삼아 그에게 여행에 필요한 물건을 넣은 포대를 지고 따라오도록 한 다음 게타氣多의 곳으로 갔다. 당시 이나바의 공주를 탐낸 신들이 많아 경쟁이 치열했기에, 다른 신들보다 먼저 가려고 서둘러 길을 나섰다. 그런데 게타로 가는 길가의 모래밭에 벌거숭이가 된 토끼한 마리가 누워 끙끙 앓고 있었다. 야소신들은 그 토끼를 조롱하려고 엉터리 치료법을 알려줬다.

"네가 몸을 치료하려면 바닷물로 목욕한 뒤에 높은 언덕에서 바람을 쏘여라."

토끼는 시키는 대로 했다. 그런데 소금물이 마르면서 온몸이 뻐근해지고 살갖이 죄어들어 더욱 심한 고통으로 신음하게 되었다. 그때 일행의 뒤를 따라오던 오호나무치가 그 토끼를 보고 물었다.

"왜, 울고 있나?"

"저는 오키노시마沖之島에 살고 있는 토끼랍니다. 오키에서 여기까지 바다를 건너오려고, 잔꾀를 내었습니다. 오키노시마 근처에 살고 있던 상어에게 오키에서 게타의 곳까지 줄지어 있으면 그 위를 달리며 그 수를 세어, 우리 토끼 족과 너희 상어 족 중에서 누가 더 많은지 겨루어 보겠다고 했습니다. 그들이 저의 말에 솔깃해서 줄지어 섰기에 그 위를 건너와 뭍에 오르면서 '너희들이 속았지. 용용 죽겠지?' 하고 조롱을 했지요. 그랬더니 성난 상어가 저를 붙잡아 옷을 벗겨 버렸지요. 그래서 울고 있는데 먼저 지나간 여러 신들이 '바닷물에 목욕하고 바람을 쐬라'고 했답니다. 그래서 그대로 했더니 몸이 더 상하고 말았습니다."

"그런 일이 있었구나. 너는 지금 당장 강어귀로 가서 민물로 몸을 씻고 그곳에 자라는 부들의 노란 꽃가루를 따서 바닥에 깔아라. 몸을 그 위에 굴리면 반드시 너의 몸은 원래대로 좋아질 것이다.”

토끼가 그의 말대로 하니 몸이 좋아졌다. 토끼는 오호나무치에게 연신 절을 하며 말했다.

“앞서 지나간 많은 신들은 절대로 공주를 취하지 못할 것입니다. 지금 은 노비처럼 포대를 지고 가지만 오호나무치, 당신만이 공주님께 장가드실 수 있을 것입니다.”

이런 일이 있은 후 오호나무치는 다른 신들과의 싸움에서 계속 승리했 고, 결국 이즈모를 통일할 수 있었다.

“여기까지가 왜국에서 전해지는 이야기입니다. 제가 말씀드린 이야기 중에는 저와 관련된 것도 있습니다.”

스쿠나히고나는 자신의 이야기를 경청하고 있는 김수로왕과 나머지 사 람들을 한 명씩 돌아보며 말을 이었다.

“여러분은 믿지 못하시겠지만 저는 스사노오의 사위라는 오호나무치와 만난 적이 있습니다. 고황산령신의 명을 받아 이즈모로 갔다가 그곳에서 그를 만났던 겁니다. 처음에 그들은 제가 키가 작다고 깔보며 말을 들어주 지 않았습니다. 그래서 저는 고황산령신이 보냈다는 증거를 그들에게 보여 주었고, 그제서야 그들은 저를 받아들였습니다. 그 후로는 사람들이 저를 극진히 대접했고, 오호나무치와 함께 지내게 되었습니다.”

“그런 일이 실제로 있었단 말인가?”

김수로왕이 깜짝 놀라는 표정으로 물었다.

“예, 형님마마. 사실입니다. 제가 이곳으로 찾아오게 된 것도 오호나무 치의 처남 야즈카가 소시모리로 건너갔다는 이야기를 들었기 때문입니다. 따지고 보면 오호나무치와 야즈카, 그리고 저는 모두 한 핏줄입니다.”

5. 석탈해昔脫解와 스쿠나히고나少彦名

오월 단옷날 아침이었다. 스쿠나히고나와 그 일행은 을숙도에서 배를 타고, 서라벌 동쪽에 있는 아진포로 야즈카를 만나러 출발했다. 야즈카는 용성국 사람으로 처음 바다를 건너 김해지역으로 들어왔으나, 그곳 사람들이 그가 상륙하는 것을 방해해서 이를 피해 동해안을 따라 올라가다가 아진포에 배를 대었다. 그리고 그곳에 살고 있던 아진의선阿珍義先이라는 노파의 도움을 받아 상륙해서 7일간 머물러 있게 되었다. 그동안 야즈카는 토함산吐舍山에 올라가 자신이 살 만한 곳을 찾아보았다. 한참을 물색하다가 초승달 같이 생긴 언덕이 있는 곳을 골라 찾아가니, 그곳은 호공瓠公의 집이었다. 호공은 일찍 왜에서 표주박을 단 뗏목을 타고 서라벌로 건너온 사람이었다. 야즈카는 그 집을 차지하기 위해 계략을 꾸며, 밤중에 몰래 내려가 호공의 집 근처에 숫돌과 숯을 묻었다. 그리고 다음 날 아침 그 집으로 찾아가서 말했다.

"이 집은 우리 조상이 살던 집이고, 내가 원래 주인의 손자요. 이 집을 찾으러 왔으니 어서 내놓으시오."

호공은 난데없이 나타난 사람이 자신의 집을 내놓으라고 해서 깜짝 놀랐다.

"그럴 리가 없어. 이건 우리 집이야. 집을 내놓으라니 무슨 막말인가."

두 사람은 서로 자기 집이라고 옥신각신하다가 결론을 내지 못하고, 고을의 촌장을 찾아가 재판을 해달라고 했다.

"무엇으로 너의 집이라는 것을 증명할 수 있는가?"

촌장이 야즈카에게 물었다.

"집 근처를 파보면 숫돌과 숯이 나올 거요. 우리 할아버지께서는 이곳에서 대장간을 하시다가 용성국으로 건너가면서 대장간에서 쓰던 물건을 모두 파묻고 떠나셨다고 했소."

야즈카가 당당하게 말했다.

"그럼 그곳을 파보도록 하거라."

촌장이 아랫사람들에게 일렀다. 집 근처를 파본 결과 야즈카가 말한 대로 숫돌과 숯이 나왔다. 그 광경을 본 사람들은 야즈카의 편을 들어주었고, 호공은 울며 겨자 먹기로 집을 내어줄 수밖에 없었다.

나중에 이러한 사실을 알게 된 서라벌의 임금인 남해차차웅은 야즈카가 꾀가 많은 인물이라면서 첫째 공주와 짝을 지어 사위로 맞아들였다. 그리고 야즈카란 이름을 옛토개로 고쳐 부르게 했다. 이를 한자로 석탈해昔脫解라고 적었다. 야즈카가 상륙할 적에 까치가 우짖었다고 해서 까치 작鵲에서 새 조鳥를 빼고 석昔이라는 성을 갖게 되었다.

서라벌의 첫 번째 임금인 혁거세는 육신이 밑거름이 되어 모든 곡물이 잘 자랄 수 있도록 자신의 시체를 동, 서, 남, 북과 중앙의 다섯 군데로 나눠 매장하라고 일렀다. 사람들은 혁거세를 오릉五陵에 장사지냈다. 혁거세가 죽고 난 후 여섯 마을의 촌장은 남해차차웅을 임금으로 추대하였다. 남해차차웅 뒤를 이은 임금은 유리 이사금이었다. 이때 남해왕의 사위였던 석탈해와 유리 이사금은 서로 왕위를 상대방이 물려받기를 원하였으나 여섯 마을의 촌장들이 유리 이사금을 임금으로 추대하고, 석탈해를 임금을 보좌하는 좌보로 추대하였다. 여섯 촌장의 추대에 의해 임금에 오른 유리 이사금은 촌장들에게 이李씨, 최崔씨, 정鄭씨, 손孫씨, 배裵씨, 설薛씨의 여섯 가지 성을 한자로 지어 주었다.

스쿠나히고나가 석탈해를 찾아 갔을 때 그는 나라의 정사를 총괄하면서 특히 제철에 힘을 기울이고 있었다. 금관가야의 제철 기술을 경험하고 온 스쿠나히고나가 중요한 인물이 된 것은 당연했다. 석탈해는 자신이 이즈모를 떠난 뒤에 있었던 일들을 스쿠나히고나에게 자세히 듣고 난 다음에야 다시 그곳으로 돌아갈 수 없다는 것을 알았다. 그곳은 오호나무치가 나라를 통일하고 왕권을 확립해서 자신이 돌아간다 해도 자리를 잡을 수 없었기 때문이었다.

제3장

해양족과의 제휴

1. 아유타Ayuta 왕족

"마마, 이제 나라가 안팎으로 자리 잡히고, 백성들도 제 할 일을 찾아 열심히 살고 있습니다. 나라의 큰 근심은 없지만 한 가지 부족한 것이 있습니다. 나라의 어머니께서 안 계시기 때문입니다. 그래서 마마의 혼사가 무엇보다 시급한 줄 압니다. 어서 서둘러 주시옵소서."

가야국 왕궁에서 조회를 주관하던 김수로왕에게 유천 간이 건의했다.

"하하하. 아직 짐이 해야 할 일이 많아서 혼인 문제는 급하지 않다고 여긴다오."

김수로왕은 아무런 걱정이 안 된다는 말로 신하들의 건의를 또 물리쳤다. 벌써 몇 번째 반복되는 일인지 모른다.

어느 날 밤 김수로왕은 은밀히 명견대사를 침전으로 불러들였다.

"대사, 짐이 긴히 부탁할 일이 있어 불렀다."

"예, 마마 말씀하소서."

"신하들도 그렇고 대사까지 짐의 혼사를 이야기하는 것을 보니, 이제

때가 된 모양이다. 그렇지 않아도 짐이 생각하고 있는 바가 있었는데, 대사가 한번 수고해주어야 하겠다."

"하명만 하소서. 제가 힘껏 노력하여 반드시 이루도록 하겠습니다."

"대사가 그렇게 말하니 힘이 난다. 이번에 대사가 바다를 건너 오송吳淞에 다녀오라. 우리가 고령에 오기 전에 들렀던 건업建業에 아유타Ayuta왕이 머물고 있지 않은가? 아유타왕에게는 슬기로운 공주가 있는데, 그 공주야 말로 한 나라의 국모로서 손색이 없을 것이다. 대사가 공주의 오빠인 보옥선사寶玉禪師를 잘 아니, 그를 찾아가서 공주를 이곳으로 데려올 수 있도록 주선해라."

"예, 마마 잘 알겠습니다. 저도 그분들을 잘 아는데, 미처 생각을 하지 못했습니다. 내일 첫새벽에 길을 떠나도록 하겠습니다. 그리고 빠른 시간 내에 답을 받아오도록 하겠습니다. 아마 여행이 끝나기까지는 서너 달 이상 걸리지 않을까 합니다. 그동안 옥체 편안하시고 만사에 조심하소서."

다음 날 아침 명견대사는 시종 한 사람만 데리고 가야국을 떠났다. 근한 달 만에 양자강揚子江 어귀의 우송에 닿았다. 명견대사는 그곳에서 양자강을 따라 건업으로 향했다. 건업에서 명견대사는 아유타국왕 집으로 찾아가 왕의 둘째 아들인 보옥선사를 만났다. 보옥선사는 명견대사보다 나이는 어렸지만 매우 영특한 사람으로 명견대사가 한반도로 건너가기 전에 서로 학문을 논했던 적이 있었다.

"그래, 뇌질청예가 왕이 되었다고요? 제가 산동에서 잠깐 봤을 때도 여간 영특한 사람이 아니라서 반드시 크게 될 것으로 생각했는데……. 결국 그렇게 되었군요."

"그렇습니다. 우리가 산동을 떠난 뒤로 많은 일을 겪었지요. 뇌질청예가 환단桓壇의 후예後裔답게 쇠를 다루는 재주가 있어 덕을 많이 봤습니다. 이제부터 금관가야의 명성이 예전 치우천왕 때처럼 한반도와 대륙 전역에 알려질 날이 멀지 않았습니다."

"하하하. 그렇군요. 잘 되었네요."

"우리야 그렇다고 치고 보옥선사는 어찌 지내셨습니까? 선사의 집안은 인도印度 출신으로 아는데, 이곳에 정착하게 된 연유가 따로 있으신지요?"

"저희 집안도 많은 변화를 겪었습니다. 저의 10대조 할아버지께서 인도의 아요디아Ajodhya를 떠나 운남雲南으로 가신 게 아마도 이백 년쯤 전 일이지요."

"그렇군요. 보옥선사 가문이 인도에서 온 게 맞네요. 꽤 오래전 이야기 같은데…… 집안 내력이 대단하십니다."

"예, 운남에 머무시던 저희 선조는 다시 촉蜀나라의 사천四川의 보주普州로 보금자리를 옮기셨습니다. 그리고 후한 말기에 이곳에서 큰 반란이 있었는데, 저희 집안도 관련돼 있었답니다. 그때 반란을 진압한 후한군은 당시 많은 사람들을 강하江夏 지방의 무창武昌으로 강제 이주시켰지요. 이때 이주를 강요당한 사람들이 그 지방의 토착 세력과 함께 반란을 일으켰답니다. 그때의 주모자가 바로 저의 아버님인 허성許聖이었습니다. 하지만 반란은 성공하지 못했고, 결국 후한군에 항복했지요."

"그럼, 그때 피해는 없었는지요? 반란군이었다면 가문이 몰살당하거나 폐문되었을 텐데……?"

"예, 다행스럽게도 그런 일은 없었습니다. 저희 집안이 당시 그 고장에서 존경 받는 가문이었기 때문에 겨우 용서를 받을 수 있었지요. 그렇지만 그때부터 우리 가문은 정치에서 손을 떼고 말았습니다. 나라에서도 우리 가문이 정치에서 물러난다는 조건으로 가문을 멸망시키지 않았으니까요."

"그런 일이 있었군요. 그래도 천만다행입니다. 멸문의 위기를 넘겼다니. 그런데 집에 들어오다가 보니 곳곳에 쌍어문雙魚紋이 새겨져 있던데, 아유타 가문의 문장입니까?"

"예, 자세히 보셨군요. 그것은 아유타왕가의 문장으로 인도에 있을 때부터 써오던 것이지요. 옛날 메소포타미아Mesopotamia의 바빌로니아Babylonia 사람들은 물고기가 인간을 보호하는 영특한 영물이라고 생각했습니다. 물고기는 신성함과 풍요로움을 상징했지요. 그래서 그들은 신전의 현관 머리에 두 마리의 물고기를 마주 보게 그렸습니다. 우리 가문도 이러한 풍습을 받아들여 쌍어문을 가문의 문장으로 사용하게 된 거지요."

"그렇군요. 그럼 그것은 아주 오래된 문양이군요. 그리고 깊은 뜻이 숨어 있군요."

"하하하. 그런데 대사님. 아까 말씀하시던 중에 김수로왕이 환단의 후예라는 얘기는 뭐고, 치우천왕은 또 어떤 분입니까?"

이번에는 보옥선사가 명견대사에게 물었다.

"아, 그거요. 제가 설명해 드리지요. 환단이라는 것은 동북아시아의 바이칼Baikal 호수 아래의 파미르Pamir 고원에서부터 동쪽으로 수만 리에 걸쳐 영토를 확장하고 지배했던 사람들의 나라를 말하는 겁니다. 수십 대에 걸쳐 이어온 동이東夷족의 나라 환국桓國과 그 뒤를 이은 배달국과 단군조선을 통틀어 말하는 것이지요. 환국은 환인이 다스리던 나라입니다. 환국의 크기는 남으로는 중국의 요동遼東 일대와 하북河北, 산동, 하남河南, 안휘安徽, 호북湖北, 북으로는 바이칼 호수 주변과 몽골. 동쪽으로는 흑룡黑龍 강변과 한반도, 서쪽으로는 파미르 고원에서 천산天山산맥과 발하슈Balkhash 호수까지 이르는 광대한 지역을 다스렸습니다. 이 지역에는 동이의 아홉 부족이 살고 있었습니다. 그래서 이들을 구이九夷 또는 구려九黎라고도 불렀습니다. 환인시대 초기에는 시베리아 일대가 지금처럼 추운 나라가 아니었답니다. 기후가 따뜻해서 초목이 우거지고 갖가지 짐승들이 많았다고 합니다. 사람들은 빗살무늬토기와 옥을 다듬어 만든 그릇을 많이 썼고, 사냥과 채집으로 생활하던 사람들이 그때부터 농사짓는 법을 배워 모여 살기 시작했다고 합니다. 또한 여자 중심의 모계사회에서 남자 중심의 부계사회로 전환된 것도 그때부터라고 합니다.

환국 이야기를 하려면 또 빼놓을 수 없는 것이 제철기술에 관한 이야기입니다. 원래 이 기술을 개발한 것은 메소포타미아의 티그리스Tigris와 유프라테스Euphrates 강 사이의 초승달 지역에 살던 슈메르Sumer족이라고 합니다. 그런데 지구가 더워지기 시작했습니다. 지구의 양극 지방에 있던 빙산이 녹으면서 바다의 수면이 올라갔고, 게다가 여러 달 밤낮으로 계속된 장대비에 의해 강이 범람했습니다. 이에 온 마을이 물에 잠기게 되었지요. 그리고 멀리 남쪽 바다에서는 지진과 해일이 일어나 해안을 덮쳤습니다. 사람들은 범람하는 홍수와 해일을 피해 높은 곳을 찾아 피난하기 시작했고, 한 무리는 중앙아시아의 파미르 고원지대로 이동했습니다. 또 다른 무리는 서북쪽으로 가서 아나톨리아Anatolia의 고원지대에 머물렀지요. 이스라엘의 선조인 노아Noah가 방주를 만들어 아나톨리아의 아라랏Ararat 산으로 피신했던 것도 이때의 일이라고 합니다. 여러 해가 지나 온 마을을 덮쳤던 물이 빠지니, 고산 지대로 피난했던 사람들은 다시 사방으로 흩어졌습니다. 이 가운데 파미르 고원에서 동으로 천산산맥天山山脈을 넘어 흑룡강黑龍江까지 다다른 사람들이 아바자를 환인으로 모시고 환국을 세웠던 것입니다. 남쪽으로 내려간 사람들 가운데에는 히말라야Himalaya산맥을 넘어 갠지스Ganges 강가까지 내려간 사람들이 있었는데 그들은 스스로를 샤카족이라 했습니다. 아유타왕족도 이때에 인도로 이주했던 부족들의 하나라고 알고 있습니다.

환국의 말기에는 천신족天神族이라 일컬어지는 환족桓族과 함께 사는 사람들이 있었습니다. 원래 이 지역에는 호랑이를 숭상하던 호족虎族이 살고 있었습니다. 그런 지역에 환인의 무리가 들어와서 나라를 세웠고, 또한 환인을 따라 곰을 숭상하던 웅족熊族이 함께 들어온 것이지요. 그 이후로 천신족, 웅족, 호족 사이에 주도권을 잡기 위한 싸움이 일어났습니다. 성질이 탐욕스럽고 잔인하여 약탈을 일삼던 호족은 결국 환족에게 패하여 동쪽으로 밀려갔습니다. 하지만 웅족은 환족과 잘 어울려 함께 환국을 이룩해 나갔던 것입니다. 환인은 '하느님'의 옛말인 '하님'을 나타냅니다. 따라서 환국은 하느님의 나라, 환한 나라를 뜻합니다."

명견대사가 환국의 유래에 대하여 길게 설명했다.

"그렇군요. 대사님의 설명을 들으니 이해할 수 있겠네요. 흥미로운 이야기입니다. 그런데 중국의 시조라는 삼황오제三皇五帝 가운데 동이족이 있다는 이야기가 있던데 사실인지요?"

"그렇습니다. 사마천司馬遷의 『사기史記』에도 삼황오제는 모두 하나의 뿌리라고 말하고 있는데, 그렇게 본다면 황제黃帝 헌원軒轅으로부터 하夏나라의 시조인 우禹 임금까지 모두가 같은 계통이라 볼 수 있지요. 그리고 그들이 모두 동이족이라는 것은 맞는 말입니다. 환국에 이어서 생긴 나라가 바로 배달倍達국입니다. 배달은 밝은 땅이라는 뜻입니다. 배달국 사람들은 슈멜족이나 그 일파인 스키타이족들과 끊임없이 왕래를 했습니다. 그 결과 슈멜족의 설형문자楔形文字와 비슷한 녹도문鹿圖文을 쓸 수 있었고, 슈멜족의 청동 제련 기술이나 치수관개治水灌漑 기술을 익힐 수 있었지요. 그런 기술을 바탕으로 요하遼河나 황하黃河의 범람에 대처하기도 했답니다. 그리고 스키타이족의 승마술, 궁술, 제철과 야금 기술도 배달국에 먼저 전달되었지요. 배달족이 우수한 선진문명을 가진 나라였다는 것은 그때 만들어진 여러 가지 유물을 보면 확인할 수 있습니다.

역대 환웅 중에서는 뛰어난 인물이 많았습니다. 5대 환웅 태우의太虞義의 막내아들로 태어난 태호太昊 복희伏羲는 우사雨師라는 직책에 있을 때 점을 치는 법과 음양오행의 기본을 개발했지요. 또 14대 환웅천왕이 된 치우蚩尤가 중앙 아시아로부터 슈멜의 제련 방법을 개량한 기술을 들여와, 그 기술을 바탕으로 오랫동안 지역의 맹주로 군림할 수 있었습니다."

"14대 치우천왕이란 한漢나라의 유방劉邦이 출전할 때마다 제를 올리고 승전을 기원했다는 군신 치우를 말씀하시는 것입니까?"

보옥선사는 자신이 알고 있는 이야기가 나오자 반색하며 물었다.

"예, 그렇습니다. 치우천왕에 관해서는 좀 더 상세히 말씀드리겠습니다."

명견대사는 죽로차竹露茶를 한 모금 마시고는 기침을 한 번 크게 했다.

"환국과 배달국에 훌륭한 임금이 많았지만, 치우천왕처럼 대단한 분은 없었지요. 치우천왕은 5대 환웅인 태우의의 후손으로 자오지慈烏支라고도 했지요. 그는 대단한 용맹을 지닌 자로 13대 환웅 사외라斯瓦羅 때에 신시 神市를 중심으로 번창하던 배달 사람들을 이끌고 요동과 하북을 거쳐 산동 으로 진출했지요. 갈로산葛盧山에서 쇠를 캐고, 그의 고향에서 멀지 않은 곳에 있었던 옹호산雍狐山에서 야금冶金을 시작했지요. 치우천왕이 군신軍 神으로 불리게 된 것은 다 이유가 있지요. 그는 싸우러 나갈 때 늘 청동 투 구를 만들어 쓰고, 이마에 쇠 띠를 둘렀지요. 그리고 항상 부하들과 침식 을 같이 했어요. 치우천왕의 군대가 출전하면 감히 그들의 기세에 대적할 상대가 없었지요. 그는 필요한 무기를 직접 개발했고, 갖가지 진법陣法을 연구해서 늘 상대보다 앞선 전력을 갖고 있었습니다. 그의 군사들이 청동 모자에 철 가면을 쓰고 나오면 적군은 '동두철액의 자오지 군사가 나타났 다'며 지레 겁을 집어먹고 도망치기 바빴습니다. 원래 치우란 '비와 우레 를 크게 일으켜 강산을 바꾸는 사람'이라는 뜻인데, 사람들은 그에게 치우 천왕이란 칭호를 붙이고 군신으로 삼았습니다. 결국 치우천왕은 배달국의 구이에 속하는 묘족苗族을 주축으로 삼아 천하를 평정하고 회대淮岱를 점 령했으며, 공상空桑에서 제위에 올랐지요."

"그럼 치우천왕의 적수가 없었던 모양이지요?"

"아닙니다. 누구나 적수가 있게 마련이지요. 치우가 천하평정을 하는 과정에서 가장 큰 걸림돌이 되었던 적수는 황제헌원黃帝軒轅이었죠. 황제 헌원은 8대 환웅 안부련安夫連 말기에 감군監軍의 벼슬에 있던 소전少典의 후손이었죠. 황제는 산서山西 북부의 유웅有熊에 도읍을 처음 정했기 때 문에 유웅씨有熊氏라고도 했습니다. 이 황제 헌원이 염제炎帝 신농神農을 몰아내고 제왕의 자리를 차지했습니다. 치우는 이런 식으로 제왕의 자리 에 오른 황제 헌원을 도리에 어긋난다며 공격하게 되었죠. 당시 황제의 군 사들은 돌을 갈아 만든 마제석기磨製石器 무기를 사용하고 있었고, 치우의 군사들은 청동기와 철기로 무장하고 있었기 때문에 비교할 수 없을 정도로 치우의 군사들이 우세했죠. 번번이 싸움에서 패한 황제는 양자강 유역을 떠돌다가 섬서陝西 내륙까지 도망쳐서 훗날을 기약하며 힘을 다지고 있었습니다. 그는 절강浙江, 용강龍岡의 석성산石城山에 병장기를 만들 기지를 마련하고 군사들을 훈련시켰습니다. 어느 정도 세력이 갖춰지고, 치우의 군사에 대항할 수 있는 무기까지 마련되니 황제는 다시 치우천왕에게 싸움을 걸게 됩니다.

치우천왕 측에서는 휘하 장수 치우비蚩尤飛가 대군을 거느리고 전장에 나타났죠. 황제는 치우군이 연막 전술에 능한 것을 알고 자석을 이용하여 방향을 알아낼 지남차指南車를 만들어 대비했습니다. 치우군이 연막작전으로 공격해올 때, 황제는 지남차를 선두에 두어 방향을 잡아 치우비의 본진을 집중적으로 공격했습니다. 이 전투에서 치우비가 전사하면서 치우군은 처음으로 크게 패했습니다. 이 전투 후에 치우군은 세력이 크게 약화되었고, 치우와 황제 사이의 대치는 소강 상태가 이어집니다. 그러는 동안에 황제는 동서간의 융합 정책을 펴서 여러 부족들을 한족漢族을 중심으로 통일시켰습니다. 치우는 109년을 제위에 있다가 죽었는데, 그를 모신 능이 산동의 동평군수장현東平郡壽長縣에 있습니다. 능의 높이가 일곱 길이나 되는데, 백성들이 해마다 시월이 되면 제를 올린다고 합니다. 후세 사람이 치우를 지위천智偉天이라 하여, 환인, 환웅과 함께 삼성사三聖祠에 모셔서 제사를 지내게 된 것입니다."

"예, 상세한 설명 고맙습니다. 덕분에 많은 것을 배웠습니다. 치우천왕께서는 참으로 위대한 분이셨군요. 그런데 한 가지 이상한 점이 있습니다. 그분이 109년이나 제위에 있었다니, 도대체 몇 살까지 사셨다는 거지요? 정말 믿기지 않습니다."

보옥선사가 이해할 수 없다는 듯 고개를 갸웃하며 말했다.

"하하하하. 그렇게 놀랄 일은 아닙니다. 1년을 360여 일로 계산하는 역법은 춘추 전국시대에 널리 쓰인 황제력이나 전욱력顓頊曆 같은 여섯 가지 역법에 의한 것이지요. 그 이전 사람들은 한 해를 둘로 나눠 계산했습니다. 봄과 가을에 천제天祭를 지내면서 그때부터 새로운 해가 다시 시작된다고 사람들이 믿었답니다. 그런 예를 들자면, 치우천왕이 109년간 제위에 있었다는 것 외에도 염제 신농은 140세에, 황제 헌원은 111세에 돌아가셨다고 전하는 것을 들 수 있습니다. 서쪽 나라인 이스라엘에서는 그들의 조상인 아브라함Abraham이 175세까지 살았다고 전하고, 그의 아내인 사라 Sarah가 90세에 아기를 가졌다는 얘기를 전하고 있답니다."

명견대사는 재미있다는 듯이 풀어서 설명했다.

"하하하. 그렇군요. 그렇게 계산한다는 것을 몰랐습니다. 그건 그렇고 치우천왕과 대적한 황제 헌원도 대단한 인물이었군요."

"예, 그렇다고 봐야지요. 맹자孟子의 말씀에 '천시불여지리天時不如地利하고 지리불여인화地利不如人和'라고 했습니다. 즉 '하늘의 운은 땅의 이로움만 같지 못하고, 땅의 이로움은 사람들의 화합된 마음만 같지 못하다'는 뜻입니다. 사람마다 욕망과 풍습이 달라도 이를 널리 포용하고 하나로 뭉치게 할 수 있으면 천하를 얻을 수 있다는 얘기지요. 황제는 황제족, 염제 신농족과 일부 동이족까지 융합해서 화하華夏족을 형성했지요. 그래서 마침내 치우천왕과 대적할 수 있는 힘을 구축하게 되었습니다. 이 화하족이 중화中華 민족의 핵심이 되었죠."

명견대사는 인화를 특히 강조하면서 덧붙여 설명했다.

2. 소호少昊 김천씨金天氏와 김수로왕金首露王

명견대사는 술을 한 모금 마시고는 보옥선사에게 한 잔을 건넸다. 두 사람의 대화는 밤이 이슥하도록 끊어지지 않았다.

"그런데 뇌질청예의 집안은 어떤 내력이 있습니까?"

보옥선사가 술을 받아 마시고는 다시 대사에게 돌려주며 물었다.

"예, 뇌질청예의 조상인 소호 김천씨는 산동의 곡부曲阜 동북에 있는 공상空桑에서 태어났는데, 뒤에 안휘의 청양青陽으로 이동했습니다. 동이족의 우두머리인 태호 복희로부터 나라 다스리는 법을 배우고, 서방으로 진출해서 산동, 안휘, 강소江蘇 북부 일대를 24개 지역으로 나누어 다스렸습니다. 그가 소호라고 불리는 것은 태호 복희씨伏羲氏의 법을 배웠다고 하여 '작은 태호'라는 뜻입니다. 소호는 서방을 다스리면서 멀리 서쪽의 거수들을 데려와 동, 금, 철을 제련하고, 청동을 합금해서 농기구나 무기 또는 귀금속 장식을 만드는 법을 배워서 이를 통해 나라를 부강하게 만들었지요. 또한 금인상金人像을 만들어 하느님께 제사 지냈기 때문에 김천씨金天氏라 했답니다."

명견대사는 계속 술을 따라 입을 추기면서 김천씨의 유래에 대해 설명했다.

요지는 다음과 같았다. 한나라 때에 북방의 여러 민족을 통합한 흉노라는 강대한 유목민 국가가 형성되었을 때의 일이었다. 흉노족이 날로 세력을 확장해 나가는 데 위험을 느낀 한漢나라 무제武帝는 토벌대를 보내어 이를 토벌했다. 당시 흉노의 수장인 선우單于 이추사伊稚斜는 한나라 군대에 패한 훈사왕渾邪王과 휴도왕休屠王을 문책하여 죽이려 했다. 이에 훈사왕은 투항을 반대하는 휴도왕을 유인해 죽인 다음 한나라의 곽거병霍去病에게 홀로 투항했다. 휴도왕이 죽으니, 그의 태자 일제日磾를 비롯한 가족들은 한나라로 끌려가 말을 돌보는 마구간에서 천한 일을 하며 살게 되었다. 그런데 하루는 무제가 말을 검열하다가, 다른 마부들이 키우는 말보다 훨씬 훌륭한 말을 선보인 그를 불러 자초지종을 묻게 되어 그가 휴도왕의 태자였음을 알게 되었다. 무제가 그의 됨됨이를 가상히 여겨 그를 마감馬監에 임명했다. 일제는 아버지인 휴도왕이 소호의 전통에 따라 금으로 사람 모습을 만들어 하늘에 제사를 지내 왔는데, 자신도 그 같은 풍습을 잇고 싶다고 무제에게 말했다. 무제가 기특히 여겨 이를 허락하고, 휴도왕의 자손에게 김씨 성을 허락하여 그때부터 휴도왕의 태자 이름이 '김일제金日磾'가 되었다. 무제는 그를 더욱 아껴 시중侍中으로 삼았는데 김일제는 수십 년을 무제를 모시고 일하면서도 한 치 실수가 없었다. 무제가 이를 높이 평가하여 그를 거기장군車騎將軍으로 승진시켰다. 그러다가 무제를 암살하려던 역적을 잡아 죽인 공으로 공신의 반열에 올라 투후秺侯에 책봉되었다. 그 후에 한나라가 조선을 멸하고 사군을 설치할 때, 김일제의 후손인 이비가 한반도의 고령으로 가족과 함께 이동해 왔다. 이비가는 한반도로 오기 전에 이미 정견모주와 혼인하여 뇌질주일과 뇌질청예를 낳았는데, 형인 뇌질주일은 자라서 대가야국의 임금인 이진아시왕이 되고, 동생인 뇌질청예는 금관가야의 왕이 되었다. 뇌질청예의 청예靑裔는 청양靑陽의 후예後裔라는 뜻으로 금관가야의 왕이 되면서 김수로왕이라 부르게 되었다.

명견대사의 자세한 설명에 보옥선사는 감탄했다.

"김수로왕도 훌륭한 가문을 이어받았군요. 이야기를 듣다 보니 김수로왕에 대해 더욱 호감을 느끼게 됩니다. 우리 가문이 허씨 성을 갖게 된 것은 아버님께서 허창許昌에 살던 허유許由의 높은 절개를 흠모하셨기 때문이라는 말을 들었습니다. 허유는 요순시대堯舜時代 사람으로 현명하고 고결한 분으로 천하에 이름이 알려졌던 분입니다. 요 임금이 순에게 천자의 자리를 물려주었고, 순은 다시 임금의 자리를 물려줄 사람을 찾았으나 주변에 마땅한 사람이 없었답니다. 사람들에게 물어보니 허유를 추천했고, 그에게 제위를 물려주려고 하니까, 그는 더러운 말에 귀가 더럽혀졌다며, 영천潁川에 귀를 씻고 기산箕山에 숨었다고 합니다. 그만큼 세상의 권세나 물욕을 멀리한 채 높고 깨끗한 뜻을 펴신 분이라고 합니다. 그래서 우리 가문도 그분의 뜻을 기려 성을 허씨로 삼았다고 전합니다."

"예, 보옥선사의 가문이나 김수로왕의 가문이나 파란만장한 역사를 가지고 있으면서도 높은 뜻을 잊지 않고 있다는 것이 훌륭합니다. 그러나 이제는 과거보다도 앞으로 미래를 어떻게 이끌어갈 것인가, 그것이 더욱 중요하다고 생각합니다."

"그렇죠. 저도 그렇게 생각합니다. 오늘은 너무 늦었으니 이만 쉬시고,

내일 다시 말씀을 나누지요. 먼 길을 오시느라 피곤하실 텐데, 제가 너무 늦게까지 붙잡은 건 아닌지 모르겠습니다."

"아닙니다. 저도 즐거운 대화를 나눴습니다. 오늘은 그럼 이만하고 내일 다시 뵙죠."

두 사람은 서로 흐뭇한 미소를 나누며 두 손을 마주 잡았다.

3. 인연因緣

"대사님, 안녕히 주무셨습니까? 먼 길을 오셨는데, 쉬지도 못하시고 어젯밤 늦게까지 말씀을 나누었는데, 피곤하지는 않으셨는지요?"

아침 일찍 보옥선사가 명견대사가 머무는 곳으로 나와 문안 인사를 했다.

"예, 덕분에 편히 쉬었습니다. 오랜만에 편한 잠자리를 가져 그런지, 일어날 때 개운했습니다. 아침 일찍 눈이 떠져 뜰 안을 거닐어 보았는데 참으로 잘 가꾸신 정원이 보기 좋습니다. 특히 자단紫檀을 새겨 만든 봉황과 용은 수석水石을 잘 배치한 정원과 함께 이 집의 기품을 더욱 높이고 있습니다. 조경에 관심이 많으신 모양이죠?"

"하하하. 감사합니다. 그저 시간 나는 대로 조금씩 가꿀 뿐이지요. 제가 꽃과 나무를 좋아해서 늘 가까이 두고 볼 뿐입니다."

"하하하하. 겸손한 말씀이십니다."

"대사님, 그런데 오늘은 저의 부모님을 만나 인사를 드렸으면 하는데 괜찮으신지요?"

"예. 그렇지 않아도 제가 인사를 드릴 수 있도록 부탁하려고 했는데, 먼저 말씀해 주시니 오히려 제가 고마울 수밖에요. 그리고 그 전에 선사에게 상의할 얘기가 있는데……."

"예, 말씀하시지요."

"아시다시피 제가 뇌질청예와 함께 금관가야를 세웠다고 어제 이야기하지 않았습니까? 그런데 뇌질청예가 왕이 되었으나 아직 왕비를 간택하지 못했습니다. 그래서 왕이 소승에게 보옥선사에게 가서 부탁드리라고 했습니다. 우리가 한반도로 건너가기 전에 며칠 이곳에 들린 적이 있었지요. 그때 왕은 선사의 누이동생을 눈여겨본 듯합니다. 누이동생이야말로 금관가야를 함께 이끌어 갈 국모로 가장 알맞은 분이라 말하고 있습니다."

"그런 일이 있었군요. 제 누이동생을 그렇게 생각하고 계시는 줄은 몰랐습니다."

"예, 그건 김수로왕의 뜻입니다마는 저도 선사의 누이동생이라면 국모의 자격으로서 충분하다고 생각합니다. 게다가 금관가야와 선사의 집안이 혼인을 맺는다면 서로 좋은 관계가 될 수 있다고 생각합니다. 이미 설명했지만 금관가야는 쇠를 많이 생산하고 있으나 배를 다루는 기술이 부족하여 멀리 해외로 나가기에는 다소 힘이 듭니다. 선사의 집안은 대대로 해운에 힘써 오셨기 때문에 이런 금관가야의 어려움에 많은 도움을 주실 수 있을 것이라 생각합니다."

"예, 그렇게 생각할 수도 있겠습니다. 저의 집안은 해운 분야에서 일을 하고 있고, 그 방면 기술을 가진 사람들이 많습니다."

"어떻습니까? 아유타국왕의 후예인 황옥낭자黃玉娘子와 소호 김천씨의 후예인 김수로왕이 천생배필로 생각되는데. 금관가야의 왕비로 황옥낭자를 맞아들일 수 있도록 선사께서 도와주실 수 없겠습니까? 오늘 선사의 부모님을 뵙게 되면 정식으로 이런 말씀을 드리고 싶습니다."

"대사와 어제 말씀을 나누면서 저도 김수로왕에 대해 호감을 갖게 되었습니다. 그리고 제 누이동생이 올해 열여섯이니 출가할 때가 되었지요. 누이동생의 배필로 그만한 사람이 또 어디 있겠습니까? 오늘 저녁 식사에 대사님을 초대할 것이니, 그 자리에서 저의 부모님과 말씀을 나누도록 하십시오. 제가 미리 부모님과 형님께 말씀드려 놓겠습니다."

"예, 그럼 이따가 저녁 시간에 다시 뵙겠습니다."

아침 식사가 끝난 뒤에 허성 내외, 큰 아들 태옥泰玉, 여동생 황옥이 차를 마시고 있는 자리에서 보옥선사가 말했다.

"아버님, 저하고 친분이 있었던 명견대사가 어제 저를 찾아왔습니다."

"그래, 산동에서 네게 가르침을 주셨다던 분 말인가? 그때 한 번 본 적이 있지. 아마 뇌질청예라고 하는 소년하고 함께 봤던 것 같은데, 이번에는 함께 오지 않았는가?"

허성이 기억하고 있다는 표정으로 고개를 끄덕이며 말했다.

"그분은 아는 것이 많았던 분으로 기억합니다. 『육도삼략六韜三略』에서 『손오병법孫吳兵法』은 말할 것도 없고, 선인도仙人道와 유가의 사서육경四書六經에까지 통달하고 계신 것으로 알고 있는데……."

허성에 이어 태옥도 기억난다는 듯 덧붙여 말했다.

"예, 맞습니다. 그분은 공부를 무척 많이 하신 분입니다. 그리고 이번에는 혼자 오셨습니다. 그분이 저를 찾아온 목적은 그때 함께 왔던 뇌질청예의 혼사 때문이라 합니다. 명견대사의 말을 들어보니 우리와 만난 뒤에 한반도로 갔는데, 동남쪽 끝 변한의 김해라는 곳에서 뇌질청예가 금관가야의 김수로왕으로 추대되었답니다."

"그래, 한 나라의 왕이 되었다니 대단히 잘 된 일이구나. 그런데 혼사 문제라니……?"

"예, 대사는 김수로왕의 배필로 우리 황옥을 생각하고 있다고 합니다. 또한 금관가야의 해운력이 약하니 우리 아유타왕족의 힘을 빌리면 더욱 강성한 나라를 만들 수 있을 것이라고 합니다. 그래서 우리에게 청혼하기 위해 왔다고 합니다."

"무엇이라고? 우리 황옥이 어떤 아이인데, 그런 수만 리 변방으로 출가를 시킬 수 있단 말이냐? 자네가 정신이 나간 것 아닌가?"

태옥이 보옥의 말을 자르면서 못마땅한 듯이 말했다.

"형님, 그렇게만 생각하실 일이 아닙니다. 우리 아유타왕족이 인도 아유디아를 떠나 지금까지 얼마나 고생했습니까? 우리 가문이 옛날과 같은 영광을 되찾기 위해서는 무역만 가지고는 안 된다고 생각합니다. 한번 생각해 주십시오. 금관가야와 손잡는다면 강력한 해상왕국을 다시 건설할 수도 있습니다."

"네 말이 틀린 것은 아니다. 다만 내 생각에는 과연 금관가야가 우리에게 힘을 실어줄 수 있을 만큼 큰 세력을 갖고 있는지 의문이구나. 그리고 김수로왕이 또 그만큼 훌륭한 인물인지 알 수 없고 말이다."

"형님께서는 변방의 작은 나라라고 하셨지만, 이제 시작하는 단계입니다. 그리고 그곳 여섯 나라의 맹주로 군림하고 있다고 하지 않았습니까? 그리고 김수로왕은 소호 김천씨의 자손인 김일제 장군의 직계입니다. 김일제 장군은 한무제 때에 장군이었으며, 공을 세워 공신으로 책봉된 분입니다. 그 정도 가문이면 결코 뒤떨어진다고 할 수 없을 겁니다. 그리고 김수로왕은 명견대사에게 가르침을 받은 사람입니다. 아버님과 형님만 허락하신다면 제가 황옥과 함께 명견대사를 따라 금관가야에 다녀왔으면 합니다. 만일 그곳에 가서 제가 사람을 잘못 봤다면 다시 돌아오겠습니다."

"황옥아. 너는 어떻게 생각하느냐? 보옥의 말을 듣고 보니 좋은 혼처인 것 같기도 하지만, 태옥이 말했듯이 수만 리 변방으로 시집을 보낼 생각을 하니 마음이 내키지 않는 것도 사실이다."

보옥선사의 어머니인 마야 부인이 두 형제의 말을 중간에서 끊고 말했다. 그때까지 말없이 듣고만 있던 황옥낭자가 고개를 들어 가족들을 한 번 둘러보고는 맑은 목소리로 말했다.

"저도 몇 해 전에 뇌질청예님을 잠깐 뵌 적이 있습니다. 보옥 오라버니가 말씀하신 대로 먼 이역이지만 그런 분과 함께 나라를 도모하는 것도 값진 일이라 생각됩니다."

"나는 그래도 반대다. 아직은 모든 것을 확인할 수 없지 않니?"

태옥은 더 이상 말할 필요 없다는 듯 동생의 말을 가로막았다.

"형님, 그렇다면 오늘 저녁에 명견대사와 함께 이야기를 나누면서 더 알아보는 것이 어떻습니까?"

"그래, 지금 이 자리에서 결정하지 말고, 오늘 저녁에 명견대사를 만나 얘기를 들어보고 다시 논의하도록 하자. 그게 좋겠다."

허성은 가족들을 돌아보며 기분 좋게 웃으면서 자리를 마무리했다.

밝음과 어둠이 혼재하는 이른 저녁이 되었다. 도도하게 흐르는 양자강이 내려다 보이는 서남향 정원의 팔각정으로 보옥선사의 안내를 받아 명견대사가 주변 풍경을 감상하며 천천히 오르고 있었다. 팔각정에는 이미 허성과 그의 가족이 먼저 와서 기다리고 있었다. 두 사람이 다가가니, 가족들은 자리에서 일어나 그들을 맞이했고, 명견대사는 허성과 마야 부인에게 두 손을 마주 잡아 가슴 높이에 올리면서 공손히 허리를 숙여 절했다. 허성과 마야 부인도 답례를 했다. 곧이어 큰 아들 태옥과 황옥낭자와도 인사를 마치고 자리를 잡았다. 모두 자리에 앉으니 녹차가 먼저 나왔다. 발효를 하지 않은 차로 갈증을 없애 주고, 입맛을 돋우는 차였다. 다음에는 해파리와 오리 알로 요리한 냉채가 나왔다. 이어서 상어 지느러미탕이 나왔다. 곁에서 시중하는 하인들은 음식이 나오는 중간 중간에 우롱차烏龍茶와 홍차紅茶를 떨어지지 않도록 계속 따랐다. 이곳 사람들이 풍성한 식사를 하면서도 살이 잘 찌지 않는 것은 여러 가지 차로 기름기를 말끔히 씻어 내리기 때문이라고 했다.

"자, 대사님, 이 술을 들어 보십시오."

허성이 모든 사람들에게 술잔을 채우라고 한 뒤, 자신의 잔을 높이 들었다. 모두 허성을 따라 술잔을 눈높이로 들었다. 곧 이어 이곳의 명물인 찐 게가 나왔다. 등 부분에 붙여 놓은 알부터 떼어내 간장을 뿌려 먹고, 몸통을 반으로 잘라 살을 발라가며 장에 찍어 먹었다. 담백하면서도 부드럽고 달콤한 맛이 나는 것이 일품이었다. 이어서 나온 음식은 소금물에 절인 오리였다. 오리 껍질은 적갈색이었는데 고기가 연하고 붉었다. 기름기를 없애서 다듬은 것이기에 고기 맛이 부드러워 씹으면 씹을수록 맛이 났다.

요리를 드는 사이사이에 잡곡밥이 곁들여졌다. 흰살도미와 반어斑魚찜이 나온 뒤에 깨 찹쌀떡과 호두튀김이 사과탕과 함께 후식으로 나왔다.

"이렇게 융숭한 대접을 받으니 황공하기 짝이 없습니다."

명견대사가 후식을 들면서 말했다.

"하하하. 별 말씀을 다 하십니다. 오히려 대사님 같은 분을 만나 뵈어 제가 영광입니다. 보옥의 말을 들으니 학식이 대단히 높으시다던데, 오늘 좋은 이야기를 많이 들려주시기 바랍니다."

허성이 잔을 권하며 환한 미소로 답했다.

"그런데, 대사님은 샤카족 출신이라고 들었는데, 언제 산동반도로 오셨는지요? 샤카족이라면 우리 아유타왕족과도 인연이 있는 줄 압니다. 아마도 오래전에는 인도에서 함께 어울려 살던 부족이었겠지요."

태옥이 명견대사의 말이 끝나자마자 조금은 도전적으로 물어보았다.

"예, 저의 가문 이야기를 하려면 조금 길어지겠군요. 저의 선조는 샤카족의 크샤트리아Kshatriya 출신인데 인드라Indrah, 帝釋天 상제上帝의 계시를 받은 다음, 진리를 구하기 위해 파미르 고원으로 갔다고 전합니다. 마마께서도 아시겠지만 인드라는 브라흐마Brahma, 梵天와 함께 불법을 지키는 신으로 십이천十二天의 하나인 동방을 수호하는 신입니다. 저의 가문은 대대로 인드라 상제를 모셔왔지요. 그래서 그의 계시를 받드는 것은 가문의 오랜 전통이 되었죠. 그 이후로 저의 선조들은 여러 대에 걸쳐 동이족과 함께 이동하면서 사람들에게 생사의 이치를 가르쳤고, 치산치수治山治水, 동과 철의 제련, 도자기를 만드는 일, 기마법과 궁술, 농경과 잠사 등의 여러 가지 기술을 전수해 주었지요. 그러다가 치우천왕을 따라 산동반도에 와서 정착하게 되었습니다. 그리고 산동반도에 정착한 다음에는 태상노군太上老君 노자나 공맹孔孟의 가르침을 접하게 되었습니다. 춘추전국시대를 거치다 보니 손오의 병법도 공부하게 되었고요. 저는 산동의 제난濟南에서 태어났습니다. 어릴 때부터 집안 대대로 내려온 온갖 학문과 사상을 배우려고 노력해 왔습니다만 아직 깨우치지 못한 것이 많습니다. 요즈음은 그나마 배운 것을 실천해 보려고 김수로왕을 도와 금관가야에서 일하고 있습니다."

명견대사가 자신의 가문에 대해 겸손하게 설명했다.

"그런데 대사께서는 금관가야의 김수로왕을 돕고 계신다고 하셨는데, 김수로왕의 내력과 인물에 대해서 알고 싶습니다."

허성이 홍차를 한 모금 마시면서 부드러운 목소리로 말했다.

"예, 마마. 보옥선사에게 이미 소상히 설명했지만, 김수로왕은 올해 나이가 스물셋입니다. 영특하고 위풍이 당당한 청년이지요. 원컨대 김수로왕의 청혼을 허락하시어, 좋은 결과가 있기를 기대합니다."

명견대사가 김수로왕에 대한 내력과 인품에 대하여 진지하면서도 호소력 있는 목소리로 설명을 했다.

"예, 잘 알겠습니다. 대사의 말씀을 잘 들었고, 충분히 이해했습니다. 하지만 이번 혼사는 쉽게 결정할 수는 없습니다. 이는 우리 가문에 매우 중요한 일이니 지금 이 자리에서 무어라 말할 수는 없고, 우리 가족들끼리 의논을 해봐야겠군요. 상의를 하고 나서 내일 저녁까지 결과를 말씀드리기로 하겠습니다."

허성이 자리를 마무리하면서 명견대사에게 공손히 말했다.

저녁 식사를 하면서 나눈 술로 인해 보기 좋게 취기가 오른 사람들의 표정은 밝아 보였다. 마침 중천에 떠오른 보름달도 모든 사람들을 축복하는 듯 환하게 웃고 있었다.

그 날 밤 인드라 신이 꿈에 나타나서 직접 허성에게 말했다.

"내가 오래전에 동이의 변진 땅 금관가야에 새로운 임금을 보낸 적이 있소. 이 임금과 그대의 딸은 인간들이 사는 사파세계娑婆世界를 두루 보살필 수 있도록 선택된 사람이니 인연을 맺을 수 있도록 도와주시오."

"예, 잘 알겠습니다. 분부대로 거행하겠습니다."

이렇게 답하면서 허성이 벌떡 일어나보니 모든 것이 꿈속의 일이었다. 아침을 먹으면서 허성은 지난밤에 자신이 꾼 꿈에 대해 가족들에게 이야기했다. 그러자 마야 부인이 신기한 표정으로 말했다.

"저도 어제 비슷한 꿈을 꾸었어요. 아마 인드라 신께서 우리 황옥을 김수로왕에게 출가시키라고 계시를 내리신 것 같아요."

허성의 집안은 브라만교를 믿다가 근래에 와서 불교의 영향도 받게 되었다. 따라서 인드라는 브라흐마와 함께 석가모니佛釋迦牟尼佛을 수호하는 양 대 주신이 되었다. 허성의 집안에서 브라만교와 불교를 둘 다 믿고 있는 참에 인드라 신의 계시를 받았으니 이는 절대적인 영향을 미치는 사건이었다. 부모의 이야기를 들은 태옥도 자신이 반대했던 뜻을 거두고 청혼을 받아들이기로 했다.

"그래, 우리 의견이 결정됐으니까, 오래 기다릴 필요 없지, 그럼 보옥아 네가 대사님을 점심식사에 초대하려무나. 그리고 황옥아, 먼 이국 땅으로 시집을 가게 되어 서운하지 않겠니? 나는 그래도 네가 걱정된단다. 아무쪼록 마음 단단히 먹고 잘 살아야 한다."

마야 부인이 걱정스러운 표정으로 황옥을 돌아보며 손을 잡았다. 그리고 눈물이 금방이라도 흐를 듯한 얼굴로 딸에게 다짐을 했다.

"예, 어머님."

황옥낭자는 발갛게 상기된 얼굴을 숙이면서 짧게 대답했다. 점심 때가 되어 보옥선사가 명견대사를 모시고 왔다. 모두 자리에 앉자 허성이 먼저 말을 시작했다.

"어젯밤 꿈에 우리 내외가 인드라 상제를 뵈었답니다. 아무래도 김수로왕과 우리 황옥과의 혼인은 하늘이 정해주신 것 같습니다. 우리 가족들도 더 이상 반대하지 않기로 했습니다. 준비되는 대로 가야국으로 출발하도록 하십시오. 황옥과 함께 둘째 보옥이 동행할 겁니다. 그리고 기술자들과 시종들도 보내드릴 테니 우리 딸아이를 잘 보살펴 주시기 바랍니다."

"예, 감사합니다, 마마. 김수로왕이 이 소식을 듣는다면 얼마나 기뻐할지 모르겠습니다."

명견대사는 이제야 한시름 놓았다는 듯 양미간을 펴면서 밝은 목소리로 말했다.

보옥선사는 형 태옥과 상의해서 황옥과 함께 가야국으로 떠날 기술자들과 시종들을 골랐다. 배를 만드는 도편수인 신보申輔와 군사들을 지휘하는 장수인 조광趙匡이 우선 선발되었고, 두 사람의 아내인 모정慕貞과 모량慕良이 함께 뽑혔다. 그들 아래에 목수, 베를 짜는 여자, 음식과 옷을 짓는 사람, 차를 재배하고 다릴 줄 아는 사람, 호위를 할 군사와 노비까지 스무 명을 선발했다. 이와는 별도로 배를 부릴 사람으로 서른 명의 뱃사공을 더 선발했다. 이들은 유월 중순에 준공할 범선을 타고 가기로 했다.

세월은 빨라 모든 사람이 기다리던 유월 보름이 되었다. 그동안 작업 중이던 범선도 완성되어 진수식을 끝내고, 이제 출항만을 기다리고 있었다. 범선은 큰 돛대가 둘이고, 돛을 올릴 수 있게 활대가 여러 개 달려 있었다. 그리고 고물에는 큰 키를 달아 뱃길을 조종할 수 있도록 만들었다. 바람이 없는 날에는 열두 쌍의 노를 저어 앞으로 나갈 수 있었다. 배에는 가야국으로 가져갈 예물을 미리 실어놓았다. 금수 능라 수백 필과 죽로차와 그 열매, 금은 장식, 옥돌 노리개, 유리와 옥돌로 된 그릇, 비단으로 지은 옷가지 등이었다. 출항 날짜를 잡아, 무사 항해를 위한 제를 지낸 다음 명견대사와 그 일행이 허성 일가의 배웅을 받으며 출항했다. 그런데 오송을 떠난 배가 얼마 가지 못하고 돌아오는 일이 생겼다. 사공들의 말을 들으니 풍랑이 심해서 도저히 나아가지 못했다는 것이다. 허성이 다시 인드라 상제에게 제사 지내고, 출항 날을 받기로 했다. 사원에 가서 허성이 기도를 하는 도중에 신탁을 받았는데, 바다의 신을 달래기 위해 파사석탑婆娑石塔을 싣고 가라는 내용이었다. 탑은 네모진 붉은 무늬가 있어 닭 벼슬의 피를 찍어 바른 것 같았다. 돌을 5층으로 쌓은 것인데, 표면에 기묘한 조각을 했다. 명견대사 일행은 이 석탑을 싣고, 이번에는 신의 가호를 받으며 먼 길을 떠났다.

4. 가연佳緣

명견대사가 서쪽으로 떠난 지 벌써 여러 달이 지나, 칠월 칠석날 아침이 되었다. 김수로왕은 새로 지은 궁궐의 정전에서 아홉 명의 간과 조회를 하고 있었다. 김수로왕은 조회를 끝내면서 유천과 신귀에게 일렀다.

"유천 간은 잘 달리는 말로 군사 몇 명을 거느리고 포구로 나가, 그곳에서 가볍고 날랜 배를 타고 남쪽의 망산도望山島로 가거라. 신귀神鬼간은 승호성乘岾城으로 가서 기다려라. 그러면 서남쪽으로부터 좋은 소식이 있을 게다. 유천이 신호를 보내면 즉시 짐에게 알려라."

"예, 마마. 잘 알겠습니다. 그럼 명을 받들어 다녀오겠습니다."

유천과 신귀는 급하게 자리를 일어나 밖으로 나가서 각각 군사들을 챙기고 길을 나섰다. 두 사람이 나간 뒤에 김수로왕은 다시 여도에게 명을 내렸다.

"여도 간은 궁궐 서남쪽 산마루에 만전幔殿을 지어라. 멀리서 귀한 분이 올 것이니 잠시 머물 수 있도록 연보라색 천으로 천정과 네 벽을 치고 바닥에는 붉은 융단을 깔고 교자상과 의자를 설치하라. 그리고 잠시 몸을 쉴 수 있도록 침상도 마련하고."

"예, 알겠나이다. 그리 시행하겠습니다."

김수로왕의 명에 신하들은 이유를 묻지 않은 채 그대로 시행하러 나갔다. 유천이 군사를 거느리고 망산도에 도착하고, 반나절이 지났을 때에 서남쪽에서 온통 붉은 빛 돛을 단 큰 배가 다가오는 것이 보였다. 유천은 부하에게 급히 연기를 피워 신귀에게 알리라고 명했다. 신귀는 승호성에서 기다리고 있다가 연기가 올라가는 것을 보고 즉시 궁궐로 말을 달려 보고했다.

"마마, 큰 배가 망산도 서남쪽에서 북상하는 것이 보인다는 연락이 왔습니다."

"드디어 기다리던 손님이 오는 모양이군. 명견대사가 함께 올 것이니 반갑게 맞아 만전으로 안내하라."

왕은 그렇게 말하고 여러 간과 군사를 거느리고 만전으로 나갔다.

한편 명견대사 일행은 김수로왕이 기다리고 있는 만전에서 가까운 별포別浦 나루에 당도했다. 배가 닿으니, 명견대사는 앞서 뭍으로 내려가 안내를 했고, 그를 따라 보옥선사와 황옥낭자 일행이 차례로 뭍에 올랐다. 신귀가 명견대사를 반갑게 맞이하며 길을 안내했다.

"잠깐만 기다려 주십시오. 이곳 산신령께 제가 온 것을 보고하는 예를 먼저 올려야 하겠습니다."

황옥낭자는 일행을 안내하는 신귀에게 잠시 기다리라는 말을 하고는 근처의 높은 언덕 위로 올라가 커다란 바위 앞에 제단을 차리도록 시종들에게 일렀다. 준비를 끝내고, 먼저 제단 앞에서 큰절을 네 번 한 다음에 황옥낭자는 자신이 입었던 진홍색 비단 바지를 벗어 바위에 걸쳤다. 산신령에게 황옥낭자가 예단을 바치고 자리에서 물러선 뒤, 보옥선사가 다음 차례로 큰절을 올렸다. 제사를 지낸 뒤에 명견대사의 안내로 황옥낭자 일행이 왕을 배알했다. 왕이 말했다.

"먼 길을 오느라 고생이 많았다. 우선 이곳에서 잠시 쉰 뒤에 궁으로 들라. 궁궐의 삼성각에 공주와의 혼례를 준비하도록 미리 일러두었다. 천군 한울이 실수 없도록 모든 것을 준비하겠다고 했으니 믿어도 될 게다. 대사는 그동안 공주 일행이 불편하지 않도록 잘 보살펴 드리고."

"마마를 이제야 배알하니 기쁘기 한량없습니다. 명견대사로부터 마마에 대한 말씀을 익히 들었습니다만, 이렇게 직접 만나 뵈오니 황공하여 몸 둘 바를 모르겠습니다."

황옥낭자가 다소곳하게 고개를 숙이며 수줍게 말했다. 작지만 낭랑한 그녀의 목소리는 듣는 사람들의 호감을 살 정도로 아름다웠다.

"공주를 건업에서 뵌 지도 어언 칠 년이 지났군요. 부모님께서는 모두 강녕하십니까?"

왕이 허성 내외의 안부를 물었다.

"예, 모두 편안히 지내고 있습니다. 지금은 건업에서 대 선단을 운영하고 계십니다."

이번에는 보옥선사가 대답했다.

"우리가 산동에서 명견대사와 함께 만났던 일이 바로 엊그제 같은데, 벌써 옛날 일이 되었구려. 다시 만나 보니 정말 반갑소."

왕은 옛 일을 상기하듯 눈을 지그시 감고 말했다. 이어서 신보와 조광의 내외와 시종들 모두가 왕을 알현했다. 배를 몰고 온 서른 명의 사공들도 왕에게 큰절을 올렸다. 왕은 이들 모두에게 따뜻한 말을 건네며 노고를 치하했다.

"피도 간은 이곳에서 공주 일행을 보살피다가 때가 되면 객전으로 모시도록 해라. 그리고 삼성각에서 사흘 뒤에 혼례를 치를 수 있게 진행하고."

왕이 예부를 맡은 피도를 돌아보며 명을 내리고는 다시 황옥낭자를 보며 말했다.

"공주, 여기서 잠시 쉬세요. 시원한 음료와 맛있는 과일 그리고 떡을 마련해 두었으니, 요기를 하고 충분히 쉰 뒤에 대궐로 들어오세요. 여기 남아 있는 피도가 안내하여 객전으로 모실 것이니. 그럼 나중에 다시 봅시다."

왕은 말을 끝내고 피도와 몇 사람의 시종을 남긴 다음에 신하들과 함께 왕궁으로 돌아갔다. 반나절이 지난 뒤 피도는 공주 일행을 모시고 궁궐로 돌아왔다.

황옥낭자가 가야국에 도착한 지 사흘이 지났다. 사람들에게 예고한 대로 금관가야의 김수로왕과 아유타 왕국의 후손인 황옥 공주와의 혼례가 치러지는 날이 되었다. 많은 사람들이 두 사람의 결혼을 축하하기 위해 삼성각에 모였다. 이윽고 시간이 되니, 천군 한울이 시녀들을 데리고 삼성각에 마련된 제단 앞으로 나섰다. 천군은 먼저 제단에 향을 피우고 큰절을 네 번 하면서 아뢰었다.

"칠월 칠석이 지난 지 사흘인 오늘, 환인, 환웅, 단군 삼성님과 치우천왕 그리고 소호 김천씨를 모시고 방년 스물셋의 금관가야 김수로왕과 열여섯의 아유타국 황옥 공주의 혼사 대례를 치릅니다. 천지신명께서는 이 두 사람을 돌보시어, 두 사람이 만수무강하고 다산다복 하기를 비나이다."

천군 한울이 큰 소리로 축문을 외우고는, 시녀들의 북소리와 꽹과리 소리에 맞추어 너울너울 춤을 추었다. 한참을 추고 난 천군은 다시 제단을 향해 큰절을 하고, 자리에 꿇어앉아 제단 앞에 마련된 화로에서 거북점을 쳤다. 거북점을 한참 들여다보던 천군 한울은 자리에서 벌떡 일어서며 모든 사람들을 향해 크게 외쳤다.

"점괘가 뇌천대장雷天大壯으로 나왔소. 하늘의 운행을 닮아 높은 포부와 기상으로 천하를 호령하여, 새로운 세상을 추진하게 되십니다."

천군이 큰절을 하고 물러선 뒤, 대례복으로 갈아입은 김수로왕과 황옥 공주가 교자상을 가운데 두고 마주 섰다. 먼저 공주가 모정과 모량의 부축을 받으며, 김수로왕에게 네 번 큰절을 했다. 이어서 왕이 두 번 부복해서 절을 했다. 그리고 합환주를 벽옥 술잔에 가득 따른 것을 공주가 세 번 입을 대어 마신 다음에 왕에게 건네주니, 왕이 세 번 입을 대어 마셨다. 대례에 참석했던 모든 사람들은 의식을 치르는 두 사람을 보고 천생배필이라며 입을 모아 칭송을 했다. 혼인 의식이 끝나고 두 사람은 손을 마주 잡고 옥좌로 향해 나아갔다. 두 사람이 자리에 앉으니 모든 사람들이 함께 만만세를 불렀다. 용녀가 이끄는 천군의 시녀들은 사방에 향수를 뿌리고 꽃잎을 흩뿌리며 분위기를 더욱 고조시켰다.

다음 날 아침 조례에서 김수로왕은 아도에게 명을 내렸다. "보옥선사가 돌아가는 편으로 아유타 왕가에 답례로 보낼 폐백을 마련해라. 모시 채

단 스무 필과 금으로 상감을 한 환두대도 두 자루 그리고 자수정 목걸이와 팔찌 한 벌, 금 귀고리 한 쌍을 드리는 것이 좋겠다. 그리고 이곳까지 오가는 동안 고생을 한 사공들에게도 각각 쌀 한 섬씩과 베 서른 필씩을 주도록 해라."

"예, 마마. 분부대로 시행하겠나이다."

아도가 허리를 굽히며 대답을 했고, 곁에서 지켜보던 보옥선사가 말을 이었다.

"마마, 이제 저희들은 하직을 해야 할 때가 된 것 같군요. 이렇게 귀한 물건을 예물로 받아 가게 되니 황공하기 짝이 없습니다. 마마의 성은에 감격할 따름입니다."

왕은 그 말을 듣고 흐뭇한 미소를 지으며 보옥선사에게 말했다.

"하하하. 오히려 짐이 감사할 따름이다. 그런데 보옥선사는 이번에 가면 또 언제 올 건가? 명견대사와 함께 짐을 도와 우리 금관가야를 더욱 부강하게 만들어 줄 수 없는가?"

"마마, 심려 마시옵소서. 반드시 다시 찾아 뵙게 될 것입니다. 우선은 건업으로 돌아가서 대례가 성대히 치러졌고, 황옥이 잘 살고 있다는 이야기를 부모님께 전해야겠습니다. 두 분이 심려하지 않도록 한 다음에 다시 돌아오겠습니다. 앞으로 마마를 도와 해상무역을 개척하는 일에 저의 모든 힘을 다할 것이옵니다."

"고맙다. 나는 그대가 다시 돌아오기만을 기다리겠다."

다음 날 아침 일찍 보옥선사 일행이 탄 배는 명견대사와 피도의 배웅을 받으며 망산도 동남쪽을 돌아 서쪽으로 향했다.

제4장

두 개의 왕국

1. 주몽朱蒙

"빨리 가자. 저 강을 건너면 아무도 우리를 잡지 못할 것이다."

다갈색 말 등에 몸을 꼿꼿이 세워 앉은 주몽이 외쳤다. 이미 하루 밤낮을 쉴 새 없이 달려온 주몽 일행 네 사람은 지칠 대로 지쳐 있었다.

"너무 힘듭니다. 잠깐만 쉬었다 가시죠. 저기에 강물이 보이니 말에게도 물을 먹이고 쉬도록 해야 됩니다."

주몽 바로 뒤에서 따라 오던 오이烏伊가 말했다.

"그래, 저기 강가에 갈대밭이 보이니 그 옆에서 잠시 쉬도록 하세. 합부陝父, 자네는 근처에 누가 있는지 잘 살펴보게, 만일 조금이라도 이상한 낌새가 보이면 바로 떠나야 할 걸세."

주몽의 말에 네 사람은 말에서 내렸다. 주변에 별다른 위험이 없다고 판단한 그들은 갑옷을 벗고 강물에 뛰어들었다.

'풍덩' 소리에 놀란 듯 갈대밭에 둥지를 틀고 있던 기러기들이 '끼루룩' 소리를 치면서 '푸드덕' 하고 날았다. 그때 멀리 북쪽 들판에서 수십 명의 군졸들이 이쪽 방향으로 말을 달려오는 소리가 들렸다. 그 소리에 놀란 일행은 부랴부랴 갑옷을 챙겨 입고, 말고삐를 풀었다. 함성소리가 가까워지면서 멀리 동부여의 대소帶素 왕자를 표시하는 깃발이 보였다. 그들은 주몽을 잡으려고 빠른 속도로 추격해 오는 무리들이었다.

"대소의 무리들이 곧 여기까지 올 텐데 어떻게 하지? 강물에 막혀 건널 수가 없으니……. 하느님과 하백河伯의 후손인 내가 이런 하찮은 강물을 건너지 못해 적들에게 잡히다니……. 물의 신이신 외조부의 도움도 받지 못한다는 말인가?"

주몽은 하늘을 우러러보며 크게 탄식을 했다.

그때 망을 보러 갔던 합부가 헐레벌떡 달려왔다. 합부의 뒤를 따라 상앗대를 손에 든 사내 세 명이 나타났다. 그들의 허리는 거북의 등처럼 모두 굽어 있었다.

"저 사람들은 졸본부여卒本扶餘 사람인데 거북 사공이라 합니다. 졸본부여 왕의 지시로 배 세 척을 갖고, 여기서 우리를 기다리고 있었답니다."

합부가 말했다.

"아, 하늘이 우리를 버리지 않았구나. 우선 배를 타고 강을 건너세. 이제 곧 대소 무리들이 이쪽으로 들이닥칠 텐데, 어서 서두르세. 자, 출발하세."

일행은 타고 온 말을 끌고, 세 척의 배에 나누어 탔고, 거북 사공들은 능숙한 솜씨로 배를 부려 강을 건넜다.

"여기가 길림吉林인가? 강 이름이 엄리수淹利水라 했지? 분릉수坌陵水라고도 했던가?"

주몽이 뒤를 돌아보며 말했다. 배가 건너편에 닿을 무렵 강가에 당도한 대소의 무리들이 고함을 치며 화살을 퍼부었다.

"이놈들! 이리 돌아와 항복해라! 항복만 하면 너희들 목숨은 살려줄 테니 어서 돌아와라!"

"하하하. 여기까지 따라 오느라고 수고했다, 이놈들아! 우리를 잡으려

면 잡아봐라. 이놈들아! 하하하."

주몽 일행 중에서 목소리가 제일 큰 마리摩離가 삿대질하면서 대꾸
했다.

북부여의 해모수解慕漱 천제의 후손이라는 고모수高慕漱가 유화柳花를
만난 것은 오래전의 일이었다. 유화는 내몽고 서 요하 상류에 있는 서 압
록강鴨綠江을 다스리던 하백의 딸이었다. 그런데 유화와 하루 밤을 함께
지낸 고모수는 옥저沃沮로 돌아가서 다시는 연락을 하지 않았다. 얼마 후
유화는 배가 불러왔고, 그 사실을 알게 된 하백은 어른들의 허락 없이 몰
래 정을 통한 유화를 꾸짖고는 집에서 쫓아내었다. 유화는 집에서 나와 백
두산 남쪽의 우발수優渤水 물가에서 살게 되었는데, 어느 날 동부여 왕 해
부루解夫婁의 아들인 금와왕金蛙王이 우연히 그곳을 지나다가 유화를 만났
다. 유화의 딱한 사연을 들은 금와왕은 그녀를 왕궁으로 데리고 와 별채에
서 살게 했다. 그때부터 하늘에서는 유화를 향해 햇빛이 따라다니며 비춰
주었다. 유화는 그 햇빛을 피해 다녔지만, 햇빛은 계속해서 유화를 따라다
녔고, 심지어는 방안에 들어와도 그 빛은 유화를 감싸고 비켜나질 않았다.
그러다가 유화는 갑자기 해산 기미를 보이더니 이윽고 커다란 알을 하나
낳았다. 금와왕은 이를 매우 불길하게 생각해서 그 알을 돼지의 먹이로 줘
버렸다. 돼지가 그것을 먹지 않으니, 이번에는 길에 버렸다. 그러나 지나
가는 우마牛馬조차도 이를 피해 갔다. 들에 버리면 새와 짐승이 알을 감싸
주었으며, 깨뜨리려고 해도 깨어지지 않았다. 금와왕은 하는 수 없이 그
알을 낳은 어머니 유화에게 돌려주었다. 유화가 그 알을 이불로 싸서 따뜻
한 아랫목에 놓아두었더니, 마침내 알을 깨고 씩씩한 아이가 나왔다. 이
아이가 바로 주몽이었다.

당시 금와왕에게는 일곱 아들이 있었는데, 다들 주몽의 재주에는 미치
지 못했다. 주몽은 활 쏘기, 말 타기, 칼 쓰기 등에서 일곱 왕자들과 겨루

었으나 한 번도 진 적이 없었다. 주몽을 시기하던 일곱 왕자들 중에서 첫째인 대소가 왕에게 말했다.

"주몽은 사람이 아닙니다. 신이 내린 것 같습니다. 일찌감치 없애버려야 뒤탈이 없을 것입니다. 잘못하다가는 나라를 빼앗길 수도 있을 겁니다."

이에 금와왕도 주몽에 대한 경계심을 갖게 되었다. 그렇지만 주몽을 자신의 아들처럼 돌보며 아끼는 마음은 여전하였다. 주몽의 재주도 뛰어났지만, 그의 어머니인 유화 부인에 대한 책임감도 갖고 있었기 때문이다. 금와왕은 귀족의 자녀 중에서 품성이 고운 예씨禮氏를 골라 주몽과 혼인을 시켰다. 그리고 주몽에게 마감을 맡겼다.

주몽은 자신이 동부여에서 살아간다면 너무나 험난한 미래가 닥쳐오리라는 사실을 알고 있었다. 대소를 비롯한 일곱 왕자들의 음해로 매우 불안한 생활을 하고 있었으며, 언젠가는 대소가 왕위를 물려받게 될 것이고, 그 후에는 자신의 목숨마저 위태롭게 될 것을 알고 있었다. 그런 이유로 주몽은 기회가 된다면 동부여를 떠날 생각을 하고 있었다.

엄동설한이 지나고 동부여의 땅에 봄이 찾아온 어느 날이었다. 넓게 펼쳐진 들판에는 귀리가 자라서 제법 푸른빛이 온 누리를 덮었다. 사냥을 마치고 집에 들러 저녁 식사를 마친 주몽에게 아내가 발갛게 상기된 표정으로 다가왔다.

"여보. 아무래도 몸이 이상해요."

"어서 말해 봐요. 어디가 이상한데?"

주몽은 애정 어린 눈으로 아내를 바라보며 살짝 웃어 보였다.

주몽이 웃음을 보여주어서 다소 용기를 얻은 듯 예씨 부인이 바짝 다가앉으며 주몽의 손을 잡았다.

"예, 그럼 말 할게요. 음……. 저, 제가 아기를 가졌나 봐요."

"뭐라 했소? 한 번 더 말해 봐요. 아기라 했소?"

"예. 그것 있잖아요. 달마다 있던 게 벌써 석 달째 없어요."

"정말이요? 그렇다면 얼른 어른들께 알아봐야겠군. 정말 아기를 가진 것이라면 얼마나 좋겠소. 하하하."

주몽은 아기라는 소리에 눈이 번쩍 뜨였다. 마치 하늘로 붕 떠올라 구름 위를 걷는 기분이었다.

"이왕이면 아들이 태어났으면 좋겠는데."

"아이 참. 벌써 아들부터 찾고 계시네."

그러면서도 예씨는 어렵게 얘기한 아기를 가졌다는 소식에 주몽이 이토록 반가워하니 기쁨으로 가득 찼다. 주몽이 너무나 고마워 그의 품에 살짝 안기며 행복한 표정으로 눈을 감았다.

그리고 석 달이 흘렀다. 주몽이 말을 돌보러 나갔다가 긴장한 낯빛으로 황급히 돌아왔다. 동부여 왕궁 내의 공기가 심상치 않았기 때문이다. 주몽이 안방에 들어서면서 예씨에게 말했다.

"여보. 아무래도 바깥 공기가 심상치 않소. 만약에 급한 일이 생기면 바로 남쪽 나라로 피신할 생각이오. 졸본부여에 고모서왕이 계시는데, 옛날 해모수 천제의 후예라고 하니 우리의 선조이신 고두막高豆莫 한汗과도 혈통이 같지요. 그리로 몸을 피할 생각이오."

"그러면 우리는 어떡하지요? 저는 이렇게 배가 불러오는데."

예씨는 근심이 가득 찬 얼굴로 남편을 보고 말했다.

"그들은 나를 해치려고 하는 것이니, 아녀자까지 해치지는 않을 것이오. 만일 위험이 닥치면 어머니를 찾아가시오, 그러면 반드시 도와주실 거요."

"그래도 당신께서 아무 말 없이 훌쩍 떠나시면 언제 또 만납니까? 태어날 아기는 또 어떻게 하고요?"

"만약 태어나는 아기가 사내라면 이름을 유리瑠璃라고 지으시오. 그리고 이 보검을 둘로 잘라, 칼날 쪽을 일곱 모가 나는 돌 위 소나무 아래 숨겨 두고 갈 것이니, 뒤에 아기가 자라면 찾아보라고 말하시오. 칼자루 쪽은 내가 갖고 있으리다. 언젠가 다시 만나게 되면 이것을 증표로 삼아 서로 알아볼 수 있을 것이오."

주몽은 마치 미래를 예견이나 한 듯이 또박또박 말을 했고, 예씨는 고개를 끄덕이며 그렇게 하겠노라고 대답했다.

유화 부인이 동부여의 왕자들이 주몽의 재주를 시샘해서 그를 죽이려고 음모를 꾸미고 있다는 사실을 알게 된 것은 하늘의 도움이었다. 데리고 있던 시종이 왕자들이 머물고 있는 궁으로 심부름을 갔다가 그런 이야기를 듣고 급하게 전해준 것이었다. 유화 부인은 그 즉시 믿을 만한 시종을 불러 들였다.

"어서 빨리 가서 주몽에게 알려라. 궁으로 돌아오지 말고, 즉시 남쪽으로 달아나 엄리수를 넘어 졸본으로 가라고……."

시종은 재빨리 궁을 빠져 나왔다. 때마침 주몽과 그를 따르는 세 명의 부하 오이, 마리, 합부는 사냥을 마치고 궁궐로 돌아오던 중이었다. 궁궐 문을 막 나선 시종은 주몽을 만나 유화 부인이 보내는 전갈을 건넸다. 그 전갈을 받은 주몽과 세 명의 부하는 그 길로 말머리를 돌려 남쪽으로 달아나기 시작했다.

2. 소서노召西奴

"아바마마, 요즈음 동부여에서 이상한 소문이 들려옵니다."

졸본부여를 다스리고 있는 고모서왕의 둘째 딸인 소서노가 차를 마시던 중 불쑥 말했다. 소서노는 제철을 업으로 삼는 사람이라는 뜻으로 이 여인의 장기를 나타내는 이름이다. 고모서왕은 그 소리를 듣고 고개를 들어 소서노를 힐끗 쳐다보며 되물었다.

"그래, 무슨 소문을 들었기에 그리 야단이냐?"

"동부여의 주몽이 대소 왕자를 비롯한 일곱 왕자와 그들을 추종하는 무리들에게 핍박을 받아 난처해졌다고 합니다. 주몽은 무예가 뛰어날 뿐만 아니라 지략까지 겸비해서 훌륭한 인재라고 소문난 사람입니다. 그래서 대소는 주몽이 장차 동부여를 위험에 빠뜨릴 것이라고 생각하고, 그를 사전에 죽여 없애려고 하는 모양입니다. 우리가 보낸 세작細作이 알아 온 바로는 며칠 안으로 주몽을 암살하려는 시도가 있을 거라고 합니다."

소서노는 차를 한 모금 마시며 길게 설명을 했다. 잠시 침묵이 흐르는 가운데 고모서왕은 생각에 잠기었다.

소서노는 동부여왕 해부루의 후손이라는 우태優台와 결혼해서 사이에 아들을 두 명 두었다. 우태가 병으로 죽어 두 아들을 데리고 친정인 졸본부여 왕궁으로 들어와 아버지인 고모서왕과 함께 살고 있었다. 그녀의 키는 여덟 자가 넘었고, 어렸을 때부터 학문을 익히고, 무예를 배우는 등 남자 못지않게 당당하게 자란 여장부였다. 그녀가 즐긴 분야는 병법과 치세 등 군사에 관련된 것으로 『손자병법』 등을 꿰고 있었다. 또한 제철법에 관련된 기술도 많은 공을 들여 배우고 익혔다. 고모서왕은 그녀의 재주를 잘 알고 있었기 때문에 나라에 일이 있을 때마다 불러 조언을 듣곤 했었다. 소서노는 그때마다 현명한 판단을 내릴 수 있도록 갖가지 정보를 왕에게 들려주곤 했었다. 오늘도 동부여에서 보내온 세작의 정보를 분석해서 왕에게 보고하는 중이었다.

"북부여의 대통을 이어 받은 우리 졸본부여가 옛 단군조선의 강토를 회복하려면 많은 인재들을 영입해야 합니다. 주몽은 그런 면에서 훌륭한 장수가 될 소질을 갖고 있습니다. 우리 졸본부여에 가장 필요한 인재라고 말할 수 있습니다. 그는 또한 천제의 아들 해모수의 혈통을 이은 고모수와 서요하西遼河를 다스리던 하백의 딸 사이에서 태어났다고 합니다. 그만한 혈통이면 어느 누구 못지않게 고귀한 가문이라고 생각합니다. 그의 활 쏘기는 신궁神弓이라는 소리를 들을 정도이며, 게다가 명석한 두뇌로 뛰어난 계략을 세울 수 있고, 더 중요한 것은 인품이 뛰어나 많은 사람들이 따른다는 겁니다. 만일 지금 곤경에 빠진 주몽을 돕게 된다면, 그 사람을 우리 졸본부여로 데려올 수 있을 겁니다. 우리가 그를 모시고 주변의 여러 지역을 우리 땅으로 만들 수만 있다면 단군조선의 옛 지위를 우리가 차지할 수 있을 겁니다."

"그래, 네 말은 잘 알겠다. 주몽이라는 자가 그리 훌륭하다면 미리 손을 써야 하는 건데. 이제 와서 서두른다고 되겠느냐? 그를 우리 졸본부여로 데려올 방도가 막연하군."

"아닙니다. 아직도 기회가 있습니다. 만일 주몽이 대소 왕자에게 쫓긴다면 분릉盆陵에서 반드시 엄리수 쪽으로 도망칠 것입니다. 우리가 미리 그곳에서 준비를 하고 있다가 어려움에 처한 주몽을 구해준다면 그도 우리를 고맙게 생각할 겁니다. 엄리수를 건너려면 배와 사공이 필요하니, 날랜 사공을 준비시켰다가 유사시에 곧바로 투입하는 것이 좋을 것입니다."

소서노가 세작들이 가져온 정보를 분석하고, 그에 대해 보충 설명을 하며 왕에게 자신의 의견을 말했다.

"음, 공주의 말이 틀림없을까? 공주의 말대로 엄리수의 동부여쪽 강변에 배와 사공을 보내서 기다리고 있도록 해라."

왕의 명이 떨어짐에 신하들은 정전을 나오며 바로 군사들에게 지시했다. 소서노는 오늘 졸본부여의 운명을 가름할 수 있는 큰 투자를 한다고 생각했다. 그리고 앞으로 강대한 국가를 만들어 갈 수 있다는 부푼 희망을 갖게 되었다. 그녀는 푸른 하늘을 보며 마음속으로 굳게 다짐을 했다.

'주몽 왕자님 어서 오소서. 이 소서노가 힘껏 도와 왕자님의 원대한 꿈을 이룰 수 있도록 돕겠습니다.'

한편 주몽 일행은 대소의 추격을 가까스로 피해, 엄리수를 건너서 졸본부여 땅으로 들어왔다. 그들은 쉬지 않고 밤길을 재촉하여 계속 나아가서 마침내 모둔곡毛屯谷에 이르렀다. 그때 멀리서 세 사람의 장골이 일행을 향해 다가오는 모습이 보였다.

"그대들은 누구인가? 어찌하여 우리에게 다가오는가?"

오이가 다가서는 그들을 제지하며 물었다. 그러자 삼베옷을 입은 사람이 앞으로 나서며 세 사람을 대표해서 대답했다.

"저는 재사再思라 합니다. 이 사람은 무골武骨이라 해서 항상 장삼을 입고 다닙니다. 저 사람은 묵거默居입니다. 주몽 왕자께서 이쪽으로 오신다는 소문을 듣고 함께 일을 도모하고자 이곳에서 기다리고 있었습니다."

주몽은 흡족한 미소를 보이며 세 명의 장골들에게 말했다.

"내가 지금 천명을 받들어 나라를 세우고자 하는데, 그대들과 같은 보배를 얻으니 어찌 하늘의 도움이라 하지 않겠소. 우리 다 함께 졸본부여로 갑시다."

주몽의 말을 듣고, 재사가 덧붙여 말했다

"졸본부여 왕 고모서에게는 세 명의 딸이 있습니다. 그 가운데 둘째가 소서노라고 하는데, 그야말로 남자 못지않은 대단한 여장부입니다. 그녀는 지략이 비범하여 고모서왕의 총애를 받고 있답니다. 우리가 졸본부여로 간다면 반드시 우리 편으로 끌어들여야 할 사람입니다. 그녀가 우리 편이 되어준다면 앞으로 우리의 큰 뜻을 펴는데 많은 도움을 줄 수 있을 겁니다."

"그래요? 그럼 우리가 먼저 만나봐야 할 사람인 것 같군. 대소 왕자에게 쫓겨 강에서 어려움에 처했을 때, 도움을 주었던 거북 사공들의 말로는 소서노 공주가 시켜서 엄리수에서 기다리고 있었다고 했지. 졸본천卒本川으로 가면 반드시 만나야 하겠군."

이윽고 주몽의 일행이 졸본천의 흘승골성紇升骨城에 도착했다. 주몽 일행이 땀을 식히면서 쉬고 있는데, 왕의 시종이 들어와 정전으로 모시겠다고 전했다.

주몽은 오이만 대동하고 시종을 따라 나섰다. 졸본부여의 정전에는 왕과 왕비가 가운데 앉아 그를 기다리고 있었다. 왕의 바로 곁에는 팔척장신의 여인이 날카로운 눈매로 그를 바라보고 있었다. 주몽은 그 여인이 소서노라고 짐작했다. 눈빛이 예리한 것이 자신의 마음속까지 꿰뚫고 있는 듯했다.

"어서 오시오, 주몽 왕자. 얼마나 고생하셨소."

왕은 오랜 지기를 만난 듯이 반가운 기색으로 주몽을 맞았다.

"예, 마마 도움을 받아 이렇게 왔나이다. 저와 일행을 거두어 주신 것에 감사 드립니다."

주몽은 왕에게 허리를 굽혀 인사를 하곤 자신을 구해준 것에 대해 고맙다는 인사를 먼저 올렸다.

"하하하하. 이미 우리 공주를 통해 왕자에 대한 많은 얘기를 들었소. 그대의 재주가 참으로 많다고 들었는데, 이렇게 보니 참으로 대장부답소. 그리고 활 쏘는 솜씨가 대단하다고 하던데, 백발백중이라지요?"

"마마, 황공하옵니다. 아직도 부족한 점이 많습니다. 그렇게 말씀하시니 몸 둘 바를 모르겠나이다."

"하하하하. 내가 그대 재주가 많다는 소리를 듣고, 꼭 만나고 싶어 그리한 것이오. 공주가 말하기로 왕자는 쇠부리를 잘 한다면서요. 해모수 천제의 후손이라면 틀림없이 제철 기술을 지녔을 것으로 압니다만⋯⋯."

왕이 인자한 미소를 띠며 다정하게 물었다. 그때 옆에서 지켜보던 소서노 공주의 눈빛이 '반짝' 빛났다.

"예, 마마. 저의 집안은 대대로 쇠부리를 익혀서 철제 농기구와 무기를 만들도록 사람들을 훈련시켜 왔습니다. 그래서 저도 조금은 그쪽 일을 할 줄 압니다."

"우리 졸본부여는 졸본천에서 캔 사철을 녹여서 쇠를 만들어 이웃 나라에 팔고 있습니다. 주몽 왕자가 이런 일에도 밝다 하니 앞으로 우리에게 힘이 되어 주리라 믿소. 먼 길을 오느라 피곤할 터이니 오늘은 객전에서 편히 쉬도록 하시오."

왕은 주몽과의 첫 대면이 만족스럽다는 표정으로 환하게 웃으면서, 시종장에게 주몽 일행을 잘 대접하라고 다시 이르고는 자리를 떴다.

다음 날 아침, 객전에서 휴식을 충분히 취한 주몽은 재사를 불렀다.

"소서노 공주를 한 번 만났으면 하는데 시종과 상의해 주시오."

한참 후에 재사가 왕궁에 다녀와서 말했다.

"마마, 제가 공주님을 만나 뵙고 말씀드렸더니, 이곳으로 바로 오시겠다고 합니다."

"아니, 공주가 이 객전으로 바로 온다고? 그럴 수가 있는가? 아무튼 이쪽으로 오신다니 기다릴 수밖에……."

주몽은 소서노의 적극성에 내심 놀랐다.

얼마 후 소서노가 몸종 하나만 데리고 객전에 나타났다. 그녀는 여장부답게 말을 타고 왔다. 주몽은 여섯 명의 부하와 함께 객전 앞으로 나가 그녀를 맞았다.

"왕자님께서 소첩에게 알아보실 게 있다고 하셔서 왔습니다. 어떻습니까? 소첩과 말을 몰아 비류수沸流水까지 다녀오시지 않겠습니까? 오는 길에 쇠부리 터도 구경하시고, 졸본부여 강토를 살펴보면 될 듯합니다만……."

"예, 저는 좋습니다. 공주께서 괜찮으시다면 이보다 좋은 일이 또 있겠습니까?"

주몽은 동부여에서 타고 온 말을 끌어내어 몸을 날려 말 등에 올랐다. 여섯 명의 부하들도 일제히 채비를 하고 말에 올랐다. 소서노 공주가 먼저 길을 나섰다. 말고삐로 조종하면서 발로 박차를 가하니 말은 질풍처럼 달리기 시작했다. 그녀는 웬만한 남자들은 따라가지도 못할 정도로 말을 잘몰았다. 주몽 일행도 이를 놓칠 새라 뒤따라 말을 달렸다. 그들은 졸본천을 따라 펼쳐진 넓은 들판을 가로질러 한참을 달려 산 정상에 올라보니 그곳은 고원지대였다. 편평한 것이 수천의 군사와 백성을 함께 수용할 수 있을 만한 넓이였다.

"저 아래 들판에 무엇을 심었습니까?"

주몽이 공주에게 물었다.

"귀리와 콩, 수수 등을 재배하고 있습니다. 이곳은 사방을 한눈에 감시할 수 있는 곳입니다. 이곳으로 접근하는 주변 산세가 험준해서 함부로 침입하기도 어렵습니다."

공주가 발 아래로 멀리 퍼져 있는 들을 내려다 보며 말했다.

"물을 충분히 얻을 수 있는지요? 지역이 험준하여 적으로부터 방비하는 것도 좋지만, 가장 중요한 것은 물이지요. 물이 없으면 오래 버틸 수 없답니다. 사람과 가축을 위해서 가장 필요한 것이지요."

주몽이 걱정스러운 듯 다시 물었다.

"물은 많습니다. 산 위 분지 구석에 천지라는 연못이 있고, 그곳 말고도 다섯 곳에서 샘을 발견했습니다. 그래서 이곳을 오녀산五女山이라 하지요. 물이 맑아 그대로 마셔도 된답니다."

공주가 걱정할 필요 없다는 듯 자신 있게 말했다. 그곳을 한 바퀴 둘러본 그들은 산을 내려와서 서쪽으로 나가 곧 비류수 가에 이르렀다. 말에게 물을 먹이고, 물가에서 잠시 쉬고 있는데, 위쪽에서 채소 같은 먹거리가 두둥실 떠내려 오는 것이 보였다.

"이 강 상류에도 사람들이 살고 있는 모양이지요?"

주몽이 물었다.

"예, 마마. 그곳에는 비류국 사람들이 살고 있습니다."

이번에는 가까운 곳에서 쉬고 있던 재사가 대답했다. 그때 조금 떨어져 있던 공주가 다가오며 말했다.

"왕자님, 이제 조금 쉬었으니, 제가 운영하는 쇠부리 터로 출발하지 않으시렵니까?"

"그럽시다. 이곳은 볼만큼 돌아봤으니 이제 출발해도 됩니다."

벌써 저녁노을이 물들면서 온 하늘이 붉은 빛을 띠기 시작했다. 한참을 달리니 저 멀리서 연기가 오르는 곳이 보였다. 소서노 공주가 아끼는 쇠부리 터였다. 입구에 당도해보니 솟대가 높이 올라 그들을 마주하고 있었다. 솟대 끝에는 세 발 까마귀 조각이 올려 있었다. 해를 숭상하는 부여 사람들은 하느님과 교신을 할 때 세 발 까마귀인 삼족오가 심부름을 해준다고 믿고 있었다. 삼족오는 해를 숭상하는 신앙의 상징이었다. 쇠부리 터에 들어가니 두 개의 큰 가마와 그 곁에 대장간이 하나 있었다. 마침 사람들이 졸본천에서 캐어 낸 사철을 녹이고 단련해서 철제 무기와 농기구를 만들고 있었는데, 주몽 일행은 공주의 안내를 받아 이를 두루 살펴보았다.

'아직은 본격적인 쇠부리 터로 발전하지 못했군. 이제 막 시작하는 단계야. 하지만 이곳을 잘 관리하면 좋은 제철소로 키울 수 있겠어. 여건이 아주 좋아.'

주몽은 마음속으로 졸본부여의 제철 능력을 분석하고 있었다.

왕궁으로 돌아오는 길에 주몽과 소서노는 말머리를 나란히 하면서 얘기를 나누었다.

"공주님께서 지금 걱정하고 계시는 것이 무엇인지 알고 싶습니다. 졸본의 지형이나 산세가 참으로 잘 갖추어져 적들로부터 나라를 지키는 데는 아주 좋아 보입니다. 그리고 제철 능력은 아직 충분하지는 않지만 앞으로 발전할 가능성이 매우 크군요. 잘만 관리하면 훌륭한 능력을 갖게 될 겁니다. 저는 그밖에 공주님이 갖고 계신 근심거리가 있는지 궁금하군요."

주몽이 공주를 돌아보며 가볍게 물었다.

"왜, 근심이 없겠습니까? 왕자께서 말씀하신 대로 이곳 지형은 나라를 지키는데 유리한 점은 있습니다. 그리고 제철 능력이야 앞으로 더욱 노력하면 되는 것이고요. 하지만 이러한 외적인 문제보다는 안으로부터 걱정거리가 많습니다. 솔직히 말씀드리면 아바마마께서 연로하신 데다가 요즈음은 건강마저 좋지 않으십니다. 슬하에 딸이 셋 있으나, 첫째 사위와 둘째 사위가 모두 병사해서 의지할 사람이 없습니다. 게다가 우리 졸본부여 주변으로 말갈靺鞨부족, 홀본의 옥저, 요동의 낙랑, 북부여와 동부여가 있습니다. 그들은 언제든지 우리 졸본부여의 땅을 차지하려고 호시탐탐 기회를 엿보고 있습니다. 나라를 다스리려면 유능한 인재가 많이 있어야 하는데, 아직 많이 부족한 형편입니다. 제가 여러 모로 신경을 쓰고 있는데도 쉽게 사람들이 모이지 않습니다."

"그렇군요. 저는 오늘 많은 곳을 돌아보면서 느낀 점이 몇 가지 있습니다. 그 한 가지는 오녀산에 산성을 쌓아 그곳으로 왕궁을 옮기면 지키기도 수월하고, 다른 나라로 진격하기도 쉬울 것이라는 생각입니다. 그리고 오녀산과 졸본천 사이에 쇠부리 터를 크게 만들면 창검, 화살 등 무기를 많이 만들 수 있을 겁니다. 쇠부리에 꼭 필요한 물과 나무가 충분하지 않습니까? 그리고 그곳의 너른 평야지대에서 군사를 훈련하면 어느 나라도 감히 침범하지 못할 강병을 기를 수 있을 것입니다. 제가 데리고 온 합부를 지휘관으로 임명하여 이들을 훈련시킬 수 있습니다. 아마 한 달 정도 시간을 주시면 얼추 모양새를 갖출 수 있을 것입니다."

소서노는 자신이 말했던 근심거리에 대해 주몽이 구체적인 대응책을 말하자 회심의 미소를 띠며 고개를 끄덕였고, 주몽은 말을 계속 이었다.

"그리고 나라의 위용을 갖추려면 우선 왕실의 체제를 정비해야 합니다. 이런 일을 하는 데에는 오이와 마리만큼 경험이 있는 사람도 없을 것입니다. 이 두 사람은 동부여 왕실의 고관으로 있으면서 국정을 살피다가 대소 왕자와 마음이 맞지 않아 자리를 물러 난 인재들입니다. 이들을 등용하시면 졸본부여의 의식 제례 등 모든 일 처리에 대한 형식과 절차를 단군조선의 수준으로 끌어올릴 수 있을 것입니다. 또한 제가 보아하니 이 나라 지세는 산이 많고, 농사할 땅이 부족합니다. 하지만 예로부터 모든 일은 사람 하기 나름이라는 말이 있습니다. 백성들이 의욕을 갖고 증산에 힘쓰면 곧 넉넉한 살림살이를 가진 부자 나라가 될 수 있습니다. 이를 위해 단군조선에서는 정전법井田法을 썼답니다. 농지를 우물 '정'자 모양으로 나눈 다음 여덟 명이 아홉 마지기의 농토를 가꾸고, 그중에서 한 마지기의 소출을 나라에 바치도록 하는 것입니다. 이렇게 하면 사람들이 일한 만큼 자기 몫이 크게 돌아오니 열심히 일을 할 것입니다."

소서노는 주몽의 치세 전략에 탄복했다. 그가 끊임없이 제시하는 방안들은 자신의 귀에 쏙쏙 들어왔고, 졸본부여에 큰 도움을 줄 수 있는 실제적으로 유용한 방안들이었다. 소서노는 점점 주몽에게 호감이 가는 것을 느끼고 있었다. 그녀는 주몽을 꼭 자기 사람으로 만들고 싶었다.

다음 날 아침 공주로부터 주몽의 생각을 전해들은 고모서왕은 한참을 생각하더니 결론을 내린 듯 단호하게 말했다.

"다 좋다. 하지만 한 가지 조건이 있어. 공주와 주몽 왕자가 혼인을 한다면 내가 모든 것을 허락하겠다. 그래야만 그가 확실히 우리 편이라고 믿을 수 있지 않겠느냐? 하지만 왕자의 나이가 스물둘이라고 들었는데, 공주와는 여덟 살 차이로구나. 그리고 공주에게는 이미 비류沸流와 온조溫祚라는 두 아들이 있는데, 주몽이 이 혼인을 승낙할지 모르겠구나."

"아바마마, 그건 저에게 맡겨 주십시오. 제가 알고 있는 한 주몽 왕자님은 승낙하실 것입니다. 제가 당장 알아보고 오겠습니다."

공주는 고모서왕에게서 물러나와 주몽을 내전으로 모셔오도록 시종을 보냈고, 주몽이 들어오자 곧바로 말했다.

"아바마마께서는 다 좋은데 한 가지 조건이 있다 하십니다."

"그게 무엇이지요?"

"왕자님과 제가 혼인을 해야 한다는 말씀이십니다. 그렇다면 이 나라를 왕자님과 저에게 물려주신다고 했습니다. 그런데 제게는 전 남편 소생인 비류와 온조 형제가 있고, 제 나이 서른이라 왕자님보다 여덟이 많습니다. 왕자님 생각을 듣고 싶습니다."

"하하하. 나이가 무슨 상관입니까? 그리고 아들이 둘이 있다면 저의 아들로 삼으면 되는 것을……. 저는 그러한 것은 문제가 된다고 생각하지 않습니다. 왕께 말씀드려 주십시오. 공주님과 혼인을 하겠으니, 제가 일을 할 수 있는 여건을 만들어 주시기를 바란다고……."

이런 대화가 오간 뒤 이레가 지나서 주몽은 소서노와 혼례를 치렀다. 두 사람은 뜻을 모아 한 마음이 되었고, 주몽은 뜻대로 나라를 경영할 수 있는 위치에 올랐다. 한편 고모서왕은 주몽을 사위로 삼고 마음이 놓였는지, 앓던 병이 한꺼번에 도지며 열흘 뒤에 붕어했다.

주몽은 공주를 비롯하여 여러 신하들의 지지를 받아, 고모서왕의 뒤를 이었다. 그는 왕으로 즉위하자마자 오녀산에 새로이 왕궁을 지어 졸본성이라고 이름을 붙였다. 주몽은 졸본성으로 왕궁을 옮기고 국호를 고구려高句麗로 고친 뒤, 왕가의 성을 고씨로 선포했다. 이때가 서기전 37년의 일이었다. 북부여의 해모수왕이 세운 나라도 일명 고구려高九黎라 했는데, 해모수왕의 높은 뜻을 승계하겠다는 뜻이었다. 구려는 졸본부여 말로 '골짜기'를 뜻했다. '고'는 '하늘'을 뜻하니, 고구려는 '하느님의 골짜기'라는 뜻이 되기도 했다.

3. 증표證票

주몽이 왕으로 등극함에 왕비 소서노는 졸본부여의 모든 역량을 신생 고구려의 국력을 키우는 데 쏟아 넣었다. 두 사람은 수시로 전국을 방방곡곡 돌아다니며 백성들을 격려하여 생업에 최선을 다하도록 독려했다. 특히 소서노는 여자의 몸으로 주몽과 함께 힘든 여정을 끝까지 해냈다. 그렇게 함으로써 신생국 고구려는 점차 안정을 찾게 되었다.

두 사람이 가장 힘쓴 분야는 강력한 군사력을 보유하는 것이었다. 이를 해내기 위해 먼저 시작한 것이 쇠부리 터의 확대였다. 주몽은 즉위하는 즉시 졸본천변의 쇠부리 터 규모를 열 배가 넘게 키웠다. 이곳에서는 기존에 생산하던 농기구와 무기 외에도 전차까지 만들 수 있는 강철을 생산하게 되었다. 그리고 이렇게 만든 무기들을 새로 모집한 병사들에게 공급했다. 특히 강철로 만든 3인승 전차는 군사력을 배가시켰다. 또한 주몽은 합부로 하여금 군사제도를 개편하도록 명을 내렸다. 합부는 수만 명의 군사를 새로 모집하여 밤낮을 가리지 않고 훈련시켰다. 기본 훈련이 끝난 병사들은 다시 각자 칼, 창, 활, 노弩 등을 휴대하여 훈련을 받았으며, 이들은 공통적으로 청동 방패로 무장하였다. 모든 훈련이 끝난 이들은 각자 무장한 무기에 의해 부대 편성을 받았다. 그리고 이들 중에서 특별히 건장하고 날랜 군사 300명을 뽑아 말 타기 훈련을 별도로 시킨 다음 정찰부대로 편성하였다. 합부는 이들 경기병을 세 부대로 나눠 전국을 순찰하면서 사방의 적 동태를 감시하는 임무를 맡겼다. 그들은 정찰 임무를 마친 다음에 이상 유무를 하루 세 번에 걸쳐 왕궁으로 직접 보고했으며, 이러한 체제로 인해 고구려의 군사력이 한층 높아져서 다른 나라들로부터의 침략에 철저하게 대비할 수 있게 되었다.

모처럼 나라의 체제가 어느 정도 자리를 잡고, 막강한 군사력을 갖게 되어, 주몽은 그 다음 단계로 영토 확장을 위해 노력하기 시작했다. 그는 가장 먼저 비류국沸流國을 병합하기로 했다. 이곳은 주몽이 처음 졸본으로 와서 소서노와 함께 나라를 둘러보다가 비류수 상류에서 채소가 떠내려 오는 것을 보고, 사람이 살고 있다는 이야기를 들었던 나라였다.

주몽은 직접 300명의 기병을 거느리고 사냥을 핑계로 비류국을 방문했다. 비류국 왕 송양松讓은 사냥을 핑계로 자신의 영토를 침범한 주몽을 못마땅하게 생각했다. 그는 고구려가 건국한지 얼마 안 된 나라라며 깔보며 말했다.

"우리는 여러 대에 걸쳐서 이곳을 다스렸소. 땅이 좁아서 두 왕을 용납하기에 부족하오. 그대는 도읍한 지 얼마 되지 않으니 나의 부하가 되는 것이 어떠한가?"

"하하하. 그렇게 하지 말고, 우리 두 사람이 경합을 벌여서 지는 쪽이 부하가 되는 것이 어떻겠소?"

송양은 주몽의 말을 듣고, 나이가 어린 그가 자신에게 도전하는 것을 가소롭다고 생각했으며, 자신이 쉽게 이길 수 있다고 믿었다. 이에 송양은 활 쏘기로 승부를 겨루자고 제안했고, 주몽은 흔쾌히 받아들였다. 두 사람은 많은 사람이 보는 앞에서 활 쏘기로 재주를 겨뤘는데, 주몽의 일방적인 승리로 끝이 났다. 송양은 승부에서 주몽을 이기지 못하고 창피를 당하자, 자리를 박차고 왕궁으로 돌아갔다. 주몽은 의기양양하게 고구려로 돌아왔다. 결국 한 해가 지난 서기전 36년 여름 6월에 송양은 주몽에게 항복하여 나라를 바쳤다. 주몽은 그 땅을 다물도多勿都로 이름 붙이고, 송양을 우두머리로 삼아 그 지역을 다스리도록 만들었다. 고구려 말에 옛 땅을 회복하는 것을 '다물'이라 하였으므로 그렇게 이름 지은 것이었다. 그 이후로도 고구려의 영토 확장 전쟁은 계속 되었다. 주몽은 자신의 휘하에 있는 합부, 무골, 오이, 부분노, 부위견의 다섯 장수들에게 각각 군사를 주어 이웃나라인 말갈을 정복하고, 백두산白頭山 남동쪽의 행인국荇人國과 두만강을 사이에 둔 북옥저北沃沮까지도 정벌해서 국토를 넓혀 나갔다.

요동반도와 발해만渤海灣을 면한 지역에는 소서노의 아들인 비류와 온조를 보내어 비류족과 왜족倭族을 다스리게 했다. 비류족과 왜족은 모두 부여족과 마찬가지로 동이 구족의 하나였다. 이들은 발해만에서 배를 만들어 해운을 일으키고, 북 중국과 한반도 사이의 교역을 돕고 있었다. 비류와 온조 형제들은 십여 년이나 이들과 침식을 함께 하며 민심을 수습하여 고구려를 섬겼다. 소서노도 두 아들을 따라 이곳에서 생활했다. 주몽이 고구려를 건국한 지 10여 년이 지나서 나라는 안정되어 기틀이 잡히고, 그동안 확장한 영토도 주변 강대국과 맞설 정도가 되었다. 그렇지만 고구려에 완전한 평화가 정착된 것은 아니었다. 서쪽으로는 한漢나라와 흉노, 선비鮮卑의 여러 나라와 갈등 관계가 지속되었다. 그들은 시시로 고구려의 국경 지역을 침범하여 곡물을 약탈해 갔다. 게다가 북으로는 요서 동쪽의 북부여나 송화강松花江 부근의 동부여가 여전히 강대한 세력으로 버티고 있었고, 남쪽으로는 한사군을 비롯한 중원 세력이 있어 고구려에 압박을 가

해오고 있었다. 주몽은 이런 주변 정세 속에서도 여전히 전 국토를 순회하며 백성들을 격려했고, 제철 산업 등 각종 산업을 일으켜 부국강병의 기틀을 다지고 있었다.

주몽이 즉위한 지 19년이 지난 해의 4월 어느 날이었다. 동부여에서 한 청년이 오녀산성으로 찾아왔다.

"마마, 어떤 청년이 보자기에 싼 이 상자를 전해주며, 마마를 뵙고 싶다 청합니다. 상자를 열어 보시면 무슨 말씀이 있으실 거라면서 왕궁 문 밖에서 지금 기다리고 있답니다."

"그래? 그럼, 어디 내가 먼저 보자. 혹시라도 마마께 해가 되는 물건인지 모르겠다."

마침 곁에서 주몽을 호위하고 있던 오이가 먼저 상자를 받아 열어보았다. 상자 안에는 붉은 비단으로 정성껏 싼 딱딱한 물건이 있었는데, 비단을 펼쳐 보니 녹슨 쇳조각이 하나 나왔다.

"마마, 이것이 무엇인지 잘 모르겠습니다. 녹이 슨 것이 쇳덩어리 같기도 하고, 부러진 칼날 같기도 합니다."

오이가 수상쩍은 듯이 말했다.

"어디 보자. 무슨 사연이 있겠지. 이리 가까이 가지고 오게."

주몽은 호기심이 가득한 눈초리로 오이를 바라보며 말했다.

"음, 이건 녹슨 칼날이군. 그렇다면 내가 짐작 가는 일이 있는데, 혹시 이것을 가지고 온 청년이 다른 말을 하지 않던가?"

"예, 마마. 청년은 동부여에서 왔다고 했으며, 이름이 유리라고 했습니다."

"무엇이라고? 동부여에서 왔고, 이름이 유리라고……?"

"그렇습니다. 청년이 그렇게 말했다고 합니다. 그리고 그 물건을 보시면 무슨 말씀이 있으실 것이라고 했습니다."

"그래, 내가 잘 알고 있다. 시종장은 짐의 방에 보관되어 있는 상자를 가져오너라. 빨간색 비단으로 싸둔 것이 있을 걸세. 그 상자를 가져오면 확인할 수 있을 거네."

"예, 마마. 그렇게 하겠나이다."

시종장은 곧바로 왕이 말한 상자를 가져왔고, 주몽은 상자에서 한 자루 단검을 꺼냈다. 그 단검은 중간에서 칼날이 반쯤 부러져 있었고, 나머지 조각은 보이지 않았다. 왕은 자신이 보관하고 있던 부러진 단검과 청년이 가져온 칼날을 맞춰보았다. 녹이 슬었지만 두 개의 물건은 한 치의 오차도 없이 딱 들어맞았고, 왕은 순간 감격에 온몸을 부들부들 떨었다.

"그 아이가 틀림없어. 내가 떠나올 때 두고 온 아이야. 아, 벌써 세월 이 그렇게 흘렀단 말인가? 어서 그 청년을 이리로 데리고 오라. 그 아이는 나의 아들이다. 빨리 보고 싶구나."

왕은 마음이 급해지기 시작했다. 시종이 즉시 왕궁을 지키는 수문장에 게 연락했고, 잠시 후 그 청년이 정전으로 들어왔다. 그러자 왕은 자리에 서 벌떡 일어나 온몸으로 반가움을 표시하며 청년을 맞이했다. 신하들이 보고 있지 않았다면 버선발로 뛰어 나갈 기세였다. 청년이 왕 앞에 부복했 다. 왕은 당황한 모습을 애써 감추고는 목소리를 가다듬고 청년에게 질문 을 던졌다.

"그래, 너의 이름은 무엇이고, 어디에서 왔는고?"

"예, 마마. 저는 유리라고 하며, 동부여의 가엽원에서 왔습니다."

"그래, 네가 이 녹슨 칼날을 짐에게 보여준 이유는 무엇이더냐?"

"예, 소자는 아버님께서 일찍 세상을 떠나신 줄만 알고 있었습니다. 하 루는 소자가 새총으로 새를 잡다가 잘못해서 물 긷는 부인의 물동이를 깨 뜨렸습니다. 그랬더니 이 부인이 '아비 없는 호로 자식이라 어쩔 수 없군' 하고 저를 욕하며 꾸짖었습니다. 그 말이 가슴을 날카롭게 찌르고 아파, 대체 아버님이 어떤 분인가 궁금해졌습니다. 그래서 어머니에게 아버님에 대해서 자세히 말해달라고 했더니, 어머니는 제 아버님이 훌륭한 분이시라 면서 돌아가신 게 아니고, 지금은 남쪽 나라의 왕이 되셨다고 말씀하셨습

니다. 그리고 제가 스무 살이 되자, 어머니는 때가 되었다며, 아버님을 찾아가라고 말씀하셨습니다. 아버님이 어머니하고 헤어질 때, '일곱 모가 난 돌 위 소나무 아래에 증표를 두고 가셨다'고 하시면서 저에게 그 증표를 찾아 떠나라고 하셨습니다."

"그래서? 어떻게 이 칼날을 찾게 되었는고?"

"소자도 처음에는 이 수수께끼를 풀 수가 없었습니다. 몇 달 동안 온 산하를 뒤졌지만 '일곱 모가 난 돌 위에 소나무'를 찾을 수가 없었습니다. 그러던 중 설날이 되어, 깊은 잠을 자면서 이상한 꿈을 꾸었습니다. 높고 큰 누각 아래에서 '끼잉' 하며 쇳소리가 울리는 것이었습니다. 소자는 깜짝 놀라 깨었고, 이 꿈이 하느님의 계시라고 생각했습니다. 그래서 동부여 왕궁의 큰 누각을 찾아 갔습니다. 그랬더니 그 누각의 소나무 기둥이 일곱 모가 나 있는 주춧돌 위에 서 있었습니다. 소자는 여러 기둥을 살피다가 그중 하나의 주춧돌에 작은 구멍이 있는 것을 발견했습니다. 결국 그곳에서 찾아낸 것이 바로 그 녹슨 칼날이었습니다. 소자는 그 토막 난 칼날을 들고, 어머니에게 가서 보여드렸습니다. 어머니는 그것을 보시고는 드디어 아버님께서 남겨주신 증표를 찾았다고 기뻐하시더니, 그것을 가지고 가면 아버님이 소자를 아들로 인정할 것이라는 말씀을 해 주셨습니다."

유리는 지금까지 있었던 일들을 조리 있게 말했다.

"맞다. 이 칼날은 짐이 갖고 있는 칼자루와 하나였던 것인데, 짐이 동부여를 떠나면서 단검을 부러뜨리고, 그 칼날을 증표로 남기고 온 것이다. 짐은 오늘부터 유리를 내 아들로 삼겠노라."

주몽은 모여 있는 모든 신하들에게 지난 일을 이야기하며 유리를 공식적인 아들로 맞아들였다. 동부여에서 찾아온 유리가 주몽왕의 적자로서 신분을 확인 받았다는 소문은 순식간에 온 나라에 퍼졌다. 그 소식은 요동에 나가 있던 소서노와 비류, 온조 형제에게도 즉각 알려졌다.

4. 소서노의 선택

"온조야, 아무래도 우리 처지가 어색하게 된 것 같다."

"형님, 그렇지요? 아바마마의 아들이라고 유리가 찾아온 것이 지난 4월인데 벌써 대궐의 분위기가 달라지고 있다고 합니다."

"왕자들아, 이 어미 말을 잘 들어 보거라. 지금 돌아가는 형세를 보면 왕은 유리를 태자로 삼을 것 같아. 그렇게 되면 너희 두 형제는 그동안 고구려를 위해 헌신한 보상을 받지 못할 수도 있단다. 이제부터 우리는 우리가 살아가야 할 길을 스스로 찾아야겠다."

소서노는 주몽과 함께 갖은 고난을 겪으면서 고구려를 세웠는데, 이제 자신과 두 아들이 밀려날 것을 생각하니 가슴 깊숙한 곳에서 억울함과 원통함이 섞인 오기가 밀려오고 있는 것을 느꼈다.

'어디 두고 보자. 우리가 앉아서 당할 수만은 없지.'

먼저 비류가 말을 꺼냈다.

"우리가 대책을 논의하자고 했는데, 도대체 어떻게 해야 되는 겁니까?"

"싸움을 해서 승리할 수만 있다면 싸울 수도 있지. 하지만 중국 춘추시대의 오나라 사람 손자는 '상대를 알고 나를 알면 백 번 싸워도 위태롭지 않을 것이다'라는 말을 했단다. 이번 위기를 극복하려면 여러 가지를 검토해서 우리가 승산이 있다고 판단이 될 때 움직여야 한다."

소서노의 말을 듣고 있던 온조가 자신이 분석한 자료를 꺼내 들고는 두 사람에게 설명하기 시작했다.

"지금까지 분석한 자료에 의하면 주몽왕의 고구려는 24명의 군사가 지키는 대부서大扶胥라는 큰 전차 180대, 창검을 갖추고 쇠뇌를 연달아 발사할 수 있는 부서扶胥라는 작은 전차 360대, 방패를 단 장갑차 720대를 갖고 있습니다. 이러한 전차부대야 말로 최강의 전력을 갖추고 있는 셈이지요. 게다가 창검, 쇠뇌, 활 등 갖가지 무기로 무장한 군사 5만이 있습니다.

그리고 이들 군사의 무기를 제조하고 수리해 주는 쇠부리 터와 대장간이 벌써 열 곳이 넘습니다. 이에 반해 우리가 갖고 있는 병력은 겨우 3천 명에 지나지 않으니 수적으로는 어찌할 수 없는 열세입니다."

온조가 양쪽의 전력을 비교했다.

"음, 손자는 병력이 모자라면 퇴각하여 다음 기회를 엿보라고 했단다. 승산이 없는 싸움은 결코 하지 말라는 것이지. 현재 우리 상황을 보면 전혀 승산이 없다는 것을 인정해야 해. 지금은 때를 기다릴 수밖에……."

소서노가 두 아들을 돌아보며 굳은 표정으로 말했다.

"어마마마, 그러면 우리는 죽은 체하며 아바마마와 유리의 처분만 기다리자는 것입니까?"

비류는 분한 기색을 보이며 큰 소리로 외쳤다.

"할 수 없단다. 그렇게 할 수밖에 없지. 우선은 왕과 유리의 비위를 건드리지 않는 것이 상책이야. 먼저 사신을 보내어 왕에게 아들을 찾은 일을 축하한다는 말을 전하자. 그러면서 비밀리에 우리는 이 땅을 떠날 준비를 하는 거야. 새로운 곳을 찾아서 처음부터 다시 시작하는 거지. 남쪽으로 내려가면 한반도 중간에 미추홀彌鄒忽이라는 곳이 있는데, 기자조선箕子朝鮮의 마지막 준왕準王이 위만을 피해서 배를 타고 건너간 곳이란다. 준왕이 그곳에서 목지국目支國을 세우고 큰 나라의 임금이라는 뜻의 진왕辰王이라 칭한 지도 벌써 수십 년이 되었어. 전해지는 말에 의하면 그곳 사람들은 우리들과 달리 농사를 짓는 데 익숙하다고 한다. 반면에 군사력은 보잘것없다고 하니 우리가 그곳으로 가면 새로운 터전을 마련할 수 있을 것이다. 먼저 비류가 3백 명 정도를 인솔해서 미추홀로 가서 자리를 알아보는 것이 좋을 것 같다. 그런 뒤에 목지국 왕에게 이곳에 남아 있는 우리가 간다는 것을 알리고 거기서 살 수 있도록 도와 달라고 하는 거야."

소서노는 자신이 구상하고 있던 계획을 두 아들에게 상세히 설명했다.

"다른 곳은 없습니까? 꼭 남쪽으로 가야 하나요?"

비류가 물었다.

"그럼 네가 생각하고 있는 곳은 어디 따로 있느냐? 그곳보다 더 나은 곳이 있다면 어딘들 못 가겠니? 아무래도 바다를 건너 남쪽으로 가는 것이 내 생각에는 좋을 것 같구나."

"형님, 어마마마의 말씀이 옳으신 것 같습니다. 아무래도 목지국이 좋을 것 같아요."

온조가 소서노의 주장에 찬성을 표하면서 담담하게 말했다.

"그래, 온조 말이 맞다. 우리가 할 수 있는 일은 이제 남쪽으로 가는 것 밖에는 없는 것 같다. 손자 말씀에 일부러 시간이 걸리게 움직여 적이 방심하도록 한 뒤에 질풍처럼 쳐들어가는 것을 우직지계迂直之計라 해서 이것이야 말로 남보다 뒤쳐진 사람이 앞선 자를 이길 수 있는 법이다라고 하셨단다. 손자께서는 또 '빠르기는 질풍 같고, 고요할 때는 숲과 같으며 침략할 때에는 불과 같고 움직이지 않을 때는 산과 같아야 한다'고 말씀하셨다. 풍림화산風林火山의 행동지침이지."

소서노는 한 번 더 손자병법을 들먹이며 아들들을 격려했다.

"알겠습니다. 그러면 우선 제가 먼저 배로 목지국에 가보겠습니다."

"그래, 네가 먼저 미추홀로 떠나면 우리는 남아서 준비를 하고 있으마."

소서노가 자신감 있는 말투로 두 아들에게 힘주어 말했다.

목지국 왕은 비류의 부탁을 받자, 미추홀 일대의 백 리 땅을 할애해 주기로 했다. 목지국 왕으로서는 손해 볼 일이 없다고 믿었다. 북쪽의 말갈과 낙랑의 침범에 대비해서 비류가 데리고 온 기마족을 접경에 배치하면 그들이 방패막이가 될 것이라고 생각했다. 이 소식은 즉각 요동에 남아 있던 소서노 왕비에게 전해졌다.

5. 별이 떨어지다

"아바마마, 용안이 어두우신데 무슨 일이 있으십니까?"

유리가 아침 문안을 드리면서 걱정스러운 듯이 말했다.

"음, 그래 짐이 밤새 꿈자리가 사나웠구나. 아무래도 요동에 나가 있는 소서노 왕비에게 무슨 일이 있는 것 같은데, 사람을 보내야겠다. 소서노와 비류, 온조 두 왕자의 근황을 살펴보라고 해야겠어."

"예, 아바마마. 그렇게 하시옵소서."

왕은 유리의 말이 끝나자, 곁에 있던 합부에게 요동에 있는 세 사람의 근황을 살펴보도록 일렀다.

최근 유리가 주몽왕의 정식 아들로 받아들여진 후부터 모든 관심이 유리에게 쏠리고 있었다. 왕궁 내 분위기는 유리를 태자로 여기는 듯했다. 주몽왕은 그 분위기가 무르익자 조회를 하는 자리에서 신하들에게 의견을 물었다.

"유리 왕자가 이곳으로 온 지도 벌써 달포가 지났고, 짐의 적자가 틀림없으니 이제는 짐의 후계로 삼았으면 하는데, 경들의 의견은 어떠하오?"

"예, 마마. 자고로 적자가 대를 잇는 것은 마땅한 일입니다. 나라의 근본을 바로 잡기 위해서는 어서 태자로 책봉하는 것이 좋을듯합니다."

어전에 모인 신하들이 이구동성으로 말하니, 왕은 알겠다는 듯 고개를 끄덕이고는 당당한 말투로 명을 내렸다.

"경들의 의견이 그러하다면 서둘러 일을 진행하도록 하시오."

"예, 마마. 5부의 대가大加를 모시고 태자 책봉의 절차를 논의하도록 하겠습니다."

좌보 오이가 머리를 조아리며 아뢰었다.

유리는 조회를 마치고 정전에서 물러나와 자신을 따르는 신하 옥지屋

智, 구추句鄒, 도조都祖 세 사람을 불렀다. 그들은 동부여로부터 자신을 따라 이곳까지 함께 온 동지들이었다.

"아무래도 이상하단 말이야. 내가 아바마마의 정식 아들로 인정받고, 곧 태자로 책봉된다는 사실을 알고 있을 텐데, 요동에 나가 있는 소서노 왕비와 비류, 온조 왕자들은 아무런 움직임이 없단 말이야."

"그렇다면 제가 요동으로 가서 살펴보고 오겠습니다."

유리의 말을 듣고 있던 도조가 나섰다.

"그래? 아바마마도 합부를 보내어 알아보자고 하셨으니, 도조가 함께 다녀오는 것이 좋겠다."

그로부터 보름이 지나서 요동에 갔던 합부와 도조가 돌아와 유리에게 보고했다.

"태자마마, 소서노 왕비와 온조 왕자를 뵙고 왔습니다. 비류 왕자는 변경으로 순찰 나갔기 때문에 만나지 못했습니다. 두 분께서는 마마께서 태자로 책봉된 일을 자기 일처럼 기뻐하시면서, 앞으로 마마를 도와서 나라를 크게 이룩하시기를 축원했습니다. 조만간 소서노 왕비께서 몸소 이곳으로 찾아오신다고 말씀하셨습니다. 그곳에 며칠 머무는 동안에 살펴보니 요동은 조용한 분위기였습니다. 다만 발해만에서 수백 척의 상선을 건조하고 있기는 했습니다. 소서노 왕비의 말씀으로는 동서 교역을 촉진하기 위해서 그런다고 했습니다. 그리고 올해 교역에서 나온 이익 대부분도 왕궁의 재정으로 사용할 수 있도록 보냈다고 했습니다. 그리고 앞으로 벌어들일 이익에 대해서는 일정 부분을 떼어내어 태자 책봉을 축하하는 뜻으로 바치겠답니다. 제가 돌아오는 길에 우선 비단과 곡식을 마련해 주셔서 가지고 왔습니다."

"그렇다면 크게 걱정하지 않으셔도 될 듯합니다. 소서노 왕비가 태자마마를 위해 비단과 곡식을 보냈다면 아마도 태자마마의 책봉에 대해 반대하지 않는다는 뜻이라고 생각됩니다. 이제 그쪽 일은 한시름 놓으셨습니다."

곁에서 도조의 보고를 듣고 있던 옥지가 기쁜 마음으로 한 마디 거들었다.

"과연 그럴까? 나는 아직도 확실한 믿음이 가질 않는군. 원래 이곳에는 토착 세력인 소노부消奴部가 있는데, 그 세력은 소서노 왕비를 지지하고 있고, 그녀의 지배하에 있지. 소서노 왕비는 아바마마를 지지하는 계루부桂婁部와 힘을 합쳐 고구려를 건국한 거야. 소서노 왕비의 입장이 되면 불만이 생길 수가 있겠지. 나는 그러한 것을 염려한 거야. 더 시간을 두고 살펴봐야 하겠어."

유리 태자가 그래도 약간은 걱정이 되는 듯 말했다.

주몽왕은 유리를 태자로 책봉한 뒤에도 시간이 날 때마다 몸소 군사들을 인솔하여 사냥을 자주 다녔다. 9월의 청명한 가을 날, 주몽왕은 또다시 소노부 지역으로 사냥을 나갔다. 첫 날은 지역을 순시하면서 백성들을 위로하였고, 그 다음 날은 일부 신하와 호위하는 십 여 기의 군졸들만 데리고 혼강渾江 근처까지 사냥을 나갔다. 그런데 군졸들이 짐승들을 몰기 위해 사방에 흩어져 소리를 지를 때, 갑자기 멧돼지 한 마리가 왕에게 달려들었다. 깜짝 놀란 왕은 화살을 날렸으나 그 멧돼지는 화살을 맞고도 계속 왕이 타고 있는 말에게 부딪칠 듯이 달려들었다. 왕이 타고 있던 적토마가 엉겁결에 이를 피하려다가 낭떠러지에서 굴러 떨어졌고, 왕은 말에서 떨어져 큰 바위에 머리를 부딪치고 정신을 잃었다. 순식간에 벌어진 일이라서 주변에 있던 호위무사들도 미처 손쓸 틈이 없었다. 신하들은 부랴부랴 왕을 모시고 왕궁으로 돌아왔지만, 주몽왕은 이미 숨을 거둔 뒤였다.

고구려 왕궁이 갑자기 혼란스러워졌다. 특히 태자로 책봉된 유리는 모든 것이 당황스러웠다. 유리에게는 하늘이 무너지는 것 같았다. 그는 자신의 처소에 들어가 침식을 잊고 슬퍼했다. 여러 날을 그렇게 출입을 하지 않으니 주몽왕을 모시던 신하들이 다급해졌다. 주인을 잃은 나라 일이 걱정됐기 때문이다. 좌보 오이와 우보 마리를 비롯한 고위 관료들이 유리의 처소 앞에 모여 들었다.

"태자마마, 국사가 막중합니다. 그만 애통해 하시고 왕위에 오르시어 국정을 살피소서."

그들은 한결 같은 목소리로 계속해서 유리에게 빈 옥좌에 올라 나라의
대를 잇도록 간청했다.

"마마, 어서 기운을 차리시고 국정에 임하셔야 합니다."

유리 태자의 심복인 옥지, 구추, 도조도 거듭해서 유리에게 진언했다.
이렇듯 여러 신하들이 사흘 밤낮을 계속해서 읍소해 나감에 태자는 겨우
눈물을 거두었다. 오부제가회의五部諸加會議의 추대를 받아 태자가 왕위에
오른 것은 주몽왕의 국상이 치러진 지 이레 뒤의 일이었다.

주몽왕은 아직 사십 대 후반으로 혈기 왕성하게 한창 일할 나이였다.
왕의 사고에 대한 책임을 묻는 일이 진행되었다. 이번 사고로 호위 군사들
이 처벌을 받았고, 특히 소노부 사람들이 이번 사태의 책임을 지고 갖가지
지위를 박탈당했다. 오이는 이번 기회를 이용해서 소노부의 세력을 꺾고,
자신들의 계루부가 주도권을 확실하게 잡도록 의도적으로 일을 꾸렸다. 아
무튼 주몽왕의 국상은 성대하게 치러졌다. 그리고 시호를 동명성왕東明聖
王으로 했는데, 북부여의 고두막 한이 졸본 왕이 되면서 동명왕이라 스스
로 불렀기에 그의 후예로써 더욱 빼어난 왕이라는 뜻이었다.

6. 백제百濟의 건국

한편 요동에서는 소서노가 온조와 함께 목지국으로 떠날 채비를 하고
있었다. 그런데 그때 주몽왕이 사냥을 갔다가 낙마해서 붕어했다는 소식이
전해졌다. 소서노는 주몽왕의 붕어가 안타까우면서도 하늘이 돕는 기회라
고 여겼다. 그녀는 온조에게 떠날 채비를 서두르라고 말했다. 고구려가 혼
란한 틈을 타서 떠난다면 아무런 제지를 받지 않을 것이라는 계산이었다.

"자, 마침 기회가 왔다. 그리고 비류가 교두보를 마련했다고 전했으니,
우리도 떠나도록 하자."

"예, 어마마마. 이곳에서도 준비가 마무리 되었습니다. 떠날 날만 기다리고 있었습니다. 이제 제가 사람들을 모을 테니 마마께서 한 말씀을 하시고 바로 떠나지요."

온조는 즉시 자신을 따르는 무리들이 항구에 모이도록 조치했다. 모든 준비가 끝나고 사람들이 모이자, 소서노가 언덕에 올라 사람들에게 말했다.

"우리는 드디어 새로운 땅으로 간다. 이곳에 모인 사람들은 우리와 뜻을 함께 하기로 약조한 사람들이다. 우리 모두 온조 왕자를 모시고 남쪽으로 나가자. 그곳에는 먼저 떠난 비류 왕자가 터를 잡고 있을 것이다. 새로운 땅에서 우리들만의 나라를 이룰 것이다."

소서노 왕비가 천 명의 군사들에게 큰 소리로 외치자, 군사들은 항구가 떠날 듯이 큰 소리로 함성을 올렸다.

"가자, 남쪽으로. 미추홀에서 신천지를 개척하자."

"가자. 새로운 나라를 만들자. 가자. 가자."

군사들은 온조의 선창에 따라 한 목소리로 함성을 지르며 창과 칼을 높이 들었다. 타고 있는 말들이 함성에 놀라 소리를 지르며 윗몸을 일으키고 발로 땅을 찼다. 항구 전체가 들썩들썩 할 정도로 큰 함성의 물결이 일었다. 그러고 나서 군사 천 명과 친지 가족들을 합해 약 3천 명에 가까운 사람들이 백여 척의 배에 나뉘어 탔다. 소서노 왕비와 온조 왕자 일행이 배에 오르니 곧바로 돛이 올려졌다. 뭍에는 요동에 남은 사람들이 이별을 아쉬워하며 떠나는 배를 전송했다.

한편 동명성왕의 장례를 마치고 왕위에 오른 유리왕은 요동에 있던 소서노 왕비와 비류, 온조 왕자들이 배를 타고 남쪽으로 떠났다는 소식을 보름 정도 지난 후에 들었다. 유리는 이 소식을 듣고도 크게 놀라지 않았다. 신하들이 그 이야기를 전할 때, 미리 짐작하고 있었던 것처럼 말없이 고개만 끄덕이며 표정에 변화를 주지 않았다. 다만 합부를 요동으로 보내어 민심을 살피고, 안정시키도록 조치했을 뿐이었다.

소서노와 온조에 앞서 미추홀에 정착한 비류는 그곳에 성채를 쌓고 사람들로 하여금 아산만牙山灣에서 소금을 만들게 했다. 아산만은 조수간만의 차가 심하기 때문에 썰물 때 둑을 쌓아 놓으면, 밀물 때 들어 온 바닷물이 바다로 다시 흘러가지 않도록 막을 수 있었다. 그리고는 이 바닷물이 햇볕과 바람에 자연적으로 증발해서 하얀 소금이 수북이 쌓일 때까지 기다리면 되었다. 당시 소금은 매우 귀한 물자였다. 음식을 보존하거나, 음식의 간을 맞추는 데에 필수적인 식품으로 공급하는 물량이 한정되어 있기 때문에 비싼 값에 거래되는 생산품이었다. 비류는 소금을 생산해서 판매한 자금으로 재정을 확보했고, 특히 군사력을 증강하는 데 사용했다. 비류는 목지국과의 경계인 곰내熊川에 성채를 구축했다. 당시 목지국은 마한馬韓으로 이름을 바꾸어 54개국의 제후국을 통괄하고 맹주 역할을 하고 있었다. 마한왕은 비류가 군사력을 증강하고 성채를 쌓는 행위를 보고 서로 화친하겠다는 선약을 어겼다며 성채를 허물라고 했다. 비류는 아직 마한에 대항할 수 있는 세력을 갖지 못했기 때문에 마한왕의 말을 들어 성채를 허무는 척만 했다. 그리고 비밀리에 군사력 증강에 더욱 많은 힘을 기울였다. 이런 상황에서 소서노와 온조 일행이 요동을 출발하여 미추홀에 당도했다. 원군을 얻어 세력이 커진 비류는 더욱더 남쪽으로 세력을 확대하기 시작했다. 따라서 마한왕과의 갈등도 더욱 심해졌다.

비류가 미추홀에서 근거를 마련하고 아산만으로 남진하면서 마한과 세력을 다투고 있는 것을 본 온조는 오간烏干, 마려馬黎 등 자신이 데리고 온 열 명의 부족장들과 앞으로의 대책을 논의했다.

"형님께서는 해안을 따라 남쪽으로 영토를 넓히고 계시니, 우리는 다른 방향으로 알아봐야겠소. 어느 쪽으로 자리를 잡는 것이 좋겠소?"

온조의 명을 받들어 미리 한산漢山의 부아악負兒嶽까지 올라가 지형을 살피고 돌아온 오간이 경과를 보고하며 답했다.

"제가 부아악에 올라 남쪽을 바라보니 큰 강을 끼고 넓은 평야를 가진 땅이 있었습니다. 그 큰 강을 따라 지형을 살피다가 우리의 뜻을 이룰 수 있는 도읍지로 아주 좋은 곳을 발견하였습니다. 그곳은 북쪽으로는 한수漢水가 있어 방어하기 쉬우며, 동쪽은 높은 산으로 막혀 있어 또한 적군이 쉽게 쳐들어 올 수 없는 지형입니다. 서쪽으로는 비류 왕자께서 버티고 있으면서, 큰 바다가 있어 방비하기도 좋지만 교역하기에도 이로운 점이 있습니다. 게다가 남쪽으로 넓은 들판이 연이어 있어 곡식을 가꾸기 좋은 곳입니다."

온조와 부족장들은 오간이 안내하는 곳을 돌아보고 모두들 흡족해 하였다.

"이곳에 성을 쌓고 도읍을 이룩하도록 하자."

온조의 명령에 따라 사람들은 그곳으로 옮겨 와 성을 쌓기 시작했다. 온조는 이 성을 하남위례성河南慰禮城이라 명명하고, 국호를 열 사람의 부족장이 돕는 나라라는 뜻으로 십제十濟라 했다.

온조가 내륙으로 진출해서 십제를 세우고, 나라의 기틀을 잡으려고 노력하는 동안에도 비류는 계속 남쪽으로 영토를 확장했다. 마한왕의 군대는 소수의 병력과 빈약한 무기 등 열세한 군사력을 극복하지 못했다. 비류가 계속 공격하여 원산성圓山城과 금현성錦峴城까지 점령하자 마한왕은 결국 비류 왕자에게 항복하고 말았다. 그 후 비류가 마한의 도성이었던 거발성居拔城에 고사부리성古沙夫里城을 축조해서 수도를 옮기니, 옛 마한의 속국들이 앞을 다투어 항복해 왔다. 비류는 자신에게 항복해 오는 고연자국古誕者國, 목지국 등 12국의 진계辰系 부족국가들의 족장을 신지臣智로 임명해서 계속 그 지역을 다스리게 함으로써 이들을 포섭했다. 비류는 그동안에도 여러 번 북쪽으로부터 침범해오는 말갈과 낙랑의 군대를 격퇴했고, 남쪽으로는 마한의 옛 장수인 주근周勤이 반란을 일으킨 것을 진압했다. 이처럼 비류는 오랜 투쟁 끝에 마한 땅 전체를 휘하에 넣었다. 소서노 일행은 마침내, 북으로는 온조가 건국한 십제에서, 남으로는 비류가 쟁취한 마한의 진왕계 12개국까지를 아우르는 큰 세력이 되었다. 이에 국호를 백제百濟로 고쳐 부르기로 했다. 이제 주몽왕의 고구려에 못지않은 세력이 되었다.

백제 초기에는 온조가 머물고 있는 위례성과 비류가 머물고 있는 미추홀로 수도가 나뉘어져 공존했다. 온조는 위례성을 도읍지로 삼을 때, 미래를 내다보고 방위력과 경제력 등 여러 조건을 따져본 후 신하들과 의논하여 정했다. 하지만 비류는 해상교역을 통해 강대국으로 성장하려고 했으며, 특히 소금을 생산할 수 있는 지역을 고집했다. 두 형제가 이처럼 각각 자신의 지역을 다스리다가 비류는 동생 온조에게 백제를 온전히 넘겨주고 야마토로 건너가기로 했다. 그는 하나의 나라에 두 명의 왕이 존재하는 것은 옳지 않다며 자신은 새로운 왕국을 건설하겠다고 결심했다. 비류는 일명 구태라고도 했는데, 오래전에 대방帶方에서 일할 때 요동 태수 공손도公孫度의 눈에 들어 그의 딸인 히미코와 결혼했다. 그는 아내인 히미코와 함께 한반도를 동남으로 가로질러 변진의 고령을 거쳐 동해안으로 나가 배편으로 이즈모로 건너갔다. 바다를 건너 야마토로 떠난 비류는 그곳에 새로운 나라를 세웠다. 그의 후손으로 야마토의 건국 신화에 등장하는 스사노오는 비류가 처음 건너와 나라를 세운 이즈모에서 탄생했다. '스사노오'와 소서노는 그 음이 비슷하면서, 뜻은 모두 '쇠를 부리는 사람 또는 땅'을 뜻하는 부여계 이름이다. 그래서 후세 사람들은 이 두 사람을 모두 철을 다스리는 신으로 알고 사당에 모셔서 제사를 지내었다. 소서노는 고구려와 백제의 두 나라를 건국하는 데 지대한 공을 세운 여장부로서 역사에 기록되었으며, 죽어서는 '제철의 신'으로 섬김을 받는 존재가 되었다.

7. 단군조선檀君朝鮮에서 동부여東扶餘에 이르는 동이족東夷族의 변천사

여기서 잠시 시간을 거슬러 올라가 고구려가 건국되기 이전, 동부여에 이르는 동이족의 변천을 살펴보겠다.

요녕遼寧의 아사달阿斯達에서는 곰을 토템으로 숭상하던 부족과 호랑이를 토템으로 삼던 부족이 함께 어울려 살고 있었다. 서기 전 2350년경 중국에서는 요堯 임금이 자리에 올라 태평성대의 세월을 보내고 있었고, 저 멀리 메소포타미아 지방에서는 셈족Semites의 아카드인Akkadians이 통일 왕국을 세운 때였다. 배달국의 18대 환웅인 거불단居弗壇이 이끄는 천신족이 중국의 산동에서 동북쪽 아사달로 몰려왔다. 거불단은 일명 단웅檀雄이라고 했다. 단웅 곁에는 천부인天符印이 새겨진 거울과 창검 그리고 기치와 북을 들고 호위하는 풍백風伯, 우사雨師, 운사雲師 등의 중신이 있었다. 그들은 각각 곡식, 생명, 질병, 형벌, 선악 등에 관한 업무를 나눠 주관하였고, 그 외에도 나라를 다스리는 모든 일을 책임지고 있었다. 단웅은 '나는 하느님의 아들이다. 앞으로 나를 따르면 살기 좋은 세상을 만날 것이다'라고 소문을 내었고, 이에 많은 부족들이 그에게 복종하며 따랐다. 어느 정도 세력이 커지고, 나라가 안정되어 단웅은 자신의 배필을 맞아들이기 위해 여러 부족들에게 마땅한 여자를 추천하도록 했다. 이에 각 부족들은 단웅의 천신족과 혈연을 맺기 위해 앞 다투어 여자를 보냈다. 이 가운데에서 웅熊씨족 여인과 호虎씨족 여인이 최종적으로 선택되어 단웅 앞으로 나서게 되었다. 그는 마지막으로 두 여인을 시험하여 왕비로 삼기로 했다.

"그대들은 나라의 국모가 될 사람이오. 많은 고통과 시련을 겪어야 백성들의 진정한 어머니가 될 수 있소. 지금까지는 규수로서의 행실과 지혜 등을 보았으나, 오늘 짐이 그대들에게 내리는 시험은 참기 힘든 과제가 될 것이오. 이 과정을 반드시 마쳐야만 간택될 수 있을 것이오."

"예, 마마. 그렇게 하겠나이다. 하명 하시옵소서."

두 여인이 동시에 대답했고, 단웅은 고개를 끄덕이며 여인들을 한 번씩 쳐다보고는 말을 이었다.

"그렇다면 짐이 직접 과제를 내리겠소. 그대들은 앞으로 스무하루 동안 동굴에서 쑥과 마늘을 먹으며 국모의 자질을 갖추는 수련을 할 수 있어야 하오. 나라의 법도부터 세상의 이치까지 모든 것을 배워야 할 것이오."

"예, 마마. 알겠나이다."

두 여인은 단웅에게 절을 하고 곧바로 동굴로 들어가서, 이날부터 쑥과 마늘만 먹으면서 국모로서 해야 하는 일들에 대한 수련을 시작했다. 그런데 참을성이 부족했던 호씨족의 여인은 결국 중도에서 포기하고 말았고, 웅씨족 여인만 끝까지 수련을 마쳤다. 이로써 단웅은 웅씨족 여인을 왕비로 맞아들이게 되었다. 단웅은 풍백을 돌아보며 말했다.

"짐은 웅씨족의 여인을 아내로 삼겠으니, 예를 갖추어 모시도록 하시오."

"예, 알겠습니다. 그대로 시행하겠나이다."

모든 수련이 끝난 다음 날 이른 새벽에 아사달의 백악白岳에서 단웅과 웅녀의 혼례식이 성대하게 거행되었다.

"지금부터 구이를 다스리는 천제 단웅과 웅녀의 천년 해로 혼례를 올립니다. 하느님과 온 천하의 신령께서 이를 축복하시어 만수무강하시고 자손 대대로 번창하시도록 도와주소서."

풍백이 천부인이 새겨진 거울에 반사하는 햇빛으로 두 사람을 골고루 감싸면서 큰 소리로 축원했다. 그로부터 한 해가 지나 웅녀는 옥동자를 낳았고, 이름을 왕검王儉이라 지었다.

왕검이 자라서 서른일곱 살이 되던 해, 송화강이 있는 하얼빈哈爾濱 지역 아사달의 박달나무 아래에서 단군으로 추대되었다. 그는 그곳에 신시神市를 다시 열어, 오가五加의 우두머리가 되어 팔백 명의 무리를 이끌고 나라를 세웠다. 그는 자신이 세운 나라의 이름을 조선朝鮮이라 했으며, '홍익인간弘益人間'을 건국이념으로 삼았다. 후세에서 단군檀君 조선 또는 고조선古朝鮮이라 부른 것이 이 나라를 말하는 것이며, 이때가 서기 전 2333년이었다.

건국 초기에 단군조선은 왕검 단군 아래 우현왕右賢王과 좌현왕左賢王을 두어 전국을 진한辰韓, 번한番韓, 마한 삼부로 나누어 다스렸으며, 후에 이들을 진조선, 번조선, 막조선이라 불렀다. 단군이 진조선을 직할로 다스렸고, 두 왕이 각각 번조선과 막조선을 다스렸다. 초대 왕검 단군으로부터 47대의 고열가古列加 단군에 이르기까지 단군조선은 서북쪽의 흉노족, 선비족, 몽고족과 싸우거나 화친을 도모하기도 했고, 서남의 은殷나라, 주周나라, 연燕나라, 제齊나라의 화하족華夏族 등 여러 나라와 교역과 전쟁을 되풀이 하면서 왕통을 이어 나갔다. 마지막 단군인 고열가 시대에 들어서서 단군조선의 세력이 약해지는 반면, 휘하 제후국들의 세력이 점점 커졌다. 마침내 제후국의 하나로 요하 상류 내몽고 지역에 있던 고리국高離國에서 단군조선에 반기를 드는 사건이 일어났다. 그 반란의 주동자인 해모수는 수유왕須臾王 기비奇丕와 동맹을 맺고 군사를 일으켜, 단군조선의 옛 도읍인 백악산白岳山을 점령했다.

해모수는 천제의 아들이라고 자칭했는데, 우람한 체격에 신과 같은 눈빛으로 사람들의 마음속을 꿰뚫어 보았다. 또한 그는 항상 까마귀 깃털로 만든 모자를 썼고 용광龍光의 칼을 차고 있었다. 거동을 할 때에는 다섯 마리의 말이 끄는 오룡五龍의 수레를 타고 다녔다. 단군조선의 옛 수도를 점령한 해모수는 드디어 나라 이름을 북부여라 선포하고 제위에 올랐다. 당시 장당경藏唐京에 있던 단군조선을 대부여라고도 불렀기 때문에 그 북쪽에 있는 나라라는 뜻으로 북부여라고 한 것이었다. 또한 해모수의 나라를 고구려라 부르기도 했다. 이에 장당경의 왕궁에 있던 고열가는 스스로 제위를 내놓고 산으로 들어가 자취를 감추었다. 이렇게 단군조선의 왕통이

끊기게 되니, 다섯 명의 족장들인 오가가 6년 동안 나라를 다스리다가 해모수에게 단군조선을 바치고, 그에게 단군 자리를 계승하게 하였다. 단군이라는 칭호는 왕을 거느리는 제왕이라는 뜻으로 단군 왕검 이래 오랜 세월 써왔던 '왕 중의 왕'이라는 칭호였다. 이때부터 해모수는 자기를 도운 기비奇丕를 번조선의 왕으로 임명하고, 단군조선 전역을 북부여라 부르며 통치해 나갔다. 한편 번조선 왕 기비가 죽으니 아들 기준이 왕으로 봉해졌으며, 번조선은 기씨 일가가 왕위를 계승했기 때문에 기자조선奇子朝鮮이라고도 불렸다. 서기 전 210년 중원 천하를 통일했던 진시황秦始皇이 붕어하여 중원 각지에 전란이 일어났고, 여러 세력이 출몰하는 가운데 한漢나라와 초楚나라가 패권을 다투게 되었다. 각축전을 벌이고 있던 혼란 속에 번조선은 연燕나라에 빼앗겼던 땅의 일부를 되찾았다. 그러나 얼마 지나지 않아 한나라가 초나라를 물리치고 중국을 다시 통일하게 되었고, 한나라 고조高祖는 제후였던 노관盧綰에게 연나라를 다스리게 하였다. 얼마 후 노관은 한나라에 반란을 일으켰고, 그의 부장으로 있던 위만衛滿이 연나라의 망명자 1천여 명을 이끌고 번조선의 준왕準王에게 거두어 줄 것을 요청했다.

준왕의 신임을 얻어 서쪽 변방을 지키게 된 위만은 점차 연나라의 피난민과 결탁하여 자기 세력을 키웠다. 마침내 위만은 준왕에게 사람을 보내어 거짓으로 한나라의 병사가 쳐들어오니 들어가 왕을 호위하겠다고 하고는 갑자기 군사를 몰아 준왕을 쳐서 왕위를 빼앗고 왕검성王儉城에 도읍을 정한 다음 나라 이름을 위만조선衛滿朝鮮으로 바꾸었다. 위만에게 나라를 뺏긴 준왕은 신하들을 거느리고 배로 남쪽으로 도망해서 목지국 금마군金馬郡으로 가서 진왕辰王이 되었다. 그리고 위만조선이 생긴 뒤 해모수가 건국한 북부여에서는 이에 맞서기 위해 해모수의 후손인 고진高辰을 고구려 후侯로 봉해 압록에서 대치하도록 했다. 그 후에 고진의 손자 고모수는 옥저를 다스리는 옥저 후가 되었다. 뒤에 이 고모수가 하백의 딸 유화와

정을 통하여 주몽을 낳았다.

북부여의 4대 단군 고우루高虞婁 때에는 한나라 무제의 조선 정벌이 있었다. 한무제가 평나平那에 침범하여, 위만조선을 멸망시키고 낙랑樂浪, 현도玄菟 임둔臨屯, 진번眞番의 4군을 설치했다가, 임둔과 진번을 폐지하고 이를 낙랑과 현도에 병합했다. 한사군이 설치되니 이에 대항하여 북부여의 고두막高豆莫이 의병을 일으켜 졸본에서 왕위에 올랐다. 그는 해모수 천제의 자손으로 스스로 동명왕東明王이라 칭했으며, 요동의 서안평西安平을 공격해서 이를 수복했다. 세력이 커진 동명왕 고두막은 사람을 북부여로 보내어 자기가 해모수 천제의 아들 고두막 한汗이라면서 북부여의 고우루 단군에게 동쪽으로 옮겨갈 것을 요청했다. 고우루는 이를 고민하다 병이 나서 죽었고, 그 뒤를 이어 동생인 해부루가 왕위를 계승했다. 그리고 결국 고두막의 압력에 굴복하여 통하通河의 가엽迦葉으로 서울을 옮기고는 국호를 동부여로 고쳐 불렀다. 이후 동부여는 북부여의 제후국이 된 셈이었다.

제5장

꿈을 개척하는 사람들

1. 금관가야金官伽倻의 왕자들

금관가야의 국력은 날로 강해졌다. 제철 산업도 더욱 발전했고, 아유타국의 도움으로 해운력도 크게 증강하여 대외무역으로 많은 이익을 남겼으며, 백성들은 평화롭게 생업에 종사할 수 있었다. 왕비는 결혼 다음 해에 첫 왕자를 낳더니, 왕자 둘을 더 낳고는 공주를 하나 낳았다. 그 뒤에 연이어 왕자 일곱을 낳았다. 스무 해도 채 되기 전에 이처럼 많은 왕자와 공주를 낳을 정도로 왕과 왕비의 건강과 금슬이 좋았다. 그런데 오늘 왕비가 또 아이를 낳게 되었다.

"마마, 이번에 태어난 왕자는 다른 왕자들보다도 더 튼튼한 것 같습니다."
왕비의 해산을 돕던 심보의 아내 모정이 강보에 싸인 왕자를 보이면서 말했다.
"내가 상감마마를 뵙고 싶구나. 말씀드릴 것이 있는데, 내 뜻을 전해다오."
왕비는 산고에 지친 기색을 감추면서 다급한 듯 말했다. 그때 바로 밖에서 시종이 기별하는 소리가 들렸다.

"상감마마 드십니다."

"왕비는 어떠한가? 그리고 왕자는⋯⋯? 다들 괜찮은가?"

왕은 서둘러 침전으로 들어갔다.

"마마, 어서 오시옵소서."

왕비가 몸을 추스르며 일어나 앉으려 했다.

"아니, 일어나지 말고 그대로 쉬시오. 해산하느라 고생했을 텐데. 어디 몸은 괜찮소?"

"예, 마마. 걱정하지 않으셔도 됩니다. 저는 괜찮습니다."

"그래요. 다행이오. 그럼 어디 우리 왕자를 보자. 허허허. 그놈 잘 생겼는걸. 아주 튼튼하게 생긴 모습이 나중에 큰일을 하겠군. 하하하."

왕은 이미 많은 왕자와 공주를 얻었는데도, 또 한 명의 왕자가 태어남이 너무도 반가운 듯 말했다.

"마마. 제가 이 왕자에 관해서 긴히 말씀드릴 일이 있습니다. 주위를 물려주소서."

왕비가 낮은 목소리로 왕에게 말했다.

왕의 분부에 따라 시종과 궁녀들이 모두 밖으로 나갔다.

"왜, 그러오. 무슨 일이 있는 거요? 짐에게 긴히 말 할 것이 있다니?"

"예, 마마. 실은 제가 이 왕자를 낳는 진통 속에 잠시 인드라 신께서 현몽을 하셨습니다."

"인드라 신께서 현몽을 하셨다고? 왕비가 이곳으로 출가할 때에도 현몽을 하셨다고 들었는데, 이번에는 어인 일로⋯⋯?"

"예, 마마. 그때도 저와 마마의 혼인을 성사시키기 위해 현몽하신 일이 있지요. 이번에 현몽하신 인드라 신께서 저에게 말씀하시기를 '이 왕자는 금성의 닭이 우는 숲으로 보내도록 하라. 반드시 귀하게 자라서 천년만년 번창하게 될 것이다'라는 축복을 내리셨습니다."

"금성이라면 서라벌의 서울이 아닌가? 무슨 뜻으로 그런 말씀을 하셨을까? 아무래도 걱정이 되는군."

"마마, 신첩이 생각하기에는 걱정하실 일은 아닌 듯 합니다. 아마도 우리 왕자가 서라벌에서 귀한 존재가 될 것이라는 생각이 듭니다. 신첩은 이번 현몽도 믿습니다. 우리 왕자의 앞날을 예언하신 것으로 생각되는데, 마마 신중하게 생각하여 보소서."

"알겠소. 나도 인드라 신의 말씀을 믿고 있소. 다만 걱정되는 것은 서라벌에 우리 가야의 세력이 너무 불어나면 그곳의 토착 세력들로부터 견제를 받지 않을까 하는 것이오."

왕은 걱정스러운 말투로 왕비에게 말했다.

"예, 마마. 신첩도 그게 걱정이 되어 고민을 했습니다. 그래서 신첩의 오빠인 장유화상長遊和尙과 의논하여 우리 배후가 드러나지 않고 서라벌 왕가에 입적할 수 있도록 공작을 해야 될 것이라 생각했습니다."

"알겠소. 짐이 장유화상과 의논해서 좋은 방책을 마련하겠소. 왕비는 아무 걱정 말고 건강에만 유의하시오."

왕비의 오빠인 보옥선사는 아유타왕 내외에게 혼사가 성대히 치러진 것을 보고하고는 다시 가야로 돌아왔다. 그는 명견대사가 선종善終을 하자 이름을 장유화상으로 바꾸고 명견대사의 뒤를 이어 김수로왕을 보필해 왔다. 다음 날 아침 왕은 주변을 물리고 장유화상을 은밀히 불렀다. 왕은 어제 왕비로부터 들은 꿈 이야기를 하면서 새로 태어난 왕자를 아무도 눈치 채지 못하게 서라벌의 왕실로 입적할 방법을 논의했다.

"마마, 제게 좋은 생각이 있습니다. 마마하고 형제의 연을 맺은 스쿠나 히고나가 지금 탈해 이사금의 아래에서 이찬으로 있습니다. 이름도 석나비로 바꾸었습니다. 그와 함께 일을 처리하면 어렵지 않을 것이라고 생각됩니다."

장유화상이 왕의 이야기를 듣고는 한참을 생각하더니 결심이 선 듯 말했다.

"아, 그렇군. 스쿠나히고나가 있었지. 그럼, 그렇게 하시오. 짐이 모든 일을 장유화상에게 맡길 테니, 한번 수고해 주시오."

"예, 알겠습니다. 제가 책임지고 이 일을 완수하겠습니다."

다음 날 장유화상은 평복으로 갈아입고 금성으로 갔다. 그는 석나비 이찬과 만나서 사정을 말하고 조언을 구했다.

"그건 어렵지 않은 일입니다. 대보로 있는 호공과 일을 꾸민다면 6부 사람들 모르게 진행할 수 있습니다."

석나비의 말에 장유화상은 용기를 얻었다. 두 사람은 이번 일을 성사시키기 위한 비책을 강구하기로 했다.

3월이 되었다. 봄기운이 완연한 밤이었다. 서라벌 서울 금성의 서쪽에 있는 시림始林이라는 숲 속에서 닭이 우는 소리가 계속해서 들렸다. 사람들이 이상해 찾아가 보니, 금빛 궤짝이 나뭇가지에 매달려 있고 그 밑에서 흰 닭이 울고 있었다. 사람들이 다가오자 닭은 순식간에 어디론가 사라졌다. 이에 그곳에 모인 사람들은 상서로운 징조라며, 그 궤짝을 왕궁으로 가지고 왔다. 이 소식을 들은 탈해 이사금이 신하들과 함께 궤짝을 보러 왔다. 호공이 앞으로 나서며 왕에게 아뢰었다.

"이 궤짝이 어젯밤 시림에서 닭의 울음소리를 듣고 찾아가 발견한 것입니다. 사람들이 왕궁으로 가져왔는데, 제가 열어 보겠습니다."

호공이 궤짝을 열어 보니, 그 안에는 비단 보에 싸인 토실토실한 옥동자가 빙그레 웃으면서 옹알이를 하고 있었다.

이 아이를 본 탈해 이사금이 기뻐하며 말했다.

"하늘이 나에게 이 아이를 보내신 것이 아닌가?"

"마마, 이는 곧 마마의 자손이 귀하다는 것을 염려한 하늘이 보낸 선물인 듯합니다. 이 아이를 훌륭하게 키워 나라의 재목으로 삼는 것이 좋을 듯합니다."

이 광경을 지켜보던 석나비가 여러 신하들을 제치고 한마디 거들었다. 그러자 호공도 석나비를 거들며 탈해 이사금에게 축하의 말을 드렸다.

"마마, 석나비의 말이 맞습니다. 하늘이 우리 서라벌을 위한 인재를 보내신 듯합니다. 이는 상서로운 일이니 모든 것이 마마의 큰 덕으로 인한 경사이옵니다."

"하하하. 다들 그렇게 생각하니, 더 말할 것도 없구려. 이 아이를 내가 거두어 왕자로 기르겠소. 그리고 이 아이가 금궤에서 나왔으니, 성을 김씨로 하고 이름은 알지閼智로 부르는 것이 좋겠소. 이 아이를 찾도록 흰 닭이 울었다는 숲을 계림鷄林으로 고쳐 부르고, 나라의 이름도 그렇게 부르도록 하는 것이 좋겠소."

"상감마마, 왕자를 얻으신 것을 참으로 경하드리옵니다."

이 자리에 참석했던 성골과 진골의 왕족과 귀족들 그리고 모든 신하들이 한 목소리로 임금님이 아들을 얻은 것을 축하했다. 이 왕자가 후에 경주 김씨의 시조가 되었으며, 자라나 대보의 지위에 올랐다. 그러나 바로 왕위에 오르지는 못하고 그의 7대손인 미추 이사금味鄒尼師今 때에야 비로소 서라벌의 왕통을 잇게 되었다.

한편 막내 왕자를 서라벌로 보낸 금관가야의 김수로왕과 왕비는 일이 잘 되었다는 것을 보고 받고는 한시름 놓았다.

"마마, 신첩에게 소원이 하나 더 있습니다."

왕비가 침전에서 김수로왕에게 말했다.

"무엇이요? 말씀해 보시오."

"신첩이 바다를 건너 이곳으로 시집온 지 벌써 20년이 넘었습니다. 지난번에 막내 왕자를 금성으로 보내어 장래를 의탁할 곳을 마련해 주신 것에 감사 드립니다. 하지만 나머지 왕자들에 대한 걱정이 아직 많습니다."

"그래요? 첫째 왕자야 태자로 삼았으니 짐의 보위를 이으면 될 것이고, 나머지 왕자들이 걱정이오?"

"마마, 그래서 신첩이 드리는 말씀입니다. 첫째는 마마의 보위를 이을 것이니 걱정이 없습니다. 신첩은 마마에게 감히 둘째 석錫 왕자와 셋째 명明 왕자가 신첩의 허씨 가문을 잇도록 해주실 것을 부탁드립니다. 오라버니인 장유화상께서 혼인을 하지 않으셨으니, 허씨 가문이 이대로 두면 대를 잇지 못할 것 같습니다. 그래서 두 왕자에게 허씨 가문을 잇도록 하고, 이 땅에서 오래오래 번창하도록 돌봐 주소서."

"알겠소. 내가 그럼 명을 내려 석과 명 왕자를 허씨 가문에 입양하도록 하겠소. 이 땅에서 허씨 가문이 번창하도록 도와주리다."

왕은 흔쾌히 윤허했다.

"그럼 나머지 왕자들은 장유화상이 어릴 때부터 가르쳐 왔으니 화상과 상의해서 결정하는 것이 좋겠소. 왕비는 어떻게 생각하시오?"

"장유화상에게 무엇을 상의하시려고요?"

"왕비도 알고 있듯이 장유화상은 우리 가야의 해상 교역을 맡아 크게 일으켰소. 가야에서 생산한 철정鐵鋌, 비단, 철제 농구나 무기들을 수출하고, 그 대가로 농수산물이나 생구生口를 받아와, 우리나라의 살림살이와 국방에 큰 도움을 주고 있소. 장유화상이 우리 왕자들을 가르친다면 왕자들의 처신에 큰 도움을 줄 수 있을 것이라 생각하오."

왕은 믿음에 찬 표정으로 말했다.

"오라버니와 상의하신다고 말씀하시니 저도 든든하게 생각됩니다. 마마께서 생각하신 대로 추진하소서."

다음 날 아침, 왕은 장유화상을 삼성전三聖殿으로 불렀다. 큰 구상을 할 때나 중요한 결정을 할 때마다 왕은 정전 뒤에 있는 삼성전으로 갔다. 삼성전에는 환인, 환웅, 단군의 삼신과 김수로왕의 조상인 소호 김천씨와 치우천왕의 영정이 걸려 있었다. 숙연한 분위기가 조성되어 있는 그곳에서는 냉정한 판단을 내릴 수 있어 국가 대사를 결정하기에 안성맞춤이었다. 왕은 주위를 물리고 장유화상에게 물었다.

"장유화상이 생각할 때, 우리 왕자들의 앞날은 어떻게 될 것 같소? 아니 우리가 어떻게 했으면 좋겠소?"

"어떻게 하시다니 무엇을 말씀이십니까?"

"첫째 왕자는 태자로 삼았으니 우리 가야의 대통을 이으면 되지만, 나머지 왕자들은 다른 나라를 맡을 수도 없고, 그렇다고 신하들과 자리를 나누어 갖게 할 수도 없으니 그게 걱정이오. 그래서 왕비와 그 문제로 상의했는데, 둘째와 셋째는 왕비의 가문을 승계하기 위해서 허씨 가문으로 입양시키는 것이 좋겠다고 생각하고 있소. 막내는 지난 번 계림으로 보냈으니 잘 되었고. 하지만 나머지 일곱 왕자의 일이 걱정되오."

"예, 그런 일이라면 너무 걱정하지 않으셔도 되겠습니다. 이 세상은 넓고도 넓습니다. 동남쪽 수천 리의 여러 섬 가운데에는 우리 가야 못지않게 넓은 땅이 있는데, 그곳에 살고 있는 원주민들은 아직 문명을 모르고 있습니다. 어떻습니까, 왕자님들을 소신에게 맡겨 주시면 그런 나라로 가서 신천지를 개척하도록 지도하겠습니다."

"오, 좋은 생각이오. 짐도 그와 비슷한 생각을 하고 있었소. 우리 왕자들이 갈 곳은 동남쪽 섬나라밖에 없다고 생각했소."

"마마, 그런데 한 가지 먼저 해 두실 일이 있습니다."

"무엇이오? 말해 보시오."

"지금 가야의 남쪽 바다에 대마도라는 섬이 있습니다. 이 섬은 옛날부터 많은 사람들이 남동쪽 쓰쿠시筑紫로 건너가는 징검다리 역할을 하고 있습니다. 이 섬 북부의 사고가라佐護伽羅는 서라벌 사람들, 중부의 니이가라仁位伽羅는 고구려 사람들, 남부의 계지가라鷄知伽羅는 마한 사람들이 차지하고 있습니다. 그리고 남방에서 온 해인족海人族도 섞여 살고 있다 합니다. 얼마 전까지는 이즈모에서 건너간 스사노오의 아들이 이 섬을 지배했으나, 그가 떠난 뒤로는 여전히 무주공산처럼 여러 부족들이 섞여 살고 있다고 합니다. 이 기회에 우리 금관가야가 이 섬의 중간에 있는 수로의 요지인 아소우만淺海灣을 차지하고, 이 섬을 지배한다면, 남쪽의 이키나 쓰쿠시까지 갈 수 있는 교두보로 삼을 수 있습니다. 그렇게 하려면 잘 훈련되고 중무장한 군사들을 300명 정도 보내야 할 것으로 생각됩니다. 그런데 중요한 것은 이 군사들을 인솔할 사람이 문제입니다. 그래서 사람을 물색해 보았습니다. 마침 용녀 공주님이 생각났는데 이 분을 보내는 것이 어떨까 생각합니다. 용녀 공주님은 천군 수련에 몰두한 나머지 스쿠나히고 나와의 가연이 맺어지지 못하고 천군으로 혼자 지낸 지 벌써 스무 해가 넘었습니다. 지금까지 그분이 해오신 것을 보면 대마도에 거주하는 여러 부족들을 잘 통솔할 것이라고 믿어집니다."

"오, 그렇지, 용녀 공주가 있었군. 짐이 공주에게 수차 다른 사람과 짝이 되라고 권했지만, 공주가 스쿠나히고나에게 향한 마음을 바꿀 수 없다 해서 내버려두었지. 짐이 항상 그것을 안타깝게 여겼는데, 공주라면 이 대업을 충분히 해낼 수 있으리라고 믿소. 그럼 우리가 바로 불러서 물어봅시다."

왕은 곧바로 시종에게 용녀 공주를 데리고 오라 일렀다.

2. 천군天君 용녀龍女와 조석趙錫 장군

용녀가 왔다. 그녀는 키도 일곱 자가 넘었고, 앞가슴도 풍만해진 성숙한 여인이 되었다. 눈꼬리가 조금 위로 치켜져 상대를 압도하는 시선을 가진, 거동이나 표정이 진중한 가운데 신비로운 느낌을 갖게 하는 천군으로 자랐다.

"마마, 찾으셨습니까?"

"음 그래. 다름이 아니라 장유화상과 남쪽 나라 대마도에 대해 얘기를 나누었는데, 그곳에 사는 사람들은 여러 곳에서 온 사람들이라서 잘 통솔이 되지 않는다고 하는구나. 그래서 공주를 그곳으로 보내면 그 사람들을 잘 다스릴 수 있을 것이라 하는데…… 어떻게 생각하는가? 대마도를 평정하고 나면 그 다음에는 쓰쿠시로 건너가서 그곳에서도 새로운 땅을 개척해야 될 것 같구나. 공주가 그렇게 해준다면 우리 가야를 위해 큰 공을 세우는 일이 되겠지. 앞으로 가야 사람들이 사방팔방으로 뻗어나가 살아갈 수 있는 터전을 닦는 길이 될 것이니. 그렇게 하기 위해서는 우선 쓰쿠시 같은 넓은 땅이 꼭 필요하다. 그리고 쓰쿠시에 가기 위해서는 대마도를 교두보로 삼아야 할 것이다."

"마마, 소녀가 전에 스쿠나히고나에게서 쓰쿠시가 넓고 기름진 땅이라는 말을 들은 적이 있사옵니다. 그 당시에 그 말을 들으면서 나중에 한번 가보고 싶다는 생각을 했었는데, 마마께서 그리 말씀하시니 꼭 가고 싶다는 생각이 듭니다. 소녀를 보내어 주시면 마마의 기대에 어긋나지 않도록 하겠습니다."

용녀가 선선하게 대답했다.

"그래? 고맙다. 이미 장유화상과 이야기하면서 여러 가지 준비해야 될 것에 대해 일러두었다. 장유화상이 그곳으로 가야 할 선편이나 거느리고 갈 사람들을 마련해 줄 것이다. 닷새 안에 떠나도록 했으면 한다. 더 필요하거나 준비해야 할 것이 있으면 짐에게 말해다오."

"소녀에게 한 가지 청이 있습니다."

"그게 무엇인고? 서슴지 말고 어서 말해 보아라. 웬만하면 다 들어줄 것이니."

왕이 다정하게 말했다.

"마마를 측근에서 모시는 조석이라는 장수가 있습니다. 그는 소녀의 어린 시절 소꿉동무였습니다. 제가 믿을 수 있는 분이니 부디 그분을 소녀와 함께 보내주소서."

"조석은 항상 짐의 곁을 떠나지 않는 호위 무장인 데다가 짐이 가장 아끼는 부하인데, 혹 다른 사람으로는 안 되겠느냐?"

왕이 아쉬운 듯 난색을 표하며 말했다.

"마마, 방금 전에 무엇이든 들어주신다 하시지 않았습니까? 저는 그분과 함께 갈 수 없다면 가지 않겠습니다."

용녀는 모처럼 부왕을 만나 응석을 부렸다.

"그래, 그리 말한다면 내가 어찌할 도리가 없군. 같이 가도록 허락하마. 그렇다면 짐이 조석 장군에게 말하는 것보다 공주가 가서 부탁하는 편이 좋겠다. 하하하."

김수로왕은 용녀의 응석에 못 이기겠다는 듯 호탕하게 웃으며 기꺼이 허락했다. 용녀는 부왕의 윤허를 받고 가벼운 걸음으로 나는 듯이 삼성전에서 나왔다.

용녀는 '풋' 하고 가볍게 웃음을 터트렸다. 석이가 예전에 자신에게 했던, '용녀야 나 니한데 장가 갈 기다'라는 말이 불쑥 생각났기 때문이다. 석이는 지금도 용녀를 잊지 않고 기다리고 있었지만, 용녀가 아직 허락을 하지 않은 상태였다. 용녀는 석이의 처소로 걸어가면서 자신의 부탁이라면 석이가 반드시 들어줄 것이라는 확신을 가졌다. 용녀는 조석 장군의 처소로 찾아가 김수로왕과 오갔던 이야기를 전해주고는 함께 떠나자고 말했다.

"니가 내 색시가 되어 준다면 따라 갈 기고, 아니면 내는 안 간다. 내가 뭘라고 늘 니 뒤꽁무니만 따라 다니겠나? 또 닭 쫓던 개만치로 지붕만 처다보게 될 지도 모르는데."

조석은 용녀를 만나자 반가운 표정이 잠시 떠올랐다가 의식적으로 감추면서 툴툴거리기 시작했다.

"그런 말 하지 마라. 그곳에 가면 내가 니 말고 누구를 의지할 수 있겠나? 내 혼자는 힘들다. 그곳에는 고구려, 서라벌, 마한, 남만 등 여러 지방에서 사람들이 와서 살고 있기 때문에 니가 도와주어야만 한다. 만약에 대마도에서 일이 잘 되몬, 쓰쿠시로 건너가게 될 기다. 이 모든 일이 다 끝나면 내가 니하고 혼례를 올릴 수 있단 말이다."

"내한테 그 말을 믿으라꼬?"

조석은 어린 시절로 돌아간 듯 투정을 부리며 용녀를 힐책했다.

용녀는 조석의 말을 다 들어주면서 가볍게 미소를 지었다. 모든 것을 다 이해한다는 표정으로 조석의 두 손을 잡고 말하기 시작했다.

"내가 니를 싫어한 것은 아니잖나. 니하고는 어렸을 때부터 친하게 지냈응께 남자로 보이지 않은 것이지. 내가 조금 전에 말했듯이 이번 일이 잘 되면 니하고 혼례를 올리겠다카이. 니가 자꾸 그런 식으로 말하면 내도 어쩔 수 없다. 니가 싫다면 다른 사람을 찾아서 떠날 수밖에……."

용녀는 그렇게 말하면서 짐짓 화난 표정을 지었다. 그리고 조석에게 은근히 압박을 했다. 그런 모습을 본 조석은 망설이는 듯 하더니 이내 용녀의 제안에 힘없이 고개를 끄덕였다.

"알았다. 니 말대로 할게. 할 수 없제. 하지만 한 가지만 내한테 약속해라. 앞으로 내 앞에서 스쿠나히고나 이야기는 절대 하지 마라. 그것만 약속하면 내 니하고 갈기다. 알긋나?"

"그래, 그건 내가 약속할게. 그럼 우리 함께 가는 기다?"

결국 조석 장군과 군사 300여 명이 용녀를 호위하기 위해서 함께 가기로 했다. 천군 용녀는 이로부터 닷새 뒤에 장유화상이 마련해 준 배를 타고 가야국에서 출발했다. 이들은 가야국의 세력을 사방팔방으로 확장하기 위해 새로운 세계로 나선 선발대가 되었다.

3. 일곱 왕자

"왕자님들 다 모이셨습니까? 오늘은 아바마마께서 중요한 말씀을 하실 것입니다."

장유화상이 왕궁 뒤뜰에 모인 일곱 명의 왕자들을 향해 말했다. 김수로왕의 첫째 왕자 거등居登은 태자가 되었고, 둘째 석 왕자와 셋째 명 왕자는 왕비의 허씨 가문을 잇도록 하였으며, 막내 알지 왕자는 계림으로 떠났다. 그리고 왕궁에 남아있는 일곱 명의 왕자들을 장유화상이 수련을 시키고 있었다. 일곱 왕자들은 열다섯 살인 광光 왕자를 비롯해서 당幢, 상相, 행行, 향香, 성性, 공空 왕자들이며, 이들은 일 년에서 이 년 정도의 터울로 연이어 태어났고, 이들 중에서 막내 성과 공 왕자는 여섯 살로 쌍둥이였다.

"상감마마 납시오."

시종이 왕께서 오신 것을 알림과 동시에 김수로왕이 장유화상에게 인사를 하면서 뒤뜰로 들어섰다.

"왕자들은 장유화상의 말씀을 잘 듣고 배우고 있는가?"

"예. 아바마마."

왕자들은 한 목소리로 대답했다.

"오늘은 왕자들에게 짐이 긴히 일러둘 일이 있단다."

왕이 이렇게 말하니, 왕자들은 소곤거리거나 장난을 치던 것을 멈추고 진지하게 부왕을 쳐다보았다.

"왕자들은 광 왕자를 우두머리로 해서, 장유화상을 따라 서쪽으로 여행을 해야 하겠다. 지리산 서쪽 하동 땅에 화계華溪라는 곳이 있는데, 그곳에 반야봉般若峯이라는 높은 산이 있단다. 왕자들은 장유화상을 따라 그곳으로 가서 수련을 쌓도록 하라."

왕의 말이 끝나자 왕자들은 걱정스러운 표정으로 소곤거리기 시작했다.

"아바마마, 소자들이 하는 수련은 선인이 되기 위한 것입니까? 아니면 새 나라를 만들기 위한 것입니까?"

제일 나이 많은 광이 제법 진지한 표정을 지으며 왕에게 물었다.

"짐이 생각한 것은 너희들이 새로운 나라를 개척해서 가야 사람들의 활동 무대를 넓히라는 것이다. 너희들은 한 나라를 이끌어갈 수 있는 지도자로서의 준비만 열심히 하면 된다. 짐은 뒤에서 너희들을 힘껏 도와줄 것이다. 그러니 단단히 마음 먹고 준비해야 한다."

"그렇다면 수련은 얼마나 오래해야 합니까? 아바마마."

이번에는 여덟 살이 된 행의 질문이었다.

"너희들 하기에 달렸지만, 아마도 십년은 걸릴 것으로 생각한다. 안 그렇소, 장유화상?"

왕은 장유화상을 돌아보며 말했다.

"그렇습니다. 앞으로 칠년 동안은 학습과 무예 수련을 병행해서 몸과 마음을 갈고 닦아야 합니다. 그 뒤 삼년 동안 새로운 나라로 가기 위한 준비를 해야 할 것입니다. 상감마마께서는 바다를 건너 쓰쿠시로 가는 것을 검토하라 하셨습니다. 아마도 왕자님들은 그곳으로 떠나야 할 것입니다."

"아니, 그럼 우리 수련은 언제부터 시작합니까?"

"예, 바로 내일부터 시작할 것입니다. 저와 왕자님들은 일단 왕궁을 떠나서 북쪽으로 갈 것입니다. 우선 미리내에 가서 쇠부리 점터를 구경하고 대장간에서 쇠를 부리는 법을 한 달쯤 익히도록 하겠습니다.

그리고 왕자님들 가운데 두 분은 거기에서 2년 동안 더 머물면서 쇠부리 기술을 완벽하게 수련하신 뒤에 다른 왕자님들과 합류하게 됩니다. 나머지 왕자님들은 기본적인 쇠부리 기술을 배우고 난 뒤에 가야산 너머의 거창居昌에 들렀다가 함양咸陽, 산청山淸을 거쳐 하동河東으로 이동할 것입니다. 하동에는 낙동강처럼 큰 강이 있는데, 사람들은 그 강을 섬진강蟾津江이라고 합니다. 이 강을 따라 북으로 올라갔다가 다시 산길로 반야봉까지 올라갈 것입니다."

"그래도 왕궁을 떠나면 우리가 직접 사냥도 하고, 먹을 것을 구해야 하는 거 아닌가요? 잠자리는 어떻게 하지요?"

"예, 왕자님. 물론 많은 일들을 왕자들이 손수 처리해야 됩니다. 시종들이 따라가겠지만 모든 일을 대신해 줄 수는 없습니다. 쓰쿠시에 가면 부딪치게 될 많은 일들을 미리 이 땅에서 경험해 보도록 하자는 것입니다."

"조금 전에 우리가 쓰쿠시로 가야 한다고 했는데, 그곳이 어딘가요?"

이번에는 당보다 한 살 아래인 상 왕자가 물었다.

"하하하. 그건 저 남쪽 바다를 건너서 사흘 정도 가면 된단다. 그곳은 굉장히 큰 섬나라란다."

왕은 왕자들이 쉴 새 없이 물어보는 것을 지켜보다가 불쑥 대화에 끼어

들었다. 그는 왕자들이 세상으로 나가는 것에 겁내지 않고 재미있어 하는 것을 보며 신통하다는 생각을 했다.

"왕자들아, 내일 떠나려면 준비해야 될 것이 많을 텐데, 그만 얘기들을 나누고 얼른 들어가서 준비를 하도록 하자. 오늘 저녁에 송별연을 갖도록 하자. 모든 식구가 모여 마지막으로 즐거운 식사시간을 가져 보자꾸나."

왕의 옆자리에 있던 왕비가 말했다. 왕은 장유화상에게 왕자들이 준비하는 것을 보살펴주라고 이르고는 왕비와 함께 궁으로 돌아갔다.

다음 날 아침 일찍 장유화상이 인솔하는 왕자들의 행렬이 대궐 밖으로 나섰다. 장유화상이 제일 앞에서 흰말을 타고 나갔고, 행장을 갖춘 일곱 명의 왕자들이 그 뒤를 따랐다. 그리고 일곱 명의 시종들이 짐을 잔뜩 실은 말과 함께 그 뒤를 이었다. 이들이 떠나는 모습을 왕과 왕비, 그리고 거등 태자와 허씨 성을 이은 석 왕자와 명 왕자, 또 대보, 신보를 비롯한 많은 중신들이 배웅을 했다.

일행은 하루 종일 길을 재촉해서 미리내 상류의 용두산 아래에 도착했다. 동강을 끼고 한참을 들어가니 저 멀리 철광산이 보이면서 미리내 쇠부리 점터 입구에 다다를 수 있었다. 예전에 스쿠나히고나 일행이 방문했을 때에 비해서 세 배는 커진 쇠부리 점터였다.

미리 기별을 받았던 쇠부리 점터의 쇠몰 거수가 일행을 맞이했다.

"왕자님들, 어서 오십시오. 장유화상께서도 여전히 건강해 보이십니다."

쇠몰 거수는 이미 환갑을 넘겼지만 수십 년을 쇠부리 일만 해 오느라 단련된 우람한 체격으로 건강해 보였다.

"거수님, 그간 잘 계셨습니까? 이번에 왕자님들을 모시고 와서 부탁을 드리게 되었습니다. 한 달 동안 이곳에서 쇠부리의 묘리를 배우려고 왔습니다. 그리고 왕자님들 가운데 두 분을 앞으로 2년간 거수님 제자로 삼아

쇠부리 점터 경영을 배우도록 했으면 합니다. 부디 잘 지도해 주소서."

"예, 알겠습니다. 제가 힘닿는 데까지 도와드리겠습니다."

쇠몰 거수는 일곱 왕자 중에서 당 왕자와 상 왕자를 추천했고, 그 뜻에 따라 두 사람이 남아서 쇠몰 거수의 가르침을 직접 받기로 했다.

나머지 왕자들은 다시 장유화상의 인솔을 받아 미리내를 떠났다. 일행은 거창의 용추계곡에서 층층이 포개진 화강암 위에 올라 산새 소리에 귀를 기울이기도 하고, 월성계곡의 개울에 내려가 바위를 제치고 가재를 잡기도 했다. 그렇게 하루를 편히 쉰 일행은 다시 기운을 차려 길을 나섰다. 황석산과 기백산 기슭에서 사냥을 했다. 처음으로 사냥을 해본 왕자들은 자신들이 잡은 것을 보이면서 의기양양했다. 장유화상은 왕자들을 칭찬하면서 앞으로 자주 사냥을 하게 될 것이라고 말했다. 사냥을 마친 일행은 남강南江의 백사장으로 가서 땀을 식히며 한참을 쉬었다. 기분 좋게 나른한 몸을 남강의 백사장에 던지고 하늘을 쳐다보며 누웠다. 답답하던 가슴이 탁 트이는 것이 느껴졌다. 파란 하늘에 두둥실 뭉게구름이 피어 올랐다.

"형, 저것 좀 봐. 남강 물에 고기가 천지 삐깔이다."

평소에 별로 말이 없던 향 왕자가 소리쳤다. 그는 대궐 밖에서 배운 말을 이때다 하고 써먹었다.

"그래? 모두 가서 천렵도 해보자. 그물 가져왔지? 이리 다오."

광 왕자가 시종을 보고 말했다. 왕자들은 바지를 벗고 속옷 바람으로 강가에 뛰어들었다. 자갈이 섞인 모래밭에 발바닥이 화끈거렸지만 왕자들은 마냥 즐거웠다. 여러 명이 한꺼번에 물 속에 첨벙 들어가 고기를 몰았다. 그런데 고기는 잡히지 않았다. 그런 모습을 보고 있던 장유화상이 시종들에게 뭐라 지시를 했고, 시종들이 왕자들을 도와주기 시작했다. 그들은 왕자들처럼 이리저리 뛰어다니며 첨벙대지 않고, 한 줄로 나란히 서서 한쪽 방향으로 차분하게 고기들을 몰고 갔다. 그리고 그물을 길게 늘어놓았다가 둥글게 말면서 고기를 가두었다. 이번에는 그물 안에서 퍼덕이는 물고기를 볼 수 있었다.

"와, 잡았다. 어, 이놈은 무엇이지? 메기 아니야? 붕어하고 은어하고 피라미가 많네."

왕자들은 그물에 잡힌 물고기들이 신기한지 연신 떠들면서 웃고 있었고, 장유화상은 그들을 보며 흐뭇한 미소를 짓고 있었다. 그날 저녁은 낮에 사냥해서 잡은 토끼와 산비둘기, 꿩을 구웠고, 메기와 은어 등으로 찌개를 끓였다. 왕자들은 자신들이 직접 사냥을 하고 고기를 잡은 것에 대해 연신 떠들면서 배부르게 먹었다.

다음 날 다시 길을 나선 일행은 덕천강을 건너서 황치산과 정안산을 옆에 끼고 하동으로 갔다. 하동에 다다르니 섬진강이 보였고, 얕은 여울에서 아낙들이 재첩을 잡고 있는 평화로운 풍경이 아름답게 보였다. 섬진강은 북에서 남으로 도도히 흐르고 있었고, 물이 맑아 강바닥을 들여다보면 자갈밭 위로 은어 떼가 강물을 오르내리는 것이 보였다. 산란을 위해 이른 봄에 바다에서 거슬러 올라왔던 것들이 이제는 산란을 끝내고 유유히 헤엄치고 있었다. 검푸른 회색 빛 등허리가 강물 속에서 빛을 반사해 은빛으로 반짝였다. 일행은 섬진강을 따라 북상해서 화개천과 중대천이 갈리는 곳까지 갔다. 황장산을 끼고 화개천을 북상하니 다시 범왕천으로 갈라졌다. 그 끝의 지리산 중허리에 반야봉이 높이 솟아 있었다. 반야봉 중턱에 왕자들은 천막을 치고 짐을 풀었다. 길 떠난 지 두 달만의 일이었다.

4. 대마도對馬島의 천군 용녀

"배에 차곡차곡 실어라. 빠진 물건이 없는지 확인하고, 서둘러라."

조석 장군이 손에 든 철편으로 배 안을 가리키며 부하들에게 큰 소리로 호령했다. 금관가야의 별포 나루에서 수백 명의 군사들이 출항 준비를 위해 바쁘게 움직이고 있었다. 김수로왕의 명령에 따라 대마도로 가는 용녀

일행을 태우고 갈 25척의 배가 나루에 가득했다. 그 가운데 세 척은 허 왕비 집안이 건조한 돛대가 둘이 나 있는 범선이었다. 그리고 다섯 척은 두 개의 배를 이어서 만든 쌍동선雙胴船이었는데, 말을 운반하기 위해 특별히 만들었다. 이 배에는 두 마리의 종마와 여덟 마리의 암말을 각각 나누어 실을 예정이었다.

"쌀과 보리는 선창 바닥에 차곡차곡 채우고, 창검이나 방패, 화살은 언제든지 사용할 수 있도록 뱃전 제일 위쪽에 실어라."

조석 장군은 일일이 뱃전을 오가며 지시를 하고 확인을 했다.

"이 배의 큰 돛대 밑에 이것을 매달아 주시오."

용녀가 조석에게 지름이 석자쯤 되는 파형동기巴型銅器와 지름이 두 자에 높이가 석 자가 되는 동탁銅鐸을 내밀었다.

"이 배의 뱃머리에 파형동기를 매달면 반사된 햇빛이 번쩍이며 멀리까지 보일 것이오. 그리고 동탁의 소리가 맑게 울리면 천지신명께서는 우리를 보호하시어, 우리 앞길이 훤히 트일 것이오."

용녀가 조석 장군을 돌아보며 빙그레 웃었다.

"그것 참 좋은 생각이오. 이런 신기神器를 천군께서는 용케도 구하셨소. 가야국을 전부 뒤져도 찾기 힘들었을 텐데."

조석 장군이 탄성을 올렸다.

"작은 것은 많지요. 파형동기는 원래 활을 쏘는 궁수의 왼쪽 발꿈치에 붙이는 방패 장식이었지요. 햇빛을 반사시켜 그것을 보여줌으로써 위엄을 떨쳤던 것이지요. 차차 왕이나 장군들이 권위를 나타내려고 방패에 부착하기 시작했는데, 그러다 보니 태양 신인족神人族임을 자랑하는 정복자의 표시로도 쓰이게 되었지요. 인도의 아유타국에서 쓰던 것을 왕비께서 가야로 가져오신 겁니다. 처음에 가져온 것은 오른쪽으로 도는 여덟 개 꼬리 모양이었는데, 우리 금관가야에서 왼쪽으로 도는 아홉 개 모양으로 바꾸어 만들었지요."

"그런 연유가 있었구려. 아무튼 뱃머리에 그런 것을 달면 이를 처음 보는 대마도 원주민들은 놀랄 것이오."

"동탁의 맑은 소리는 듣는 사람이 매료되어서 쉽게 복종하게 만드는 효과가 있어요. 이걸 보시오. 납작한 종처럼 생겼지요. 꼭대기에 고리가 있어 매달아 놓을 수가 있지요. 두드려 소리를 내면서 주문을 외우면 신령님의 효험이 크게 나타나거든요."

그로부터 이틀이 지난 아침 천군 용녀와 조석 장군은 300명의 군사들과 함께 용원의 별포 나루에 정렬했다. 하늘은 맑고 푸르렀으며, 바람도 잔잔했다. 나루에는 김수로왕을 비롯해 많은 신하들과 가족 친지들이 배웅을 나왔다. 이윽고 용녀가 천군 복색을 하고 제단 앞으로 나왔다. 그녀는 먼저 삼신에게 큰절을 올렸다. 순백색 긴 치마에 허리까지 내린 적삼을 자줏빛 띠로 맨 옷맵시가 하늘에서 내려온 선녀 같았다. 이어서 거북 껍질로 점을 쳐보니 이태택二兌澤으로 나왔다. 서쪽의 여인이 두 하늘과 바다를 하나로 만든다는 점괘였다.

"기뻐하시오. 삼신님께서는 우리가 이번 원정으로 하늘과 바다를 아우르는 큰일을 해낼 것이라 하셨소."

용녀가 큰 소리로 사람들에게 알렸다.

모든 제사를 끝내고, 천군 용녀와 조석 장군을 비롯한 군사들이 25척의 배에 차례로 나눠 타 서서히 나루를 벗어나기 시작했다. 뒤에 남은 사람들은 그들의 무사안녕을 기원하며 오래도록 손을 흔들어 배웅했다.

나루를 빠져 나온 선단은 가덕도와 진우도 사이를 지나 동남으로 뱃머리를 돌렸다. 군사들은 흰 베옷에 검은 띠를 매고 고깔을 쓰고 가죽신을 신었다. 용녀는 가슴에 커다란 청동 거울을 걸고 머리에는 푸른 곡옥 장식을 단 금동관을 썼다. 조석 장군은 철제 단갑과 투구를 썼고, 환두대도를

허리에 찼다. 군사들의 절반은 활과 노로 훈련된 사수였고, 나머지는 각자 자신에게 맞는 창검이나 도끼로 무장했다. 용녀가 탄 배는 순풍을 만나 빨간 돛을 올리고 바다 위를 미끄러지듯 달렸다. 물결은 잔잔했다. 동북으로 흐르는 혹조의 빠른 해류를 가로질러 대마도로 가야 했기 때문에, 수시로 뱃길을 고쳐 가며 뱀처럼 구불구불 헤치고 나가야 했다. 멀리 서북쪽 거제도의 가라산을 뒤로 하고 동남으로 하루 밤낮을 진행하니 대마도 웃섬의 최고봉인 미타케御嶽가 보였다. 이들은 꼬박 이틀을 항해하여 사고佐護의 센뵤마키千俵蒔 산 밑의 강가에 도달했다. 일행은 그곳에서 하룻밤을 쉰 다음 남쪽으로 내려갔다. 섬의 서쪽 해안을 따라 반나절을 더 내려가니 아소우만이 나왔다. 이 만은 대마도의 허리를 깊숙이 동서로 파고 들어갔다. 남북의 해안은 톱날 모양으로 들쑥날쑥 했고, 크고 작은 섬이 많았다. 한참을 더 들어가니 남쪽 끝으로 정상이 흰 산이 멀리 내다보였다. 시라타케白嶽였다. 일행은 미즈시마美津島에 상륙했다.

"자, 우리는 이곳에 상륙하여 마을을 건설한다. 서둘러 짐을 부려라."

조석 장군은 부하들에게 이것저것을 부산하게 지시하고, 확인하느라 바삐 움직였다

"이곳은 북쪽에 포구가 있고, 동서남의 세 방향이 산에 둘러싸여 있습니다. 그래서 뱃길이 닿을 수 있는 곳이면서도 방어하기가 쉽습니다. 여기에 마을을 건설하는 것이 좋겠습니다."

그는 천군 용녀에게 간단하게 상황을 보고하고는 이내 부하들을 감독하러 다시 배 밖으로 나갔다. 천군 용녀가 배에서 내려와 조석 장군에게 말했다.

"먼저 산신령께 제사부터 지내야겠습니다."

"그렇게 하시지요. 제가 준비토록 지시하겠습니다."

조석 장군이 천군의 명을 받아 제사를 지낼 수 있도록 조치했다. 그때 파수를 보고 있던 군사가 급히 뛰어오며 조석 장군에게 말했다.

"장군, 저기를 보십시오. 수상한 놈들이 나타났습니다."

손으로 가리키는 곳에는 몇 명의 원주민들이 이곳을 엿보고 있었다. 아랫도리만 천으로 가린 벌거벗은 사내들로, 손마다 돌도끼와 돌창을 들고 있었다. 또한 얼굴과 팔뚝에 붉거나 푸른 칠을 한 것이 남방계 잠수족인 것 같았다. 조석이 그들에게 큰 소리로 말했다.

　　"우리는 하느님의 뜻을 받들어 금관가야에서 온 사람들이다. 앞으로 이곳은 우리가 다스릴 것이다. 너희들 중에서 가야 말을 아는 사람이 있으면 나오라."

　　"제가 말을 할 줄 압니다."

　　"그래, 그럼 너는 내 말을 잘 듣고, 너희 추장에게 전해라. 너희가 우리를 도와주면 큰 보상을 받을 것이나, 만일 그렇지 않다면 큰 화를 당할 것이다. 어서 가서 내 말을 전하고, 너희 추장을 이리 데려오너라."

　　제사가 끝나고, 사람들이 점심을 먹고 있을 때, 키가 일곱 자 남짓한 짙은 갈색 피부를 가진 사내가 부하 몇 명을 데리고 나타났다. 머리에는 띠를 두르고 독수리 깃을 꽂았으며, 저고리와 짧은 치마를 입었다. 관자놀이와 두 볼에 문신을 했기에 거칠고 사나운 인상이었으며, 손에는 길고 가는 비파 모양의 청동검을 들었다.

　　"날 찾았소?"

　　추장은 허리를 꼿꼿이 편 자세로 기가 죽지 않았다는 듯 당당하게 말했다.

　　"그렇소. 그대가 이곳의 추장이오? 그대는 어느 나라에서 온 것이오? 그리고 그대 부족은 몇 명이나 되오?"

　　조석 장군이 한꺼번에 몰아서 질문했다.

　　"우리는 남쪽 나라 자바에서 왔소. 백여 명은 되지요."

　　"그런데 어떻게 우리말을 그렇게 잘 하시오?"

　　"이 섬에는 예맥에서 온 사람들이 북쪽에 살고 있고, 마한에서 온 사람들이 중부에서 살고 있습니다. 그리고 이곳저곳에 가야 사람들이 섞여서 살고 있고요. 우리는 바다에서 잡은 고기를 그 사람들에게 갖다 주고 곡식이나 삼베를 받아옵니다. 그러다 보니 저절로 섬한 말을 배우게 되었습니다."

조석은 천군 용녀가 있는 움막으로 안내했다.

"우리 여왕마마이시오."

조석이 추장에게 일렀다.

"여왕마마이십니까? 저는 남쪽에서 온 자바 사람으로 니기하야루라고 합니다. 이곳 추장이지요."

"그래요? 반가워요. 자 이리 오시오. 그런데 추장, 이곳에 있은 지가 얼마나 되었소?"

"벌써 스무 해가 넘었습니다. 배를 타고 해 돋는 곳을 찾다가 여기까지 오게 되었습니다. 물길을 따라오다 보니 오키나와沖縄를 거쳤고, 이곳에 상륙해서 더 이상 나아가지 않고 정착하게 된 것이죠."

"그렇군요. 우리는 하느님의 뜻을 받아 이곳에 나라를 세우러 왔어요. 추장이 우리를 도와주었으면 합니다. 당신들이 우리를 도와주면 곡식과 옷가지 그리고 쇠로 만든 어구와 사냥 도구를 대어주도록 하겠소."

"좋습니다. 우리로서는 나쁠 것도 없지요. 오히려 우리에게 도움이 되는 일인데, 어찌 마다하겠습니까? 그럼 어떻게 도와드려야 할까요?"

니기하야루 추장이 기꺼이 대답을 하니, 옆에서 듣고 있던 조석이 끼어들었다.

"대마도 전체에 흩어져 사는 사람들이 얼마나 되는지요?"

"대략 칠천 명에서 팔천 명 정도는 될 것입니다."

"그럼 그 사람들의 우두머리들을 석 달 안에 이곳으로 모아 주시오. 할 수 있겠소?"

"어렵지 않습니다. 이곳에 사는 사람들은 서로 왕래하고 있으니 부하들을 보내 뜻을 전달하면 그렇게 할 수 있을 겁니다. 제가 그렇게 하지요."

추장은 기꺼이 대답했다. 이에 조석은 가야에서 가져온 환두대도 한 자루를 추장에게 선물로 주고, 그들을 배불리 먹여 돌려보냈다.

"자, 어서 우리 마을을 만들자. 여기에 여왕마마가 머물 수 있도록 왕궁을 짓도록 하고, 그 주변으로 군사들의 숙소와 곡식 창고를 만들어라. 아소우만에서 마을까지 배가 들어올 수 있게 수로를 파고, 마을의 주위에 해자垓子를 이중으로 파서 물을 채워야 한다. 짐승이나 외적이 쉽게 침범하지 못하게 해야 편히 쉴 수 있을 것이다. 그리고 마을 입구에는 높다랗게 솟대를 세워라."

조석 장군은 추장이 돌아간 뒤 밤늦게까지 군사들을 지휘하여 마을을 건설해 나갔다.

어느덧 천군 일행이 이곳에 온 지도 벌써 석 달이 지났다.

"조석 장군, 이제 마을이 제법 형태를 갖추게 되었구려."

용녀가 말했다.

"지난번 우리가 도착한 날, 자바족 추장이 약속했던 날이 내일인 것 같은데, 맞나요? 보름달이 뜨는 다음 날로 기약한 걸로 아는데. 아마 지금쯤은 기별이 와야 할 텐데. 그가 이 섬에 먼저 와 있는 다른 부족의 추장들을 모아올 수 있을까?"

조석 장군은 창 밖을 내다보며 혼잣말하듯 중얼거렸다. 두 사람은 새로 지은 정전 안마루의 복판에 탁자를 사이에 두고 마주 앉아 있었다.

'내일이면 추장들이 오겠지. 청동 거울을 반질반질하게 다듬어 햇빛을 반사해서 눈이 부시게 만들어야지. 천문을 보니 내일 정오에 해가 삼족오에 가려질 것이 틀림없으니, 그 징조가 나타나면 이것도 이용해야지. 우리에게 복종하고 따라오겠다는 부족에게는 곡식과 쇠로 만든 낫과 도끼를 나누어 주도록 하고, 아니면……..'

용녀는 내일 행사에 대한 구상에 골몰하여, 조석 장군이 일어나 밖으로 나가는 것도 눈치채지 못하고 있었다.

마을의 네 모퉁이에 높이 세운 망루마다 두 명의 병사가 올라가 망을 보고 있었다.

"별일 없는가?"

조석 장군은 망루 밑을 지날 때마다 물었다.

"예, 장군님. 별일 없습니다."

병사들이 씩씩하게 대답했다.

"아직 아무 기별이 없지요?"

한 바퀴 순찰을 마치고 돌아와 환두대도를 벽에 걸고 있는 조석을 보며 용녀가 물었다.

"예, 아무 연락이 없군요."

"내일 아침에는 기별이 있겠지요."

"그래요. 내일 아침까지는 기다려 봐야지요. 그런데 천군은 이 대마도의 내력을 잘 아시나요?"

조석이 물었다.

"예, 조금 알고 있지요. 고령의 웃가야上伽倻 사람들이 오래전에 이곳으로 진출했다고 합니다. 웃가야의 고황산령신의 지시로 아마테라스께서 이곳을 거쳐서 야마토로 가셨다고 하지요. 대마도와 쓰쿠시 사람들은 고황산령신이 하늘 나라인 다카아마노하라를 다스리신다고 믿고 있어요. 다카아마노하라는 웃가야의 고령을 말하지요. 대마도에서는 아마테라스를 아마노테루미타마天照魂라고도 불렀는데, 후에 야마토에 왕국이 조성되면서 이 분을 모셔갔고, 그곳에서는 아마테라스로 고쳐 부르게 되었다고 전합니다. 하늘을 밝히는 큰 신이라는 뜻이지요."

"그렇다면 이 모든 사람이 우리 가야 핏줄이군요. 우리와 잘 어울려 살수 있겠군. 서로 통하는 것도 많을 것이고……."

"한반도에서 남쪽 나라로 건너간 것은 이 사람들만이 아니지요. 까마득한 옛날에는 돌도끼나 돌칼로 무장한 사람들이 한반도에서 대마도를 거쳐 쓰쿠시로 갔다고 해요. 그때 건너간 사람들도 벼농사를 지을 줄 알았다고 합니다. 그 후에 아마테라스가 다녀갔고, 그 다음으로는 요동에서 마한으로 내려 왔던 비류 왕자 일행이 고령을 거쳐 이즈모로 건너갔지요. 비류 왕자의 아들 중에 스사노오라는 사람이 있었는데, 이 사람은 쓰쿠시에서 아마테라스와 다투고는 이즈모로 되돌아갔다가 다시 대마도에 들렀어요. 이 사람이 대마도를 보고 '가라사토韓鄕의 섬에는 금과 동이 난다. 내 아들이 이곳을 다스리게 하고 싶다'고 말하고는 이 땅에 노송나무와 삼나무를 심었답니다. 그래서 그 이후로 이곳 사람들이 배를 짓거나, 궁전에 쓸 나무, 심지어 관棺에 쓸 목재를 쓸 수 있게 되었다고 전해집니다."

"어쩐지 이 섬에 노송나무와 삼나무가 많더라니, 그런 연유가 있었군요. 메밀잣밤나무, 은행나무, 녹나무, 느티나무 같은 아름드리 큰 나무도 많지만. 내일 얼마나 많은 사람들이 오려는지……."

조석이 은근히 걱정된다는 투로 말을 했다.

"크게 걱정 안 해도 될 것입니다. 내일의 천문을 보니 삼족오가 해를 가리는 이변이 있을 것으로 예상된다오. 장군은 모든 군사를 무장시켜 경비를 삼엄하게 하고, 위엄을 지켜주세요. 내가 삼신에게 기도한 뒤 하느님의 목소리를 빌려 말을 하면, 이에 맞추어 함성을 지르고 창칼과 기치를 하늘 높이 올리면서 마을에 모인 추장들에게 우리의 세력을 보여주는 것으로 충분할 거예요."

천군 용녀는 자신만만해 보였다.

다음 날 아침이 밝았다. 동이 트면서 숲 속의 산새들이 지지배배 울었다. 사람들은 오늘의 일이 몹시 바쁠 것이라는 얘기를 미리 들었기에 아침밥을 일찌감치 챙겨 먹고, 손님 맞을 준비를 하기 시작했다. 망루에서 병사 한 사람이 소리쳤다.

"사람들이 오고 있습니다. 두 척의 배가 오고 있어요."

"아간阿干 찬璨이 제1대를 인솔해서 포구에 진을 쳐라."

조석이 미리 계획했던 대로 부하 장수에게 지시했다. 아간 찬이 제1대

스물일곱 명을 갑주로 무장시켜 가지加志 포구로 달려갔다.

"아간 손濱은 제2대를 숫대 앞에 대기시키고, 나머지 군사들은 정문에서 정전 앞의 광장을 에워싸라. 추장들과 그 일행이 마을 안으로 들어오면 다른 행동을 하지 못하도록 하는 것이 너희들 임무다. 모두 창검과 기치를 갖추고, 어제 지시한 대로 행동하도록."

조석의 지시는 짧고 분명했다.

"또 다른 배가 오고 있어요. 이번에는 여남은 척이 됩니다."

다시 망루의 병사가 소리쳤다. 반나절이 지나는 동안 대마도 전체 부족의 추장들이 각자 몇 사람의 부하들을 데리고 통나무 배나 고깃배를 타고 연이어 도착했다. 추장들의 복장은 각양각색이었다. 저마다 출신 지역의 풍습대로 차려 입고 나섰다. 청동 무기나 마제석검을 방패와 함께 손에 들고 온 사람도 있는가 하면, 활과 전통을 메고 모矛를 손에 든 사람도 있었다. 완전무장을 한 제1대의 병사들이 도열한 가운데 이들은 마을 한가운데의 광장으로 안내되었다.

이윽고 해가 중천에 뜰 즈음 '공~' 하고 징이 크게 울렸다. 그 소리와 함께 정전에서 천군 용녀가 시녀 셋을 데리고 나타났다. 천군은 하얀 명주 치마저고리를 입었고, 금동관을 쓴 머리를 흰 면사포로 덮었다. 그리고 두 팔에는 푸른색 팔찌를 꼈다. 세 명의 시녀들은 북과 꽹과리, 징을 들고 섰다. 천군 용녀는 먼저 제상에 향을 피우고 술을 부어 올렸다. 그리고 큰절을 한 다음에 자리에서 일어서서 북과 꽹과리 소리에 맞추어 너울너울 춤을 추었다. 한식경이 지나 천군 옆에서 지켜보던 시녀가 '공~' 하고 징을 치더니, 정전으로 올라가 공이로 동탁을 '텡~, 텡~, 텡~' 하고 맑은 소리가 울리도록 두드렸다. 이 소리에 맞춰 천군은 한순간 춤을 그치더니 동쪽을 향해서 허리를 펴고 가슴을 내밀었다. 가슴에는 커다란 청동 거울이 걸려서 햇빛에 찬란히 빛났다.

"여기가 어딘고?"

천군이 굵고 낮은 목소리로 물었다.

"대마도의 미즈시마입니다."

시녀들이 입을 모아 답했다.

"나는 세상을 다스리는 하느님이다. 이곳에 나의 뜻을 펴기 위해 가야의 가미神들을 보냈는데, 그들은 어디에 있는고?"

"예, 저희들은 모두 여기 있습니다."

금관가야의 군사들이 일제히 창검과 기치를 들며 외쳤다. 광장에 모여 있던 추장들과 그 부하들은 당황한 모습으로 수군거리기 시작했다. 처음 보는 상황이었지만 매우 진지했고, 실제 하느님이 강림한 듯한 느낌도 들었다. 게다가 천군의 목소리는 엄숙하면서도 힘이 있었다.

"대마도를 들어 나에게 바치라 했는데 가야의 가미들이 왜 이리 더딘가?"

천군이 다시 외쳤다.

"모두 여기 있습니다. 분부만 내리소서."

군사들이 다시 함성을 질렀다.

"내 말에 복종하면 축복을 받을 것이고, 배반하면 천벌을 받으리라. 알아들은 사람들은 모두 땅에 이마를 대고 엎드려라."

천군이 하느님의 목소리를 빌려 명을 내리니, 조석 장군을 비롯해 금관가야에서 온 모든 사람이 이를 따랐다. 하지만 이곳에 살던 추장과 그 일행들은 아직도 어리둥절해하며 어찌할 줄 모르고 있었다.

"모두 엎드려요! 빨리빨리, 하느님께서 노하시기 전에 어서 엎드려!"

조석 장군이 그들을 향해 고함을 질렀다. 조석 장군이 큰 소리를 치니 분위기를 보던 추장들이 엉겁결에 엎드리기 시작했다. 광장에 모였던 모든 사람이 순식간에 천군 앞에 엎드려 명을 받게 되었다.

"너희는 내가 하느님이라는 것을 알겠는가?"

"예이, 분부만 하소서."

이번에는 천군 주위에 모여 있던 시녀들이 한 목소리로 답했다.

"저 하늘을 보아라. 이제 곧 저기 높이 솟은 해가 세발 까마귀에 가려 보이지 않게 될 것이다. 얼마 동안 어둠에 갇혔다가 세발 까마귀가 없어지면 다시 광명을 찾게 될 것이다. 무서워지 말고 내가 이르는 대로 하라. 이는 내가 너희에게 하느님이라는 증명으로 보여주는 것이다. 그리고 너희에게 명을 내리니 대마도의 모든 사람들은 금관가야의 가미를 모시고 대대손손 번창할지어다. 이를 어기는 자는 벼락으로 다스릴 것이다."

천군의 말이 끝날 즈음 맑았던 해가 서서히 가려지면서 하늘이 캄캄해지기 시작했다. 이윽고 천지가 온통 깜깜해졌다. 사람들은 엎드린 상태에서 꼼짝하지 않았다. 멀지 않은 산 속에서 살쾡이와 사슴이 우는 소리가 들려왔다. 한참을 지나 하늘이 열리면서 서서히 밝아지기 시작했다. 광장에 모인 사람들은 다시 햇빛을 볼 수 있게 되었다.

"지화자. 지화자. 지화자. 가야 가미 모시자. 우리 모두 가야 가미 모시자. 와~, 와~, 와~."

가야의 군사들이 일제히 창검과 기치를 높이 치켜들면서 함성을 질렀다. 그를 따라 원주민의 추장과 부하들도 합세했다. 그날 저녁에는 가야 사람이나 원주민이나 모두 섞여서 잔치를 치렀다. 푸짐한 음식과 술이 나와 모든 사람들이 흥겹게 먹고 마시며 즐겼다. 천군의 시녀들이 북, 꽹과리, 나팔로 흥을 돋우었다. 잔치가 끝나고 원주민의 추장 일행이 떠날 차비를 하기 시작하니, 천군은 그들에게 백미 한 가마와 쇠로 만든 낫과 도끼 한 자루씩을 지급하였다.

"우리와 한편이 되면 계속해서 이런 지원을 해드릴 것이오."

조석 장군이 추장들을 전송하면서 이렇게 말했다.

"그러나 우리를 배반하면 징벌하러 갈 것이오. 가서 모든 사람에게 잘 이르시오."

다음 날부터 조석 장군은 가장 날랜 군사를 스물일곱 명 뽑아서 순찰대를 편성했다. 그들은 아간 찬의 지휘를 받으며 대마도 전역을 돌아보고 원주민들을 통제했다. 만일 원주민들의 반항 기미가 조금이라도 보인다는 보고가 들어오면, 조석 장군이 진두지휘하는 징벌대가 출동해서 부족을 몰살하고 추장을 마을 입구 높은 나무에 효수했다. 이런 식의 작은 전투가 한두 번 있자, 대마도 전체에 소문이 퍼졌고, 다시는 반항하는 부족이 생기지 않았다. 대마도를 완전히 통제한 뒤, 천군 용녀는 원주민들에게 농사짓는 시기를 가르쳐 주고, 병이 나면 약초로 치료를 해주었다. 그리고 섬에서 일어나는 크고 작은 행사를 주재했다. 특히 여러 부족 간에 분쟁이 일어나면 직접 개입해서 중재해 주었다. 게다가 추장들의 자녀를 모아서 셈을 하는 법, 점치는 법, 농사 짓는 법, 누에 치는 법, 삼 삼는 법, 베 짜는 법, 옷 짓는 법 등을 가르쳐 주었다. 이처럼 몇 해가 지나는 동안 원주민들을 위해 많은 일을 해서 나가니 대마도 전체가 천군 용녀를 대마도 도주로 모시게 되었다. 그리고 조석 장군은 용녀와 혼인을 하게 되었다. 조석은 어렸을 때부터 간직했던 소원을 이루게 되었고, 그녀의 충직한 수호자로 남게 되었다. 이렇게 대마도를 평정한 천군 용녀와 조석 장군은 쓰쿠시로 진출하기 위한 준비를 하기 시작했다.

쓰쿠시에는 이미 여러 나라가 진출해 있어서 이곳 대마도처럼 쉽게 정복할 수 있는 곳이 아니었다. 그곳은 이키, 무나카타宗像, 이토伊都, 나노쿠니奴國 등 수십 개의 크고 작은 나라들이 야마타이코쿠邪馬台國를 종주국으로 하는 동맹 체제를 형성하고 있었다. 과연 어느 나라와 동맹을 맺고, 어느 지역부터 진출해야 될 것인지 섣불리 판단할 수도 없었다.

5. 일곱 왕자의 꿈

"목검으로 나를 쳐 보아라."

장유화상이 두 주먹으로 가슴을 툭툭 치면서 말했다.

"으랏차."

상 왕자가 장유화상을 노려보고 있다가, 순간적으로 몸을 앞으로 내달리며 장유화상의 머리를 겨냥하고 힘껏 목검을 위에서부터 내리쳤다. 그러나 장유화상은 한 발 뒤로 물러서는 듯하더니, 훌쩍 뛰어 상 왕자의 키를 넘게 몸을 날렸다. 상 왕자의 목검은 허공을 가르고 말았다.

"어디를 공격하는가? 상대방의 움직임을 똑바로 살펴야 한다고 말하지 않았는가? 나는 바로 뒤에 있다."

장유화상은 상 왕자의 바로 등 뒤에 착지하면서 수도로 가볍게 허리를 쳤다. 상 왕자는 얼굴이 벌개지면서 뒤로 물러났다.

"다음은 당 왕자 나오너라."

당 왕자와 장유화상이 마주 섰다. 당 왕자는 양손에 목검을 하나씩 들었다. 오른손은 어깨 위로 목검을 바로 세워 공격 자세를 잡았으며, 왼손은 앞으로 길게 뻗어 방어자세를 취했다. 장유화상은 두 팔을 어깨 높이로 올리고 가볍게 주먹을 쥐고 약간 앞으로 구부린 자세로 마주 섰다. 장유화상의 가늘게 뜬 실눈에서 번쩍하고 빛이 나는 것 같았다.

"으얏."

당 왕자가 괴성을 지르며 목검을 하나는 위에서 아래로, 또 하나는 수평으로 휘두르면서 덤벼들었다. 장유화상은 당 왕자의 품 안으로 성큼 뛰어들며, 수도로 손목을 쳐서 목검 하나를 땅에 떨어뜨리고, 나머지 목검을 쥔 팔을 꽉 붙잡아 비틀었다. 실로 전광석화 같은 몸놀림이었다. 당 왕자는 장유화상이 팔을 비틀 때, 그 힘을 못 이기고 땅바닥에 나가떨어지더니 얼굴을 붉히며 제자리로 돌아갔다. 다음은 광 왕자의 차례였다. 광 왕자는 아예 무기를 들지 않았다. 맨주먹으로 장유화상과 맞서더니 두 팔을 휘휘 내저으며 한 발을 내어 밀고 서서히 다가왔다.

"에이크."

순간 날카로운 기합 소리가 공기를 가르며 허공에 퍼졌다. 그와 동시에 광 왕자는 몸을 날리며 장유화상의 뺨을 발바닥으로 갈기려 했다. 간발의 차이를 두고 장유화상이 몸을 뒤로 제키며 피했다.

"허허, 제법 택견을 익혔군."

장유화상이 광 왕자의 빠른 발 놀림에 대해 감탄을 하며 말했다.

일곱 왕자는 씨름, 검술, 택견, 활 쏘기, 말 타기 등 연중 내내 계속 수련을 받았다. 그리고 여름철이 되면 섬진강으로 내려가 수영을 배우고, 배를 부리는 법도 익혔다. 겨울에는 추위를 이기는 극기 훈련도 견뎌냈다. 왕자들이 이곳에 온지도 벌써 5년이 지났다. 장유화상은 매우 엄격해서 새벽 인시寅時가 되고 한식경이 지나면 어김없이 동탁을 울리며 왕자들을 깨웠다. 자리에서 일어난 왕자들이 여섯 칸 법당 내외를 청소하고, 몸을 정갈하게 씻고 나면 인시의 끝머리가 되었다. 그리고 취사 당번이 지은 밥과 산채 나물로 아침을 들고 법당으로 들어가 가부좌한 상태에서 단전호흡을 하면서 묘시卯時가 끝날 때까지 정신 통일 훈련을 했다. 그리고 정신 통일 훈련을 마치고 잠시 쉬었다가 다시 법당에 모여 앉았다. 그러면 장유화상이 환인, 환웅, 단군, 소호 김천씨와 치우천왕, 인드라와 브라만의 일곱 신상을 그린 탱화幀畵 앞에 방석을 높이 쌓아 그 위에 앉아 말했다.

"오늘의 주제는 색즉시공이며 공즉시색이니라."

색즉시공色卽是空 공즉시색空卽是色은 『반야심경般若心經』에 나오는 말로, 이 세상에 존재하는 모든 형체色는 없는 것空이고, 세상의 모든 사물은 실체가 없는 현상에 불과하지만 그 아무 것도 없는 빈 현상의 하나하나가 그 대로 이 세상의 실체라는 말이다. 장유화상은 그때그때마다 주제를 하나씩 던져주고, 그 뜻하는 바가 무엇인지 생각해 보라고 했다. 그러고 나서 보통 점심때까지 왕자들은 장유화상이 던진 주제를 중심으로 강론을 듣기도 하고 자유로이 토론도 했다. 오전은 그렇게 지혜와 학식을 닦는데 보내고, 오후에는 뒷동산과 아래쪽 산마루를 오르내리며 무술 훈련으로 하루를 보냈다. 왕자들은 저녁을 먹고 난 뒤에는 비파, 북, 십현금, 피리 가운데 각자 즐기는 악기를 하나씩 골라 풍류를 즐겼다. 이런 규칙적인 생활을 하면서 일곱 명의 왕자들은 환단의 역사와 홍익인간의 이념을 깨쳤고, 춘추전국시대春秋戰國時代의 제자백가諸子百家의 사상을 강독 받으며 처세술을 배워나갔다.

그러던 어느 날 장유화상이 진지한 어투로 말했다.

"내가 이곳 가야로 오기 전에 산동반도에서 명견대사에게 가르침을 구한 적이 있었느니라. 그때 명견대사께서는 세상을 살아 나가기 위해서 반드시 해야 할 일에 대하여 말씀하셨단다. 그 첫째가 꿈을 갖도록 하라는 것이었느니라. 오늘은 너희들이 장차 무엇을 해야 할 것인지 생각해보는 시간을 갖기로 했다. 지금부터 너희들끼리 토론해서 다 함께 추구해야 할 큰 꿈을 그려보도록 하여라. 오늘이 보름이니 그믐까지 각자 생각해보고, 너희들끼리 이야기도 나눠본 다음에 그때 가서 우리 다 함께 발표하도록 하자."

광 왕자가 물었다.

"우리가 왕궁을 떠날 때 아바마마께서 새로운 나라를 개척하라는 말씀을 하셨는데, 그 일을 말씀하시는 것입니까? 그때 남쪽 나라로 건너가서 가야 사람들이 터전을 잡고 살 수 있는 나라를 세우라고 하셨지 않습니까?"

"그렇게 생각할 수도 있지. 만일 그것을 꿈으로 삼는다면, 언제까지 어떤 나라를 어디에 만들 것이며, 누가 무슨 일을 맡아 어떻게 수행할 것인지 등은 모두 왕자들이 논의할 일이지."

"꿈이 이루어지려면 천시天時와 지리地利와 인화人和가 갖추어져야 하는데 그 가운데 인화가 제일 중요하다고 맹자께서 말씀하셨습니다. 성공을 하려면 때를 잘 만나야 하고 지리 조건이 좋아야 하지만, 가장 중요한 것은 많은 사람들이 한마음이 되어 움직여야 한다는 것이지요. 천하를 얻으려면 먼저 민심을 얻어야 한다는 이치지요. 그래서 우리 형제들 모두가 힘을 합해야 한다는 것이지요."

이번에는 상이 말했다.

"그렇지. 그럼 지금부터 어떤 꿈을 가져야 하며, 그 꿈을 이루기 위해 우리 모두가 정성을 다해야 하는데 우리가 과연 할 수 있을지 서로 얘기해 보는 것이 좋겠다."

광 왕자가 나머지 왕자들을 이끄는 우두머리답게 동생들을 흐뭇한 표정으로 돌아보면서 말했다.

"우선 우리 일곱 형제들이 함께할 수 있는 일이 무엇인지 생각해 보는 것이 좋겠어. 내 생각에는 부처님의 가르침을 좇아 중생을 구제해서 극락정토極樂淨土를 만드는 일이 제일 좋을 것 같아."

상 왕자가 다시 자신의 의견을 말했다.

"그것도 좋지만 그렇게 하려면 자기 자신이 먼저 깨달음을 얻어야 하니, 시간이 너무 걸리고 어려울 것 같은데."

행 왕자가 상 왕자의 말에 토를 달았다.

"그렇지. 아바마마의 분부도 계셨고, 이 세상을 살기 좋은 땅으로 만들면 그것 자체가 부처님이 말씀하시는 정토를 만드는 것이 될 테니, 어떻게 하면 좋은 세상을 만들 수 있는지에 대하여 우리 토론해 보도록 하자. 장유화상 님. 아바마마께서는 5년 전에 대마도로 천군 용녀와 조석 장군을 파견해서 남쪽으로 가는 길을 개척하신 것으로 압니다. 그 후로는 그쪽 사정을 잘 모르니, 어떻게 진행되고 있는지 알아보았으면 합니다. 장유화상 님께서는 계속 왕궁과 연락을 하고 계셨으니 내용을 잘 아실 것으로 판단됩니다. 저희들에게 그에 대해 말씀해 주십시오."

장유화상이 머리를 끄덕이며 커다란 지도를 펴서 벽에 걸고 설명하기 시작했다.

"이 그림을 보아라. 이것은 변진弁辰과 그 동남쪽 지세를 그린 지도다. 지금 천군 용녀 일행은 여기 대마도를 평정했단다. 그들은 남쪽의 이키 왕국마저 손아귀에 넣었으며, 이제는 쓰쿠시의 여러 나라와 교역을 하고 있어. 우리 금관가야의 탈시시선들이 김해, 용원의 별포 나루, 대마도와 이키 그리고 쓰쿠시 사이를 오가며 많은 물자를 나르고 있지. 금관가야에서는 판장쇠나 쌀, 보리 따위의 곡식, 그리고 철제 농기구와 베틀을 공급하고 있고, 허드렛일을 시킬 노예와 수산물, 흑요석과 비취를 쓰쿠시에서 가야로 가져오고 있어. 이키에서 남쪽으로 천리를 가면 마쓰라코쿠末盧國에 이르는데, 4,000여 호가 산과 바다 사이에 살고 있다. 초목이 무성하고, 주민 대부분은 물고기와 전복 같은 조개를 잠수해서 잡고 산다. 여기에서 뭍에 올라 동남으로 500리 가면 이토코쿠伊都國에 이르는데 만여 호가 살고 있다고 해. 다시 동남으로 100리를 가면 나노쿠니奴國가 나오는데 이만여 호가 되지. 거기를 지나 동으로 백리 지점에 후미코쿠不弥国가 나오는데 여기에도 천여 호가 있어. 이런 여러 나라는 왕과 재상에 해당하는 관인이 지배를 하고 있지. 이 모든 나라들이 야마타이코쿠의 여왕인 히미코의 지배 하에 들어 있다고 한다. 야마타이코쿠의 동쪽으로 바다를 건너면 또 여러 나라가 있는데, 나라의 수가 모두 서른 개에서 백 개에 이른다고 전한다. 쓰쿠시의 남동쪽 일대는 아직 제대로 주인이 정해지지 않고 있단다. 그리고 쓰쿠시의 남쪽에 기리시마霧島 연봉이 있는데 여러 산들 가운데 구시부루봉槵触峯이라는 산이 우리 금관가야의 구지봉과 비슷하게 생겼어. 이 산의 서쪽은 산악 지대이고 동쪽과 남쪽에 넓은 들을 건너 바다가 있어. 그래서 이곳은 천혜의 요새를 만들 수 있는 곳이지. 여기에는 먼 남쪽 나라에서 이주한 해양족이 살고 있지만 아직 큰 세력이 되고 있지 않다고 한다. 만일 우리가 가서 이들을 잘만 다루면 우리 세력으로 만들 수 있을 지도 모른다."

장유화상이 지도를 이용해 자세하게 설명을 하여, 쓰쿠시와 그 일대에 대한 내용이 쏙쏙 머리 속으로 들어왔고, 마치 눈으로 직접 보는 듯한 느낌을 받았다. 그리고 왕자들은 자신들이 해야 될 일들이 무엇인지 알 수 있을 것 같았다. 일곱 명의 왕자들은 각자 자신의 가슴 속에 무엇인지는 모르지만 뜨거운 것이 불끈 올라오는 것을 느낄 수 있었고, 눈앞이 훤히 트이는 것을 알 수 있었다.

"그렇다면 우리의 꿈이 무엇인지 알 수 있을 것 같습니다. 저뿐이 아니라 제 아우들까지도 같은 마음이리라 믿습니다. 우리는 아바마마의 뜻을 이루는 것 뿐만 아니라 단군 할아버지의 '홍익인간' 이념을 실현하기 위해서라도 저 넓은 곳으로 진출해야 할 것입니다. 그렇다면 제일 먼저 도달해야 할 곳으로는 바로 장유화상께서 지적하신 구시부루 일대가 되어야 한다고 생각합니다. 이제 우리는 어떤 준비를 해야 될 것인지 그것에 대한 논의가 필요하리라 봅니다. 저와 왕자들은 이제부터 그 꿈을 이루기 위해 모든 것을 바칠 것입니다."

광 왕자가 일곱 왕자들을 대표하여 모두의 마음을 모아 결론을 내렸다. 나머지 왕자들도 광 왕자의 말에 고개를 끄덕였다.

잠시 침묵이 흐른 후 광 왕자가 장유화상을 돌아보며, 자신이 생각한 문제를 제기했다.

"장유화상 님, 우수한 인재를 얻기 위해 옛 선현들은 어떻게 하셨는지 말씀해 주십시오."

"그래, 어떤 일이든 성공을 하려면 인화가 가장 중요하다고 하신 선현의 말씀이 있지만 그게 그리 쉬운 일이 아니란다. 우선 훌륭한 인재를 모아야 하는데 어떤 선례가 있는지 내가 아는 대로 이야기 해보마."

장유화상이 자세를 고쳐 잡으며, 일곱 왕자들을 차례로 돌아보았다. 그리고 헛기침을 한 번 하고는 말을 이었다.

"옛날 춘추전국시대의 연燕나라 소왕昭王이 거듭된 패전으로 황폐해진 나라를 추스르고, 패전의 치욕을 설욕하기 위해 능력 있는 사람을 모으려 했단다. 그래서 신하인 곽외郭隗에게 그 방법을 물었단다. 곽외는 소왕의 질문에 대해 다음과 같이 대답했다.

'인재를 모으기 위해서는 여러 가지 방법이 있습니다. 예의를 다하여 상대해 주고 공손히 가르침을 받으려고 노력한다면 자기 자신보다 100배 나은 사람을 데려올 수 있습니다. 상대방에게 경의를 표하고 그의 의견에 귀를 기울이면 자기 자신보다 10배 나은 사람을 모을 수 있습니다. 상대방과 마찬가지로 행동한다면 자기 자신과 비슷한 능력을 가진 사람밖에 모이지 않습니다. 걸상에 비스듬히 앉아 곁눈질로 지시를 한다면 작은 일꾼밖에 모이지 않고, 큰 소리로 나무라기를 자주 한다면 하인이나 졸개 수준의 사람밖에 모이지 않습니다. 따라서 널리 나라 안의 인재를 뽑아 가르침을 받는다는 소문이 퍼지면 천하의 인재는 속속 몰려올 것입니다.'

그 말을 듣고 소왕이 다시 물었다.

'그렇다면 어떤 이를 모셔서 그 가르침을 받으면 되겠소?'

'이런 얘기를 들은 적이 있습니다. 어떤 왕이 천리마를 구하려고 많은 돈을 들였으나 성공하지 못했습니다. 3년이 지나도 천리마를 구할 수가 없었는데, 한 부하가 나타나서 자신이 구하겠다고 나섰습니다. 그 부하가 석 달 뒤에 천리마의 뼈를 많은 돈을 주고 사왔습니다. 왕은 죽은 말에 쓸데없이 돈을 들였다며 화를 냈으나, 부하는 죽은 말의 뼈조차도 이처럼 비싸게 사는 사람이 있다는 소문을 퍼트리면, 살아 있는 말은 몇 배의 값으로 치러 줄 것이라 기대하여 천리마를 갖고 있는 사람들이 몰려올 것이라고 진언했습니다. 과연 일 년도 지나지 않아 천리마가 세 마리나 나타났다고 합니다. 왕께서 진심으로 인재를 구하실 생각이시라면 저처럼 볼품없는 사람부터 중용하십시오.'

왕이 그의 말을 듣고는 곽외를 후대하여 사부師傅로 모셨다. 이 일이 알려지니 나라의 안팎에서 인재가 몰려왔다. 마침내 연나라는 크게 번성하여 숙적인 제齊나라에게 설욕할 수 있었다."

"훌륭한 인재를 모으려면 후한 대접을 해주고 가르침을 받으려 한다는 소문이 온 나라에 퍼지게 해야 한다는 말씀이군요."

당 왕자가 요약해서 다시 한 번 말 했다.

"그럼 그렇게 모인 인재들을 잘 활용하여 큰일을 성공시킨 사례들은 어떤 것이 있나요?"

상 왕자가 물었다.

"두 가지 사례가 도움이 될 것 같구나. 하나는 한漢나라 고조高祖인 유방劉邦에 대한 이야기가 있지. 숙적인 초楚나라의 항우項羽를 쳐부수고 천하를 통일한 유방이 수도 낙양洛陽의 남궁에서 제후와 장수들을 모아 주연을 벌이면서 이런 질문을 했지.

'짐이 천하를 얻은 반면에 항우가 천하를 얻지 못한 이유는 무엇인가?'

그러자 신하 가운데 한 사람이 이렇게 대답했다.

'폐하는 도성이나 영토를 공략하여 성공하면 바로 부하들에게 그 몫을 나누어 주시고 자기 몫은 크게 챙기지 않으십니다. 그런데 항우는 시기심이 많아 부하가 능력을 발휘하면 경쟁자로 취급해서 견제하거나 없애버립니다. 모든 공을 내 것으로 삼고 남에게 돌려주지 않습니다. 이것이 항우가 천하를 얻지 못하게 된 이유입니다.'

그 말을 듣고 유방이 반박하며 말했다.

'너는 하나만 알고 둘은 모르는구나. 진중에 앉아서 전략을 구상하고, 천리 밖의 싸움에서 승리를 확보하는 일에 짐은 장량張良을 이길 수 없다. 그리고 나라 살림을 챙기며 민생을 안정시키고, 군량의 조달과 병참을 확보하는 일에서는 소하蕭何를 당할 수 없다. 또한 백만 대군을 자유자재로 지휘해서 승리하도록 만드는 일에서는 한신韓信보다 나을 수 없다. 이 세 사람은 모두 천하제일의 인재다. 그러나 짐은 이 인재들을 부릴 수 있었다. 이것이 짐이 천하를 얻은 비결이다.'

사실 유방은 농민 출신이자 배운 것이 별로 없는 사람이었지만, 명장 한신이 평했듯이 '군졸을 부릴 수는 없어도, 장수를 부릴 수 있는 힘'을 갖고 있었다. 뛰어난 인물을 알아보고 적재적소에 배치하여 권한을 위임할 수 있는 능력은 어떤 의미로는 타고난 것으로 볼 수 있었다. 항우는 범증范增 같은 뛰어난 인물을 수용하지 못할 만큼 의심과 시기심이 많았고, 자신에게 항복해 온 사람을 받아 들이지 않았다. 심지어는 항복해 온 적군을 부지기수로 쳐 죽인 일도 있었다. 그래서 역발산力拔山이라는 무용을 지니고도 패망하고 만 것이다."

"장유화상께서는 두 가지 사례라 하셨는데, 또 다른 하나는 무엇입니까?"

"전국시대戰國時代에 제齊나라의 유명한 재상으로 맹상군孟嘗君이라는 사람이 있었다. 그는 천하의 인재를 모집하여 한때 그의 집에 식객食客만 수천 명을 둔 적이 있었단다."

"식객이 무엇입니까?"

쌍둥이 성 왕자가 고개를 갸웃하며 물었다.

"식객이란 특별히 하는 일 없이 세력이 있는 사람의 집에서 손님으로 지내는 사람을 말하지. 맹상군이 얼마나 식객을 잘 대접했는지에 대해서는 다음과 같은 일화가 전해지고 있단다.

맹상군은 자신의 집으로 새로 찾아온 사람과 면담을 할 때에는 항상 병풍 뒤에 서기를 숨겨두었다. 그리고는 그 사람의 부모와 형제에 대한 정보를 얻어내면 그 서기가 기록을 했다가 식객의 부모와 형제에게 사람을 보내어 선물을 했다. 그런 일을 뒤늦게 알게 된 식객이 감동한 것은 두 말할 필요가 없었다. 이런 소문이 퍼지자 많은 인재들이 그를 찾아오게 되었다. 그리고 맹상군은 식객이 한 가지라도 재주가 있으면 받아들였다. 한 번은 맹상군이 왕의 사신이 되어 진秦나라로 가게 되었다. 수행한 식객 가운데에는 도둑질을 잘 하는 사람과 닭의 울음소리를 잘 흉내 내는 사람이 있었다. 그런 천한 재주밖에 없는 자를 데리고 간다고 비난이 자자했으나 맹상군은 전혀 마음에 두지 않았다. 맹상군이 진나라에 가자, 진나라의 소양왕昭襄王은 성대하게 환영의식을 베풀었고, 맹상군 또한 귀중한 은색 여우 겨드랑이 털로 만든 두루마기를 선물로 바쳤다. 진나라의 소양왕은 맹상군을 만나 보니 그의 사람됨이 빼어나 내버려두면 제나라가 강력해질 것으로 판단되어 두려워졌다. 그래서 그를 연금하고 죽여 없애버리려 했다.

맹상군은 연금을 풀려고 소왕의 애첩에 줄을 대었다. 그런데 이 애첩은 여우의 겨드랑이 털로 만든 옷을 주면 왕에게 석방하도록 주선하겠다고 했다. 맹상군이 소양왕에게 바친 것을 보고 탐이 났던 것이다. 그런데 천하에 그런 옷은 하나밖에 없었으니 다시 구할 길이 없었다. 한참을 고민한 맹상군이 식객들과 상의했다. 아무도 좋은 꾀를 내지 못했는데 좀도둑 출신의 식객이 '제가 어떻게 해 보지요' 하고 나섰다. 좀도둑 출신 식객은 밤이 되자 대궐로 숨어들어가 왕에게 진상했던 여우 겨드랑이 털옷을 훔쳐왔고, 그 옷을 왕의 애첩에게 바쳐 맹상군이 연금에서 풀려났다. 일행이 급히 서울을 탈출해서 밤중에 함곡관函谷關에 도착했는데 이곳은 첫 닭이 울 때까지는 문을 열지 않는 규칙이 있어 통과할 수 없게 되었다. 소왕양은 애첩의 청원을 받아들여 맹상군을 풀어주었으나 곧바로 후회하여 군사를 풀어 맹상군을 잡아들이라고 지시했다. 그래서 맹상군을 잡으려는 군사들이 저 아래 골짜기까지 따라오고 있었다. 맹상군 일행은 함곡관이 열리는 새벽까지 기다릴 형편이 아니었다. 초조해진 맹상군 앞에 이번에는 닭 울음소리를 잘 흉내 내는 식객이 나섰다. '꼬꼬 꼬끼요. 꼬꼬 꼬끼요. 꼬꼬 꼬끼요오.' 그 식객이 세 번에 걸쳐 닭 울음소리를 흉내 내자, 근처의 수탉들이 덩달아 울었다. 마침내 관문이 열리고 일행은 무사히 빠져나갈 수 있었다.

이처럼 어떤 사람이라도 한 가지 재주는 있는 법이야. 사람을 사귈 때 그 사람이 한 가지 재주라도 갖고 있다면 이를 아끼고 존중해 주어야 한다. 언젠가는 그로 인해 크게 이득을 볼 수 있기 때문이지. 맹상군은 이렇게 한 가지 재주 밖에 없는 사람도 아껴서 곁에 두었기 때문에 큰 위기를 벗어날 수 있었지. 이런 이치를 아는 사람은 많아도 이를 실천하는 사람은 많지 않단다. 사람들은 보통 지금 현재 재산이 있거나, 권력을 가진 훌륭한 사람만을 사귀려 드는데 비해, 크게 성공하는 사람은 현재의 능력을 발휘하는 사람보다는 미래를 보고 사람들을 사귄단다. 그런 식으로 많은 부류의 사람들을 사귀면서 후일을 도모하는 것이란다."

"그렇게 많은 사람을 사귀려면 비용도 엄청나게 많이 들겠군요. 그 많은 비용을 어떻게 충당하지요?"

당이 걱정스러운 표정으로 말했다.

"많은 비용이 들지. 그래서 많은 사람들을 사귀려면 꾸준한 수입이 있어야 하지. 그리고 재산을 낭비하지 말고 미리미리 저축을 할 수 있어야 한단다. 그래서 우리가 쓰쿠시에 간다면 어떻게 수입을 얻을 것인지, 그리고 어떻게 적시 적절하게 사용할 것인지에 관해서도 논의해야 한다."

장유화상이 당 왕자의 의견을 대견해 하면서 맞장구를 쳤다. 그러고는 다시 적절한 예를 들어 부연 설명을 했다.

"꽃나무는 열매를 맺어야 번식을 할 수 있단다. 그런데 열매를 맺으려면 꽃가루를 수술에서 암술로 옮겨 주어야 하지. 그래서 나비나 꿀벌을 꾀어서 수술과 암술 사이에서 놀게 하는 거야. 그렇게 하면 그들의 몸통이나 발에 꽃가루가 묻어서 쉽게 수정을 할 수 있지. 그래서 꽃은 예쁜 빛깔로 크게 피고 향기를 풍기며 꿀을 제공한단다. 마찬가지로 우리가 번창하려면 우리 스스로 예쁜 꽃이 되어 달콤한 꿀을 제공할 수 있어야 나비나 꿀벌 같은 인재들이 모여 든단다."

장유화상이 꽃과 나비로 비유해서 설명을 하자, 어린 왕자들까지 고개를 끄덕이며 잘 알아들었다는 표시를 했다.

"자, 오늘은 여기까지 이야기하자. 시간이 많이 흘렀고, 동생들이 힘들어 하는 것 같으니까 다음에 다시 이야기할 수 있는 시간을 갖도록 해야겠다. 다음에는 우리의 꿈을 이루기 위해 어떤 모습으로 스스로를 가꾸고, 어떻게 꿀을 마련하여야 하는지에 대해서 논의해 보도록 하자."

광 왕자의 말에, 어린 왕자들은 '와아' 하고 함성을 지르며 법당 밖으로 뛰어나갔다. 장유화상은 마구 뛰어다니는 왕자들을 보며 활짝 웃었다. 파란 하늘에는 구름 한 점 없었고, 맑은 바람만 살살 불어왔다. 장유화상은 사춘기에 든 상 왕자와 당 왕자에게도 금욕과 절제에 대한 훈화를 했다. 자아타카jataka, 『本生經』의 이시신가鹿角가 여색을 극복한 얘기나, 김수로왕과 허황옥 왕비의 젊은 시절을 들려 주면서 성욕을 억제하고 오로지 심신 단련에 힘 쓰도록 지도했다.

6. 전략회의

열흘이 지났다. 왕자들은 다시 법당에 모였다.

"그동안 다들 수고가 많았다. 꿈에 대한 이야기를 해서, 오늘까지 많은 생각을 했으리라고 생각한다. 서로 의견을 주고받으면서 각자의 생각을 정리하고, 좋은 방책을 강구했겠지. 먼저 당 왕자, 행 왕자, 성 왕자, 공 왕자 네 사람이 함께 논의한 내용이 있다고 들었는데, 누가 그 내용을 말해 보겠나?"

장유화상이 말했다.

"우리는 새로운 나라를 지상낙원처럼 만드는 것에 대해 꽃밭을 가꾸는 것으로 비유해서 논의했어요. 그 다음으로 인재들이 모이도록 하는 것에 대해서는 어떤 꿀을 마련해야 벌들이 모여드는지 비교해서 의논했지요. 행아, 네가 우리가 그린 꽃밭의 모습에 대해 말해 줄래?"

당 왕자가 말문을 열었다.

"네, 제가 말씀드리지요. 우리는 우선 동남쪽 따뜻한 곳에 아름다운 꽃밭을 가꿔야겠다고 생각했어요. 이 꽃밭에서는 어떤 사람이라도 함께 화목하게 살 수 있어야 하겠어요. 우리 금관가야에는 북에서 온 예맥 사람, 서북쪽에서 온 부여 사람, 백제 사람, 낙랑이나 대방 사람, 남쪽에서 온 자바인이나 해양족, 동쪽에서 온 왜인 등 서로 핏줄이 다르고 풍습이 다른 사람들이 많이 모여 살고 있잖아요. 그래서 우리가 새로 만드는 나라에도 그런 사람들을 모두 받아들여 각자 지닌 재주를 마음껏 자랑할 수 있는 터전을 마련해줘야 한다고 생각해요."

"그렇다면 그런 꽃밭에 마련되어야 할 꿀을 무엇이라고 생각했지?"

광 왕자가 물었다.

"거기에 대해서는 제가 말하지요."

이번에는 당 왕자가 나섰다.

"우선 농사를 잘 지어 양식이 풍족하다면 사람들이 저절로 많아질 거라고 생각했어요. 그렇게 하기 위해서 중요한 것이 물을 잘 다스리는 것이지요. 가물에는 물을 대고 홍수에는 수해를 피할 수 있는 시설을 만들어야겠어요. 그 다음으로는 지금까지 사용한 나무나 돌이나 청동기로 만든 농기구보다 더 오래 쓰고 튼튼하게 사용할 수 있는 단단한 쇠로 만든 농기구를 나눠줘야겠지요. 그러니 쇠를 다룰 쇠부리 점터와 대장간은 반드시 만들어야겠어요. 그리고 우리 금관가야나 서쪽의 중국과 쉽게 왕래할 수 있도록 배편을 많이 마련해야 하겠다는 생각도 했어요. 그리고 쓰쿠시는 예맥이나 대가야의 사람들이 먼저 들어가 개척을 한 곳인 만큼 우리는 그들과도 잘 통하는 칭호도 만들기로 했어요. 우선 남자 이름에는 해의 아들이라는 뜻의 히고日子(彦)를 붙이기로 했지요. 여자 이름에는 해의 딸이라는 히메日女(姫)를 붙이고요. 하지만 우리가 토론하다가 끝내지 못한 게 한 가지 있어요. 나라를 만들어 가면서 일을 잘 하는 사람에게 특별히 상을 주려면 무엇이 좋을까 하고 토론했지만 청동 거울과 환두대도 외에는 좋은 생각이 나지 않았어요."

"그래? 그럼, 당 왕자의 말을 듣고 상으로 무엇을 주었으면 좋을지 생각나는 사람은 말해 보아라."

광 왕자가 아우들의 얼굴을 두루 살피면서 권했다.

"난 상을 받는다면, 예쁜 아가씨가 좋겠다."

상 왕자가 어색한 웃음을 보이며 말했다. 상 왕자는 한창 사춘기를 지내고 있는 나이여서 그런지 이성에 대한 생각이 다른 형제들보다 강했다.

"하하하. 그래 너는 맨날 여자 생각밖에 안 하는구나. 나는 금이나 금동으로 만든 관이나 표지를 받고 싶은데. 그래야 밖으로 돌아다닐 때에 사람들이 날 알아보고 우러러볼 것 아닌가?"

행 왕자가 어깨를 으쓱하며 말했다.

"상으로 노비를 받는 것도 좋겠다. 많은 노비가 있어야 농사짓기 쉽거든. 그리고 땅도 상으로 많이 나누어주면 좋겠다."

상 왕자가 다시 말했다.

"그래 지금까지 여러 왕자가 얘기한 청동 거울, 환두대도, 예쁜 여자, 금관과 금동관, 금표지, 노비, 땅 등이 좋겠다는 거지? 공을 세우거나 업적이 많은 사람에게 이런 것을 포상으로 주는 것이 좋겠다는 말인데, 그럼 잘못을 저지른 사람은 어떻게 하지?"

당 왕자가 물었다.

"무엇을 잘못한 사람인데?"

쌍둥이 공 왕자가 물었다.

"잘못을 저지르는 내용이야 이루 헤아릴 수가 없지. 하지만 큰 잘못을 꼽으라면 첫째로 살상을 함부로 하는 사람, 둘째는 여자를 함부로 범하는 사람, 셋째는 남의 물건을 훔치는 사람, 넷째로 거짓말을 하거나 사기 치는 사람 등을 말할 수 있겠지. 그중에서도 가장 큰 죄인은 하느님을 저버리고 환단 할아버지의 가르침을 어기는 사람이라고 할 수 있지."

광 왕자가 처음으로 의견을 말했다.

"그렇지. 형님 말씀이 맞다. 그런 사람은 동네에서 따돌리기로 해야지. 먼 섬나라로 추방하거나 목숨을 거두는 것이 어떨까?"

성 왕자가 말했다.

"그것이 좋겠다."

여러 왕자가 동조했다.

"그래, 지금까지 이야기한 내용을 종합하면 너희들이 개척할 새로운 나라는 모든 사람이 평화롭게 사는 나라고, 잘 하는 사람에게는 상을 내리고, 잘못을 저지르는 사람에게는 벌을 주자는 내용이구나. 모두 잘했다. 그럼 이번에는 광 왕자와 상 왕자, 향 왕자의 맡은 과제에 대한 토론 결과를 들어보도록 하자."

장유화상이 세 사람과 시선을 맞추면서 말했다.

"우리는 각자가 지켜야 할 강령綱領과 이의 실천 방안에 대하여 세 사람이 논의했습니다. 향 왕자가 강령에 대하여 말해 주고, 상 왕자가 실천

방안에 대해 발표하도록 하겠습니다."

광 왕자가 두 왕자에게 발표하도록 지시했고, 향 왕자가 먼저 이야기를 꺼냈다.

"그럼, 제가 먼저 발표하겠습니다. 우리가 지켜야 할 강령을 다음과 같이 정리해 보았어요. 첫째는 홍익인간, 둘째는 심신단련, 셋째는 성실생활로 했습니다. '홍익인간'이란 사람을 차별하지 않고 도와서 살기 좋은 세상을 만들자는 것입니다. 모든 인종을 하나로 받아들여서 서로 도움을 주고 잘 살게 해주자는 개념으로 환단 할아버지의 지도 이념인 홍익인간을 그대로 승계하는 것이 좋겠다고 생각했어요. 그리고 유불선儒佛仙에서 선현들이 공통적으로 마음을 비우고 편견이나 선입관 없이 사물을 있는 그대로 받아들이고, 애욕과 번뇌를 초월할 수 있도록 마음을 단련해야 한다고 강조하셨지요. 이와 함께 사람이란 모든 생물과 마찬가지로 질병에 걸리기 쉽고 맹수나 도적의 해를 입을 수 있는데, 이를 이겨 내려면 강한 체력과 건강이 유지되어야 한다고 생각했어요. 그래서 '심신단련'을 둘째 강령으로 삼았어요. 마지막으로 우리의 단결은 구성원 모두가 성실하게 살아갈 때 이루어진다고 생각했어요. 한 사람 한 사람이 약속하거나 말로 표현한 것은 반드시 지켜서 성취해 나간다면 단결은 쉽게 이루어질 것으로 생각했어요. 그래서 '성실생활'을 세 번째 강령으로 택했습니다."

향 왕자가 다소 장황하게 설명을 했다.

"향 왕자가 말한 세 가지 강령을 '홍익인간, 심신단련, 성실생활'로 정하자는 것인데 다른 왕자들의 생각은 어떤가?"

광 왕자가 여러 왕자들을 돌아보며 물었다.

"다음에는 실천방안에 대해서 상 왕자가 이야기를 할 차례니까, 끝까지 잘 들어보고 혹시 다른 의견이 있다면 그때 다시 말해보렴."

"실천 방안으로는 여러 가지 안이 나왔는데, 대충 이런 것이 중요하다고 생각해서 정리해 보았어요."

상 왕자가 목청을 가다듬으며 말을 이어 나갔다.

"홍익인간을 실천하기 위해서 가장 먼저 해야 할 일은 우리의 세력을 확보하는 것이지요. 쓰쿠시에 나라를 세우기 전에 먼저 우리가 자리를 잡아야 할 땅을 확보하는 것이 필요하다고 생각했어요. 용녀 공주가 전하는 말에 따르면, 대마도, 이키, 쓰쿠시의 북부, 혼슈 북부의 이즈모와 남부의 야마토 지방에는 이미 많은 사람들이 모여들어 수십 개의 나라가 생겼다고 했습니다. 그리고 이런 나라들이 서로 다투고 있다고 해요.

그래서 우리가 자리 잡을 고장으로는 쓰쿠시의 동남쪽이 그나마 가능성이 있다는 것이지요. 우리 일곱 왕자가 각자 팔십 명 정도의 사람들을 인솔해서 그곳으로 진출하는 것이 좋을 것 같습니다. 그러자면 장유화상 님과 어마마마께서 건업에서 올 때 타셨던 탈시시선 같은 큰 배를 열다섯 척은 만들어야 할 것으로 생각했어요. 지리산의 목재를 써서 섬진강 하구에 배를 만들도록 하자는 것이지요. 외가쪽 사람들의 도움을 받으면 2년이면 준비할 수 있을 겁니다. 그리고 쇠부리 점터의 사람들 가운데 쇠부리 가마를 지을 줄 아는 거수와 대장간 일꾼 몇 사람을 데리고 가도록 하고, 저수지를 만들 줄 아는 사람도 모집해서 가도록 하는 것이 좋겠습니다. 그 밖에도 죽로차를 재배하는 사람과 명주 짜는 사람도 동원해야겠지요. 이렇게 나라를 위해 꼭 필요한 인재들을 모아 쓰쿠시의 동남쪽을 중심으로 자리를 잡아 서서히 힘을 길러 세력을 확대해야 될 것으로 생각됩니다. 어느 정도 힘이 갖춰지면 차차 북쪽으로 진출할 수 있을 것이라 생각했어요. 그리고 여러 이웃 나라와 동맹을 맺거나 그들을 정복하면서 힘을 합치면 반드시 낙원을 만들 수 있을 거지요.

심신을 단련하기 위해서는 무엇보다 먼저 정신 무장을 해야 하는데, 고령에 계시는 고황산령신께 말씀을 드려 하늘의 뜻을 받아 새 나라를 세우고 세상을 다스리라는 신칙神勅을 받아 가는 것이 좋겠어요. 천군을 파견해 주시면 더욱 큰 도움이 될 것이라는 생각도 했습니다. 고황산령신께서는 쓰쿠시로 건너간 아마테라스와도 통하시고 환단의 가르치심을 펴는 분이시니 우리 모두의 정신적 지주가 되실 수 있지요. 그렇게 된다면 홍익인간의 높은 뜻을 만천하에 실천해 나갈 수 있을 것이라고 생각합니다. 마음을 단련하는 일은 장유화상께서 유불선을 종합하셔서 벌써 다섯 해 동안이나 우리를 지도해 오셨으니, 우리가 배운 것을 그대로 다른 사람들에게도 가르쳐 나가도록 하면 될 것이지요. 몸을 단련하는 것은 검술, 씨름, 택견, 승마, 활 쏘기, 헤엄치기 등 여섯 가지 무예를 익히도록 장려해 나가면 될 것이지요.

마지막 '성실생활'을 실천하기 위해서는 명확한 법도를 미리 밝혀 이를 어기면 엄벌에 처하고, 약속을 지키고 공적을 세우는 사람에게는 높은 칭호와 그에 맞는 의관, 봉토와 권속을 주는 것이 좋겠다고 생각했지요."

여자 생각이나 하는 것 같았던 상 왕자가 이번에는 조리 있게 자신의 생각을 쏟아놓았다. 장유화상뿐만 아니라 모든 왕자들이 상 왕자를 새삼스럽게 존경스러운 눈초리로 쳐다보았다.

"지금까지 발표한 내용에 더 보탤 것이 있으면 말해 보는 시간을 갖겠다. 다른 왕자들도 기탄없이 말을 해다오."

광 왕자가 이제는 마무리를 지어야겠다는 태도로 말했다.

"대강 무엇을 어떻게 해야 하는지는 정해진 것 같고, 지금부터 두 해 동안에 우리가 해야 할 많은 일을 누가 무엇을 맡을 건지 정해 나가야 하지 않을까?"

당 왕자의 제안이었다.

"그럼 한 가지씩 일을 나눠 맡을 사람을 정해 나갑시다. 먼저 고령의 고황산령신에게서 신칙을 받아내는 일은 누가 하겠나?"

광 왕자가 물었다.

"그건 제가 하지요."

향 왕자가 나섰다.

"그럼 우리가 갈 동남쪽 쓰쿠시로 가는 진로에 대한 정보를 수집하고,

종합하는 일과 그쪽으로 먼저 진출한 천군 용녀 공주와의 연락은 누가 맡을까?"

"그건 제가 맡지요."

이번에는 당 왕자가 나섰다. 그리고 그는 한 마디 더 거들었다.

"그 일을 알아보는 길에 그곳에서 자라는 약초에 대해서도 살펴볼까 해. 우리에게 아주 중요한 일이 될 거야."

"어마마마와 외가의 도움을 받아 배를 만들고, 죽로차를 재배하고 명주를 짜서 옷감을 만드는 일꾼을 구하는 일은 내가 쌍둥이 둘과 함께 추진함세."

장유화상이 성 왕자와 공 왕자의 어깨에 두 손을 얹으며 말했다.

"그렇다면 아바마마의 도움을 받는 일은 내가 맡아야 하겠네."

광 왕자가 밝게 웃으면서 말했다. 그러자 상 왕자와 행 왕자는 얼굴을 붉히면서 볼멘 소리로 말했다.

"그럼 우리는 무얼 하라는 거요? 우리에게 남은 일이 없잖아요."

"아니야, 남은 일이 왜 없어. 더 중요한 일이 있는데, 하하하. 상은 유불선의 가르침을 이어나갈 길을 찾기로 해라. 그리고 행은 무예를 장려하려면 어떻게 훈련해야 하는지 그 방법을 개발하도록 하는 것이 좋겠다."

광 왕자가 매듭을 지었다.

"우리 일곱 형제는 장유화상 님의 도움을 받으며 지금까지 오랜 기간 수련을 해왔다. 이제 다음 단계까지 마무리하면 우리의 꿈을 이룰 수 있을 것이다. 우리 모두는 이 년 뒤의 단옷날을 목표로 하나하나 소홀함이 없도록 각자 맡은 일을 철저하게 준비해서 완성해야 할 거야. 모두들 자신 있지?"

"예, 자신 있습니다."

"좋소. 그렇게 합시다."

"할 수 있습니다."

왕자들이 큰 목소리로 대답을 했고, 모두 밝은 웃음으로 자신감을 표시했다.

"다들 이제까지 충분히 의논한 것으로 보인다. 내가 한 가지만 더 보태어 주고 싶은 말이 있다. 여러 왕자들이 이제부터 운명을 함께하게 된 것은 어찌 보면 전생에서 정해진 인연이 있어서 그렇게 된 것이라고 생각한다. 어떤 왕자도 자신 스스로 금관가야에 태어나고 싶어서 태어난 사람은 없다. 물론 나와 만나게 된 것도 하늘이 미리 정해놓은 것이 있어서 그렇게 된 것이란다. 모두 전생에 업이 있어서 그렇게 된 것이지. 왕자들이 앞으로 해나갈 어떤 행위나, 마음가짐, 언어 표현 모두도 마찬가지로 선과 악의 업이라고 생각하면 된다. 뒤에 반드시 그 결과를 얻게 될 것이다. 높은 산의 꼭대기에 오르기까지는 힘들고 고통스러울 것이다. 그러나 그 노고를 즐겁게 생각하고 길을 재촉해 나가면 마침내 산정을 정복하고 무한한 성취감 끝에 상쾌하고 즐거운 경지에 이르게 된다. 업을 즐기면 세상이 즐거워질 것이라는 낙업락토樂業樂土인 것이다. 누구나 눈으로 보고, 코로 냄새를 맡고, 혀로 맛을 알고, 만져서 느끼고, 마음으로 생각하여 생기는 여섯 가지 번뇌를 물리치고 이겨야 하느니라. 오늘이 힘들고 어렵더라도 내일은 다시 해가 뜬다고 생각하고, 중지를 모아 심사숙고하여 우리 모두가 이번에 정한 전략에 따라 힘을 모아 추진하면 하늘이 도와 모든 일이 쉽게 풀릴 것이다."

장유화상이 왕자들의 수련을 마무리하면서 인생관에 도움이 되는 말로 격려해 주었다.

7. 대장정

서라벌의 석탈해 이사금이 돌아간 뒤 맏아들 일성逸聖 태자를 제치고 둘째 왕자를 6부 족장들이 임금으로 모셨다. 파사 이사금婆娑尼師今이었다. 석탈해 이사금 이래로 금관가야와는 서로 의지하여 왕래가 빈번하였고, 특히 많은 물자의 교역을 통해 서로 도움을 주고받았다. 파사 이사금 23년(서기 102년)에 음즙벌국音汁伐國과 실직곡국悉直谷國이 서로 땅을 더 차지하려고 싸우다가 파사 이사금에게 그 중재를 요청해온 일이 있었다. 파사 이사금이 이 분쟁의 중재를 금관가야의 김수로왕에게 부탁했다. 슬기롭게 분쟁을 다스린 뒤 김수로왕은 말했다.

"이제 우리 금관가야도 서라벌과 더욱더 우호적으로 지내야겠어. 그렇게 하면 그들로부터 도움을 많이 받을 수 있을 거다. 특히 이번에 우리 왕자들이 쓰쿠시로 건너가 새로운 나라를 개척하려고 할 때, 그들의 도움을 받는다면 일이 한결 쉽게 진행되겠지. 우리는 우리 나름대로 세력을 키워 나가되 서라벌과는 평화를 유지할 수 있도록 힘써야 할 것이다."

금관가야의 일곱 왕자들이 쓰쿠시로 진출하기 위해 역할을 분담하고, 준비를 시작한 지 2년이 지났다. 그동안 섬진강 하구에는 행루선 열다섯 척이 건조되었다. 장유화상이 김수로왕에게 청해서 금관가야 왕실의 적극적인 지원을 받았기 때문에 선박 건조는 순조롭게 진행되었다. 단오를 하루 앞둔 새벽에 일곱 왕자들은 장유화상의 배웅을 받으며 섬진강 하구로 내려왔다. 그 일행에는 전날 향 왕자가 고령에서 모셔온 천군 하님霞㧾이 포함되어 있었다. 그녀는 금으로 만든 함을 줄에 묶어 목에 걸고 따라 나섰는데, 노란 보자기에 곱게 싸인 함 속에는 고황산령신께서 내리신 지름이 두 자가 되는 둥근 백동 거울이 들어 있었다.

"당 왕자가 대마도의 도주이신 용녀 여왕에게 쓰쿠시로 가는 길 안내를 부탁하러 갔는데, 잘 되었는지 모르겠다."

광 왕자가 바로 옆에서 말을 타고 따라오는 향 왕자에게 말했다.

"당 형님은 빈틈없이 일을 해내는 분이니 잘 해냈으리라 믿어요. 그저께 섬진강 하구의 배알도에 도착했다는 기별이 있었거든요."

향 왕자가 환하게 웃으며 말했다.

"그래, 나도 당 왕자가 잘 해낼 것이라고 믿어. 그리고 이번에 고령의 대가야에서 고황산령신의 신칙과 동경銅鏡을 받아온 건 참으로 잘 된 일이야. 게다가 천군 하님까지 보내주셨으니, 우리 앞날이 더욱 밝아지는 것 같구나."

천군 하님은 여덟 자가 넘는 키에 우람하고 당당한 체격을 갖춘 무녀로서 웬만한 대장부는 거뜬하게 넘길 수 있을 정도로 힘이 세었다. 그녀가 최고의 천군이라는 것은 머리에 작은 금장식을 두른 것으로 확실하게 증명되고 있었다.

"건장하다 뿐인가요. 하님은 약초에 밝고 침술에 능해서 어지간한 병이나 상처는 한 번 보면 치료할 수 있다고 합니다. 이번 거사에 큰 힘을 보태어 줄 것이 확실하지요."

향 왕자가 천군 하님에 대한 칭찬을 늘어놓자 광 왕자는 그의 말에 동감하며 흡족하다는 듯 고개를 끄덕였다.

광 왕자와 향 왕자는 고황산령신의 신칙을 받기 위해서 다섯 달 전에 고령에 다녀왔다. 고황산령신은 이미 왜의 여러 섬으로 진출한 아마테라스와 함께 그 지역에 대단한 영향력을 갖고 있었다. 그리고 그는 왜의 여러 지역을 통합하려고 애를 쓰고 있었다. 따라서 그가 직접 작성한 신칙을 받아간다면 쓰쿠시에 진출하는 일곱 왕자들의 권위를 높일 수 있을 것이었다.

"마마, 저희들 금관가야의 일곱 왕자가 쓰쿠시로 진출하기 위해 칠년을 준비해 왔습니다. 마마께서는 그곳 사정에 소상하시다고 들었습니다. 저희들이 진출하는데 도움이 되게 많은 가르침을 주시옵소서."

광 왕자가 공손히 읍을 하면서 아뢰었다.

"그래. 너희들이 뇌질청예의 아들이로구나. 그래 김수로왕은 별고 없는가? 그리고 너희들은 몇 째 아들들인가?"

뇌질주일왕이 다정한 눈길로 두 왕자를 내려다 보며 물었다. 그 뒤에 앉아 있던 고황산령신도 얼굴에 미소를 머금으며 실눈을 뜨고 두 왕자를 내려다 보고 있었다. 그의 외모만 보아서는 얼마나 나이를 먹었는지 짐작하기 어려웠다.

"저는 넷째입니다. 아우는 여덟째이고요."

광 왕자가 공손하게 대답했다.

"그래 너희들이 쓰쿠시로 가기 위해 7년 동안 준비를 했다고⋯⋯? 그래 지금까지 준비한 것이 무엇인고?"

"예, 마마. 저희들은 큰 배 15척을 건조하고 있습니다. 그리고 이번 대장정에 참가하는 군사와 농사꾼, 쇠부리꾼 등을 모집하여 훈련을 시키고 있습니다. 이들의 수가 500명이 넘습니다."

"그래, 준비를 잘 하고 있구나. 그런데 너희들이 가려고 하는 쓰쿠시는 대단히 험한 곳이다. 그곳 원주민들의 저항이 클 것이다. 마음 단단히 먹고 준비해야 할 것이야."

뇌질주일왕의 말이 끝나자, 그때까지 뒤에서 묵묵히 두 사람의 대화를 듣고 있던 고황산령신이 낮고 굵직한 목소리로 말했다.

"우리가 오호나무치를 다루던 얘기를 해주어라."

"너희들이 쓰쿠시로 간다고 하니, 내가 한 가지 이야기를 해주겠다. 이는 너희들에게 참고가 될 것이야. 우리가 이즈모의 오호나무치를 다루던 얘기를 들려주마."

뇌질주일왕은 두 왕자에게 자신의 경험담을 들려주기 시작했다.

"스쿠나히고나가 이즈모를 떠나 금관가야를 거쳐 서라벌로 가서 정착을 하자, 오호나무치가 이즈모의 새로운 주인이 되었지. 이즈모는 벼농사가 잘 되는 지역이었기 때문에 우리가 천손을 보내어 그곳을 차지하고, 우리 세력으로 만들기 위해 여러 차례 사람을 보냈었지. 처음에는 아메노호히天穗日命를 보내 오호나무치에게 나라를 양보하도록 설득하려 했는데, 오히려 아메노호히가 오호나무치에게 넘어가 그쪽 사람이 되어 버렸어. 우리는 삼년이 지나도 아무 소식이 없어서 아메노호히의 아들인 우시于志를 다시 보냈는데, 또 깜깜 무소식이었다. 그래서 여러 사람이 의논하여 이번에는 와카히고稚彦를 보내기로 했어. 그리고 고황산령신께서 아끼시던 큰 활과 화살까지 주면서 신신당부를 했지."

뇌질주일왕이 여기까지 설명을 하자 고황산령신은 몸을 움찔하며 왕의
말을 가로막고 불쾌한 듯 말을 불쑥 내뱉었다.

"그렇지. 그런데 그놈이 우리를 배반했어. 그놈은 그곳에 가서 오호나
무치의 사위가 되고, 그 지역의 수장 행세를 하며 돌아오지 않았어. 괘씸
한 녀석이었지."

"장장 8년이 지나도 소식이 없어 하는 수 없어 '이름 없는 꿩'이라는
별명으로 통하는 사자를 보내어 어떻게 된 일인지 알아보려고 했지. 그런
데 와카히고를 돕는 무당이 그 사실을 미리 알아차리고 그에게 일러주었던
거야. 그 무당의 말을 들은 와카히고는 전에 고황산령신에게 받은 큰 활로
이름 없는 꿩을 쏘아 버렸어. 꿩의 몸을 관통한 화살이 고황산령신 앞까지
들이닥치자, 화가 나신 고황산령신께서는 다시 그 큰 화살을 되쏘셨지. 마
침 햅쌀을 신에 바치는 행사를 끝내고 누워 쉬고 있던 와카히고는 가슴에
화살이 꽂혀 죽고 말았어. 우리는 와카히고를 벌한 다음에 마지막으로 후
쓰누시가미經津主神와 다케미카즈치를 다시 파견하기로 했어. 두 신은 이
즈모의 이소타사五十田狹 해변으로 건너가서, 신검의 칼끝이 하늘로 향하
게 해서 칼자루를 땅에 박았어. 그리고는 그 칼끝에 책상 다리를 하고 앉
아 오호나무치에게 따져 들었지. 두 신은 '고황산령신께서 천손을 보내어
이 땅을 다스리고자 하오. 그래서 먼저 우리 둘을 보내어 그대에게 뜻을
전하니, 천손을 받들어 모시기를 바라오'라고 했지."

"예, 그래서 오호나무치가 승복을 했나요?"

광 왕자가 궁금하다는 듯이 물었다.

"아니야. 그는 호락호락하지 않았어. 그는 아들인 고토시로누시노가미
事代主神의 의견을 들어야 한다며 즉답을 피했지. 그의 아들은 마침 고기
를 잡으러 미호美保의 갑岬에 나가고 없었어. 그래서 사람을 그곳으로 보
내어 고토시로의 의사를 물어봤지. 그랬더니 고토시로가 복종하겠다고 했
어. 그래 다시 오호나무치에게 '이제는 나라를 천손에게 바치겠느냐' 하
고 물었지. 그런데 '나에게는 다케미나카타노가미建御名方神라는 아들이

하나 더 있는데, 이 아이의 말을 들어 보아야 한다'며 다시 답을 회피하는 거야."

"나라를 바치기 싫어서 자꾸 핑계를 대는 거군요."

"그렇지. 그런데 바로 그때 다케미나카타가 커다란 바윗돌을 들고 와서 '우리나라에 와서 소란을 피우는 자가 누군가. 나와 힘을 겨루어 볼 텐가' 하면서 달려들었어. 그러면서 그가 두 신의 팔을 잡아당겼는데, 두 신의 팔은 고드름으로 변하더니 다시 칼날로 변했거든. 깜짝 놀란 다케미나카타가 몸을 피했지만, 이번에는 신들이 그의 팔을 잡아 갈대를 꺾듯이 하나씩 떼어 던졌어. 못 견디게 된 다케미나카타는 스와諏訪 호수까지 도망치다가 결국 항복을 했어. 두 아들의 항복을 받고서 다시 돌아와 오호나무치에게 우리의 명령을 그래도 거역할 것이냐고 물었지. 마침내 오호나무치는 자기들이 살 수 있는 곳을 크게 지어 준다면 이즈모의 백팔십이 넘는 신들과 함께 천손의 강림을 받아들이고 대대로 모시겠다고 맹세하게 되었지."

왕이 그간의 어려웠던 상황을 회상하면서 말했다.

"우리가 겪은 것처럼 힘들고 어려운 일이 많을 것이다. 왜에는 많은 나라들이 이곳저곳에 있고, 저마다 큰 세력을 이루고 있단다. 그리고 그들은 사납기가 그지없어. 아마테라스가 쓰쿠시의 북부를 지배하고 있는데 세토내해 북쪽의 혼슈 일대까지 세력이 미치고 있거든. 만일 너희가 쓰쿠시로 진출하려면 아무래도 아마테라스를 피하여 쓰쿠시의 동남쪽으로 먼저 가서 교두보를 만들어야 할 것이야. 그리고 우선 현지 환경에 익숙해지고 힘을 기르도록 해야 후일을 도모할 수 있을 것이다."

고황산령신이 왕의 말에 이어 부연 설명을 해주었다.

"그렇다면 저희들이 그곳으로 진출할 때 어려움을 겪지 않도록 마마께서 도와주시길 바랍니다. 저희들에게 쓰쿠시로 가서 왜의 여러 나라를 다스리라는 신칙을 내어주신다면, 저희가 심신을 다하여 마마의 뜻을 모시도록 하겠습니다."

광 왕자가 엎드려 절하면서 말하자, 향 왕자도 함께 엎드리며 머리를 조아렸다.

"그런 문제는 나 혼자 결정할 수는 없는 일이고, 어디 한번 생각해 보자. 아마도 우리 가야인들의 우두머리 회의를 열어서 상의해 봐야 할 것 같다. 이 회의를 하려면 너의 아버지인 금관가야의 김수로왕을 비롯해서 여섯 가야의 왕들이 모두 참석해서 충분히 논의해야 할 것이다. 따로 연락할 때까지 아무 걱정 말고 객전에서 쉬고 있도록 해라."

왕이 부드러운 목소리로 두 왕자에게 일렀다.

그로부터 한 달포가 지난 뒤 두 왕자는 왕궁에 다시 불려갔다.

"기뻐하라. 너희들을 우리 가야 연방의 대표로 쓰쿠시에 보내기로 결정했다. 우선 쓰쿠시의 휴가日向에 있는 다카치호高千穂의 구시부루봉으로 가서 천신제天神祭를 지내고, 그 일대와 남북을 근거로 삼도록 해라. 장차 쓰쿠시, 이즈모, 야마토를 모두 다스리도록 명령을 내릴 테니, 모든 힘을 다해 홍익인간의 이념을 받들도록 하여라. 내가 그 증거로 백동 거울을 내어줄 것이다. 이를 볼 때마다 나를 보듯 하여라."

고황산령신이 두 왕자에게 엄숙한 목소리로 명을 내렸다.

"예, 받들어 모시겠습니다."

광 왕자는 엎드려 절을 하며 그 명을 받들었다. 왕자는 '구시부루봉은 김해의 구지봉과 비슷한 이름이니 천손이 강림하기에 적합한 봉우리구나'라고 속으로 가만히 그 뜻을 되새겼다.

광 왕자와 향 왕자가 고령에 다녀오는 동안에도 다른 왕자들은 가야 전국에서 뽑은 오백여 명의 남녀를 무예, 농경, 단야鍛冶, 잠사의 네 반으로 나누어 훈련을 시켰다. 남자가 사백여 명이었고 여자가 백여 명이었다. 그리고 무예는 행 왕자가 맡아 씨름, 택견, 승마, 검술, 궁술, 수영을 연마하도록 했다.

"행아. 이젠 천하장사들이 여럿 나왔겠지?"

광 왕자가 행 왕자의 곁으로 말을 몰며 말을 걸었다.

"그래요, 형님. 일당백의 장사도 열 손가락으로는 셀 수 없을 정도지요. 나머지 군사들도 적병 서넛 정도는 한꺼번에 해치울 수 있는 힘과 재주가 있어요."

행 왕자는 어깨를 으쓱하며 말했다.

장유화상의 배웅을 받고 반야봉을 떠난 후 하루 종일 길을 재촉하던 일행은 이윽고 해거름 결에 섬진강 하구의 배알도에 도착했다. 소량산을 넘어서니 저 멀리까지 시야가 뚫리면서 왼편으로 남해南海섬이 거무스레하게 자태를 나타내었다. 한 마장을 더 가니 배알도 주변으로 웅장한 행루선 열다섯 척이 닻을 내리고 있는 것이 한눈에 보였다.

이날 밤에는 모처럼 일곱 왕자가 배알도의 오두막에 다 모였다. 왕자들은 그동안 일어났던 일을 서로 이야기하느라고 시간 가는 줄도 몰랐다.

"당아, 용녀 누님이 있는 대마도의 형편이 어떻던가? 우리가 가야 할 길을 안내해 주겠다고 하시던가?"

광 왕자가 물었다.

"예, 그건 걱정하지 않으셔도 될 겁니다. 용녀 누님 말씀으로는 대마도에서 동남쪽으로 한나절을 가면 오키노시마가 있는데, 그곳에 있는 항해의 여신 무나카타宗像의 도움을 받아야 한다고 했습니다. 그리고 북해의 현해탄을 지배하는 항해족 아즈미阿曇의 도움도 받아야 할 것이라 했습니다."

8. 휴가日向에 도착한 왕자들

단옷날 아침이 되었다. 포구 중앙에는 쓰쿠시로 떠나는 이들을 위한 제사를 지낼 준비가 되어 있었다. 천군 하님은 제단 앞에 꿇어앉아 향을 피우고 술잔을 삼신께 올린 뒤 강신 춤을 추었다. 이윽고 온몸에 신이 내려

부들부들 떨면서 큰 소리로 뇌까렸다.

"가야의 왕자들이 동방으로 진출하려고 준비하였으니, 환인, 환웅, 단군의 삼신께서 깊이 살피시어 길흉을 알려주소서."

천군은 두 팔을 높이 들고 껑충껑충 뛰면서 계속해서 춤을 추었다. 그런 뒤 불이 이글거리는 향로 앞에 다시 꿇어앉아 사슴의 어깨뼈를 숯불 위에 올렸다. 한 식경이 지나고 마침내 천군 하님이 향로에서 사슴 뼈를 꺼내었다. 그 뼈에 나타난 것은 진震괘였다.

"대길입니다. 진괘가 나타났습니다. 이는 부모의 업을 이어 부모와 동생들을 돕는 격이며, 봄 나무로 불기가 크게 일어나니 일찍이 가도가 흥창하고 발복하여 큰 뜻과 공이 있을 것이라는 뜻입니다. 천, 지, 인의 삼재三才의 정기를 받아 반드시 성공해서 효성을 다하게 될 것으로 삼신께서 계시하셨습니다."

천군 하님의 말이 끝나자 왕자들은 일제히 엎드려 삼신께 예를 올렸다. 모든 사람이 천군의 집전에 따라 제사를 정성껏 치른 뒤 일곱 왕자와 오백여 명의 가야 사람들은 일제히 배에 나누어 탔다. 맑은 날씨와 따뜻한 햇볕이 마침 일기 시작한 하늬바람과 함께 일행을 축복하는 것 같았다.

배알도를 떠난 열다섯 척의 행루선은 남해섬과 본토 사이의 수로를 따라 거제도로 나갔다. 거제도에서 하루를 묵은 그들은 다시 동남 방향으로 뱃길을 돌려 하루 종일 내려갔다. 남쪽에 높이 솟은 대마도의 미타케를 목표로 해서 항해하다가 드디어 사고에 도착했다. 그리고 다시 아소우만으로 들어가 미즈시마 가시加志에 닻을 내렸다. 그들이 도착하자 대마도의 도주인 용녀 여왕이 보낸 사람이 일행을 맞았다. 먼저 당 왕자와 상 왕자가 군사 열 명을 거느리고 왕궁으로 들어갔다.

"누님. 안녕하셨습니까? 저번에 제가 다녀간 뒤에도 많은 일을 이룩하셨다고 들었습니다."

당 왕자가 일행을 대표해서 인사했다.

"지난번에 저희들이 항로를 안내해줄 사람을 구해달라고 부탁을 드렸는데, 그것은 어찌 되었는지요?"

당 왕자가 조석 장군을 돌아보며 말했다.

"그렇지 않아도 오키노시마의 무나카타 씨족들에게 부탁해서 그곳으로 가는 물길을 안내해줄 사람을 구해 놓았습니다. 무나카타 씨족에서 아즈미 사람 두 사람을 보내왔거든요."

그날 밤 모두들 대마도 도주인 용녀 여왕이 주관하는 잔치에 참석했다. 넓은 뜰에는 궁녀들이 번갈아 나와 북과 꽹과리에 장단을 맞추며 갖가지 춤을 추어 흥을 돋우었다. 사람들이 흥겹게 잔치를 하는 동안에 별채에서는 광 왕자와 당 왕자 그리고 조석 장군이 물 길잡이 아즈미 사람들과 내일부터 취해야 할 일들에 대해 의논하고 있었다.

"여기서 이키까지는 우리 세력이 미치니까 무사히 안내할 수 있으나, 이키를 넘어서면 왜의 여러 나라가 서로 싸움을 하고 있어서 들어갈 수 없다고 합니다. 동쪽으로 반나절을 가면 현해탄 한가운데 작은 섬이 있는데 그것이 오키노시마입니다. 이 섬에는 항해를 다스리는 다고리히메田心姬를 모신 성역이 있는데, 아무나 범접하지 못하게 되어 있습니다. 특히 여인은 일체 들어가지 못한다고 합니다. 이곳을 기지로 해서 쓰쿠시 북부 연안과 현해탄의 섬들을 마음대로 넘나들던 사람들이 무나카타 씨족인데, 이 무나카타 씨족과 함께 현해탄을 중심으로 활동한 바다 사람들의 하나가 아즈미 족입니다."

조석 장군이 물 길잡이를 소개하면서 길게 그 유래를 설명했다.

"쓰쿠시의 북쪽이나 혼슈에 왜인들의 나라가 여러 개 있어서 서로 다투고 있다면, 천상 이들을 피해 나갈 수밖에 없겠군요. 도대체 왜인들이란 어떤 사람들이기에 그렇게 사납습니까?"

광 왕자가 물었다.

"맨 처음 여기로 온 자들은 이자나기와 이자나미 부부신입니다. 이 신들이 아와지 섬에서 궁궐을 짓고, 서쪽으로 영토를 넓혀 나갔지요.

아즈미 족의 한 사람인 히가나사구가 말했다.

"그 이야기를 들어봅시다. 이 지역 내력을 아는 데 도움이 되겠지요."

당 왕자가 말했다.

"우리 아즈미 족의 우두머리이신 다기리 할머니 말씀인데, 옛날 옛적에 이 나라를 다스리는 아마테라스에게 아버지 이자나기의 명령을 안 듣고 쫓겨난 스사노오가 작별 인사를 갔다고 합니다. 그런데 스사노오가 나라를 뺏으러 왔다고 오해한 아마테라스는 완전무장을 하고 기다렸지요. 두 신은 자기가 더 잘났다는 것과 서로를 해치려는 마음이 없다는 것을 증명해 보이기로 했지요. 먼저 아마테라스가 스사노오의 검을 물로 씻고 입에 넣어 씹어 으깨고 내뱉었지요. 그러자 여신 셋이 태어났다고 합니다. 다음에는 스사노오가 아마테라스가 갖고 있던 구슬을 입에 넣어 으깨고 내뱉었는데, 남자 신 다섯이 태어났다고 합니다. 세 여신은 스사노오의 검에서 태어났으니 스사노오의 딸이 되고, 다섯 남자 신은 아마테라스의 구슬에서 태어났으니 아마테라스의 자손이 되어야 한다고 아마테라스가 정했다고 합니다. 결국 아마테라스가 이긴 셈이지요. 세 여신은 뒤에 무나카타 씨족이 받들어 모시게 되었고, 다섯 남신 중의 하나가 아마테라스 다음으로 이 땅을 지배하는 임금이 되었다고 합니다."

히가나사구가 다소 장황하게 설명했다.

"이 땅에는 무슨 신이 그렇게 많은가? 그 신들이 서로 주도권을 다투고 있으니 언제 평화로운 나라가 될 수 있겠소? 그런 사람들과 싸워보았자 별 이득이 없을 것 같으니, 이들의 힘이 덜 미치는 쓰쿠시의 동남 지역으로 가야겠어요. 우리가 그곳으로 가는데 길을 안내해 주시겠소? 우리를 도와준다면 그 대가로 철제 작살과 곡식을 드리겠소."

광 왕자가 두 사람의 아즈미 사람에게 요청했다.

"그렇지 않아도 여왕마마와 조석 장군을 통해 그런 말씀을 듣고 왔습니다. 우리 둘은 아즈미와 무나카타 씨족들과 힘을 합쳐 가야 사람들을 도우려고 마음먹고 여기 온 것입니다."

"좋소. 내일부터 우리를 위해 항로를 잡아 주시오. 휴가를 거쳐 기리시마 연봉의 구시부루봉으로 가려고 하니, 뱃길을 잘 잡아 주시오."

당 왕자가 말했다.

"알겠습니다. 내일 새벽에 떠나더라도 며칠은 걸릴 것입니다. 쓰쿠시와 혼슈 사이의 해협은 물살이 세어서 험한 고비를 몇 번은 넘게 될 것이고요. 휴가에 상륙해서 일부는 육로로 가면 되고, 나머지는 배를 타고 남쪽 가고시마鹿兒島만까지 더 내려가는 것이 좋을 겁니다. 가고시마만은 입구에 커다란 화산섬이 있어 화산재나 화산력火山礫과 화산탄火山彈이 떨어지는 위험한 지역입니다. 그렇지만 그 동쪽에는 제법 넓은 들판이 있지요. 기리시마 연봉 아래의 미야자키宮崎 평야랑 오오스미大隅 반도가 넓고 기름진 것이 가히 경영해 볼만 할 것입니다."

히가나사구가 자신에 찬 어조로 말했다.

다음 날 새벽 일행은 용녀 여왕과 조석 장군을 비롯한 대마도 사람들의 전송을 받으며 떠났다. 열다섯 척의 배는 아즈미 사람들의 안내에 따라 일단 배를 서쪽으로 몰아 아소우만에서 빠져나간 뒤 오키노시마로 향했다. 오키노시마에서 잠시 닻을 내리고 광 왕자와 당 왕자만 두 사람의 아즈미 족과 함께 절벽 위에 있는 무나카타의 여신 사당에 갔다. 거기서 제사를 지낸 뒤 이들은 다시 뱃길을 재촉해서 쓰쿠시와 혼슈 사이의 좁은 해협을 빠져나가 남쪽으로 한나절을 내려가 휴가에 도착했다. 휴가에 상륙한 일행은 우선 거처할 움막을 짓고 주위에 목책을 세웠다. 그리고 네 귀에 망루를 세워 주변을 경비할 수 있도록 만반의 준비를 갖췄다.

9. 영토 확보 전쟁

금관가야의 일곱 왕자가 쓰쿠시로 진출하던 시절의 주변 상황은 다음과 같았다.

서기 전 19년에 고구려의 동명성왕 주몽이 붕어했다. 그 뒤로 백오십여 년간 동이족이 사는 동북아 일대는 전란의 연속이었다. 환단의 건국이념이었던 '홍익인간'은 사람들에게서 잊혀졌고, 이 일대는 사리사욕의 각축장이 되었다. 북쪽의 말갈, 부여, 고구려, 낙랑과 서쪽의 마한, 진국, 백제와 동남쪽의 서라벌, 가야 그리고 남쪽의 왜 등 여러 부족 국가들 간에는 해가 멀다 하고 땅을 뺏고 빼앗기는 혈투가 되풀이 되었다. 특히 말갈은 온조왕이 백제를 하남위례성에 세운 지 3년째가 되던 서기 전 16년부터 침입해오기 시작하여 수십 차례 백제를 침입하며 괴롭혀왔다. 또한 서라벌의 세력이 커지면서 국호를 신라新羅로 고치고 더욱 자신의 영역을 확대하자, 말갈과의 갈등이 깊어졌다. 신라는 백제와 더불어 말갈과 수많은 전쟁을 치르면서 국력을 소모해야 했다.

한편 동남쪽의 왜倭인들도 자주 침범해 노략질을 일삼았다. 그들은 주로 서라벌 변방을 노리고 침입하였으며, 서라벌 건국 8년인 서기 전 50년부터 그들이 침입한 기록이 있다. 특히 2대 남해차차웅 11년(서기 14년)에는 병선 100여 척으로 왜인들이 해변의 민가를 침략해 온 것을 격퇴했다는 기록이 있다. 이처럼 대규모의 병력으로 노략질을 하는 것은 물론 소규모의 해적질까지 이들의 행위는 서라벌의 골칫거리였다. 또한 한 사군의 하나인 낙랑樂浪도 동북아의 여러 나라와 끊임없이 전투를 계속했다. 서라벌 2대 남해차차웅이 즉위했던 서기 4년의 7월에는 서라벌의 수도까지 습격해온 낙랑을 가까스로 격퇴했다. 고구려의 서북쪽에 만주와 한반도에 걸쳐 한나라가 설치한 네 개의 군현 가운데 가장 오랜 기간 세력을 유지한 것이 낙랑군이었다. 후한의 지원으로 낙랑국樂浪國 영역까지 손에 넣은 낙랑군의 군사가 서라벌의 3대 유리왕 13년(서기 36년)에는 서라벌과 접경한 다산성朶山城을 침입했다. 다음 해에는 고구려가 멸망시킨 낙랑국 사람들과 대방 사람들이 신라에 망명해 왔다. 낙랑국은 당시 한 사군이 설치한 낙랑군樂浪郡과는 다른 나라였다. 낙랑국은 고구려의 남쪽인 한반도 중부 이북 지역에 위치했던 나라였다. 고구려의 3대 대무신왕 15년(서기 32년)에는 왕자 호동好童이 낙랑국의 공주를 꾀어 자명고自鳴鼓를 찢게 한 다음 군사를 진두지휘하여 공격해서 낙랑국왕의 항복을 받은 일도 있었다.

한편 북만주 일대에서 세력을 크게 떨쳤던 부여는 고구려가 건국되고 비류국, 행인국를 병합하자, 고구려를 심하게 견제하기 시작했다. 더구나 고구려가 선비를 공격하여 항복을 받아 세력이 더욱 커지니, 2대 유리왕 14년(서기 전 6년)에 부여의 대소왕이 고구려를 전면적으로 공격했다가 물러가기도 했다. 고구려는 부여와의 갈등을 피해 유리왕 22년에 졸본에서 국내성으로 천도를 했고, 3대 대무신왕大武神王 5년(서기 22년)에는 드디어 고구려가 부여를 공격해서 석 달 만에 대소왕을 죽였다. 부여는 두 달 뒤에 대소왕의 동생을 왕으로 삼아 갈사국葛思國을 세웠으나 고구려 6대 태조왕太祖王 16년(서기 68년)에 갈사국 왕의 손자 도두가 고구려에 항복함으로써 그 세력은 사라졌다.

중국을 통일한 전한前漢, 신新, 후한後漢과 고구려 사이에도 전쟁이 그치지 않았다. 고구려는 전한의 요동 6현을 비롯한 변경을 공격했고, 예맥과 함께 현도군을 여러 번 쳤다. 고구려의 유리왕 31년(서기 12년)에는 전한을 멸망시킨 신이 고구려에게 흉노를 정벌하는 일에 동참하라고 했으나 고구려가 응하지 않았다. 그러자 신은 고구려를 하대하여 하구려下句麗 후侯로 봉한 일이 있었다. 이에 서기 14년에 고구려는 신의 고구려현을 공격하여 빼앗았다. 이처럼 고구려는 중국의 전한, 신, 후한과 서로 영토를 확장하기 위해 밀고 밀리는 치열한 싸움을 계속했다. 고구려 태조왕 94년(서기 146년)에는 후한의 요동 서안평을 습격하고 대방령을 죽이고 낙랑 태수의 처자를 잡아갔다.

한족이 팽창하여 북방의 흉노나 동방의 여러 부족은 각각 사방으로 이동하기 시작했다. 만주 지방에서 한반도에 걸쳐 이동해온 부여계와 예맥계의 사람들 가운데 일부가 해협을 건너 왜의 여러 섬으로 옮겨갔다. 서기전 3세기 말에서 2세기 초에 걸쳐 이동해온 사람들은 쓰쿠시섬과 혼슈에 널리 정착하여 원시 왜인들과 피를 섞고 하나가 되어 갔다. 서기 전 1세기경에는 쓰쿠시 북부의 하카타博多만 일대와 그 서부에 한반도에서 건너간 사람들이 원주민들이나 해양족을 거느리고 마쓰라코쿠, 나노쿠니, 이토코쿠 등을 만들었다. 이 가운데 나노쿠니는 사신을 낙랑군을 통해 중국에 보낼 정도로 세력이 커졌고, 후한의 광무제光武帝 때(서기 57년)에는 조공을 바쳐서 인수印綬와 '한위노국왕漢委奴國王'의 금인金印을 받아갔다. 당시에는 각 지역의 군왕들이 중국의 왕조로부터 인수를 받거나 작위爵位를 받아 그 지역을 통치하는 권위를 인정받으려는 경향이 많았다. 금인은 한나라 왕조가 일급의 조공국에게 주는 인장으로 이 밖에도 운남雲南성 곤명昆明에 있던 전滇왕에게 준 사례가 있었다. 예왕의 인장이 은이고 서라벌이 받은 것이 동인銅印인 것으로 보면 한나라는 나노쿠니의 조공을 상당히 높이 평가한 셈이었다. 서기 107년에는 왜국 왕 스이쇼帥升 등이 한에 생구 160명을 바쳤다.

제6장

야마토의 통일왕국

1. 천손天孫 강림降臨

금관가야를 떠나 휴가에 진출한 광 왕자를 비롯한 일곱 왕자와 천군 하님은 어느 정도 자리를 잡고 나라가 안정된 뒤에 다카치호의 구시부루봉을 찾아 나서기로 했다. 광 왕자는 당 왕자에게 뒤를 맡기고, 향 왕자와 천군 하님을 대동하고 기리시마 연봉이 있는 방향으로 길을 나섰다. 일행은 남쪽으로 내려가 사이토西都의 벌판을 지나 산길로 접어들었다. 그들이 다가서니 산토끼와 사슴이 저 멀리 달아나는 것이 보였다. 순간 광 왕자가 활을 쏘아 사슴 한 마리를 잡았다. 일행은 사이토 벌판의 서쪽 끝에서 야영을 하며 하루를 쉬어가기로 했다. 임시로 천막을 둘러치고, 주변 숲에서 나뭇가지들을 모아 천막 가운데 모닥불을 피웠다. 그리고는 사냥으로 잡은 사슴의 가죽을 벗기고 쇠창살에 꿰어 구웠다. 날이 저물어 어둑어둑해지는 숲을 배경으로 모닥불 주변만 환했다. 사람들은 사슴 고기와 머루주에 취해 노랫가락으로 한바탕 쌓인 피로를 풀었다. 그들의 노래에 맞대응하듯 멀리서 뻐꾸기가 '뻐꾹 뻐꾹' 하고 울었다.

다음 날 아침 일찍 요기를 마친 일행은 다시 서쪽으로 길을 재촉했다. 그들이 아침나절을 걸어 울창한 숲 속으로 들어섰을 때, 온몸에 문신을 한 원주민들이 활과 몽둥이로 무장을 하고 나와 그들과 대치했다. 원주민들은 아직 돌을 쪼개고 갈아 만든 창검을 무기로 쓰고 있었다. 그들이 입고 있는 옷도 짐승 가죽을 이리저리 꿰매 만든 어설픈 것이었고, 광 왕자 일행을 두려워하는 표정이 역력했다. 가야 군사들은 예리한 철제 창검을 지니고 있었으며, 더욱이 광 왕자와 향 왕자가 입은 갑주는 햇빛을 받아 번쩍이고 있어 그들을 압도했다. 그들은 처음부터 가야 군사들의 적수가 될 수 없었다. 어떤 원주민은 지레 겁을 먹고 '하늘에서 신이 내려오셨다'며 엎드리고는 고개를 들지도 못했다. 광 왕자 일행은 계속 길을 재촉했다. 산길을 한참 오르내리다가 길이 여러 갈래로 갈라지는 곳에 이르렀다. 그곳에서 방향을 잡기 위해 잠시 머무를 때, 키가 열 자 가량 되는 사나이가 일행 앞에 나타났다. 그는 입의 가장자리가 크게 찢어졌고, 눈은 커다란 거울처럼 빛을 뿜었으며, 얼굴은 빨간 꽈리 같았다. 다부진 몸매와 험악한 얼굴 모습뿐만 아니라 그의 눈빛도 워낙 강해 군사들 중에서 어느 누구도 감히 상대하지 못하고 우물쭈물 망설였다. 그런데 천군 하님이 선뜻 앞으로 나섰다. 천군은 상대방과 한바탕 힘을 겨루기 위해 저고리를 풀어 웃옷을 벗어 던졌다. 그리고는 남자처럼 호탕하게 '껄껄껄' 웃으며 다가섰다. 그러자 그녀의 풍만한 젖가슴이 드러났고, 그 모습을 본 향 왕자가 작은 소리로 다급하게 외쳤다.

"하님, 왜 그런 모습으로 나서시오? 내가 상대할 테니 뒤로 빠지시오."

"하하하. 걱정 마세요, 향 왕자. 내가 저 놈의 혼을 빼내서, 기선을 제압하려고 일부러 그러는 겁니다. 나한테 맡기세요."

그녀는 남자처럼 웃으며 나지막한 소리였지만 자신만만한 태도로 향 왕자에게 대답했다. 그리고 다시 큰 목소리로 외쳤다.

"천손이 가시는 길을 이렇게 막고 서다니⋯⋯. 그대는 누구냐? 이름을 말하라."

"예, 저는 천손께서 내려오신다는 소문을 듣고 마중하러 나왔습니다. 제 이름은 사루타히고猿田彦라 합니다. 이 고장에서 벼농사를 지으며 살고 있는 사람들의 우두머리입니다."

사나이는 하님의 물음에 공손하게 대답했다.

"그래? 우리를 마중 나왔다니 고맙소. 그렇다면 그대가 앞장서서 우리를 안내할 것인가?"

"그렇지요. 제가 앞장서겠습니다."

"그렇다면 어디로 안내할 것인가? 그대는 천손이 어디로 가시려고 하는지 알고 있다는 말인가?"

천군 하님이 다시 물었다.

"천손께서는 다카치호에 있는 구시부루봉으로 가시는 걸로 들었습니다. 저는 그곳까지 안내를 마치고 나면 이세伊勢로 돌아갈 겁니다."

사루타히고가 대답을 했다.

일행은 그의 안내를 받으며 다시 길을 서둘렀다. 이윽고 아모리가와天降川가 나타났다. 아모리가와를 따라 한참을 올라가니 먼발치에서도 울창한 숲을 뚫고 하얀 김이 무럭무럭 피어 오르는 것이 보였다. 그들이 김이 올라오는 곳으로 가까이 가보니 땅 속에서 뜨거운 물이 솟아 웅덩이를 이루고 있었다. 광 왕자는 옷을 벗고 웅덩이에 들어가 하늘을 보고 비스듬히 누워보았다. 따뜻한 기온이 온몸으로 퍼져 그동안 쌓였던 피로가 한순간에 사라지는 느낌이 들었다. 그가 누워 있는 곳에서 쳐다보니 아름드리 노송나무와 삼나무 사이로 구름 한 점 없는 비취색 푸른 하늘이 높게 펼쳐져 있었다. 일행은 광 왕자를 따라 모두 온천에 몸을 담가서 그간 쌓인 피로를 풀었다. 목욕을 끝낸 일행은 다시 계곡을 따라 굽이쳐 흐르는 아모리가와를 따라 발길을 재촉했다. 한참을 행군하던 그들은 냇물이 둘로 갈라지는 곳에 머물러 하루를 쉬어가기로 했다. 그들은 그곳에 간단한 움막을 치고 잠자리를 마련했다.

"이곳에는 아무도 살지 않는 모양이지? 어쩌면 이렇게 고요한가? 어디 간간이 들리는 벌레나 새소리 말고는 신비하리만큼 조용하구나."

광 왕자가 천군 하님을 돌아보며 말했다.

"왕자마마, 이곳은 神의 고향이라 합니다. 가야 사람들 중 이곳까지 올라온 사람은 아무도 없었다고 사루타히고가 말했습니다. 마마께서 처음으로 이곳 산꼭대기까지 오르시는 것이랍니다. 앞으로 무엇이 나올지 모르니 조심하셔야 할 것입니다. 혹시 모르니 만반의 준비를 하셔야 합니다."

천군 하님이 말했다.

"걱정할 것 없소. 고황산령신의 영을 받잡고 이 땅에 내려온 나를 누가 해치리오. 자, 오늘은 이곳에서 밤을 지내고 내일 첫 새벽에 산꼭대기까지 올라가도록 합시다."

모닥불을 한가운데로 두고 왕자가 잠자리를 정한 뒤, 그 주위를 사람들이 호위하듯 둘러싸고 누워 잠을 청했다. 멀리서 어미 사슴이 새끼를 찾아 우짖는 소리가 들렸다.

다음 날 새벽부터 일행은 다시 냇물을 따라 올라갔다. 고황산령신께서 올라가라고 하신 구시부루봉이 멀리 보이기 시작했다. 구시부루봉으로 오르는 산허리에는 작은 분화구가 있었고, 그 바로 아래에 자갈밭이 널려 있었다. 자갈밭을 지나니 이곳 특유의 진달래꽃인 미야마키리시마深山霧島가 이곳저곳에 무성하게 자라고 있었다. 이른 봄부터 온 산을 진분홍으로 수놓았을 미야마키리시마였지만 지금은 꽃이 지고 나무만 엉켜 있었다. 그 산허리 너머에 구시부루봉이 있었다. 이 봉우리의 꼭대기까지는 가파른 산길을 두어 마장 더 올라가야 했다. 그들이 마지막 힘을 내어 길을 재촉해, 고개를 넘어서니 갑자기 눈앞이 탁 트이며 정상이 나타났다. 멀리 남쪽으로 바다가 육지 사이로 깊이 들어온 것이 내려다 보였다. 서북쪽 멀리에 있는 봉우리 하나가 이곳보다 더 높아 보였고, 서쪽으로 기리시마의 스물세 개의 봉우리들이 즐비하게 뻗어 있었다. 구름이 자욱하게 깔린 사이사이로 하얀 김이 뭉게뭉게 솟고 있었다.

"저 곳에 보이는 산이 우리가 있는 이곳보다 높은 것 같구려. 우리 나중에 저 산을 한번 올라가 보도록 합시다."

광 왕자가 주변을 돌아보며 말했다.

"이 봉우리 모양이 김해의 구지봉과 같습니다. 그래서 고황산령신께서 쓰쿠시에 가면 구지봉과 같은 산이 있다고 하셨군요."

향 왕자가 말했다.

"자, 이곳에 제단을 만들고 삼신에게 제사를 지내도록 합시다. 우리가 하늘 나라에서 왔다는 것을 어서 알리고, 앞으로 우리가 이루려는 것을 도와달라고 해야겠어요."

천군 하님이 말했다. 제사 준비가 다 끝나자, 천군 하님이 주재하는 산신제를 올리기 시작했다. 광 왕자는 제단에 엎드려 큰절을 올리며, 일행이 무사히 이곳까지 온 것을 감사드렸다. 제사가 끝나고, 이들은 옥으로 장식한 큰 창을 산 정수리에 거꾸로 꽂아둔 채로 산을 내려왔다. 그리고 다시 북쪽으로 가서 가장 높은 봉우리에 올라갔다. 이 봉우리의 꼭대기에서 내려다 보니 멀리 구름바다를 건너서 남쪽의 벌판과 그 너머의 해만이 시야에 들어왔다.

"저곳이야말로 우리가 보금자리로 삼아 새로운 나라를 세우는 데 좋을 땅입니다. 이 봉우리를 가라쿠니다케韓國峰로 이름 지어 우리 조국 가야를 기리도록 합시다. 가라는 가야의 다른 호칭이니."

무사히 하산한 일행은 휴가로 돌아갔다.

몇 달 뒤에 광 왕자 일행은 다시 배에 올라 남쪽으로 진출했다. 그들은 뭍을 오른편에 두고 기슭을 따라 하루 밤낮을 남하하여 사쿠라지마櫻島 북쪽의 헤타지마辺田島에 배를 대었다.

"형남마마, 저기를 보소서. 뭉게뭉게 피어 오르는 먹구름이 온 섬을 덮어 옵니다. 저런, 또다시 쾅쾅 연기가 솟으며 불기둥마저 보입니다."

성 왕자는 처음 보는 광경이 무척이나 신기한 듯 계속 중얼거리고 있었다. 성 왕자가 가리키는 남쪽에 사쿠라지마가 있는데, 그 정상에서 불기둥과 함께 연기가 올라가는 것이 보였다. 시커먼 분연이 올라가 하늘을 온통 까맣게 덮더니, 한참 만에 '우르릉' 하고 땅이 울리는 소리가 들려왔다.

"음. 대단한 곳이군. 쾌쾌한 유황 냄새가 나는 것 같은데. 얼른 뭍으로 올라가자."

광 왕자의 지시에 따라 모두들 배에서 내렸다. 배에는 도편수 신양과 배를 지킬 수 있는 일부 군사와 사공 그리고 아낙네 몇 명만 남았다.

일곱 왕자와 천군 하님 그리고 막동 장군은 삼백이 넘는 군사들과 오십 명의 일꾼들 그리고 백 명에 가까운 아낙네를 거느리고 뭍에 올랐다. 군사들은 열 명에 한 사람씩 아간이 통솔했고, 사십 명 단위로 왕자들과 막동 장군이 지휘했다. 이들은 고쿠부國分 벌판에 상륙하여 남쪽 바다를 한눈에 내려다볼 수 있는 곳으로 진출했다. 그곳으로 가보니 주변보다 약간 높은 구릉지대가 나타났다. 그들은 북쪽의 기리시마 연봉에서 가고시마만으로 흘러내리는 아모리가와와 겐코가와檢校川 사이의 구릉 북쪽에 토성을 만들고 이를 중심으로 동서로 여섯 개의 토성을 축조했다. 일곱 토성에 둘러싸인 산성은 평탄했다. 이곳의 토질은 비옥했고 곳곳에 샘이 솟아 물이 풍부했다. 산성의 면적은 약 7정보로 소나 말 등 가축을 충분히 기를 수 있는 넓이였다. 그들은 또한 외침에 대비하여 성 외곽에 동굴을 파서, 가축을 숨기기 위한 통로를 계곡을 따라 만들었다. 남쪽의 바다를 면한 곳만 빼면 주변이 깎아지른 듯한 절벽이었다. 그러다 보니 난공불락의 가야식 산성을 만들 수 있었다. 그들은 주성인 구마소성熊襲城과 통치 본부인 다카치호궁高千穗宮 사이에 외줄기 통행로를 만들어 잡인이 근접하지 못하게 막았다.

"자 이제 우리가 의지할 보금자리가 마련되었소. 모두 지금까지의 수고를 치하하고, 군사들의 사기와 무기를 점검하는 차원에서 일제히 시위를 해봅시다."

모든 준비를 다 끝내고, 광 왕자가 말했다. 일곱 왕자와 막동 장군은 단갑을 입고 투구를 썼다. 이들 가운데 광 왕자의 갑옷과 투구는 백동으로 장식한 것으로 햇빛을 반사하여 눈부시게 번쩍였다. 또 자신이 타는 말에도 마주馬冑를 쇠로 만들어 씌웠다. 사백 명이 넘는 사람들이 왕자들을 에워싸고 함성을 세 번씩 질렀다. 그리고 각자 들고 있던 무기를 머리 위로 들어서 흔들었다.

"와~ 와. 와~ 와. 와~ 와."

"지화자. 지화자. 지화자."

사내들의 굵고 낮은 함성 사이에 아낙네들의 높고 가는 목소리가 함께 어울려 뒷산에 메아리 쳤다. 가야 사람들은 단군의 모후인 웅씨를 상징하는 동물인 곰을 숭상하고 있었다. 곰은 금과 소리가 비슷해서 금관가야를 상징하는 동물로는 제격이라 할 수 있었다. 왜인들은 곰이나 금이라는 발음을 고마나 구마로 했기 때문에 후일에 이 일곱 토성은 나나쿠마노사토 七隈之里라고 불리게 되었다. 나나는 일곱, 구마는 곰, 사토는 고을을 뜻했다. 일곱 개의 토성 간에는 봉화대를 설치해서 위급한 경우 서로 연락할 수 있도록 신호 체제를 갖추었다. 일곱 개의 토성은 에구마笑隈, 시시구마獅子隈, 도미구마富隈, 호시구마星隈, 고이구마戀隈, 구마자키隈崎 그리고 히라구마平隈라 부르기로 했다. 구마隈가 모인 지역인 오오구마大隈는 오오스미라고도 불렸다.

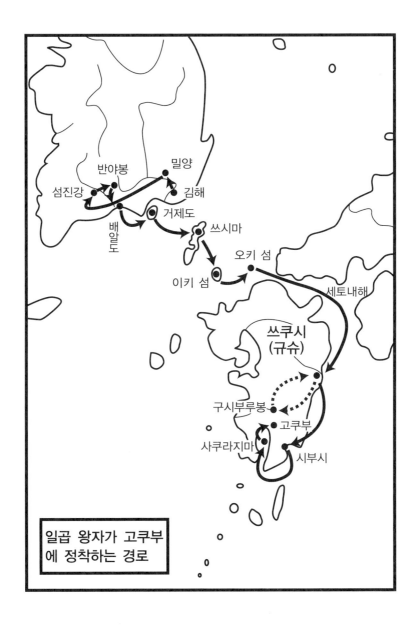

반야봉
밀양
섬진강
김해
배알도
거제도
쓰시마
오키 섬
이키 섬
세토내해

쓰쿠시
(규슈)

구시부루봉
고쿠부
사쿠라지마
시부시

일곱 왕자가 고쿠부
에 정착하는 경로

2. 니니기노미코토瓊瓊杵尊의 등극

다카치호궁을 고쿠부國分 구릉의 북쪽에 크게 축조한 뒤, 광 왕자는 천손天孫 강림식降臨式을 거행했다. 제단 위에는 길이가 세 발쯤 되고 사람의 몸통만큼 굵은 새끼줄을 수평으로 걸었다. 그 밑에 잣나무를 다듬어 상을 만들고 고황산령신에게 받아온 백동 거울을 가운데 놓고 오른편에 오백 개의 곡옥과 관옥을 꿴 목걸이를 걸었다. 왼편에는 손잡이와 칼집을 금동으로 상감한 환두대도를 받침대에 비스듬히 모셨다. 제각 입구의 여섯 단 돌층계 위에 시녀 하나가 일산을 받쳐 들고 섰다. 바닥에 붉은 융단으로 꾸민 옥좌를 마련하고 광 왕자가 나와 앉았다. 광 왕자는 금으로 수놓은 자줏빛 윗도리와 바지를 입고, 그 위에 노란 겉옷을 걸쳤다. 금동으로 만든 허리띠에는 곡옥 장식을 드리웠다. 금동 사모 위에 세 송이의 꽃봉오리와 두 개의 사슴 뿔 모양으로 뻗친 장식이 있는 금동관을 썼다. 여섯 왕자와 막동 장군이 무장한 부하들을 거느리고 동쪽에 시립했고, 도편수 신양과 쇠부리 거수와 농사, 수리 관개, 잠사, 직조, 의료를 맡은 거수들이 제각기 정장을 하여 고깔 모양의 관을 쓰고 도열했다. 휴가, 기리시마, 고쿠부, 가고시마의 원주민 추장들도 각자 고유의 의상을 입고 남쪽에 모여 섰다. 천군의 시녀들이 징, 북, 꽹과리 등의 타악기와 칠현금, 비파, 호금 등의 현악기 그리고 피리, 퉁소, 나발 등의 취주악기를 들고 나와 축하 연주를 하고 있었다.

잠시 후 천군 하님이 칠흑 같은 머리에 쓴 금빛 화관 장식을 살레살레 흔들며 제각에서 나왔다. 희고 긴 치마에 허리까지 내린 저고리의 중간을 노란 띠로 여민 것이 날아갈 듯 가뿐해 보였다. 천군 하님은 동탁을 두 손으로 들고 공이로 '탱~, 탱~, 탱~' 하고 세 번을 쳤다.

"쉬~이. 지금부터 천손 강림 예식을 올리겠습니다. 천손께서는 향을 세 번 피우시고 하느님께 축주를 올리시오."

천군이 주재하는 예식은 순조롭게 진행되었다.

"이제 천손을 높여서 '아마쓰히고히고호노니기노미코토天津彦彦火瓊瓊杵尊'로 부르겠습니다. 이를 줄여서 니니기瓊瓊杵라 합시다. 아마쓰히고히고天津彦彦는 하늘에서 내려오신 신을 나타내는 호칭이고, 히고彦는 훌륭한 사나이라는 뜻입니다. 호노니니기火瓊瓊杵는 벼 이삭이 풍성하게 익는다는 뜻이며, 미코토尊는 존귀한 어른에 대한 존칭입니다. 쓰쿠시의 여러 나라에서는 임금을 니기라고도 부르는데, 우리는 니니기로 불러 더욱 높으신 임금이라는 뜻을 지니게 했습니다."

식을 마무리하면서 천군이 모여든 모든 사람들에게 설명하듯 선언했다. 이윽고 니니기로 불리게 된 광 왕자가 모여선 사람들에게 엄숙한 말투로 말했다.

"모두들 잘 들으시오. 이제 짐이 이곳에 새 나라를 열 것이오. 고황산령신의 신칙을 받들어 이 땅에 누구나 살기 좋은 새 나라를 세울 것이오. 홍익인간의 뜻을 받들어 온 누리가 하나가 되도록 모두들 힘을 합하도록 하시오."

새로이 임금이 된 니니기의 말에, 모든 사람들이 땅에 엎드려 네 번 절을 올린 뒤 함성을 질렀다.

"마마의 앞날이 무궁하소서. 온 누리가 하나가 되게 하소서."

이어서 여섯 명의 왕자와 막동장군, 그리고 천군 하님에게 미코토命와 가미神의 칭호를 내렸다.

그날 밤은 온 고을이 축제로 들떴다. 마당에 크게 모닥불을 피우고 천손이 강림하는 과정을 본떠 왕자들이 탈을 쓰고 춤을 추었다. 먼저 붉은 바지에 금빛이 찬란한 비단 겉옷을 입은 키가 큰 당 왕자가 나와서 모닥불의 주위를 두 팔로 휘휘 저으며 여덟 번 돌았다. 그는 노란 머리에 대춧빛 가면을 썼는데, 코가 세 치쯤 우뚝하게 솟아 있었다. 북소리가 '두둥둥둥' 연달아 울리면서, 이번에는 붉은 머리와 흰 머리의 남녀 한 쌍이 춤을 추며 모닥불 가까이 다가갔다. 그들은 불을 훨훨 세게 지피더니, 옆에 있는 큰 북을 북채를 쥐고 장단을 맞추며 구성진 가락으로 한 식경을 친 뒤 들어갔다.

그러자 다른 왕자들과 천군 하님이 시녀들과 함께 가면을 쓰고 나와 모닥불 둘레를 손에 손을 잡고 돌았다. 밤이 이슥하도록 사람들은 잔치를 즐겼다. 오늘은 모두가 그토록 간절히 바라던 새 나라를 여는 날이었다. 번갈아 나서서 춤을 추고 자기 자리로 돌아와서는 술을 마시고 생선과 사슴고기를 뜯었다. 모든 사람이 흥이 겹도록 마신 술은 이 날을 위해 특별히 햅쌀과 밀 누룩으로 빚어서 걸러낸 허옇고 뿌연 막걸리였다.

며칠 뒤 니니기는 이 지방 원주민인 오야마즈미노가미大山祇神의 둘째 딸 고노하나노사쿠야비메木花開耶姬와 잠자리를 함께했다. 그런데 곧바로 그녀가 잉태하여 산월이 가까워졌다. 니니기는 단 한 번의 잠자리로 그녀가 잉태한 것을 이상하게 생각했다. 필시 다른 남자와 관계가 있었던 것으로 생각했다. 그녀는 산실에 불을 질러 자기가 천손의 자식을 낳고 있음을 증명했다. 그녀는 천손이라면 불 속에서도 무사할 것이라고 외쳤다. 세 아들을 낳았는데 모두 무사했다. 그래서 불이 타오르자마자 태어난 아기는 호데리火照로, 다음에 태어난 아기는 호스세리火須勢理로, 불이 꺼질 때쯤에 태어난 아이는 호오리火遠理라 이름을 지었다. 니니기도 상황이 이렇게 되고 보니 어쩔 수 없었다. 그는 고노하나를 왕비로 맞아들이고 세 아들을 왕자로 받아들이게 되었다.

3. 우미사치海幸와 야마사치山幸

니니기의 첫째 아들인 호데리는 바다낚시를 하면서 살았다. 이에 비해 셋째 아들 호오리는 산을 타며 새나 짐승을 잡는 것을 즐겼다. 이에 호데리는 우미사치라고 했고, 호오리는 야마사치라고 했다. 우미사치는 바다의 일꾼, 야마사치는 산의 일꾼이라는 뜻이다. 어느 날 호오리는 형인 호데리에게 말했다.

"형, 나도 배를 타고 낚시해보고 싶어. 형의 낚시 도구를 좀 빌려줘."

"얘야, 그건 내가 업으로 하는 건데, 너를 빌려주면 나는 어떡하니?"

호데리는 자신의 낚시 도구를 좀처럼 빌려주려고 하지 않았다. 호오리는 형에게 여러 번 낚시 도구를 빌려달라고 졸랐다. 하도 졸라대기에 하는 수 없이 서로의 연장을 바꾸어 써 보기로 했다.

호오리는 즉시 낚시 도구를 메고 바다로 갔다. 호오리는 악천후 속에서도 고기를 잡아보려고 안간힘을 다했으나 소용이 없었다. 그런데 지치고 허기진 그가 마지막으로 드리운 낚싯줄에 묵직한 것이 걸렸다. 낚싯줄을 팽팽히 당기면서 바다 깊은 곳으로 도망치려고 하는 것이 제법 굵은 물고기가 물린 것 같았다.

"이놈, 놓칠 수 없지, 아암. 어디로 도망치겠다고. 어림없어."

호오리는 물고기가 이끄는 대로 따라가는데 갑자기 낚싯줄이 팽팽히 뻗치더니 '툭' 하는 소리를 내며 끊어졌다. 호오리는 맥이 풀려 뱃바닥에 풀썩 주저앉아 버리고 말았다. 산에 갔던 호데리도 별로 재미를 보지 못했다. 겨우 산토끼 한 마리만 잡고 터벅터벅 집으로 돌아왔다.

"형, 낚시 바늘을 고기한테 떼어 먹히고 말았어."

호오리가 울상을 하면서 말했다.

"뭐라고? 내가 그럴 줄 알았지. 아무나 낚시질 하는 것이 아닌데. 그 낚시 바늘은 이 세상에 하나밖에 없는 신통한 영험이 있는 건데 꼭 찾아다 주어야 해."

호데리는 그것 보라는 듯이 야단쳤다. 형의 성화에 견디다 못해 호오리는 신주 모시듯 아끼던 환두대도를 대장간에서 녹여서 낚시 바늘 500개를 만들었다. 그리고는 형을 만나 사정을 했다.

"형, 낚시 바늘 500개를 만들어 왔어. 형한테 빌린 낚시 바늘과 꼭 같은 모양이니 이걸 받고 날 용서해줘."

"이런 건 하나도 쓸모가 없어. 내가 필요한 건 네가 빌려간 그 낚시 바늘이야. 다른 건 아무리 많이 가져와도 소용이 없어. 빨리 내 걸 찾아 가지고 오란 말이야."

호데리는 아우가 잃은 낚시 바늘을 찾을 길이 없어 보이자, 기고만장하며 호통을 쳤다. 그러자 호오리는 다시 대장간으로 가서 이번에는 낚시 바늘 1,000개를 만들어왔다.

"형, 이걸 받고 용서해줘. 1,000개를 줄 테니, 그 바늘은 이제 그만 잊어버려요."

호오리는 땅바닥에 엎드려 눈물을 흘리며 호소했다.

"어허. 그 바늘이 아니면 안 된다니까 그러네. 그 바늘은 천손 강림할 때 아바마마께서 가지고 오신 거야. 그래서 여느 바늘과는 달라. 그걸 꼭 찾아내어야 해."

호데리는 막무가내였다. 호오리는 어쩔 줄을 몰라했다. 호오리는 바닷가 모래톱에 털썩 주저앉아 울고 말았다.

"천손의 아드님께서 어찌 여기서 울고 계십니까?"

한참 울고 있는데, 갑자기 머리 위에서 소리가 들려 고개를 들고 쳐다보니 흰 수염을 석 자나 늘어뜨린 노인이 자신의 키보다도 훨씬 큰 지팡이를 짚고 내려다 보고 있었다.

"노인장은 누구십니까?"

"나는 시오쓰치오지鹽土老爺라고 합니다. 이 지방의 바닷길을 다스리는 사람이지요."

호오리는 부드러운 미소로 자신을 내려다 보고 있는 그 노인에게 지금까지 있었던 일의 자초지종을 얘기했다.

"뭘 그런 걸 가지고 그토록 서럽게 시름을 하십니까. 제가 하라는 대로 하시면 꼭 되찾을 수 있을 겁니다."

호오리는 노인이 시키는 대로 대를 촘촘히 엮어 광주리 배를 만들고 찰

흙을 야자유로 범벅을 해서 물이 새지 않도록 찍어 발랐다. 호오리는 광주리 배를 타고, 노인이 가르쳐준 방향으로 바다 멀리 떠났다. 얼마를 가지 않아 그는 바다의 신이 거처하는 궁궐을 찾아낼 수 있었다. 궁궐 입구 우물 옆에 계수나무가 서 있었다. 호오리는 얼른 나무 위로 올라갔다. 계수나무의 가지가 우물 위로 뻗쳤는데 잎새가 몸을 감추기에 좋을 만큼 무성했다. 한참 나무 위에서 주변을 살피고 있는데, 궁궐 대문이 열리더니 아리따운 여인이 옥으로 만든 독을 이고 나와서 우물에서 물을 길으려 했다.

"어머나! 누가 나무 위에 있네."

여인은 우물에 비친 사람의 모습을 보고는 깜짝 놀라 위를 쳐다 보았다. 그러자 잘 생긴 젊은이가 나뭇가지를 타고 앉아 자신을 내려다 보고 있는 것이 보였다.

"물 좀 얻어먹읍시다. 목이 마르니……."

호오리가 말했다.

"잠깐만 기다리시오."

여인은 당황하면서도 마음을 가라앉히며 옥으로 만든 쪽박에 물을 떠서 건넸다. 그러고는 대궐 안으로 얼른 들어가 부모에게 일러 받쳤다.

"대궐 앞 우물가에 이상한 손님이 왔는데, 아주 잘 생겼어요."

바다의 신 부부는 반가웠다. 그렇지 않아도 혼기가 된 딸, 도요타마히메豊玉姬에게 걸맞은 사윗감을 찾고 있던 중이었다. 바다의 신 부부는 돗자리를 겹겹으로 높이 쌓아 손님 맞을 차비를 하고서는 말했다.

"어서 모셔 오너라."

호오리는 수인사를 한 뒤에 여기까지 온 연유를 상세히 설명했다. 이야기를 들은 바다의 신은 즉각 크고 작은 고기들을 한 자리에 모았다.

"누가 이 분의 낚시 바늘을 빼앗았나? 얼른 이실직고 하라."

모든 물고기들이 영문을 몰라 서로 눈치를 보는데 문어가 말했다.

"여기 나오지 않은 붉은 도미 할머니가 목에 가시가 걸려 고생하고 있다는 말을 들었습니다."

"그럼, 어서 도미 할머니를 데리고 오너라."

바다의 신이 말했다. 잠시 후 도미 할머니를 상어가 모셔왔다. 과연 목덜미가 퉁퉁 부어 있었다. 문어가 도미의 목뒤를 발로 툭툭 치니 도미는 캑캑거리다가 굵은 가시를 토해 냈다. 자세히 보니 호오리가 잃어버린 낚시 바늘이었다.

"이것입니다. 찾았습니다. 바로 이거예요."

호오리는 이렇게 쉽게 찾으리라고는 미처 생각하지 못했다가 낚시 바늘을 찾아내니 무척이나 기뻐 덩실덩실 춤을 추었다. 기뻐하는 그를 보고 바다의 신이 다정하게 말했다.

"왕자께서는 우리 공주 도요타마히메를 어떻게 생각하시오. 우리 사위가 되실 생각이 없으십니까?"

우물가에서 그녀를 처음 만날 때부터 호오리는 마음이 있었다. 단아하고 차분한 성격의 여인이 맘에 들었는데, 바다의 신이 먼저 말을 꺼내니 그로서는 마다할 이유가 전혀 없었다. 그날 밤 두 사람은 성대한 혼례를 치르고, 신방을 차려 함께 살게 되었다.

세월이 흘러 두 사람이 결혼한 지 3년이 지났다. 하루는 호오리가 도요타마히메 옆에서 땅이 꺼지라고 한숨을 쉬었다. 걱정이 된 도요타마히메가 물었다.

"왕자님, 무슨 걱정이 있으십니까? 산도 무너지겠네요."

"내가 여기 온 지도 벌써 3년이 되었소. 뭍에는 천손이신 아바마마와 형들이 있는데, 여기서 무사안일하게 지내고 있는 것이 안타까워 그러오. 이대로 가다가는 우리 식구들이 날 잊어버릴 것이고, 내가 나라를 키워나갈 대업을 잇지 못할까 봐 두려워지는구려."

"그것이 무슨 걱정이십니까? 제가 아바마마에게 말씀을 드려 돌아가실 수 있게 해드리면 될 터인데, 걱정도 팔자네요."

도요타마히메는 곧바로 아버지인 바다의 신을 찾아가 이런 내용을 말씀드렸다.

"그래, 호오리가 그렇게 고향 땅을 그리워한다면 마땅히 보내주어야지."

바다의 신은 지난번에 되찾은 낚시 바늘을 찾아오게 했다.

"이 바늘은 마지치貧鉤라고 합니다. 이걸 줄 때에는 손을 뒤로 돌려서 주시오. 저주 받은 바늘이니 그 저주를 상대에게 돌려주자는 뜻이지요. 내가 따로 구슬 두 개를 주겠소. 하나는 조만경潮滿瓊이라 하고, 다른 하나는 조후경潮涸瓊이라고 하지요. 뭍에 돌아가거든 형이 높은 언덕에 밭을 가꾸면 왕자는 낮은 곳에 논을 만들고, 형이 낮은 곳으로 가면 왕자는 높은 곳으로 찾아가 자리를 마련하시오. 그러면 형의 형편이 점차로 나빠질 것이오. 그리고 형이 당신에게 불평하거든 조만경을 써서 바닷물에 형이 빠지게 만들고, 만약 형이 잘못을 뉘우치거든 조후경을 써서 물을 빼내어 형을 구해 주시오. 이렇게 몇 번을 되풀이 하다 보면 형은 마침내 당신에게 항복을 할 것이오."

호오리가 고향으로 돌아가려는데 도요타마히메가 말했다.

"신첩이 이미 태기가 있어요. 저를 위해 산실을 만들고 기다려주시겠습니까?"

"내가 그렇게 하리다. 그럼 다시 만날 때까지 홑몸도 아니니 조심 또 조심하시오."

호오리는 뭍으로 돌아와 형을 다시 만나게 되었다. 그는 형에게 낚시 바늘을 돌려주면서 저주도 함께 돌려주었고, 바다의 신이 말한 그대로 따라 했다. 마침내 형인 호데리는 바다의 신이 말한 대로 곤경에 처하게 되어 결국 항복하면서 말했다.

"이제부터 나나 내 자손들은 그대를 위해 궂은일을 도맡아 할 백성이 될 것을 맹세하니, 앞으로 우리를 거두어 함께 살 수 있도록 해주시게."

호오리는 형을 용서했고, 함께 살 수 있도록 조치했다. 이 이후로 호데리의 후손은 아다吾田 지방의 하야도隼人라 칭했고, 대대로 대궐의 수호를 맡게 되었다.

　몇 달이 지나서 도요타마히메가 동생인 다마요리비메玉依姬를 데리고 갯가에 나타났다. 그녀는 해변에 산실을 짓고 그 지붕을 가마우지의 깃으로 덮어 달라고 했다. 그런데 미처 지붕 전체를 덮기도 전에 진통이 왔다. 도요타마히메는 호오리에게 부탁했다.

　"신첩이 아기를 낳을 때 절대로 산실 안을 들여다보지 마세요."

　도요타마히메는 해양족 출신이라 무사한 출산을 기원하며 용의 형상을 한 커다란 베개를 안고 힘을 쓰게 되어 있었다. 그리고 그런 장면을 다른 사람이 엿보는 것을 금기로 여겼다. 그런데 호오리는 약속을 해놓고도 궁금해서 견딜 수가 없었다. 참다못해 자리에서 일어선 호오리는 살짝 산실 창문을 비집고 들여다보았다. 그러자 아내가 커다란 용을 안고 고통에 몸을 비틀며 신음을 하고 있는 모습이 보였다.

　"으악. 저게 무언가. 용이 나타났네."

　호오리는 혼비백산해서 산실에서 도망쳤다. 해산이 끝난 뒤 호오리가 자신의 해산 장면을 엿본 것을 알게 된 도요타마히메는 한탄하면서 아기를 강보에 싸서 해변에 버리고 바다로 돌아갔다. 이 아기는 가마우지의 깃으로 바닷가 산실의 지붕을 잇는 도중에 태어난 까닭에 우가야후키아에즈노미코토鵜草葺不合命라 이름을 지었다. 우가야는 가마우지의 깃, 후키아에즈는 지붕을 잇지 못함, 미코토는 남자의 존칭이다. 우가야후키아에즈는 자라서 이모인 다마요리에게 장가를 들어 네 아들을 낳았다. 이 가운데 막내인 사노미코토狹野命는 어른이 되면서 이와레히고磐余彦라 이름을 바꾸었다. 이 이와레히고가 뒤에 천하통일의 대업을 이루는 주인공이 되었다.

4. 니기하야히노미코토饒速日命

"형, 좀 천천히 가자."

도시歲가 잰 걸음으로 겨우 따라붙으며 사정을 했다. 때는 서기 160년 이른 봄으로 화창한 날이었다. 이즈모의 히이가와斐伊川 냇가에 엷은 안개가 흐릿하게 끼었다가 거의 사라지고, 이제는 그 흔적만 어렴풋하게 남아 있었다. 도시의 삼 형제가 신지宍道 호수 쪽으로 걸어가고 있었다. 남쪽에 높이 솟은 센쓰산船通山에서 시작된 물은 이즈모 평야를 가로질러 동북쪽 끝의 신지의 호수까지 흘러 들었다. 냇가에 먼저 도착한 야시마노八島野와 이소다케루五十猛라는 이름의 두 형들은 어망을 던질 준비를 했다. 도시는 형들이 그물질을 하는 동안 호수 주변을 구경하기도 하고, 누나들이 조개를 잡는 것을 참견하기도 했다. 그는 형들이 투망을 끝내면 혼자라도 남아서 밤새도록 낚시를 즐길 생각이었다.

"형, 난 혼자서라도 낚시질 할 거다."

하루 종일 그물질을 한 형들이 고기를 잔뜩 잡고 떠날 준비를 하는데, 도시는 혼자 남겠다고 말했다.

"너, 혼자 있어도 무섭지 않겠어?"

둘째 형인 이소다케루가 다소 걱정스럽다는 얼굴로 말했다.

"괜찮아. 다들 먼저 가. 난 혼자 있다 갈 거야."

결국 도시의 고집을 이기지 못한 형과 누나들은 집으로 돌아가고, 도시혼자서 신지 호숫가에 남았다.

서기 전 37년에 비류가 한반도를 떠나 이즈모로 건너온 뒤 오랜 세월이 흘러서 그 후손인 스사노오가 히라다平田의 우미宇美에서 태어났다. 스사노오는 이곳에 있던 원주민인 오로치족을 평정하고 강대한 제철 왕국을 만들었다. 여덟 개의 머리를 가진 큰 뱀을 스사노오가 처치한 전설은 이미 소개했다. 그 스사노오는 그때 구출한 구시나다히메를 아내로 삼아 다섯 남매를 낳았다. 도시는 이 가운데 막내로 스사노오가 서른 살에 얻은 자식이었다. 도시는 어릴 때부터 자세가 바르고 얼굴이 갸름하면서도 눈이 부리부리해서 남다른 주목을 받았다. 사람들은 그가 나중에 자라면 큰 인물이 될 것이라고 말했다.

"뭐라고? 도시를 혼자 두고 왔다고? 너희들이 어떻게 그렇게 할 수 있어? 함께 갔으면 함께 돌아와야지."

구시나다히메는 몹시 화가 났다. 그리고 걱정이 앞서기 시작했다.

'혹시 늑대 같은 야생동물이 물어뜯으면 어쩌지? 신지 호수에서 고기를 잡다가 물에 빠지면 누가 건져주지?'

불길한 생각이 계속 머릿속에서 구름이 피어나듯 뭉게뭉게 자라나고 있어 도저히 다른 일을 할 수도 없었고, 오늘 밤은 잠도 이룰 수 없을 것 같았다. 그녀는 남편을 재촉했다.

"무얼 그래. 그다지 큰일도 아닌 것 같은데, 너무 소란스럽게 하지 말아요. 그 녀석은 문제없을 거요."

스사노오는 아내의 말을 듣고도 태연했다.

다음 날 아침 일찍 스사노오는 말을 몰아 호수로 내달렸다.

"도시야, 어디 있니? 나다, 아버지다."

"아버지, 저 여기 있습니다."

잠시 후 신지 호수 갈대밭을 헤치며 아직도 앳된 얼굴을 가진 소년이 나왔다. 밤새 낚시를 했는지, 푸석푸석한 얼굴에 눈은 충혈되어 있었다. 하지만 목소리만큼은 씩씩했다.

"그래, 고기 많이 잡았니? 어디 좀 보자. 음, 송어를 많이 잡았군. 제법인데. 그런데 너 밤에 혼자 있을 때 무섭지 않니?"

"아니요. 고기가 계속 잡히는 통에 무서워할 겨를도 없었는데요."

스사노오는 당당하게 말하는 도시가 자랑스러웠다. 그에게는 세 명의 아들이 있었는데, 맏아들 야시마노는 좀 어수룩한 면이 있어서 일찍 분가시켰다. 둘째 이소다케루도 일찍 분가를 시켰지만, 그에게는 서쪽의 한반도 변진 땅을 왕래하면서 자신을 직접 거들게 했다. 당시는 자식들을 일찍 분가시키는 것이 자연스런 풍습이라 가문을 잇는 것은 막내의 몫으로 남았다. 이런 풍습에 따라 스사노오의 집안도 막내인 도시가 왕통을 이어가야 하는 것으로 다들 알고 있었다.

한편 스사노오는 이즈모 출신의 오호나무치를 데릴사위로 삼기 위해 자신의 딸인 스세리비메須世理姬와 짝을 지웠다. 스세리는 스사노오가 둘째 아내인 오이치히메大市比売와의 사이에서 난 딸이었다. 오호나무치는 그의 기대를 저버리지 않고 동북쪽의 비취와 흑요석이 많이 나는 고시越 지방과 남쪽으로 산을 넘어 태평양가의 긴키近畿 지방으로 세력을 키워나 갔다. 그러나 스사노오는 이것으로 만족하지 않았다. 그는 아마테라스와 주도권을 다투던 쓰쿠시를 잊을 수가 없었다. 그는 쓰쿠시를 공략하기 전에 대마도와 이키를 자신의 세력권에 넣었다. 그는 천하를 통일하려는 자신의 꿈을 이루기 위해 둘째 아들인 이소다케루를 데리고 한반도에 자주 다녀왔다. 이는 한반도의 제철과 조림, 조선 기술 등 선진기술을 배우고 익혀 자신의 세력을 키우고자 하는 생각에서 비롯된 것이었다.

막내 도시는 어릴 적부터 타고난 재능이 있어 많은 사람들을 휘하에 거느릴 수 있을 만큼 큰 아량을 가진 배포가 큰 인물이 될 것으로 기대되었다. 세월이 흘러 도시가 스물세 살의 청년이 되었을 때였다. 스사노오가 사위인 오호나무치에게 이즈모 왕국을 관리하도록 명하고 직접 나서서 쓰쿠시를 정벌하기 위한 군사를 일으켰다. 그는 전쟁을 시작하면서 자신 휘하의 모든 장수와 친위대를 왕궁 앞에 모아 다음과 같은 말로 사기를 북돋워주었다.

"우리는 옛날에 아마테라스와 싸워서 참패했던 적이 있었다. 이제 우리가 복수를 할 때가 되었다. 나의 아들 도시가 이번 전쟁에서 선봉에 설

것이다. 모든 군사들은 쓰쿠시를 정복하라. 먼저 부젠豊前에 상륙하여 우리의 힘을 보여주어라."

스사노오는 철갑과 철검으로 무장한 군사들을 모아놓고 승리를 약속했다.

"나가자. 쓰쿠시로."

도시가 모든 군사들이 볼 수 있는 제단 위로 올라가 칼을 빼어 들면서 소리 높여 외쳤다. 그의 선창에 따라 모여 있던 모든 군사들이 일제히 함성을 질렀다.

"와. 와. 와."

군사들의 함성소리는 하늘을 찌를 듯 울려 퍼졌고, 기세등등하여 감히 당할 자가 없을 듯했다.

그들은 한반도에서 들여온 맥궁과 짧은 화살을 전통에 넣은 궁수, 그리고 철창, 철과, 철검 등으로 무장한 보병이 주를 이루고 있었다. 중앙에는 수백 기의 기병이 당당한 모습을 드러내고 있었다. 곧이어 군사들이 수백 척의 배에 올랐다. 그리고 그들은 사흘 뒤에 부젠의 온가가와遠賀川 하구에 상륙해서 파죽지세로 쓰쿠시의 북부 지역을 점령했다. 그들이 진군하는 곳마다 필사적인 저항을 하는 세력이 많았다. 특히 나노쿠니의 요시노사토吉野里와 후미코쿠가 죽음을 무릅쓰고 항거하는 바람에 치열한 전투가 벌어졌다. 하지만 모두 도시의 선봉군에 의해 격파되었다. 선봉군을 지휘하는 도시는 전투마다 눈부신 전과를 올렸다. 그는 늘 진두에 섰으며 뒤로 물러나는 일이 없었다.

"항복하는 자는 받아들여라. 부녀자는 살려 주어야 한다. 그러나 항거하는 자가 있다면 용서하지 말고 끝까지 쫓아가 죽여야 한다. 한 놈도 남기지 말고 모든 적대 세력을 없애야 후환이 없다. 모두 죽여라."

그는 부하들에게 추상같은 군령을 내렸고, 부하들은 그의 명령에 의해 톱니바퀴처럼 일사불란하게 행동했으며, 한 치의 오차도 없었다. 쓰쿠시의

북부 지역은 그들에게 대항하다 전사한 시체들로 인해 온 산야와 강물이 붉은 피로 물들었다.

"싸움에서 죽은 우리 장병은 옹관에 넣어 정중히 모시도록 해라."

스사노오와 도시는 전사한 모든 시체를 전투가 끝날 때마다 그대로 관속에 수용해서 정성을 다해 제사를 지내고 매장했다. 그런 장면을 보면서 모든 군사들은 죽음을 두려워하지 않고 싸움에 임할 수 있었다. 그리고 그들에게 항복해 온 적군은 여러 부대로 나눠 각각 이즈모 군사에 편입했다. 전투를 치를수록 스사노오의 군사는 크게 불어났다.

북부 쓰쿠시 지역을 석권한 스사노오는 이 지역을 도시로 하여금 다스리도록 하고 동북부의 우사宇佐로 옮겨갔다. 그리고 다시 4년이 흘렀다. 이번에는 스사노오가 휴가의 아와키벌阿波岐原을 치고 들어갔다. 이곳에는 아와지淡路의 이자나기와 그의 딸 무카쓰히메向津姫가 함께 살고 있었다. 스사노오가 항복할 것을 종용했을 때, 이자나기의 딸은 그렇게 하겠노라고 동의했지만 이자나기는 끝까지 항거했다. 결국 두 나라 사이에 치열한 전투가 일어났다. 하지만 이자나기는 스사노오의 적수가 되지 못했다. 새로운 무기와 전술로 무장한 그에게 이길 수가 없었던 이자나기는 스사노오에게 생포되어 아와지로 유배를 당했다. 이자나기를 몰아낸 스사노오는 휴가의 사이토로 대궐을 옮기고, 쓰쿠시 북부 지역을 다스려 나갔다. 그의 정복 전쟁은 일차적인 성공을 이뤄냈고, 마침내 서쪽 끝 구마소熊曽와 남쪽 끝 고쿠부, 가고시마, 오오스미 일대만 빼고 쓰쿠시 전역을 통합하는데 성공했다. 이렇게 스사노오는 이토코쿠, 나노쿠니, 후미코쿠를 산하에 둔 야마타이코쿠와의 전투에서 이겼고 점령한 지역의 민심을 안정시키기 위해 이자나기의 딸 무카쓰를 두 번째 왕비로 맞았다. 무카쓰는 오히루메무치大日靈貴라고도 불렀다. 해를 숭상하는 무녀라는 뜻이었다. 스사노오와 도시는 이렇게 통일한 나라의 이름을 와노쿠니和國라 부르기로 했다. 스사노오가 세운 와노쿠니의 주류는 한반도에서 건너왔기 때문에 왜의 다른 어떤 섬보다 문명 수준이 앞서 있었다. 그들은 농업, 어업, 항해술, 금속 제련과 가공 등에서 특히 뛰어난 기술을 확보하고 있었기 때문에 이들이 점령한 지역의 토착 세력을 충분히 회유하고 포섭할 수 있었다.

쓰쿠시를 평정한 뒤의 어느 날, 스사노오가 어전회의에서 말했다.

"이제 북부의 쓰쿠시는 거의 연합 왕국 산하에 들어온 것으로 보이니, 도시는 요시노가사도에서 귀순한 군졸들로 보강한 모노노베物部 25개 군단을 거느리고 동쪽으로 진출해야 하겠다. 이곳 쓰쿠시는 무카쓰 여왕이 다카기노가미高木神의 도움을 받아 다스리도록 하면 문제가 없을 것이다."

"그렇다면 마마는 어디로 가실 것입니까? 이번 원정 길에 마마께서도 동행하실 겁니까?"

"아니다. 짐은 이미 나이가 많으니 고향인 이즈모로 돌아갈까 한다."

"그렇다면 쓰쿠시 남부의 가고시마는 어떻게 합니까?"

도시가 진지한 표정으로 다시 물어보았다.

"그곳은 사루타히고를 보내면 될 것이다. 사루타히고는 가고시마로 가서 그곳 민심을 살펴보도록 해라."

"예이, 알겠습니다. 마마."

사루타히고가 스사노오의 뜻을 받아들이겠다며 즉시 답했다. 사루타히고는 스사노오의 손자 뻘 되는 사람이었다. 광 왕자 일행을 맞았던 사람이 바로 이 사람이었다. 도시와 사루타히고에게 각기 임무를 맡긴 스사노오는 늙은 몸을 이끌고 이즈모로 돌아갔다. 그리고 그는 도시가 긴키 지방을 평정하는 것을 보지 못하고 승하했으며, 장남인 야시마누가 구마노熊野 산에 유해를 모셨다.

쓰쿠시의 대부분이 장악되자 도시는 스사노오의 명을 받들어 혼슈 서부를 통합하기 위해 동쪽으로 진출했다. 원정 도중 도시는 이름을 니기하야히노미코토饒速日命로 고쳤다. '니기'는 풍족해서 부족함이 없다는 뜻이고, '하야'는 빠르고, 용기가 있고, 씩씩하다는 뜻이었다. '히'는 해를 뜻하니 '하야히'는 태양이 빨리 온다는 뜻을 나타낸다. 그리고 '미코토'는 존귀한 남자의 호칭이었다. 결국 니기하야히는 '풍부하고 햇볕이 빨리 들게 하는 어른'이라는 이름이었다. 그는 새로운 지역을 공략하고 점령하면서도 그 지역의 민심을 얻는 것을 우선 과제로 삼았다. 그는 천군 히루고日靈姑를 불러 자신의 생각을 전했다.

"우리가 이 땅을 점령하고 세력을 넓히는 것도 중요하지만, 민심을 얻고, 사회 질서를 바로 잡는 것도 그에 못지않게 중요하다고 생각하오. 우선 백성들이 생업에 전념할 수 있도록 도와주어야 할 것이오. 그렇게 하려면 한 해의 절기를 미리 정해서 절기에 맞추어 농사도 짓고, 제사도 지내는 것이 좋을 것이오. 그래서 백성에게 도움이 될 수 있는 절기를 적은 달력을 만들어 널리 퍼뜨렸으면 하오. 먼저 언제부터 한 해를 시작해야 될 것인지 모르겠소. 어디 천군은 어떤 날을 한 해의 시작으로 삼으면 된다고 보오?"

스사노오를 따라 소시모리에서 건너온 천군 히루고는 니기하야히에게 여러 가지 조언을 해주는 참모 역할을 하고 있었다.

"제 생각으로는 동짓날이 좋을 것 같습니다. 밤이 제일 길었다가 점점 줄어들고, 반면에 낮이 점점 길어지는 것이 동지에서부터 시작되지요. 만물이 소생하는 것도 이처럼 낮의 길이가 길어지면서 시작하는 것이랍니다. 이날에 팥으로 죽을 쒀서 사방에 뿌리고 문설주에 바르면 한 해의 모든 액운을 막을 수 있다는 풍습이 생긴 것도 한 해가 시작된다는 의미로 받아들일 수 있을 겁니다."

천군의 말에 니기하야히는 빙그레 웃었다. 어쩌면 이렇게 자신의 뜻을 잘 알아 시원시원하게 답을 말해 주는가 싶어 더 이상 보탤 말이 없었다.

"그게 좋겠소. 그렇다면 한 해의 시작은 그렇게 정하고, 거기에 맞는 달력을 만들어서 백성들에게 알려 주도록 합시다."

5. 야마토大和

니기하야히는 모노노베의 25개 군단을 거느리고 쓰쿠시에서 바다를 건너 시코쿠의 동북부 사누키讚岐로 진출했다. 사누키의 곤피라金比羅 산을 근거지로 삼아 세토내해 동부의 연안 지방을 장악한 뒤 효고兵庫에 군사들의 숙사나 병기창을 설치하고, 가무베神戸에도 기지를 만들었다. 그는 그렇게 가무베를 중심으로 오사카大阪만 연안과 가와치河內의 호족을 포섭해서 연합 국가를 이루기 위한 기틀을 잡았다. 그런데 이즈모에서 뜻밖의 변수가 발생했다. 스사노오와 오호나무치가 잇따라 유명을 달리했다. 그러자 와노쿠니의 왕위 승계 문제로 내분이 일어났다.

북 쓰쿠시를 통치하고 있던 스사노오의 아내 무카쓰와 그녀를 보좌하던 다카기노가미는 야마타이코쿠의 작은 국가나 호족들을 포섭하여 야마타이코쿠를 다시 장악했다. 무카쓰는 전통에 따라 히미코의 칭호를 다시 쓰기 시작했다. 히미코는 천신지기天神地祇에 대해 제사 지내는 일을 맡았다. 그리고 나라를 다스리는 속세의 일은 다카기노가미가 맡았다. 이들은 사이토에 서울을 정하고 일대솔一大率이라는 감독관을 두어 북 쓰쿠시의 여러 나라를 감독했다. 그리고 히미코는 동쪽으로 간 니기하야히와도 긴밀히 연락을 취해서 자기 편으로 만들었다. 그리고 서쪽의 서라벌, 대방군帶方郡, 위魏나라 등에 여러 번 사신을 보내어 자신의 입지를 더욱 굳혀나갔다.

한편 동쪽으로 진출한 니기하야히는 가무베를 중심으로 나라를 세운 뒤 북상해서 야마토에 진출했다. 야마토에 도착한 그의 일행은 동짓날에 미와산三輪山의 정상에 올랐다. 니기하야히는 미와산 꼭대기 위로 치솟는 해를 보면서 두 손을 모아 공손히 손뼉을 두 번 치고 허리를 굽혀 절을 했다. 그를 따라왔던 32명의 장수들과 5부의 족장들도 손뼉을 치고 허리를 굽혔다. 니기하야히는 미와산 중턱에서 서쪽을 가리키며 말했다.

"저기 저 들판에 우리의 보금자리를 마련하는 것이 좋을 것으로 생각되는데 여러분은 어떻게 생각하시오?"

이키에서부터 니기하야히를 따라온 후토다마太玉가 말했다.

"이곳은 북쪽으로는 이즈모와 통해 있고, 서쪽의 대마도, 이키, 쓰쿠시와도 왕래를 할 수 있는 교통의 요지입니다. 또한 이곳에 와서 살고 있는 사람들 가운데는 가야 출신과 마한 출신이 많습니다. 그들은 토기를 만들고, 논을 일구어 벼농사를 짓는 사람들입니다. 다른 지역보다는 생활수준이 높아, 이곳을 서울로 삼는다면 왜의 여러 섬을 아울러 다스리는 데 크게 쓸모가 있을 것입니다."

"저도 그렇게 생각합니다."

대마도에서부터 그의 세력에 참가한 히노가미日神가 맞장구를 쳤다. 32명의 무장과 다섯 명의 시종, 5부의 족장 그리고 모노노베 25개 군단을 태우고 세토내해를 건넜던 여섯 명의 사공들도 제각기 그럴 듯하다며 고개를 끄덕였다.

천군 우즈메宇津女가 미와산 기슭에 제단을 차리고 산신령에게 제사를 치르는 준비를 했다. 제단에는 천손을 증명하는 증표인 서보십종瑞寶十種을 모셨다. 서보십종은 그 첫째가 삼층 건물을 본딴 동탁에 낚시 바늘 장식을 붙인 것으로 오키쓰 거울瀛都鏡이라 했다. 다음이 주선석酒船石이라 해서 술을 담은 배 모양의 돌 거울인 헤쓰 거울邊都鏡이었다. 여기에 손잡이가 여덟 뼘 정도 길이의 신검과 남근男根을 나타내는 생옥生玉, 여음女陰을 상징하는 사반옥死反玉, 금동관의 꼭지 장식인 족옥足玉, 황천길을 막는 돌이라는 도반옥道反玉 등 네 가지 곡옥曲玉이 있었다. 은으로 만든 비밀무기인 뱀 히레比禮, 벌 히레, 그리고 품물品物 히레가 보태어져서 보물의 수가 열 가지에 이르렀다. 천군 우즈메는 이 열 가지 보물을 니기하야히에게 바치면서 주문을 외웠다.

"하늘 나라인 다카아마노하라의 신들께서 그대 니기하야히에게 이 상서로운 보물을 주라고 명령하셨습니다. 그리고 서보십종을 지니고 갈대가 무성한 이 나라를 다스리라고 하셨습니다. 후루베유라유라布瑠部由良由良."

천군은 후루베유라유라하고 주문을 외우고 시종들이 치는 북소리에 맞추어 너울너울 춤 추기 시작했다. 니기하야히도 천군을 따라 검무를 한 차례 추었다. 이렇게 춤을 추는 의식이 끝나자, 이들은 제단에 배례하러 나섰다.

"모두들 들어라. 이곳 가라고唐古를 우리의 서울로 정하니 각자 맡은 일에 소홀함이 없도록 하라."

니기하야히는 사람들에게 자신의 뜻을 전하고 해자를 파고, 궁궐을 세우고, 각종 일터를 만드는 등 세부적인 일을 맡아 추진할 장수들을 일일이 지명했다. 미와산에서 제사를 지내고 마을로 내려온 사람들은 우선 마을의 정문을 마주보는 자리에 남향으로 대궐을 지었다. 동쪽 끝에는 지기千木와 가쓰오기勝男木로 지붕 용마루를 장식한 신전을 세웠다. 서쪽에는 귀족들의 집을 지었는데, 땅으로부터 올라오는 습기를 피하기 위해 마루를 높이고, 그 위에 지었다. 이를 사람들은 고상식高床式 주거라 하였는데, 서민들이 살던 움집인 수혈식竪穴式 주거와는 달라 귀족들만 살게 했다.

니기하야히가 아버지의 명을 받고 이곳으로 건너와 나라를 세운 지도 15년이 지났다. 이제 장년이 된 니기하야히는 이 지역과 북쪽의 이즈모, 서쪽의 야마타이코쿠와 시코쿠, 동쪽의 나니와難波와 이세伊蔵 일대를 아울러 하나의 왕국으로 통합하기 위한 방법을 찾아 밤낮으로 애썼다. 그는 자신이 다스리고 있는 지역을 강대국으로 만들어야 한다고 생각했다. 그렇게 하기 위해서는 우선 자신의 백성들이 배불리 먹게 되는 것이 중요하다고 생각했다. 그래서 가축을 기르는 법을 가르치기로 했다. 또한 벼 농사나 피, 조, 수수 같은 잡곡을 재배하여, 여분의 식량을 비축할 수 있다면 겨울철 먹을 것이 부족할 때를 대비할 수 있다는 것을 알기에 농사짓는 법을 가르치는 것도 소홀하게 여기지 않았다. 그리고 교역을 확대하여 다른 지역과 필요한 물건을 쉽게 교환할 수 있도록 해야 했다. 또한 지금까지 백성들이 사용하던 나무로 만든 농기구와 돌로 만든 칼보다 날카로우면서도 오래 쓸 수 있는 청동이나 무쇠로 만든 도구를 널리 보급하기로 했다. 이처럼 니기하야히는 서쪽 한반도에서 도입한 신기술의 혜택을 자신의 나라의 백성들에게 전파해야 한다고 생각했다. 그는 무력에 의한 정복으로는 적개심을 진정시키기 어렵다는 것을 잘 알고 있었다. 민심을 얻기 위한 마지막 비책은 백성들의 마음을 통일시킬 수 있도록 신앙의 힘을 빌려 보자는 것이었다. 이를 위해 그는 천군 우즈메의 도움을 받아 미와산의 산신을 이용하기로 했다. 미와산을 신으로 모시고, 자신이 천손으로 강림했다고 선언했다. 그리고 아버지 스사노오와 자형인 오호나무치를 다카아마노하라의 고황산령신이나 아마테라스와 함께 신으로 모시게 했다.

　니기하야히의 계획은 일사천리로 진행되었다. 백성들도 살림이 넉넉해지고, 생활이 편리해지는 것을 반기면서 그의 지도력을 인정했다. 더욱이 한반도로부터 전해오는 새로운 기술을 전파하니 백성들은 니기하야히를 자연스럽게 신으로 모시게 되었다. 나라가 안정되고, 백성들의 생활이 윤택해지면서 지도력을 인정받은 니기하야히는 야마토의 도리미鳥見 백산白山으로 갔다. 이곳에는 오래전부터 살던 부족이 있었는데, 그 족장을 나가스네히고長髓彦라 했다. 이 부족은 서기 전 5세기에 인도에서 베트남과 오키나와를 거쳐 한반도와 야마토로 표착한 무리였다. 니기하야히는 나가스네 족장의 누이동생 도요미케카시키야히메豊御食炊屋姫를 아내로 삼았다. 이제 니기하야히는 자신의 꿈인 통일왕국을 이루기 위한 본격적인 준비를 할 수 있었다. 그는 미와산을 중심으로 세운 자신의 나라 이름을 야마토로 지었다. 그 뜻은 '해가 돋는 근본이 되는 곳'이었다. 또 다른 명칭으로는 스사노오의 와노쿠니가 크게 되었다고 해서 다이와大和라고도 불렀다. 니기하야히는 동쪽 지방을 가와치의 호족들이 다스리도록 허용했고, 족장들에게 새 왕국의 중요한 지위를 주어 연합 왕국의 중심 세력으로 삼았다. 얼마 뒤 아내가 임신한 것을 안 그는 아내에게 말했다.

"그대가 임신한 아이가 아들인 경우에는 우마시마지可美真手命라 하고, 딸이면 시코마미色麻弥라 이름을 지으시오."

아내가 미처 해산을 하기 전에 자신의 운명이 끝난다는 것을 미리 예측이나 한 것처럼 그는 아이들의 이름을 미리 지어주고는 서기 215년에 유명을 달리했다. 백성들은 그의 죽음을 일주일간이나 애도하면서 성대하게 장례를 치르고 유해를 미와산에 모셨다. 그가 세상을 떠난 얼마 후에 아들이 태어나서 그의 유언대로 우마시마지라고 이름을 지었다. 아들이 태어나는 날 니기하야히가 아내의 꿈에 나타나 서보십종을 건네면서, '이 아들을 나의 후계자로 삼으라'고 했다. 니기하야히는 오오모노누시大物主, 가모노오오가미鴨大神, 아메노미나카누시天御中主, 와케이카즈치別雷神 등 많은 신의 이름으로 전국의 신사에 모셔졌다.

6. 진시황秦始皇의 불로초

금관가야의 일곱 왕자가 쓰쿠시 남부에 정착하기 300년 전쯤의 일이었다. 어느 날 제齊나라의 방사方士 서시徐市가 불로초에 관한 글을 중국을 통일한 진시황에게 올렸다. 그는 서복徐福이라고도 했는데 오랜 옛날에 번영했던 서徐나라 언왕偃王의 29대 후손이었다.

"폐하, 동방의 바다 속에 세 개의 신산이 있사옵니다. 이름하여 봉래蓬萊, 방장方丈, 영주瀛洲라 하나이다. 이 세 개의 신산에는 신선께서 계시는데, 이 신선께서는 장생불로초가 있는 곳을 알고 계신다 하옵니다. 제게 동남동녀童男童女 100명과 이를 거들어줄 남녀 300명을 주시고, 이들을 열 척의 배에 태워 보내주신다면, 그곳을 찾아가 폐하에게 올릴 영약을 구하고자 하옵니다. 윤허하여 주소서."

이 말을 들은 진시황은 솔깃하여 관심을 갖게 되었다.

"짐을 위해 장생불로의 영약을 꼭 구해 오시오. 그것을 구해만 오면 자손 대대 번창하도록 녹봉을 내리리다. 승상께서는 서시 방사에게 모든 지원을 해주도록 하시오."

서시는 진시황의 명을 받아 동방으로 항해를 했으나, 장생불로의 영약을 얻을 수가 없었다. 그는 진시황에게 돌아와 바닷길이 험한 데다가 상어떼가 몰려와서 봉래산까지 가지 못했다고 거짓으로 아뢰고, 한 번 더 갈 수 있도록 지원해 달라고 요청했다. 그러자 장생불사의 약에 눈이 먼 진시황은 더 많은 지원을 해주도록 지시했다.

"그 정도 인원으로는 실패하는 것이 당연한 일이오. 이번에는 배 삼십 척을 동원해서 동남동녀 500명에 선남선녀 2,500명을 더해 거느리고, 금은보화를 잔뜩 싣고 가보도록 하시오. 선물로 신선이 좋아할 다섯 가지 곡식의 씨와 갖은 재주를 익힌 숙수 100명을 거느리고 가시오. 이번에도 실패하면 목숨을 부지하지 못 할 뿐 아니라 멸문지화를 당할 것이나 성공하면 높은 관직과 봉록을 하사하여 자손 대대로 영광을 누리도록 할 것이요."

"황은이 망극하나이다. 이번에는 기필코 장생불로의 영약을 얻어 와서 폐하께 바치겠나이다."

서시는 엎드려 머리를 조아리며 아뢰었다. 그날 밤 서시는 집안 식솔들을 모두 모았다.

"여러분은 내 말을 잘 들으시오. 지금 이 나라를 살펴보면 시황제가 천하를 통일했지만, 큰 토목공사를 일으키고 궁궐을 짓노라 부역을 늘리고 있습니다. 내가 지난번에 시황제를 꾀어서 동방에 장생불로의 영약을 구한다고 하여 떠났으나, 거친 뱃길을 이기지 못하여 되돌아오고 말았소. 이번에 다시 많은 배를 동원해서 동방으로 떠나려고 하니, 모두들 나를 따라 나서도록 하시오."

그로부터 한 달 후 서씨 집안은 모든 것을 정리하고 떠났다. 이들 일행은 산동의 황현黃縣에서 삼십여 척의 배에 나눠 타고 바닷길을 떠났다. 후에 이곳은 영주를 향해 떠난 곳이라고 해서 등영문登瀛門이라 불렀다. 황현을 떠난 배는 동쪽으로 진로를 취했다가, 한반도의 서해안을 따라 남쪽으로 내려갔다. 그런데 도중에 폭풍을 만나 선단이 뿔뿔이 갈라졌다. 여남은 척의 배는 진도 앞을 돌아 변한의 남해도에 이르렀고 나머지는 남쪽으로 내려가 제주도에 도착했다.

"저 높은 산이 봉래산이 아닌가요?"
"아니, 저건 영주산이 틀림없어."
제주도에 도착한 배에는 서시가 타고 있었다.
"제주의 한라산漢拏山은 영주산이라고도 부른다. 산 위에 큰 소沼가 있고 구름이나 안개가 항상 짙게 깔리지. 산기슭엔 잔디가 곱게 자라는데 향긋한 바람이 부는 골짜기에서 신선이 논다고 전하는 곳이지."
서시의 말에 따라 사람들은 섬의 남쪽 기슭에 올랐다. 풍랑에 파손된 배를 갯가에 끌어올린 뒤 서시 일행은 바닷가의 큰 바위 앞에서 무사히 도착하게 되었음을 감사드리는 제사를 지냈다. 멀리 동쪽으로 아침 해가 솟았다. 이들은 무사히 영주에 도착한 것을 기리며, 제사를 지내고 큰 바위에 조천朝天이라는 두 개의 글자를 새겼다.
"자, 이제 산속으로 들어가 보자. 이곳에 불로초가 자라고 있을 거야."
마침내 그들은 붉은색의 영지버섯을 찾아내었다. 그와 함께 암고란岩高蘭도 무성하게 자라고 있는 것을 캘 수 있었다. 모두 불로장생을 돕는 약초였다.
"영지버섯과 암고란의 채취가 끝나면 배를 다시 띄우도록 하자."
서시가 말했다.
사람들은 제주도 남쪽의 포구에서 배를 수리했다. 이 포구는 서쪽으로 돌아가는 곳이라 해서 뒤에 서귀포西歸浦라 했다.
"다들 배에 올라라. 점호를 할 것이다."
서시가 사람들을 세어보니 어린아이 세 명이 돌아오지 않았다.
"세 아이들이 보이지 않는구나. 얘들이 이곳을 떠나고 싶지 않은가 보다. 여기서 살고 싶은 모양인데, 그렇다면 짝이 있어야 하니 계집애 셋을 두고 가자. 그래야 자손이 생길 것이니 ……."

서시는 정방폭포正房瀑布가 바다로 떨어지는 암벽에 '서시과지徐市過之'라는 네 글자를 크게 새겨놓도록 하고 발길을 돌렸다. 서시와 일부 사공을 제외한 다른 사람들은 떠나온 고향으로 다시 찾아가는 것으로 알고 배를 탔다. 그러나 서시는 애당초부터 중국으로 돌아갈 생각이 없었다. 배는 다시 동쪽으로 항해를 했다. 그는 바다 속에서 해가 돋는 동쪽 끝 부상扶桑으로 가려고 마음먹고 있었다.

배가 서귀포를 떠나자, 사내아이 셋이 그때까지 숨어 있던 구덩이에서 기어 나왔다. 그러자 남겨진 계집아이 셋이 쫓아가 그들을 안았다. 아이들은 서로 짝을 짓고 살았다. 이들은 스스로를 고을나高乙那, 부을나夫乙那, 양을나良乙那라 불렀다. 사내아이들이 숨었던 구덩이는 뒤에 삼성혈三姓穴로 불렸고, 제주도 사람들의 뿌리가 탄생한 곳으로 기념했다.

한편 한반도의 남쪽인 다도해로 빠진 또 하나의 선단은 한려수도閑麗水道에 있는 남해도南海島에 도착했다. 남해도는 녹음이 짙은 섬으로 동부에 금산錦山이 있었다. 섬에 상륙해서 두모포豆毛浦를 거쳐 부소암扶蘇岩에 도착했다. 서시의 아들 서복영徐福永이 인솔한 이 선단은 남해도의 바닷물이 굽어 들어간 곳에 배를 대고 뭍에 올랐다. 사람들은 그곳을 벽련포碧蓮浦라 했다. 이들이 부소암에 오르니 훤칠한 키에 하얀 턱수염이 넉 자는 되는 노인이 나타났다. 부소 선인이라 했다.

"선인이시여. 우리를 도와주소서. 우리는 시황제의 명으로 불로초를 찾아왔습니다. 중국에서 여기까지 오는 동안에 풍랑을 만나 아버님을 잃어버리고 우리만 이리로 오게 되었습니다."

서복영이 말했다.

"그것 야단났구려. 이곳보다는 저기 보이는 금산에 올라가 보시오. 혹시 그런 영특한 약초가 있을지 모르지."

부소 선인은 측은한 표정으로 말했다.

일행은 근처의 동굴에 짐을 풀고 묵기로 했다. 파손한 배도 고쳐야 했기에 한 열흘은 이곳에서 보내야 할 것 같았다. 그 사이에 하늘과 삼신에게 제사를 지내고 북쪽의 금산을 샅샅이 뒤졌으나 불로초를 찾지 못했다. 하는 수 없어 벽련포의 암벽에 글을 새겼다. 주문籀文으로 쓴 글씨인데, 올챙이 모양이라 해서 과두蝌蚪문자라고도 했다. 이 글은 '서시과차徐市過此' 또는 '서시기례일출徐市起禮日出'이라고도 읽혔다. 이는 '서시가 이곳을 지나갔다'라는 뜻도 되고, '서시가 일어서서 일출을 배례했다'라는 뜻도 되는 고대 문자였다. 남해도에서 배를 고친 이들은 부소 선인에게 작별인사를 하고 다시 동쪽으로 항해를 했다.

여러 갈래로 항해한 서씨 일족은 왜의 여러 지역에 도착했다. 그 가운데 한 선단은 쓰쿠시의 남쪽 가고시마의 구시키노串木野에 도착해서 제단을 짓고 봉선의식封禪儀式을 올림으로써 이들은 국가의 안전과 번영을 하늘에 빌었다. 다른 한 선단은 후지산富士山이 보이는 곳까지 갔다. 하늘 높이 솟은 산봉우리에 하얀 눈이 쌓인 것이 정신이 아찔해질 만큼 숭고하게 보였다.

"여기가 이상향인 부상인가 보다. 저 산 밑에 집을 짓자."

사람들은 제각기 새 나라를 세우는 흥분으로 가슴이 떨렸다.

제7장

야마토와 히미코

1. 이와레히고磐余彦 동쪽으로 가다

"형님, 이게 어찌된 일입니까? 화살을 맞으시다니…… 빨리 형님을 모시고 가서 치료를 해드리도록 하시오."

이와레히고는 형인 이쓰세노미코토五瀬命가 전투 중에 화살을 맞고 넘어지자, 부하들에게 빨리 구원하라고 재촉했다. 이쓰세와 이와레히고는 구사에노사카孔舍衛坂 고개에서 나가스네의 군사들과 치열한 접전을 벌이고 있었다. 그들의 군사들은 고개 아래에서 공격해야 하는 불리함을 극복하고자 저돌적으로 공격했으나 나가스네長髓彦의 군사들이 쏘아대는 화살 공격에 맥을 추지 못했다. 군사들을 독려하기 위해 이쓰세는 선두에 나섰다. 그러나 미처 전열을 가다듬기도 전에 적들의 표적이 된 이쓰세는 빗발처럼 날아오는 화살을 피하지 못하고 그 자리에 쓰러졌다.

이와레히고는 형이 쓰러지는 것을 보고 하는 수 없이 철수 명령을 내리고야 말았다. 그는 이쓰세의 상처를 살펴보고 난 다음에 장수들을 자신의 천막 안으로 불러들였다.

"나가스네가 이렇게까지 저항하다니……. 치열한 전투가 밤낮으로 이어지고 있으니 참으로 감당하기가 힘들구려. 어떻게 하면 이 고비를 넘길 수 있지?"

이와레히고는 답답한 심정을 그대로 내보이면서 주변에 모인 여러 장수들을 돌아보며 탄식을 했다. 장수들은 아무 말도 하지 못하고 그대로 침묵하며 어두운 표정을 짓고 있었다. 모두 입을 다물고 아무런 말도 하지 못하는 것을 본 이와레히고는 다시 말을 이었다.

"우리가 고개 아래에서 위쪽으로 공격하기 위해서는 더 많은 병력이 필요합니다. 게다가 해를 안고 올라가서는 승산이 없어요. 일단은 철수합시다."

이와레히고가 작전 변경을 지시하여 군사들은 구사카쓰草香津로 철수했다. 그들이 철수를 한 지 한달이 훌쩍 지나 벌써 5월 초순이 되었다. 군사들이 야마키노미나토山城水門에 이르렀을 때에 이쓰세의 상처는 더욱 깊어졌고, 다시 살아날 가망이 없어 보였다. 화살에 묻었던 독이 이미 온몸에 퍼져 팔뚝뿐만이 아니라 얼굴까지 부어올라, 치료할 수 없을 지경이 되었다. 그는 동생인 이와레히고를 불러 자신이 죽고 난 다음의 일들에 대해 차분하게 일렀다.

"안타깝구나. 사내대장부로 태어나 통일 왕국의 꿈을 이루지 못하고 이렇게 무의미하게 죽게 되다니……"

이쓰세는 길게 탄식을 한 뒤 마침내 숨을 거두었다.

이와레히고는 통곡을 했다.

"형님, 제가 잘못했습니다. 다른 길로 돌아가야 되는 것을 알면서도 이쪽으로 온 것이 잘못이었습니다. 나가스네가 크게 저항하지 않을 것으로 잘못 판단한 제가 죄인입니다."

형의 죽음을 쉽게 받아들일 수 없었던 그는 온종일을 자신의 천막 안에서 통곡하며 밖으로 나오지 않았다. 그런 모습을 옆에서 지켜보던 사람들은 어찌해야 할지를 몰랐다. 이와레히고에게는 세 명의 형이 있었는데, 그

중 맏형인 이쓰세를 때로는 아버지처럼, 때로는 스승처럼 따르며 받들어 왔다. 지금까지 모든 일을 형에게 상의할 정도로 믿었고, 그를 의지하며 살아온 세월이 길었다.

5년 전의 일이었다. 쓰쿠시의 연합 왕국인 와노쿠니와 동쪽의 야마토를 통합하는 것이 좋겠다고 하는 논의가 있었다. 이를 교섭하기 위해 야마토에 파견되어 있던 다케쓰미武角身가 돌아왔다. 휴가 출신의 다케쓰미는 이즈모의 오호나무치와 다키리비메多紀理姬 사이에 태어난 왕자였다. 왜의 여러 곳에 있는 많은 나라를 어떻게 해서라도 통일해서 모든 사람들이 한 마음으로 잘 사는 나라를 만들어야겠다는 것은 스사노오의 숙원이었다. 그의 꿈은 니기하야히에서 그 후손으로까지 전해졌다. 마찬가지로 금관가야의 일곱 왕자들과 가야 사람들이 휴가를 거쳐 남부 쓰쿠시에 정착하여 도마코쿠投馬國를 만들 때에도 같은 생각으로 뭉쳐왔다. 뿌리가 다른 사람들일지라도 서로 마음을 맞춰 화목하게 살면서 홍익인간 사상을 실천해나갈 고장을 마련하는 것이 그들의 소망이었다. 같은 생각을 갖고 있는 많은 사람들이 여러 갈래로 왜에 건너오니 서로 혼인으로 제휴하게 된 것은 어떤 의미로는 자연스러운 추세라 할 수 있었다. 다케쓰미는 야마토를 다녀온 뒤 후미코쿠 야마산邪馬山에 있던 히미코 여왕에게 자신이 보고 들은 내용을 요약해서 보고했다.

"마마, 제가 이번에 동쪽의 야마토에 다녀왔습니다. 니기하야히가 돌아가신 뒤로 우마시마지가 왕이 되었으나 워낙 나이가 어려 외숙인 나가스네가 군권을 쥐고 섭정을 하고 있었습니다. 그런데 그는 선왕의 시절과는 달리 새로운 기술을 배우거나 땅을 개간하는 일을 게을리 해서 민심이 흔들리고 있습니다. 그 나라 백성들은 우리 야마타이코쿠의 히미코 여왕마마께서 서라벌이나 그 서쪽의 위나라에 사신을 보내고, 교역을 하고 있다는 것을 알고 있습니다. 그리고 생구와 토산물을 바치는 대가로 많은 기술자를 불러와 나라 살림을 늘리는데 힘쓰고 계신다는 소문을 들은 야마토의 백성들은 우리를 몹시 부러워하고 있습니다. 이렇게 백성들이 우리나라를 부러워하고 있을 때야 말로 민심을 앞세워 통일을 해야 한다고 생각합니다. 이번 기회는 하늘이 내려주신 기회입니다. 지금이야말로 우리 와노쿠니와 동쪽의 야마토를 다시 통합할 시기가 된 것으로 보입니다."

다케쓰미가 언급한 히미코 여왕이 서라벌과 위나라에 사신을 보낸 일은 신라의 아달라 이사금阿達羅尼師今 20년(서기 173년) 5월의 일이었다. 말없이 다케쓰미의 설명을 듣고 있던 다카기노가미가 물었다.

"그대 말처럼 통합한다고 해도 어떻게 추진해야 할 것인지 모르잖소. 그대는 이 문제를 어떻게 추진할 셈인가?"

"그래, 나도 그렇게 생각하오. 니기하야히가 거느리고 간 모노노베 25군단과 지금 나라 일을 보고 있다는 나가스네의 군사가 합세한 야마토는 그 무력이 대단한 것으로 아는데."

여왕 히미코도 다카기노가미의 말에 동조하며 다케쓰미에게 물었다.

"예, 맞습니다. 때가 무르익었다고는 하나 무턱대고 추진할 수는 없을 것입니다. 마침 이와레히고라는 왕자가 있습니다. 가야의 왕자들이 쓰쿠시로 건너와 남 쓰쿠시의 원주민인 해양족과 힘을 합해서 우리 야마타이코쿠에 견줄 만큼 큰 나라를 만든 것은 이미 잘 아시는 일입니다. 그 후손이지요. 이와레히고는 마마의 외손이 되기도 합니다. 두 나라를 통합하고자 하는 명분은 이 왕자와 야마토의 니기하야히의 공주인 오토시히메御歳姬를 결혼시키면 됩니다. 이렇게 되면 두 나라의 혈통이 합치니 자연스럽게 통합하게 될 것입니다."

다케쓰미가 장황하게 설명했다.

"그러나 그런 혼인 정책만으로는 어려울 거요. 야마토까지 가는 길은 험하다고 들었소. 곳곳에 사나운 원주민들이 많으니 이에 대한 대비도 충분히 해야 할 것이오."

다카기노가미가 마음이 놓이지 않는다는 표정을 지었다.

"그래도, 다케쓰미가 하는 말은 일리가 있다고 보오. 일단은 그 왕자를 불러 봅시다. 과연 그가 이번 일을 해낼 수 있는 인물이 되는지 살펴보고, 그 왕자의 포부도 함께 알아보도록 합시다. 그런데 야마토에 있는 사람들 중에도 우리와 같은 생각을 하고 있는 사람이 있나요?"

히미코가 의심스럽다는 듯이 고개를 좌우로 살살 저으며 물었다. 사실 히미코 자신도 혼인 정책으로 후미코쿠와 이토코쿠의 오랜 대립과 전란을 종식시킨 적이 있기 때문에 다케쓰미의 제안이 솔깃하긴 했다.

"예, 그런 사람이 있습니다. 바로 그곳 왕으로 있는 우마시마지입니다. 그는 이와레히고를 자형으로 모시면 불안한 야마토의 장래를 보장받게 되고 백성들이 편안해할 것으로 생각하고 찬성하고 있습니다. 다만……."

"다만…… 이라니?"

히미코는 다케쓰미가 주저주저하자 궁금하다는 듯 다시 물었다.

"예, 다만, 나가스네와는 상의하지 못했습니다. 그는 현재 나라의 모든 일을 장악하고 있는 실권자로서 쉽게 동의하지 않을 것 같았습니다. 그래서 이번 일을 상의하지 못했습니다. 그러나 큰 장애가 될 것 같지는 않습니다."

다케쓰미는 자신이 있다는 태도를 보였다.

"알았소. 일단 그 왕자를 만나봅시다. 사람을 보내어 이곳으로 오라고 하는 게 좋겠소."

이와레히고는 히미코의 사신을 사이토바라西都原 북쪽의 이쓰세가와五瀬川에서 맞았다. 마침 그는 형인 이쓰세와 천렵을 하고 있었다. 사이토바라에서 그리 멀지 않은 미야자키 북서쪽 언덕에 그들의 집이 있었다. 이들 형제는 아버지인 우가야후키아에즈노미코토의 산소를 고인돌 형식으로 근처의 암굴에 모신 뒤, 남부 쓰쿠시에서 북쪽으로 옮겨와서 사냥과 천렵으로 심신을 단련하고 있었다. 맏형인 이쓰세로부터 막내인 이와레히고까지 네 왕자는 어릴 때부터 이곳의 사왕자봉四王子峰을 오르내리며 심신을 단

련했다. 형제들은 남부 쓰쿠시에서 사철을 제련해 강철을 만들었고 갑옷이
나 투구와 도검을 만드는 대장간을 세워 운영하고 있었다. 그들은 또한 사
이토바라와 휴가의 중간 지점인 미미쓰美津라는 항구에서 여러 척의 배
를 만들어 북으로는 현해탄을 건너 한반도와 교역을 하고 동쪽으로는 세토
내해의 여러 지역과 왕래를 했다.

히미코 여왕의 사신이 만나고 싶다는 여왕의 뜻을 전하자 이와레히고
는 이렇게 말했다.

"형님과 상의해서 이삼 일 안에 찾아 뵙겠소. 여왕께 그렇게 전하시오."

히미코의 사신이 돌아간 뒤에 이와레히고는 형인 이쓰세에게 이번 일
에 대한 의견을 물었다.

"형님, 히미코 여왕이 왜 저를 부르는 것일까요?"

"며칠 전에 다케쓰미가 야마토를 다녀온 것으로 아는데. 아마도 우리
쓰쿠시와 야마토 사이에 큰일을 벌이려는 것이 아닐까? 야마토는 10여 년
전에 니기하야히가 죽은 뒤로 민심 안정이 안 되어 많은 사람들이 이곳으
로 옮겨오고 있어. 왕을 대신하여 야마토를 다스리고 있는 나가스네가 제
대로 통치를 하지 못하는 것이겠지. 어쨌든 천하통일을 이루기 위해서는
한 번은 부딪쳐야 할 일들이니 이번 기회를 이용하는 것도 좋겠지. 아무튼
내가 이곳에 남아 군사들을 조련하고, 필요한 선단을 동원하고 있을 테니
네가 다녀오도록 해라. 히미코 여왕과 동맹해서 천하를 도모하는 것은 해
볼 만한 일일 것이다. 만약 히미코 여왕과 다카기노가미가 동쪽의 야마토
를 병합하려는 뜻이 있다면 우리 군사를 총동원해서 돕겠다고 말씀드려라.
내가 이곳에서 만반의 준비를 다해 널 뒷받침 할 테니 걱정은 하지 않아도
된다. 아무 걱정 말고 얼른 다녀오너라."

이쓰세는 우람한 두 어깨에 힘을 주며 말했다.

이와레히고는 다음 날 일찍 출발하여 히미코 여왕의 대궐로 찾아갔다.

"어서 오시오, 이와레히고 왕자. 얼마 만에 다시 보는 것이오. 그동안 연락이 없어서 궁금하던 차에 이렇게 다시 보게 되어 정말 반가우이."

히미코는 이와레히고를 반갑게 맞았다.

"여왕마마께서 부르심을 받자와 왔습니다. 그동안 어떻게 지내셨습니까? 이즈모의 오호나무치와 동쪽으로 간 니기하야히께서 돌아가셨으니 이제 여왕마마께서 와노쿠니의 웃어른이 되시는군요. 옥체 만안하시지요?"

"그대를 급히 오라고 한 것은 여기 있는 다케쓰미 왕자가 야마토를 다녀온 다음 그대를 만나서 할 이야기가 생겼다고 해서 그런 것이오."

히미코가 다케쓰미를 가리키며 말했다.

"이와레히고에게 사정을 설명해 주시오."

다케쓰미는 여왕의 말에 따라 이와레히고에게 그간의 사정을 모두 설명했고, 중간중간 서로 잠깐씩 의견을 주고받기도 했다. 그런 뒤에 히미코가 이와레히고를 보고 물었다.

"이와레히고 왕자는 다케쓰미 왕자의 얘기를 듣고 어떻게 생각하지요?"

"옛날 우리의 조상이신 고황산령신께서 증조부 니니기노미코토에게 당부하신 말씀이 동쪽 섬나라에 홍익인간의 정신을 심을 수 있는 나라를 만들라는 것이었습니다. 이즈모에서 오신 스사노오노미코토께서도 온 천하를 통일해서 전란과 기아가 없는 풍요한 나라를 만들자고 하셨습니다. 그런데 아직도 이곳에는 곳곳에 도적들이 활개를 치고 있어서 백성들이 고초를 겪고 있습니다. 마마와 저희 가야의 후손들이 힘을 합해서 살기 좋은 새 나라를 다시 만들 수 있다면 그보다 좋은 일이 어디 있겠습니까?"

모두들 이와레히고의 조리 있는 의견에 탄복했다.

'이 왕자야말로 앞으로 통일 후의 대 와노쿠니를 이끌어 나갈 왕이 되실 분이다.'

히미코를 비롯해서 이와레히고의 말을 들은 많은 사람들이 머리를 끄덕였다.

이어서 작전 회의에 들어갔다. 이와레히고가 말했다.

"우선 저희네 도마投馬의 군단을 사이토바라 서쪽의 미미쓰에 집결하도록 조치하겠습니다. 다카기노가미께서는 북쪽의 온가가와 어귀에 있는 오카다궁岡田宮에 야마타이코쿠 군사들이 집결하도록 지시해 주십시오. 저와 다케쓰미 왕자가 여왕마마를 모시고 우사宇佐에 가서 조상들에게 제사를 지낸 뒤 오카다궁으로 가겠습니다. 많은 곳에서 저항 세력이 소란을 피울 것은 각오해야 합니다. 더군다나 나가스네의 의중을 아직 알지 못하는 형편이 아닙니까? 우리의 참뜻을 이해하고 큰 저항을 하지 않기를 바라지만 만일의 경우에도 대비해야 합니다. 미미쓰와 오카다에서 한 해 정도는 군사들을 훈련시켜야 할 것으로 생각됩니다. 모든 군사들이 충분히 훈련을 받았다고 생각될 때 출정을 해야 할 것입니다. 다른 고견이 있으시면 말씀해 주십시오."

그의 말이 끝나자 사람들은 서로의 얼굴을 살피면서 한동안 말을 하지 못했다. 그만큼 그의 계획은 치밀했다. 한참 만에 다카기노가미가 물었다.

"어떤 장수들을 데리고 갈 것인지 말씀해 주시오."

"저는 다케쓰미 왕자와 저의 형 이쓰세를 모시고 가겠습니다. 세 명이면 충분하리라고 생각됩니다. 그리고 그 세 명은 각자 자신이 데리고 있던 장수들을 그대로 인솔하도록 하는 것이 좋겠습니다. 다카기노가미께서는 이곳에서 여왕마마를 모시고 쓰쿠시를 지키고 다스려 주십시오."

"그럼 지금까지 말한 대로 진행하면 되겠군. 준비하는 것이야 어려울 것은 없고, 준비가 끝나면 떠나도록 하는데 출발하는 날을 언제로 정하는 것이 좋겠습니까?"

다케쓰미가 물었다.

"올 추수가 끝나는 시월 초닷새가 좋을 것으로 생각됩니다."

이와레히고의 말에 이의가 없었다. 추수를 끝낸 뒤라면 모두들 여유가 생기기도 했지만, 그의 말에는 별다른 허점이 없었기 때문이었다.

2. 고전하는 이와레히고

"천신이신 고황산령신과 아마테라스께서 오랜 옛날에 이처럼 풍요로운 나라를 우리의 중조부이신 니니기노미코토에게 내려 주셨다. 그 뒤 후손 대대로 선정을 베풀어 많은 백성들이 은혜를 입게 되었다. 그러나 많은 세월이 흘렀는데도 아직도 변방에서는 서로 세력을 다투며 싸움을 계속하고 있으니 매우 안타까운 노릇이다. 바다의 길잡이 시호쓰치노오지鹽土老爺가 '동방에 푸른 산에 둘러싸인 좋은 땅이 있다. 이곳에 단단한 배를 타고 천손이 강림하셨다'고 말했는데, 천손 니기하야히노미코토께서 그 땅을 서울로 삼고 다스리다가 돌아가신 뒤로 백성들은 또다시 어려움을 겪고 있다고 한다. 내가 그곳으로 가서 니기하야히노미코토의 유업을 이어 세계를 하나의 집으로 삼아 팔광일우八紘一宇로 홍익인간의 나라를 세우고자 하노라."

갑인년에 45세가 된 이와레히고가 장병들을 모아서 동쪽의 야마토로 진군할 것을 선언했다. 히미코 여왕과 약속한대로 그는 병력을 모아 훈련시킨 다음에 야마토를 통일시키기 위해 명령을 내렸다. 모든 준비가 끝난 그는 시월 상달의 초닷새에 형인 이쓰세와 함께 선단을 이끌고 미미쓰를 떠나 북진했다. 처음 그들이 맞은 어려움은 하야스히나도速吸之門의 거친 물살이었다. 그들은 이곳을 어떻게 지나갈 것인지 방법을 찾기 위해 골머리를 앓고 있었다. 그런 참에 그곳에서 낚시질을 하고 있는 사람을 발견했다.

"너는 누구인가?"

뱃사공 하나가 그에게 물었다.

"저는 우즈히고珍彦라 합니다. 천손께서 오신다는 소문이 있어 이곳까지 마중을 나와 기다리고 있는 중입니다."

뱃사공은 그의 말을 듣고, 곧바로 이와레히고에게 데리고 갔다.

"그대는 이곳 지리를 잘 아는가? 우리에게 물길을 잡아주려는가?"

"예, 잘 알고 있습니다. 제가 이곳에서 기다리고 있었습니다. 아무 걱정하지 마시고 저를 따라오시면 됩니다."

"그래, 그대만 믿겠네. 그리고 앞으로는 우즈히코라는 이름 대신에 시히네쓰히고椎根津彦로 이름을 바꾸도록 해라. '시히'는 '삿대'를 뜻하니 우리 선단을 이끌어 물길을 삿대로 살피도록 해라."

이와레히고는 처음으로 닥친 어려움을 시히네쓰의 안내로 무사히 극복할 수 있었다.

동짓달 아흐레에 일행은 오카노미나토岡水門에 도착했다. 오카노미나토는 오카다궁 근처에 있는 나루였다. 이와레히고의 군사들이 다케쓰미가 소집한 야마타이코쿠 군사들과 합류하기로 했던 곳이었다. 그들은 그곳에서 휴식을 취했다. 섣달 스무 이레가 되었다. 도마코쿠와 야마타이코쿠의 연합군, 즉 와노쿠니의 군사들이 수백 척의 배에 나누어 타고 오카노미나토를 떠나 동쪽으로 항해했다. 그들이 한참 만에 도착한 곳은 아키安藝의 에노미야埃宮였고, 그들은 다시 석 달 후인 다음해 봄에 혼슈의 기비吉備로 옮겨 행궁을 지었다. 이곳에서 이와레히고는 3년이나 머물면서 병선과 군량을 다시 조달했다. 쓰쿠시를 떠난 지 만 4년이 되는 해의 2월 열 하루에 대 선단이 동쪽을 향해 다시 떠났는데, 배가 어찌나 많은지 모든 배의 고물과 이물이 맞닿아 줄지어 항해하게 되었다. 오랜 항해 끝에 선단이 나니와노미사키難波崎에 도착했다. 빠르게 흐르는 조류를 거슬러 올라간 군사들은 가와치의 시로카타쓰白肩津에 상륙했다. 다시 이곳에서 전열을 정비하여 야마토로 쳐들어가다가 나가스네의 군사와 맞부딪친 것이었다.

싸움터에서 형을 잃은 이와레히고는 군사를 후퇴시킨 다음, 다시 행진해서 유월 스무 이튿날 나구사노무라名草邑에 이르렀다. 여기서 잠시 머물면서 대오를 정비한 뒤 사노狹野를 거쳐 구마노의 가미구라야마神倉山

에 올라갔다. 그런데 그의 병력이 다시 배를 타고 가려는데 바다 가운데에서 돌풍이 일어나 배가 난파할 지경에 이르렀다. 이런 와중에 이와레히고의 형인 이나히노미코토稻飯命가 바다에 빠져 익사하고 말았다. 형들을 잃은 이와레히고는 아들인 다기시미미노미코토手研耳命와 함께 군사를 이끌고 가까스로 구마노의 니시기노무라丹敷浦에 도착했다. 곳곳에서 여러 부족들이 저항했지만, 이와레히고는 이를 모두 물리쳤고 항복을 하지 않는 부족의 족장들은 모두 처형했다. 오랜 행군과 계속되는 싸움으로 군사들은 지쳐갔다. 그래서 결국 목적지까지 가지 못하고 중도에 잠시 쉬어가기로 했다. 휴식 명령이 내려지자, 험난한 길을 가느라 기진맥진한 군사들은 모두 길가에 쓰러져 몸을 가누지 못하고 깊은 잠에 빠졌다. 그때 구마노에서 창고를 지키던 다카쿠라지高倉下가 꿈을 꾸었다. 그의 꿈속에 나타난 천신은 군사와 벼락을 다스리는 다케미카즈치에게 신검을 주라고 했다.

"내 검은 천새서보 십종의 하나인 후쓰노미타마布都主神魂라 하는데, 후쓰布都 왕, 다시 말해 비류의 신검이다. 이 칼을 그대의 광 속에 둘 것이니 천손께 드려라."

잠에서 깬 다카쿠라지가 광문을 열어보니 과연 꿈에서 다케미카즈치가 말한 신검이 광의 마룻바닥에 거꾸로 꽂혀 있었다. 다카쿠라지는 신검을 바치기 위해 이와레히고를 찾아갔다. 신검이 이와레히고의 진영으로 들어오는 순간, 비몽사몽으로 있던 이와레히고가 정신이 들었다.

"내가 어찌 이다지도 오래 잠이 들었는가?"

이와레히고는 정신을 차리고 일어나 잠들어 있던 모든 군사들을 깨웠다. 이와레히고가 다카쿠라지에게서 받은 신검으로 무장을 하니, 천신이 돕고 있다는 사실을 안 모든 군사들의 사기가 다시 올랐다. 이와레히고는 군사들을 독려하여 행군을 다시 시작했다. 하지만 그들이 가는 길은 산세는 높아지고 길은 좁아져 사람이 다니던 흔적이 전혀 없는 지역이었다. 하는 수 없이 산속에 진을 치고 야영을 하는데 또 한 번 천신이 그의 꿈에 나타났다.

"천손이 여기에서 더 깊숙이 들어가면 해치는 자가 많이 나타날 것이다. 내가 천손을 보호할 수 있는 안내자를 내려 보내겠다. 그대는 내가 보내는 야타가라스八咫烏를 따라가도록 하거라."

다음 날 아침에 이와레히고가 잠에서 깨어 천막을 나서니 야타가라스가 하늘에서 나타나 그를 기다리고 있었다. 야타가라스는 동이족이 숭상하던 삼족오의 하나였다. 야타가라스가 인도하는 대로 가니 없던 길이 생겨나 어렵지 않게 갈 수 있었고, 어떠한 장애물도 만나지 않았다.

"천신이 우리의 대업을 도우려고 꿈에 나타나더니 이르신 대로 야타가라스가 날아왔다. 우리의 앞길이 탄탄해지는구나."

이와레히고는 하늘에 감사했다. 마침내 그의 군사들은 요시노吉野를 거쳐 우다宇田에 도착했다. 우다에는 원주민의 족장으로 우가시猾 형제가 살고 있었다. 그는 군사들에 앞서 야타가라스를 먼저 보내 자신들이 당도한 것을 일렀다.

"천손이 행차하셨습니다. 다들 나와 천손을 맞도록 하시오."

야타가라스가 우가시 형제들에게 전갈을 전하자, 지금까지 거쳐온 지역의 원주민들과는 달리 형인 에우카시兄猾가 천손이 무엇이냐며 활을 쏘아 야타가라스를 쫓아버렸다. 그리고 그는 전투를 하기 위해 군사를 모았다. 에우카시가 싸움에 앞서 이와레히고의 군세를 살펴보기 위해 산 위로 올라가보니 자신의 군대가 감당할 수 없을 만큼 강성해 보였다. 이에 그는 싸움보다는 계략을 꾸몄다. 그는 거짓 항복하기로 한 다음, 새로 지은 집으로 천손을 유인하는 계략을 짜냈다. 이 집에 덫을 설치해서 그가 집에 들어오면 바위가 덮쳐 압사하도록 만들 참이었다. 그런데 동생인 오토카시弟猾가 형의 음모를 알고 이와레히고에게 찾아가 이런 사실을 일러 바쳤다. 이와레히고는 부하장수 미치노오미道臣命를 보내어 실태를 살피도록 했다. 미치노오미가 먼저 에우카시를 찾아 갔다. 그리고 이곳저곳 자세히 살펴 보니 동생인 오토카시가 말한 대로 에우카시가 음모를 꾸미고 있다는

사실을 알 수 있었다. 그는 에우카시가 천손을 해치려고 꾸민 것을 확인하고는 크게 화를 내며 따져 들었다.

"네가 만든 방이니, 네가 먼저 들어가 봐."

미치노오미가 큰 칼을 휘두르며 방에 들어가지 않으려는 에우카시를 강제로 새 집으로 몰아넣었다. 곁에 있던 오오구메大來目가 쌍날의 긴 창으로 에우카시가 빠져나가지 못하게 쿡쿡 찔러 그 집에서 못 나오게 막았다.

"꽈당. 우르르 꽝."

에우카시가 방에 들어간 순간 큰 소리를 내며 아름드리 통나무와 바윗돌이 굴러 떨어져 새 집에 들어간 에우카시를 덮쳤다. 새 집은 엄청난 돌에 깔려 박살이 났고, 안에 있던 에우카시는 한 마디 비명을 지르며 깔려 죽었다.

이와레히고가 마을로 들어오니 동생인 오토카시는 잔칫상을 차려서 그의 군사를 위로했다. 이와레히고는 술과 고기를 군졸들에게 나누어 주고 너울너울 춤을 추면서 굵고 낮은 소리로 장단을 맞추며 노래했다. 잔치가 끝난 뒤 그는 자신이 점령한 요시노를 살피려고 가볍게 무장한 군사를 데리고 나갔다. 그가 가는 곳마다 원주민의 족장들이 나와 맞았다.

다시 구월 초닷새가 되었다. 이와레히고는 우다의 다카쿠라야마高倉山에 올라 들판을 내려다 보았다. 그곳에서 멀지 않은 구니미노오카國見丘 언덕에 무용이 뛰어난 야소다케루八十梟帥가 진을 치고 있었다. 지형을 자세히 살펴보니 이곳에서 상대가 진을 치고 있는 곳까지 내려가는 고갯길이 둘이 있었는데, 하나는 메사카女坂라 하고 다른 하나는 오사카男坂라 불렀다. 적군은 그 고개마다 군사를 배치하고, 그 사이의 스미사카墨坂에 숯을 쌓아 모닥불을 피워 경계태세를 갖추고 있었다. 이처럼 야마토 평야에서 우다산 지역으로 들어가는 목을 차지한 적군들이 요소요소에 진을 치고 방어를 하고 있어 그의 군사들은 더 이상 전진할 수가 없었다. 그는 하는 수 없이 산속에 진을 치고 야영을 했다. 그는 천신께 기도를 드린 뒤 잠자리에 들었다. 깊은 잠에 빠졌는가 싶었는데, 꿈에 천신이 다시 나타났다.

"아마노카구야마天香山 꼭대기에 있는 흙을 얻어 신기神器 여든 개를 만들어 천신과 지신을 공경하는 제사를 지내어라. 그렇게 하면 적들은 스스로 항복해서 복종할 것이니라."

다음 날 아침 오토카시가 먼저 말을 꺼냈다.

"야마토의 시기노무라磯城邑에 시기의 야소다케루가 있습니다. 또 다카오와리노무라高尾張邑에는 붉은 구리의 야소다케루가 있고요. 이들은 벌써 오래전부터 천손을 항거해서 싸우려고 준비를 하고 있었습니다. 제가 곰곰이 생각을 하다 깜빡 잠이 들었는데, 꿈속에서 천신이 나타나 이들을 물리칠 방법을 알려주셨습니다. 천신께서 저에게 아마노카구야마의 흙을 캐서 토기를 만들고, 그것으로 천신과 지신을 모시는 사당을 지어 제를 지내라고 하셨습니다. 그렇게 하면 적들을 쉽게 물리칠 수 있다고 하셨습니다."

"하하하. 그대도 천신에게 그러한 현몽을 받았소? 마침 내가 그 말을 하려고 하던 참이었는데, 아무래도 천신이 우리를 적극적으로 돕고 있는 듯 하오. 나도 어제 그러한 꿈을 꾸었소. 이는 하늘의 뜻이니 서둘러 그렇게 하시오."

이와레히고는 매우 기뻐하며 길 안내를 해온 시히네쓰에게는 남루한 옷차림에 도롱이와 삿갓을 씌워 노인 행세를 하게 하고, 오토카시에게는 키를 씌워 노파 차림을 하도록 했다. 두 사람이 변장을 하니 늠름한 장수의 모습은 사라지고, 노인과 노파의 모습으로 변한 것이 다른 사람들이 보면 깜빡 속을 정도였다. 그 후에 그는 그들에게 은밀히 명령을 내렸다.

"너희 두 사람은 아마노카구야마에 가서 남몰래 그 꼭대기의 흙을 퍼 오도록 하거라. 이번에 치러야 하는 우리 과업의 성패는 오로지 그대들에게 달려 있노라. 조심해서 추진하고, 반드시 성공해야 한다."

"알겠습니다. 명령에 따르겠습니다."

두 사람은 이와레히고의 명령에 따라 저녁 늦은 시간까지 기다렸다가 진지를 나와 길을 재촉했다. 한참을 걸어가니 보초를 서고 있는 적병을 만나게 되었다. 시히네쓰는 적병들에게 다가서며 속으로 생각했다.

'우리의 임금님께서 이 나라를 다스릴 수 있게 되신다면 가는 길이 절로 뚫리리라. 만일 이것이 하늘의 뜻이 아니라면 적병이 우리를 막고 못 가게 할 것이다.'

이들과 마주친 적병들은 크게 웃으며 말했다.

"왓하하. 참 못생긴 늙은이들이군. 우왓하하. 이런 늙은이들이 지금 전쟁이 벌어지려고 하는 곳에 왜 왔지?"

"하하하. 그러게 말이야. 여보시오. 노인네들, 어서 가시오. 이곳은 곧 치열한 전쟁터가 될 터인데, 이곳에서 어물거리다가는 큰일 날 것이오. 어서 다른 곳으로 떠나시오."

적병들은 웃으며 얼른 이 자리를 떠나라고 하면서 두 사람이 지나갈 수 있게 길을 열어 주었다. 두 사람은 그들이 말을 끝내기가 무섭게 서둘러 경계초소를 지나 산에 올랐고, 몰래 진흙을 떠왔다.

그들이 무사히 돌아오니, 이와레히고는 몹시 기뻐하며 이 진흙으로 여든 개의 토기를 만들려고 니후丹生의 상류에 사당을 짓고 천신지기天神地祇에게 제사를 지냈다. 이와레히고는 즉시 손아귀에 진흙을 쥐어 그릇을 만들기 시작했다. 처음에는 그가 그릇 모양을 만들어 나가는 것 같더니 얼마 가지 않아서 진흙이 저절로 그릇 형태로 변해갔다. 마치 이와레히고와 진흙 간에 마음이 통해 손을 쓰지 않고도 원하는 모양으로 되어가는 듯했다. 곧이어 높이가 두 치가 되는 신을 모시는 제기가 속속 만들어졌다. 그는 형태를 갖춘 제기의 속을 후벼 파고 주둥이를 만들어 붙였다. 굽바닥에는 나뭇잎을 눌러 무늬를 새겼다. 그렇게 한두 시간이 지나 제기 여든 개가 만들어졌다. 그가 다시 제단에 큰절을 올리며 큰 소리로 주문을 외웠다. 그리고 천신과 지기에게 말했다.

"내가 이제 이 신성한 토기를 니후의 냇물 속에 가라앉히리라. 크고 작은 물고기가 모두 취해서 흘러 들어 모이는 것이 비자나무의 잎새가 떠내려 오듯 많아지면, 내가 능히 이 나라를 다스리게 될 것을 알리는 것이다."

그는 토기의 주둥이를 아래로 향하게 하여 강물에 잠기게 했다. 얼마 지나지 않아 물고기들이 모두 떠올라 강기슭에서 뻐끔뻐끔 입질을 했다. 시히네쓰가 이를 보고 소상히 아룀에, 그는 크게 기뻐하며 니후의 상류에 있는 비쭈기나무 500그루를 뿌리째 뽑아서 신들에게 제사를 지냈다.

3. 야마토의 평정

시월 초하루가 되었다. 이와레히고는 신성한 토기에 제물을 담고 제사를 지낸 뒤 군사를 정비해서 구니미노오카에 있던 야소다케루를 쳐서 무찔렀다. 이번 싸움에서 그는 마음만 먹으면 반드시 이긴다는 확신이 섰다. 그의 군대는 천신이 함께 한다는 믿음이 있었고, 모든 군사들의 사기가 하늘을 찌를 듯 높아 적군들은 감히 그 위세에 눌려 대항할 수가 없었다.

몇 번의 전투에서 야소다케루를 물리쳤으나 아직도 그들의 심장부에는 남은 병력이 많았고, 그 위세를 무시할 수가 없어 그는 신중을 기했다. 그리고 그 적도의 의중을 알아볼 수 없었기에 미치노오미를 조용히 불러 말했다.

"그대는 오호구메 부대에서 날랜 병사를 뽑아 오시사카노무라忍坂邑에 몰래 잠입하라. 그리고 큰 집을 하나 빌려 성대한 주연을 베풀어 적도를 유인해 성 안에서 한바탕 소란을 벌여라. 그리고 성문을 열어놓아라. 그러면 내가 정예 병력을 이끌고 단숨에 공격해서 적들을 제압하도록 하겠다."

명령을 받은 미치노오미는 날랜 병사를 데리고 적진에 침투했다. 그는 굴을 파서 성벽을 통과한 다음, 큰 집을 골라 주인에게 많은 돈을 주고 빌렸다. 저녁 무렵에 대문을 크게 열어놓고는 잔치를 한다고 소문을 냈다. 마침 큰 집 주변에 머물고 있던 구니미노오카의 병사들이 잔치에 참가해 함께 술을 마시게 되었다. 미치노오미는 미리 작전을 짠 대로 힘센 군졸들을 몇 명 골라 적도와 섞어서 잔치를 하도록 했다. 그들은 적도들에게 많은 양의 술을 먹이는 것이 주 임무였다. 그리고 미치노오미는 나머지 부하들에게 남몰래 일렀다.

"술이 한창일 때 내가 서서 노래할 것이다. 너희들은 내 노랫소리를 듣자마자 적도를 찔러 죽여라."

이윽고 주흥이 오르고 술잔이 오갔다. 적도들은 이 편에 음모가 있는 것을 전혀 눈치채지 못하고 기분 내키는 대로 먹고 마시다가 취해서 나가 떨어졌다. 미치노오미가 일어서서 노래했다. 그 노래소리에 이쪽의 군사들이 한꺼번에 검을 빼어 적도를 쳐 죽였다. 그리고 군사들은 몇 명씩 나누어 성안 이곳저곳에 불을 지르고 난동을 부리기 시작했다. 미치노오미는 사전에 약속한 대로 몇 명의 병사들을 이끌고 나가 성문을 활짝 열었다. 밖에서 기다리고 있던 이와레히고가 정예 병력을 이끌고 물밀듯이 들어가 혼란에 빠진 적도를 소탕하기 시작했다. 순식간에 적도들은 무너져 달아났고, 이와레히고는 큰 승리를 거두었다. 모든 전투가 끝나자, 하늘을 우러러 크게 함성을 질렀다. 그리고 다함께 노래했다.

"이제는 다, 이제는 다, 얼씨구. 이제만이라도, 이제만이라도. 얘들아, 얘들아. 적을 다 쳐 부시고 마니."

한편 모든 사람들이 승리감에 지나치게 흥분하는 것을 본 이와레히고는 장수들을 불러 진정시키면서 말했다.

"좋은 장수는 싸움에 이기고도 뽐내지 않는다. 이제 괴수들은 다 쳐 죽였으나 잔당이 각 처에 흩어졌다. 그 실정을 파악할 때까지는 공연히 한곳에 머물러 변을 당해서는 안 될 일이다. 이제는 우리가 승리한 것을 지켜내야 할 것이다. 모두들 긴장을 풀지 말고 경계를 강화해야 한다."

이와레히고는 혹시 있을 지도 모를 적들의 반격에 대비하여 진지를 다른 곳으로 옮겨 방어태세를 갖추고 경계를 철저히 하게 했다. 몇 일이 지나 동짓달 초이레가 되자, 그는 다시 시기히고磯城彦를 공격하기로 했다. 여기서도 우여곡절 끝에 승리했다.

지금까지 그의 군사들은 싸우기만 하면 이겼다. 하지만 그의 군사들도 지치게 되었다. 그래서 그는 노래를 만들어 장병들의 마음을 위로하다가 섣달 초나흘에 나가스네를 공격하기로 했다. 이제 마지막으로 치르는 전투였다. 이번에 승리를 하면 그렇게 원하던 통일왕국을 이룰 수 있을 것이었다. 이와레히고는 군사들을 독려하여 잇따라 싸움을 걸었으나 적들도 완강하게 저항하여 쉽게 이기지 못했다. 그는 잠시 병력을 후퇴시켜 휴식을 취한 뒤에 날을 다시 잡아 총공격을 하기로 했다. 싸움터에서 물러나온 그는 천신에게 제사를 지내고, 병사들을 하루 푹 쉬게 했다. 다음 날 날이 밝자, 다시 총공격 명령을 내려서 군사들은 일제히 나가스네의 진영으로 달려들었다. 적군은 화살을 비 오듯 쏘며 격렬하게 저항을 했다. 그런데 갑자기 하늘이 깜깜해지면서 나가스네의 진영으로 우박이 내렸다. 그리고 금빛 나는 솔개가 나타나 이와레히고의 깃발 위에 내려앉았다. 그의 군사들은 천신이 돕는다며 사기가 충천했고, 반대로 나가스네의 군사들은 번개와 같이 번쩍이는 그 솔개의 빛에 눈이 부셔서 싸울 기운이 없어졌다. 그의 군사들이 물밀듯이 밀려드니, 나가스네가 사람을 보내어 잠시 휴전을 청하는 전갈을 보내어왔다.

"옛날 옛적에 천손이 큰 배를 타고 하늘에서 내려오셨소. 이름하여 니기하야히라 했소. 그는 내 누이와 혼인해서 이미 아들을 두었는데, 그 이름이 우마시마지라 하오. 내 니기하야히가 천손이라고 믿었기에, 그 아들을 군주로 모시고 이 땅을 다스려 왔는데, 어찌 그대가 천손이라고 할 수 있소. 이 땅에 두 명의 천손이 있을 수는 없는 법이요. 이미 천손이 이 땅에 존재하거늘 어찌 그대가 남의 땅을 빼앗으려 하는 것이오. 아무래도 그대는 가짜 천손이라고 생각되오."

이와레히고가 답했다.

"그렇지 않소. 그대가 군주로 모시는 자가 진실로 천손이라면 반드시 증표가 있을 것이니, 나에게 갖고 와서 보여주길 바라오. 누가 진정한 천손인지 그것으로 판결을 내리기 바라오."

이에 나가스네는 니기하야히의 천새서보십종天璽瑞寶十種을 가지고 와서 보여주었다. 이를 보고 이와레히고도 갖고 있던 세 가지 신기를 보여주었다. 나가스네는 이를 보고는 속으로 몹시 놀랐으나, 그렇다고 쉽게 물러설 수도 없어서 이와레히고에게 대항하던 기세도 꺾지 않았다. 니기하야히가 창업한 나라를 쉽게 내어줄 수가 없었다. 나가스네는 천손의 나라임을 증명했고, 이와레히고도 천손의 증표를 내어 보였으나 서로 해결책을 찾지 못했다. 이후에도 두 사람의 싸움은 지루하게 계속되었다. 두 나라 간의 싸움이 너무나도 오래도록 지속되니 야마토의 부족들이 들고 일어났다. 그들은 이 싸움을 더 이상 방임할 수 없다고 생각했다. 외국과의 교역으로 세력을 키워온 와노쿠니에 비하여 야마토는 니기하야히가 죽은 뒤로 유능한 인물이 나오지 않은 데다가, 외국과의 교역을 제대로 하지 못해 농사와 토목 건설에 대한 새 기술의 도입이 지연되었다. 이런저런 이유로 결국은 야마토의 국력이 점차 쇠약해지기 시작했다. 게다가 나가스네의 저항으로 너무 오래 허송세월한 것을 한탄한 야마토의 부족들이 더 이상 참을 수 없었다. 결국 니기하야히의 아들이자, 나가스네의 사위인 우마시마지가 거사를 했다. 그는 자신을 동조하는 세력을 모아 나가스네를 추방하고 이와레히고를 맞아들였다. 나가스네는 내부에서 일어난 반란에 미처 대응하지 못하고 동북 지방인 무쓰陸奧로 도망쳤다. 이와레히고는 야마토의 무리를 거느리고 귀순한 우마시마지의 공을 치하하며, 신검 후쓰노미타마布都御魂를 하사하면서 말했다.

"그대의 장인인 나가스네는 용맹한 데다가 군사의 힘이 강했다. 우리와는 적이 되어 여러 번 싸웠으나, 서로 이기지 못해 지금까지 왔는데, 그대가 무리를 이끌고 귀순했기에 이제 두 나라가 평화롭게 대통합을 이루게 되었다. 그대의 공적이 제일 크구나. 내가 그대에게 감사의 뜻을 전하고 싶다."

이와레히고가 우마시마지를 진심으로 대함에, 우마시마지는 감격하여 충성을 다할 것을 약속했다. 그리고 선대로부터 내려온 니기하야히의 천새 서보십종을 그에게 바쳤다. 그런 뒤에 우마시마지는 이와레히고의 뜻을 받들어 친히 모노노베 군단을 이끌고 여러 마을에서 반항하던 원주민들을 모두 평정했다. 이로써 이와레히고가 꿈꿔왔던 통일왕국이 건설되었다.

기미 삼월의 초이레 날 이와레히고는 사람들을 모아 선언했다.

"내가 동쪽으로 진출한 지 육년이 되었다. 천신의 위광을 받들어 뜻을 세우니 흉적이 모두 죽어 없어졌다. 아직 변방의 평정이 미흡하고, 몇몇 요사한 무리가 저항을 하고 있기는 하나, 이 땅에는 소요가 전혀 없게 되었다. 이제 이곳을 서울로 정하고 대궐을 짓도록 하자. 새 시대를 열 때에는 백성들의 마음이 소박해지는 법이다. 위로는 천신께서 나라를 주신 은혜에 답하고 아래로는 천손의 바른 길을 가려는 뜻을 펴리라. 그런 연후에 팔광일우로 사방팔방을 통일하는 것도 또한 좋은 일이라 하지 않겠는가? 저기 우네비야마畝傍山의 동남방 가시하라橿原는 가장 좋은 언덕바지에 있으니 그곳을 서울로 삼아 가꾸도록 하는 것이 좋겠다."

이와레히고는 여러 신하들에게 다시 일렀다.

"니기하야히께서 이곳으로 오시면서 '하늘을 날며 내려다 보이는 해가 돋는 곳 야마토'라 이름 지으셨다. 이제 서쪽의 와노쿠니와 이곳 야마토가 통일되니 이보다 좋은 일이 어디 있겠는가?"

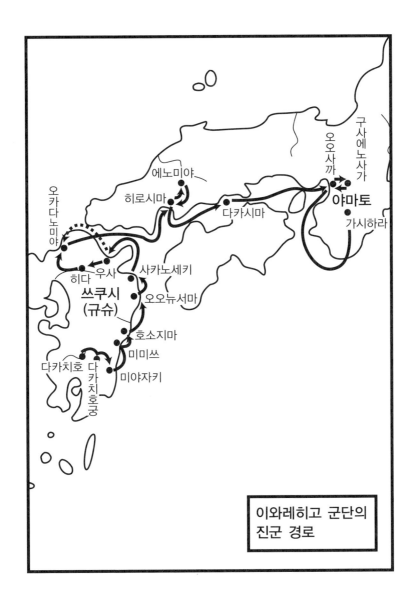

구사에노사가

오오사까

야마토

가시하라

에노미야

히로시마

다카시마

오카다노미야

우사

사카노세키

히다

쓰쿠시
(규슈)

오오뉴서마

호소지마

미미쓰

다카치호

다카치호궁

미야자키

이와레히고 군단의
진군 경로

4. 진무神武 천황

시일이 지나 새 대궐의 웅장한 모습이 드러났다. 모든 사람들이 입을 모아 통일왕국의 기초를 다지게 된 이와레히고의 덕을 칭송하면서 이와레히고에게 통일왕국의 임금으로 보위에 오를 것을 청하였다. 이에 이와레히고는 새로 지은 대궐에서 즉위식을 치르기로 했다. 사람들이 정전에 마련된 제단 앞에 모여들고, 아마노도미天富命가 여러 시종들을 데리고 나와 천신을 상징하는 백동 거울과 후쓰의 신검을 정전에 안치했다. 그리고 아마노다네天種子命가 모여든 사람들에게 천지창조 이래의 여러 신에 대한 신화를 들려주고, 천신을 찬양하는 송사를 읊었다. 니기하야히의 아들인 우마시마지는 친위대를 동원하여 정전 주변을 호위하였다. 대궐의 출입구는 미치노오미가 인솔한 구메 부대가 통제하고 경호했다. 모든 행사가 장중하고 엄숙하게 진행되었다. 곧이어 천새서보십종을 우마시마지가 받들고 나왔다. 이때가 서기 238년 동짓달 경인의 날이었다.

"이 서보십종은 그대의 아버지이셨던 니기하야히가 천신에게서 받은 것이니 앞으로도 소중히 간직해서 천손의 후예임을 증명하는 것으로 삼아야 할 것이다. 그리고 이날 이후로도 해마다 동짓달에 이를 모시고 선조들의 혼백을 진정시키도록 해야 한다."

이와레히고가 우마시마지에게 말했다. 이어 천군 사루메노키미猿女君가 신에게 바치는 춤을 추면서, '하나, 둘, 셋, 넷, 다섯, 여섯, 일곱, 여덟, 아홉, 열' 하고 큰 소리로 숫자를 외치고 노래를 불렀다. 이는 열 가지 서보십종을 하나씩 불러내기 위한 의식이었다. 이어서 '우게宇気치기', '실묶기', '어의御衣진동'이라는 세 가지 의식이 정전 앞 마당에서 벌어졌다. '우게치기'는 커다란 통을 엎어놓고 그 위에 천군이 올라가 통을 창으로 찌르는 행동을 되풀이하는 의식이었다. 이는 아마테라스가 스사노오의 횡포에 화를 내고 동굴에 숨었을 때, 광명을 되찾기 위해 천군 아메노우즈메가

춘 춤을 본 딴 것이었다. 이 의식은 영혼을 깨워서 맞아들이고 음양이 정을 통할 수 있도록 음란한 몸짓으로 춤을 추기 때문에, 사람들은 이를 보면 신성한 의식임을 잊고 배꼽을 쥐고 웃었다. '실 묶기'는 제례를 맡은 관리가 묶은 실타래를 나무 상자에 넣는 의식인데, 빠져나간 혼백을 붙들어 놓는 주술로 민속 행사의 하나였다. 마지막 '어의 진동'은 시종이 임금의 어의를 넣은 상자 뚜껑을 열고 어의를 꺼내 흔드는데, 이를 통해 임금의 영혼을 불러 들이는 주술이었다. 사람들은 열 가지 서보십종을 하나에서 열까지 세면서 '유라유라지'라 외치며 흔들면 죽은 사람도 살아난다는 믿음을 가지고 있었다. 이런 세 가지 행사는 장작개비를 쌓아 화톳불을 크게 피운 가운데 엄숙히 집행되었다. 이후 오랜 세월이 지난 지금까지 일본에서는 해마다 동지가 되면 임금의 건강과 장수를 기원하는 이 진혼제를 해가 진 뒤에 거행하고 있다. 이와레히고 집안의 신기는 백동 거울, 구슬, 신검의 세 가지인데, 거울은 모든 것을 비추어 알린다는 뜻으로 지知를 상징했고, 구슬은 사람들을 널리 포섭한다 하여 인仁을 나타냈으며, 신검은 무력을 뜻하여 용勇을 상징했다. 이러한 세 가지 신기에 이즈모의 오호나무치가 스사노오의 사위가 되면서 장모인 스세리로부터 받은 '히레'를 포함한 열 가지의 신성한 보물이 추가되었다. 히레는 목에 걸치는 천으로 뱀, 지네, 벌 같은 해로운 동물을 쫓는 힘이 있고, 혼백을 흔들어 깨어나게 하거나 진정시키는 힘이 있다고 생각되었다.

모든 행사가 끝나고 이와레히고는 보위에 올라, 통일 왕국의 명실상부한 임금으로 자리 잡았다. 이후부터 이와레히고는 나라 안팎의 정세를 살피며, 민심을 얻기 위해 불철주야 노력을 하였고, 그 결과 전란의 아픔을 씻고 태평성대의 나날이 찾아왔다. 여러 달이 지나 8월이 되었다. 어전회의에서 한 신하가 나와 무릎을 꿇고 엎드려 말했다.

"마마, 이제 보위에 등극을 하셨으니 정비를 맞으셔야 합니다. 마마께서는 일찍이 휴가에 계실 적에 아히라쓰히메吾平津媛를 비로 삼으셨고, 이번 야마토에서는 오토시와 결혼을 하셨습니다. 그러나 이제 통일의 대업을 이룩하려는 마당에 정비를 새로이 간택하여 국모로 삼으시는 것이 여러 부족의 결속을 위해 좋을 것입니다. 깊이 살펴 주시옵소서."

당시의 풍속으로는 일부다처가 일반적이었고, 새로운 일을 할 때에는 왕비를 다시 맞는 것이 군주로서의 덕목에 속하기도 했다. 전쟁을 통해서 영토를 확장하는 것은 쉬운 일이었으나, 그렇게 정복한 지역의 민심을 얻는 것은 어려운 일이었다. 그래서 당시 군주들은 혼인을 그 지역의 민심을 수습하는 방법으로 사용했다. 이와레히고는 신하의 뜻을 받아들여 정비를 맞기로 했다. 이를 위해 널리 간택을 했더니 마침 한 신하로부터 추천을 받은 여인이 있었다.

"살펴보건대 이즈모의 오호나무치의 아들이신 고토시로누시노가미가 미시마三嶋의 다마쿠시히메玉櫛媛와 혼인하여 낳은 공주가 뛰어난 용모를 갖춘 데다가 재주가 비범하다 합니다. 그 공주의 이름이 히메타타라이스즈히메媛蹈五十鈴姫命라 하는데, 이 분을 정비로 삼으시는 것이 좋을 것으로 생각됩니다."

이와레히고는 그 신하의 말에 일리가 있다고 생각하고, 공주를 맞아 구월 중추가절에 정비로 삼았다. 이로써 이와레히고가 이룩한 왕국은 여러 부족들을 아울러 안정을 찾았고, 부족들도 그를 정식으로 받들게 되었다.

다시 여러 달이 지나 다음 해 봄이 되었다. 이와레히고는 왕국을 이루는데 있어 도움이 된 여러 신하의 공적을 낱낱이 조사하여 논공행상을 했다. 많은 신하들이 이구동성으로 추천하여 제일 공이 큰 사람으로 거론된 사람은 말할 것도 없이 우마시마지였다. 이와레히고는 그를 최우선으로 불러 공을 치하했다.

"그대는 누구보다도 공훈이 크다. 그대의 공은 모든 신하들 중에서 으뜸이니, 여기 신검을 그대에게 하사한다. 그리고 그대를 대부大夫로 명하니, 이제부터 항상 짐의 곁에서 보좌하도록 하여라. 또한 이 직책은 그대의 자자손손에 이어지도록 하겠으니 대를 이어서 충성하도록 하여라."

이와레히고는 곧이어 다른 장수들과 신하들에게도 그 공에 따라 일일이 찬사를 보내며 포상을 내렸다.

다음 해는 서기 241년 신유년이었다. 정월 초하루에 신축된 가시하라 궁에서 이와레히고는 스메라미코토라는 칭호를 쓰기로 선포했다. 스메라미코토는 뒤에 천황天皇으로 칭했다. '하늘에서 내려와 천하를 다스리는 고귀한 님'이라는 뜻으로 중국의 천자와 황제를 합성한 말이었다. 나라의 이름은 정식으로 야마토가 되었다.

이로부터 많은 세월이 지나 7세기 초에 쇼토쿠聖德 태자太子가 국사 편찬을 할 때에, 편찬을 맡았던 도네리舍人는 초대 천황의 등극을 그 당시부터 기산하여 육십갑자의 21배가 되는 1,260년을 소급시켜 서기 전 660년으로 기록했다. 당시 중국으로 견수사遣隋使를 자주 파견해서 국가의 기틀과 제도를 중국식으로 개혁하기 위해 힘쓰고 있던 쇼토쿠 태자는 중국의 역사가 수천년이 되는 것을 보고 1,260년을 소급한 신유년에 일본 초대 천황이 등극했다는 기록을 받아들였다. 그러나 서기 전 660년을 역사적으로 고증해볼 때 조몬繩文 시대時代라고 하여 이처럼 대단한 일이 일어날 수 있는 시기가 아니었다.

서기 전 300년의 인구가 겨우 75,800명이었으니, 서기 전 660년이라면 일본 열도에 살던 인구는 이보다도 훨씬 적은 수가 되었을 것으로 판단된다. 따라서 이와레히고의 이야기에 나오는 많은 부족들이 존재하지 않았을뿐더러, 전쟁을 치를 만한 인구가 될 수도 없었다. 그래서 이와레히고의 실재여부를 의문시한 나머지 그와 관련되는 역사를 모두 부정하는 경향까지 생겼다. 이와레히고를 이은 모든 천황이 실재했다고 가정하더라도 이와레히고가 활약한 시대는 240년 전후로 추정되기 때문에 야마토 왕조는 쓰쿠시의 야마타이코쿠보다 뒤에 생겼다고 할 수 있겠다. 그렇게 본다면 야마타이코쿠는 야요이弥生 시대時代, 이와레히고 이후는 고분古墳 시대時代에 속한다고 할 수 있다.

이와레히고는 황자들과 대부들을 비롯해서 거수, 촌장 등을 모아 하례를 하게 했다. 대궐 안에 상록수를 두 그루 심고 태초의 조상신인 고황산령신과 아마테라스를 모시고 제사를 지내면서 항시 기리도록 했다. 그리고 여러 부족들에게 거울, 창, 방패, 무명, 삼베, 구슬을 분담해 만들게 했다. 정전이나 궁문에서 축제를 벌일 때에는 아마도미 같은 사람이 천신이나 토속 신을 모시는 제례를 주재하도록 했고, 천군 사루메노키미는 궁정이나 민간의 신사에서 신에게 제사지낼 때에 연주하는 무악舞樂인 가구라神樂를 주재하여 춤추도록 만들었다. 이와레히고는 127세에 가시하라 궁에서 붕어했다. 우네비야마의 동북에 능을 만들어 장례를 치렀으며, 휘諱를 가무야마토神日本 이와레히고 스메라미코토天皇라고 했다. 후에 한문으로 진무神武 천황이라 적었다.

야마토에서 권력을 장악한 군주를 처음에는 오오기미大王라 하고 뒤에 스메라미코토, 텐노天皇라 불렀다. 그런데 야마토식 이름을 함께 쓰면 길어서 적기 힘들다. 예를 들면 수우진崇神 텐노는 야마토 표기법으로는 미마키이리비고이니에스메라미코토御間城入彦五十瓊殖天皇가 된다. 그래서 8세기 후반의 석학인 오우미노미후네淡海三船가 진무 천황 이후 텐부天武의 손녀 겐쇼元正에 이르는 텐노의 한자 시호를 일괄적으로 편찬해서 바쳤다. 고대 중국에서 최고의 신으로 모신 북극성을 천황대제天皇大帝라고 불렀고, 도교의 영향으로 천황을 삼황三皇의 으뜸으로 생각한 까닭에 683년에 당唐의 고종高宗 황제에게 황후인 측전무후則天武后가 천황대성대홍효황제天皇大聖大弘孝皇帝라는 시호를 올린 적이 있었는데 이것이 천황이라는 칭호를 공식적으로 쓰기 시작한 호시가 된다. 야마토에서는 훨씬 뒷날인 7세기 후반 텐부天武 천황 때에 역사를 편찬하면서 야마토의 오오기미

大王와 텐노天皇라는 칭호를 함께 쓰기 시작했다. 특별히 그 출신 성분이나 유래를 설명할 필요가 있을 때 이외에는 독자의 편의를 위해 한자표기 시호로 텐노를 표기하고 텐노를 천황으로 적기로 한다.

5. 태초에서 야마타이코쿠와 진무 천황에 이르기까지

지금부터 일만년 전에는 추운 빙하기가 계속되어 한반도와 대마도, 이키, 쓰쿠시, 혼슈가 뭍으로 이어져 한반도에 있던 사람이나 짐승들이 걸어서 왜의 여러 섬으로 건너올 수 있었다. 남으로는 쓰쿠시 남단의 고쿠부에서 북으로는 홋카이도 북쪽에 있는 레분도禮文島에 이르기까지 적지 않은 사람들이 대륙에서 건너와 땅속에 움을 파고 살았다. 이들은 돌로 연장을 만들어 쓰고, 도토리나 밤, 호도 같은 열매를 채집하며 산채, 콩, 들깨 등을 재배해서 먹고 남은 것은 움에 묻어 저장했다. 산에서 사슴이나 산돼지를 사냥하고, 날다람쥐나 산토끼도 잡아서 식용으로 삼았다. 왜의 지형상 생선이 흔했다. 참돔, 방어, 넙치, 고등어, 청어 그리고 상어가 특히 잘 잡혔다.

기후가 따뜻해지기 시작하자, 물이 불어나 대마도, 이키, 쓰쿠시, 혼슈 사이에 해협이 형성되었다. 쓰쿠시의 숲은 낙엽수림에서 차차 상록수림으로 바뀌기 시작했고, 사슴이나 토끼와 함께 산돼지 등이 설치기 시작했다. 이 당시의 사람들은 토기를 썼는데, 토기의 바깥에 새끼줄을 붙이거나 새끼줄 무늬를 새겼다. 지역과 시대에 따라 토기의 무늬는 다양했다. 이런 새끼줄 무늬 때문에 이 시대를 후세의 일본인들은 조몬 시대라 부르고 이때에 살던 석기인들을 조몬인繩文人이라고 불렀다. 해마다 엄청난 수의 송어나 연어가 산란을 위해 바다에서 산골짜기 벽계수를 거슬러 올라가는 것을 보고, 조몬인들은 모두 산신령이 시키는 일로 생각했다. 그래서 높은 산을 보면 산 자체를 신으로 여겨 한없는 숭상의 대상으로 삼았다.

서기 전 2세기경에 한반도에서 이즈모로 사람들이 건너갔다. 이들은 조몬인들보다 키가 크고 금속 기구를 만들어 쓸 줄 아는 벼농사를 짓는 사람들이었다. 이들의 일부는 혼슈의 기내畿內로 진출했다. 그리고 서기 전 2세기 후반에도 한반도에서 다시 사람들이 쓰쿠시로 건너왔다. 한동안 왜의 각 지역은 각자 독립된 생활을 했고, 세력 다툼은 거의 없었다. 3세기에 이르도록 아마테라스 일족의 야마타이코쿠邪馬台国는 30개국 체제의 연방으로 있었고, 혼슈는 오호나무치 일족의 지배하에 있었다. 이와는 별도로 마한 월지국月支國의 진왕辰王 탁탁의 자손이 요시노가사도吉野ヶ里에서 도리수鳥栖에 이르는 땅에 나노쿠니奴国를 세웠다. 벼 농사가 잘 되는 이 기름진 쓰쿠시 평야에서 나노쿠니는 기틀을 잡았다. 2세기에서 3세기에 이르는 사이에 스사노오와 그의 아들 니기하야히가 이끄는 이즈모 군단이 쓰쿠시를 침범하여 북동부에 있던 야마타이코쿠를 접수했다. 그 무렵 쓰쿠시의 중서부 구마모토熊本 지역에 있던 구나노쿠니狗奴國와 야마타이코쿠의 지배하에 있던 나노쿠니 사이에도 전란이 반복되었다. 후에 역사가들은 이때의 전란을 왜의 대란이라고 기록하였다. 3세기에 들어서면서 니기하야히饒速日가 모노노베 군단을 이끌고 동진해서 야마토로 진출했다. 얼마 지나지 않아 이와레히고가 야마타이코쿠의 히미코 여왕의 후원을 받아 야마토를 공략했다. 그는 아마테라스 일족을 대표해서 와노쿠니 연합군을 인솔하고 니기하야히가 세운 야마토로 진출했다. 이와레히고가 야마토를 통합하는 동안에도 서쪽의 야마타이코쿠에서는 히미코 여왕이 그녀의 동생 다카기노가미의 도움을 받아 함께 쓰쿠시를 맡아서 다스리고 있었다. 또한 히미코는 한반도의 가야, 서라벌의 여러 나라와 대방군帶方郡과 중국의 위魏나라에 사신을 보내어 선진 문물을 도입하는 일을 추진하거나 군사를 보내어 약탈을 했다. 야마타이코쿠에서 야마는 '넓고 큰', 이는 '히=해', 코쿠는 '국=나라'를 뜻했으니, '넓고 큰 해의 나라'라는 뜻이었다. 중국인들은 야마타이코쿠邪馬台國를 야마이코쿠邪馬壹國로 적기도 했다. 중국은 후한이 망하고 삼국 시대가 되고나서도 위나라나 대방군에서는 이러한 야마타이코쿠를 자신들의 속국으로 생각하여 사신을 보내고 받았다.

아마테라스 이래로 야마타이코쿠의 여왕은 히미코라고 불렸다. 히미코는 원래 '히미가호'였다. '히'는 '해, 빛'을 뜻했고, '미'는 '태양', '가호'는 '담당한다'라는 뜻으로 '히미가호'라 하면 '빛나는 태양을 신으로 모시는 무녀'를 말했다. 히미코가 무녀로서 최대의 위력을 발휘한 것은 일식을 예언할 때였다. 야마타이코쿠는 마쓰라코쿠를 통하지 않으면 들어오지 못하게 했다. 마쓰라에서 이토코쿠까지 가는 길도 하나밖에 만들지 않았고, 이키에는 3,000여 명의 가장 날쌘 무사들을 배치해서 밤낮으로 지키게 했다. 이로 미루어 볼 때, 야마타이코쿠는 한반도나 이즈모로부터의 침략에 철저히 대비하고 있었던 것을 알 수 있다.

마지막 여왕 히미코가 죽은 뒤에 이요壹與가 여왕직을 계승했으나 그 뒤로는 남자들이 왕위를 이어 갔다. 여러 나라 가운데 대표적인 나라의 규모를 보면 대마도가 천여 호, 이키가 삼천여 명의 무사, 마쓰라가 사천여 호, 이토가 천여 호, 나노쿠니가 이만여 호, 후미코쿠가 천여 명의 무사, 도마가 오만여 호, 여왕 히미코가 있던 야마타이 가 칠만여 호였다. 쓰쿠시 최대의 젖줄인 치구고가와筑後川가 쓰쿠시 최대의 활화산인 아소산阿蘇山에서 물을 받아 평야를 관통해서 북쪽의 바다에 흐르고 있는 이 지역은 물이 풍부했다.

이곳에 세워진 나노쿠니의 남쪽에 구나노쿠니狗奴国가 있었는데 서로 적대 관계에 있었다. 구나노쿠니 사람들은 조몬 시대에 서남쪽 바다 건너에서 온 사람들이 조몬인들과 섞여 살면서 호전적인 국가를 건설해 생겨났다. 약 2만 호에 10만 명의 사람들이 살고 있었다. 이 나라에는 남자 왕이 있어 구코치히코狗古智卑狗 또는 히미코코卑弥弓呼라 했다. 나노쿠니와 구나노쿠니는 혈통도 다르고, 문화와 관습이 서로 통하지 않아 무력 충돌이 잦았다. 얼마 뒤에 하카타 평야에는 구태백제의 구태仇台가 옮겨와서 이토코쿠를 세웠다. 나노쿠니의 서쪽이었다. 이를 중국의 『위지왜인전魏志倭人傳』에서는 이토코쿠라 했고, 후한서에서는 왜노국委奴国이라고 기록했다. 후한의 광무제光武帝가 서기 57년에 한왜노국왕漢委奴国王이라 새긴 금인을 전수했다고 전하는데 바로 이 나라를 말한다. 아와지에서 창업한 이자나기가 미야자키의 아와기하라까지 진출해서 큰 세력을 이루고 있을 때에, 고구려의 대보 합부陜父가 아소산阿蘇山으로 이주해 와서 다파라코쿠多婆羅国를 세웠다. 합부는 고구려의 유리왕이 사냥을 즐겨 닷새나 궁성을 비우고 국사를 돌보지 않는 것을 간하다가 파면을 당했다. 그 뒤 그는 자기를 따르는 무리를 이끌고 가야를 거쳐서 아소산에 왔다. 이토코쿠의 동쪽에는 후미코쿠가 있었는데, 이 나라는 풍요하고 갈대가 무성한 나라였다.

나라의 한가운데에 있는 히고야마日子山가 북 쓰쿠시 최고의 봉우리로 멀리 현해탄을 건너 한반도까지 내다볼 수 있어 성지로 취급되었다. 이곳에 바로 야마타이코쿠가 세워졌다. 이곳의 영봉인 히고야마를 중심으로 여왕 히미코는 야마타이코쿠를 종교적으로 지배하고, 정치적으로는 다카기노가미가 관장했다. 즉 이때는 제정祭政 분리를 한 셈이었다. 초대 히미코는 대궐에 들어앉아 밖으로 얼굴을 보이지 않고 오로지 한 사람의 남자만이 이를 만나 그 뜻을 전했다고 한다. 천명의 시녀들이 그녀의 시중을 들며 주변을 호위했다. 여왕은 일대솔一大率을 두어 여러 나라를 감찰했는데, 모두들 그를 두려워하고 명령에 복종했다고 한다. 야마타이코쿠의 남쪽에 금관가야의 일곱 왕자가 세운 도마코쿠投馬国가 있었는데 5만 호에 25만 명을 거느리는 큰 나라였다. 야마타이코쿠가 7만 호에 35만 명이니 도마코쿠는 야마타이와 마찬가지로 쓰쿠시 최대의 나라 가운데 하나였다. 도마코쿠는 야마타이와 우호적인 관계를 유지했다.

6. 위魏, 고구려高句麗, 왜倭의 갈등과 교류

"왜의 여왕이란 누군가? 좀 더 자세히 아뢰어라."

위나라의 제왕으로 위魏 명제明帝를 이어 즉위한 신제 제왕齊王 방芳은 아직 여덟 살밖에 되지 않았다. 그는 지금 동이의 남쪽 작은 나라에서 사신을 보내왔다는 말에 호기심이 발동해서 이것저것 물어보고 있었다. 신제의 질문에 대답을 한 사람은 대방군의 사신이었다.

"대방군에서 동남 방향으로 일만 이천 리 떨어진 곳에 쓰쿠시라는 섬이 있습니다. 그곳에 동이의 한 무리인 왜가 살고 있는데, 한나라 광무제光武帝 때에 왜노국에서 스스로 대부라 칭하는 자가 조공을 하러 왔습니다. 이에 광무제께서 보랏빛 인수를 제수하시고 '한왜노국왕漢倭奴國王印'의 금인을 하사하셨습니다. 그 뒤에 후한 말의 안제安帝 때에는 스이쇼師升를 비롯한 왜의 족장들이 생구 160명을 바치며 천제天帝를 칭해 왔으나 상대하지 않은 적이 있사옵니다. 왜는 백여 국이나 되는 나라가 서로 세력을 다퉈 쓰쿠시와 혼슈에서 전쟁을 일삼고 있었습니다. 그러다가 최근에 들어와서 여왕 히미코를 중심으로 단합하게 되었습니다. 대방군 태수가 왜인의 대란을 끝내기 위해 지원을 했다고 전합니다. 이번에 히미코가 대부 나스메難升米 등을 보내어 온 것은 폐하의 즉위를 봉축함과 함께 태위太尉 사마의司馬懿가 요동을 평정한 것을 경하하기 위한 것으로 생각되옵나이다."

"기특한 일인지고. 많은 공물을 길이 멀다 하지 않고 보내어 오니, 이는 왜의 충성심을 보이는 것으로 생각된다. 왜의 여왕 히미코에게 '친위왜왕親魏倭王'의 자수금인紫綬金印을 보내어 대방 태수로 하여금 이를 전하도록 하거라."

"예, 폐하. 그렇게 전하겠나이다."

"사신들이 먼 길을 오느라 수고가 많았다. 사신 나스메難升米를 솔선중랑장率善中郎將, 우리牛利를 솔선교위率善校尉로 제수하고 은인청수銀

印靑綬를 주어 노고를 치하한다. 아울러 진홍색 비단 다섯 필과 농적색 모직물 열 장, 붉고 푸른 천 각 50필을 왜의 조공에 답례로 보내도록 한다. 특별히 사신들에게는 남색 비단 세 필, 잔꽃무늬 모직 다섯 장, 흰 명주 50필, 금 8량, 다섯 자 칼 두 자루, 동경銅鏡 백 매, 진주와 연단鉛丹을 50근씩 하사하니 모두 그대의 나라로 가지고 가서 황제폐하께서 그대의 백성들을 아끼시는 뜻을 널리 알리도록 하거라."

다음 해는 서기 240년이었다. 대방군의 새로운 태수가 사신을 왜로 파견해서 황제의 조서와 하사한 인수, 금, 비단을 보냈다. 왜의 여왕은 이 사자의 방문에 크게 기뻐하면서 황제에게 상주문과 답례품을 보내었다. 이로부터 4년 후에는 다시 대부 이세에키伊声耆와 에키야쿠掖邪狗 등 여덟 명의 사신을 보내어 생구와 왜금倭錦, 붉은 나무줄기로 만든 짧은 활과 화살을 상납했다. 이세에키 등은 모두 솔선중랑장의 인수를 받았다. 그런데 서기 245년에 한반도에서 큰 변란이 일어났다. 낙랑태수樂浪太守 유무劉茂, 대방 태수 궁준弓遵이 예가 고구려에 속하게 된 것을 시정하기 위해 군사를 동원했다. 이는 예의 불내후不耐侯가 위나라에 조공을 하면서 불내예왕으로 책봉되기 두 해 전의 일이었다. 그리고 당시의 부종사部從事 오림吳林은 낙랑군이 원래 삼한의 여러 나라를 통치했다고 하면서 진한의 여덟 나라를 낙랑에 귀속시키려 했다. 그러자 진한의 수장인 신지臣智들이 격분해서 대방군을 공격해 왔다. 태수 궁준弓遵과 낙랑 태수가 이를 진압했으나 대방 태수 궁준은 전사하고 말았다.

한편 고구려의 동천왕東川王 우위憂位는 234년에 사신을 파견해서 위나라와 화친했다. 그리고 238년에는 위나라의 사마의가 공손연公孫淵을 토벌하는 것을 도왔다. 242년에는 장병을 보내어 요동의 서안평을 습격하게 했다. 246년 8월에는 위나라에서 유주자사幽州刺史 관구검毌丘儉으로 하여금 군사 만 명을 거느리고 현도玄菟를 거쳐 고구려를 침공하도록 하였다. 이에 동천왕이 군사 이만 명을 거느리고 나가 비류수沸流水에서 위나라 군을 크게 격파했다. 동천왕은 초반 몇 번의 싸움에서 크게 이겨 방심하기 시작했다. 그는 여러 장수들에게 '위나라의 대병도 우리나라 군사들의 상대가 안 된다'고 말하며 철기군 5,000명을 앞세우고 진격하다가 관구검의 복병을 만나 크게 패했다. 이후 관구검의 추격을 피해 달아나면서 모두 일만 팔천 명의 군사를 잃고 동천왕은 겨우 천여 기만을 거느린 채 압록원까지 피신했다. 관구검은 고구려를 계속 몰아쳐 수도 환도성丸都城까지 함락시켰고, 동천왕은 남옥저로 달아났다. 대방 태수 왕기王頎는 빠른 속도로 동천왕을 추격했다.

"이제 더 이상 물러설 길이 없다. 우리 모두 여기서 힘껏 싸우다가 나라를 위해 죽자."

동천왕이 비통한 마음으로 남은 군사들을 모아놓고 외쳤다. 그때 곁에 있던 동부 사람 밀우密友가 왕을 막으며 말했다.

"지금은 적의 추격이 열화같이 다가오니 이대로는 빠져나가기 힘듭니다. 신이 결사적으로 이를 막겠으니, 때를 엿보다가 틈이 생기면 마마께서는 산골짜기로 피하시는 것이 좋겠나이다."

밀우는 이 말을 남기고, 결사대를 조직해 적의 추격을 막기 위해 선제공격을 감행했다. 기습을 당한 적군이 우왕좌왕하는 사이에 동천왕은 무사히 포위망을 뚫고 빠져나갈 수 있었다. 적의 추격을 뿌리치고 한숨을 돌릴 수 있는 지역까지 빠져나온 동천왕은 주변에 모여 있던 신하들에게 말했다.

"밀우가 목숨을 걸고 싸워주는 덕에 우리가 빠져나올 수 있었는데, 그 누가 밀우를 구출할 것인가? 만일 그를 구해오는 사람이 있다면 내가 큰 상을 내리리라."

그러자 이번에는 하부 사람 유옥구劉屋句가 나섰다.

"신이 가겠나이다."

그는 날랜 군사 몇 명과 함께 말을 타고 다시 전쟁터로 돌아가서 부상을 입고 실신한 밀우를 간신히 구출해 왔다. 왕은 밀우와 유옥구를 치하하고 다시 샛길을 통해 남옥저로 빠져나갔다. 하지만 위나라 군사의 추격은 더욱 다급하게 다가왔다. 모두들 어찌할 바를 모르고 있는데 동부 사람 유유紐由가 말했다.

"신에게 계책이 있나이다. 제가 음식을 장만해서 위나라 군사에 거짓으로 항복하겠나이다. 그들이 저를 항복하는 사자로 받아준다면 위나라 군을 대접하면서 기회를 보아 적장을 찔러 죽이겠나이다. 그리고 제가 성공하면 신호를 보낼 테니 그 틈을 보아 즉각 공격하시어 승리를 거두소서."

왕이 허락하자, 그는 음식을 장만하여 위나라 진영으로 출발했다. 그는 적장에게 항복하겠다는 뜻을 말하고는 위나라 군의 진영 깊숙히 들어갔다.

"우리 임금이 대국에 죄를 짓고 해변으로 도망쳐 왔으나, 더 이상 싸울 기력이 없음을 깨달았습니다. 곧 항복하여 생사를 장군에게 맡기려 하십니다. 제가 먼저 그 뜻을 전하려고 변변치 못하지만 음식을 정성껏 마련해서 갖고 왔습니다. 군사들에게 먹이시고 부디 저희의 뜻을 거두어 주십시오."

위나라의 장수는 크게 웃으며 잠시 방심을 했다. 그 순간 유유는 음식 속에 숨겨둔 칼을 빼내어 적장의 가슴을 찔러 죽이고 천막에 불을 질렀다. 그리고 위나라군의 황당黃幢을 빼앗아 크게 휘둘렀다. 위나라의 군사들이 몰려나와 유유를 잡아 죽였으나, 최고 사령관이 죽었다는 것을 알게 된 그들은 크게 동요하기 시작했다. 이러한 사태를 엿보고 있던 동천왕은 군사를 세 길로 나누어 맹공격을 했고, 위나라 군은 이를 감당하지 못해 대패하고 낙랑을 거쳐 멀리 달아났다. 동천왕은 국권을 회복한 뒤 공신들을 포상했다. 밀우, 유옥구 그리고 유유에게 큰 상과 식읍을 내렸고 유유의 아들을 대사자大使者로 삼았다. 하지만 동천왕은 환도성으로 돌아갈 수 없게 되어 아예 평양성을 쌓고 종묘와 사직을 옮겼다.

서기 245년에 위나라 조정에서는 왜의 나스메에게 황당을 하사하도록 하라는 명을 대방군에 보냈다. 그런데 위에 설명한 변란이 생기는 바람에 이를 즉시 전달하지 못했고 2년이나 지난 후에야 관인이 왜국으로 파견되어 조서와 황당을 나스메에게 전수하게 되었다. 황당을 수여한다는 것은 왜의 지휘권을 부여한다는 뜻이 있어 대단한 권위를 상징했다. 야마타이코쿠의 여왕 히미코는 구나노쿠니의 남자왕 히미코코와 대립하여 서로 공격하고 있던 때라 대스우에載斯烏越 등을 대방군에 파견해서 전쟁의 상황을 알리고 지원을 요청했다. 대방군 태수 류하劉夏는 색조연사塞曹掾史 장정張政을 파견해서 나스메에게 조서와 황당을 수여했다. 이때의 장정의 임무는 첫째가 야마타이코쿠를 위나라의 속국으로 확인하는 것이었고, 다음으로 야마타이코쿠를 지원하여 왜의 대란을 종식시키려는 조서를 전달하는 것이었다. 위나라는 야마타이코쿠와 연맹을 맺었고, 구나노쿠니는 강남에서 세력을 떨치고 있는 오吳나라의 후원을 받고 있었다. 여왕 히미코는 구나노쿠니에 맞서기 위해 산하의 이토코쿠나 후미코쿠의 2만 호 세력을 나노쿠니에 모았다. 쓰쿠시에서는 야마타이코쿠와 구나노쿠니 간의 전쟁이 계속 되었고, 이들은 서로 자신의 세력을 키우기 위해 다른 나라와 동맹을 맺었다. 이에 따라 히미코 여왕은 원교근공遠交近攻의 외교 정책으로 서쪽으로는 대방을 거쳐 위나라의 지원을 얻어 내고, 동으로는 이와레히고를 시켜 야마토를 아우르는 작업을 해나가고 있었다. 구나노쿠니와의 전쟁이 계속되는 동안 히미코는 늙어서 쇠약해지고 신통력을 잃게 되어 서기 250년경에 죽었다. 히미코의 무덤은 지름이 100여 보나 되는 큰 무덤이었고, 이때 노비 100여 명을 함께 순장했다. 히미코가 죽은 뒤에 야마타이코쿠는 다시 혼란을 겪었다. 처음에는 남자 왕을 옹립했으나 사람들이 승복을 하지 않고 서로 왕위 쟁탈전을 벌여 천여 명이 죽었다. 이에 많은 사람들이 남자 왕 대신에 당시 열세 살이었던 히미코의 종녀 이요壹與를 받들어 왕으로 삼았다. 이요는 대방에서 온 사신 장정張政이 돌아가는 편에 대부 솔선중랑장 에키야쿠 등 20명을 위나라에 사절로 보냈다. 이들은 대방군을 거쳐 위나라의 서울 낙양洛陽까지 갔으며, 남녀 생구 30명, 흰 구슬

5,000공, 푸른 비취 구옥 둘, 이문잡금異文雜錦 20필을 공물로 바쳤다. 이요의 대에 이르러 100년이 넘게 계속된 왜의 대란은 일단락이 되었지만 동쪽 이와레히고의 야마토와 서쪽 이요의 야마타이코쿠가 단일왕권으로 통합되는 데에는 그 후에도 여러 해가 지나야 했다.

서기 3세기 후반에는 한반도와 만주에서 부여, 신라, 고구려, 백제, 가야가 주도권을 찾아 각축을 했고, 여기에 위와 말갈의 침범마저 잦았다. 게다가 현도, 낙랑, 대방의 중국계 군현들도 설치고 있었다. 동남의 왜의 지역도 아직은 야마토와 야마타이코쿠의 두 나라가 중심이 되어 다른 부족 국가들과 싸움을 계속하는 상태로 있었다. 이들 여러 나라들가 왕권을 다져나가는 과정에서 긴 세월에 걸쳐 많은 영웅들이 나타났다.

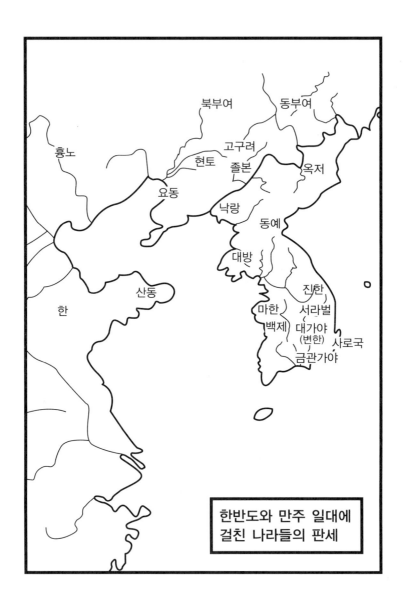

한반도와 만주 일대에
걸친 나라들의 판세

제8장

풍운의 동북아

1. 연오랑延烏郎과 세오녀細烏女

서라벌의 서울 금성의 북쪽, 동해안이 바로 내려다 보이는 언덕에 아침 햇살이 비쳐 들었다. 어젯밤 이곳에서 사철을 다려 무쇠를 만들던 여자는 곤히 잠들어 깰 줄을 몰랐다. 해가 떠오르며 햇빛은 여자의 발끝에서 머리쪽으로 온몸을 더듬어나갔다.

"아아, 참 잘 잤다. 몰개월에서 사철을 퍼다가 불가마에 쏟아 녹이려니 너무 힘들었어."

여자는 누가 좀 들어달라는 듯 바다로부터 불어오는 갯바람을 안고 중얼거렸다. 몰개월은 모래 위의 늪이라는 뜻의 포항浦項에 있는 지명이었다.

"마마, 일어나셨십니꺼? 하도 곤히 주무시길래 깨우지 못했십니더."

시녀인 꽃님이가 언덕 아래에서 헐떡거리며 올라와서는 아뢰었다. 그때 갑작스레 사내의 굵직한 목소리가 들려왔다.

"세오녀, 깨어났구려. 무슨 잠을 그렇게 오래 자오. 어머님께서 햇볕을 쬐고 그대를 낳으셨다고 하더니, 매번 같은 곳에서 잠만 자는구려. 좋은 꿈이라도 꾸었소? 아침밥도 짓지 않고 잠만 자면 어떡하오? 배고파 죽겠소. 얼른 밥 좀 주시구려."

"엊저녁에 늦도록 무쇠를 다리느라 정신이 없었습니다. 아침이 좀 늦다고 군소리하지 마십시오."

세오녀는 투덜거리면서도 주섬주섬 연장을 치우고 밥상을 챙기러 언덕 밑 오두막으로 내려갔다.

연오랑은 서라벌 7대 임금 일성逸聖 이사금의 서자였다. 아버지는 성골聖骨이었으나 어머니의 골품이 낮아서 연오랑은 진골眞骨 신분이었다. 서라벌의 신분제도는 아주 엄하여 부모가 모두 박, 석, 김의 세 왕족 가운데 하나에 속해야만 성골이 되고, 어느 한쪽이라도 다른 골품에 속하면 진골로 분류되어 임금이 될 수 없었다. 연오랑의 어머니는 6두품頭品에도 들지 못하는 평민이었다. 그래서 연오랑은 열네 살이 되면서 임금이 되는 것을 포기하고 금성의 북쪽에 있는 도기야로 옮겨와 청동과 황동을 부어 도검이나 제기를 만들며 살았다. 연오랑의 연은 납을 뜻하고 오랑은 함께 오는 사나이라는 뜻이었다. 이에 비하여 세오녀란 '세(무쇠)와 함께 오는 여인'이라는 뜻이었다.

아침을 늦게 든 연오랑은 그동안에 만든 청동검과 동탁을 달구지에 싣고 서라벌의 서울 금성으로 찾아갔다. 연오랑은 마침 정사당政事堂에서 나오는 일길찬一吉飡 홍선興善과 마주쳤다.

"여보시오, 일길찬. 청동검과 동탁을 만들어 왔는데 몇 점 사지 않으려오?"

"요즈음 청동검은 실전에 쓰지 못하고 제사 때에나 위의를 갖추려고 장식도로 쓸 따름입니다. 철제도검이 하도 잘 나오니 사람들이 그걸 찾지요. 세오녀가 철제도검을 잘 만든다고 들었는데 연오랑도 쇠 담금질을 좀 하시지 그러십니까?"

"무어라? 내 마누라 것이 내 것보다 더 좋다고? 무슨 말씀을 그 따위로 하시오. 내 것이 싫으면 그만이지 무슨 말이 그렇게 많아!"

연오랑은 짜증스러워하며 몇 마디 말을 내뱉고는 달구지를 돌려 장터로 들어섰다. 장터 한 귀퉁이에 있는 유기 저자에 청동검과 동탁을 몽땅 싼값에 넘기고 돌아오면서 그는 계속 투덜거렸다.

"이 짓도 못해먹겠군. 무쇠나 강철 제품 때문에 청동 제품이 괄시를 받으니."

우울한 심사를 달래면서 돌아온 연오랑을 보며 세오녀가 말했다.

"얼마나 버셨습니까? 청동 제품이 한물 가지 않았습니까? 내가 뭐라고 했습니까? 쇠부리 점터의 대장간에서 판장쇠를 만들어 도검을 담금질해야 좋은 물건을 만들 수 있다고 안 했습니까?"

"시끄럽소. 당신이 무얼 안다고 함부로 말하는가? 입 좀 다무시오. 함부로 지껄이면 그 입을 찢어버릴 거요!"

연오랑은 부아가 치밀어 고함을 질렀다. 잘못하다가는 정말 두들겨 팰 기세였다.

세오녀의 시녀 꽃님이가 보다 못해 말리면, 연오랑은 꽃님을 붙들고 대성통곡을 할 때도 있었다. 이런 일이 몇 번 되풀이되자 결국 연오랑과 꽃님은 정분이 났다. 꽃님의 배가 불러오는 것을 본 세오녀가 따졌다.

"꽃님아, 너 누구하고 눈이 맞았니? 실토해. 누가 애 아비야?"

"마님, 살려주이소. 지가 잘못했십니더. 연오랑 마마께서……"

"뭐라고? 내가 그냥 넘어가나 봐라."

화가 머리끝까지 난 세오녀는 연오랑에게 가서 대들기 시작했다.

"제가 나리를 모신 것은 나리가 야금술에 뛰어난 햇님이고, 제가 담금질을 할 줄 아는 달이라, 해와 달이 한 쌍이 되어 이 세상을 밝힐 수 있기 때문이었지요. 이제 꽃님을 건드려 정분이 났으니, 제가 나리 곁에 더 있을 필요가 없어졌습니다. 제 어머니의 고향이 남쪽 바다 너머이니, 전 고향으로 돌아갈 것입니다. 둘이 잘 사시지요."

세오녀는 그 다음 날 새벽에 말리는 연오랑과 꽃님을 뿌리치며 시종 몇을 데리고 배편으로 호미곶을 떠났다. 이때가 서라벌 제8대 임금 아달라 이사금 8년으로 서기 157년의 일이었다.

세오녀는 남쪽으로 배를 몰아 대마도와 이키 섬을 거쳐, 흑요석黑曜石 이 풍부한 쓰쿠시의 히메지마姬島에 이르렀다. 흑요석은 고대의 중요한 석재로, 무쇠가 생산되기 전에는 화살촉, 칼날, 도끼 날 등 생활 도구와 무기의 원자재로 사용되었다. 거기서 며칠을 보낸 뒤 동쪽으로 나아간 그녀는 무나카타에 상륙했다. 무나카타에서 몇 달을 지낸 뒤 그녀는 다시 동쪽의 나니와難波까지 가서 자리를 잡았다. 쇠부리를 잘한다 해서 후세 사람들은 그녀를 히메고소比賣語曾라는 이름으로 사당을 지어 신으로 받들어 모셨다. 히메는 공주, 고소는 쇠부리를 잘하는 거수라는 뜻이었다.

세오녀가 떠난 지 몇 해가 흘렀다. 하루는 일길찬 홍선이 연오랑을 찾아왔다.

"연오랑, 아달라 이사금께서 부르십니다. 어서 채비하여 함께 대궐로 드시지요."

"날 부르시는 연유가 무엇이오?"

"그게, 왜의 야마타이코쿠에서 사신이 왔기 때문이지요. 나머지는 가보시면 알게 되실 것입니다."

두 사람은 말을 타고 금성으로 달렸다.

아달라 이사금은 대궐로 들어온 연오랑을 반갑게 맞았다. 임금의 곁에 있던 이찬伊湌 계원繼元이 말했다.

"연오랑, 왜왕 히미코의 사신이 가야에 공물로 주려고 가지고 오던 비단을 우리 군졸들에게 빼앗겼다고 지금 야단입니다. 적절한 조치가 안 되면 군사를 동원해서 우리나라로 쳐들어오겠다는데, 아무래도 연오랑께서 한번 수고해주셔야 하겠습니다."

"수고랄 거야 뭐 있겠소. 무엇을 어떻게 하면 되는지 말해 보시오."

"야마타이코쿠까지는 꽤 먼 거리지만, 천새서보 8종과 금장식 석 점, 그리고 곡식 열 섬을 가지고 가서 히미코 여왕을 달래주셔야 하겠습니다."

"마침 잘 되었소. 그렇잖아도 내 아내가 그쪽으로 도망을 갔는데 아내를 찾기 위해서라도 가야 할 참이었소. 위의를 갖출 수 있게 제반 준비를 갖춰 주시오."

다음 날 연오랑은 대나마大奈麻 길원吉元, 대사大舍 구수仇首와 함께 가지고 갈 예물을 챙겼다. 구슬 둘, 히레 4종, 거울 두 가지인 여덟 개의 보물이 천새서보인데, 니기하야히의 천새서보와 비슷한 보물이었다. 연오랑 일행은 두 척의 배에 나누어 타고 야마타이코쿠의 히미코 여왕을 찾아갔다.

"여왕마마, 서라벌의 왕자 연오랑이옵니다. 우리 임금님의 분부를 받잡고 마마에게 사죄드리러 왔습니다. 우리 서라벌 군졸들이 마마께서 가야에 보내신 사신에게서 왜금倭錦을 약탈한 적이 있었기에 사죄하는 것이옵니다. 예물로 천새서보 8종과 금장식 두 점, 곡식 열 섬을 가지고 왔사오니 이를 받고 저희들을 용서하여 주시옵소서."

히미코 여왕은 자신의 앞에서 예를 갖추며 말을 하는 연오랑의 모습을 자세히 살폈다. 9척의 키에 자줏빛 옷에 황금 띠를 두르고 갓을 쓴 연오랑의 모습은 히미코 여왕의 눈에는 더없이 고귀하게 비쳤다. 히미코 여왕은 연오랑의 은근한 자태에 감탄해 그를 쓰쿠시에 붙들어두려고 했다. 그러나 연오랑은 아내를 찾아야 한다고 말하며 여왕의 제의를 완곡히 거절했다. 결국 여왕은 그를 곁에 두는 것을 포기하고 세오녀가 있는 곳을 알아봐 주었고, 연오랑은 여왕의 도움으로 아내가 있다는 나니와를 찾아 나설 수 있게 되었다.

처음에는 배를 타고 나니와를 향해 갔으나 바닷길이 험하여 이르지 못하고 도중인 하리마播磨에 상륙했다. 그러나 연오랑은 포기하지 않고 해변을 따라 동쪽으로 나아가 마침내 나니와에 도착했다. 나니와에 도착한 연오랑은 바로 아내 세오녀를 찾아서 사방으로 수소문하기 시작했다. 그리고 마침내 세오녀가 차린 쇠부리 터를 찾아냈다.

"여보, 세오녀. 내가 왔소. 예전에 내가 잘못한 것이 한이 되어 그대를 찾아 예까지 왔소. 이젠 싸우지 말고 사이 좋게 지내보오."

"싫다고 도망쳐온 나를 왜 또 찾으십니까? 돌아가십시오."

세오녀는 여전히 토라진 상태였기에 쉽게 품에 안기러 하지 않았다. 하지만 사흘 밤낮을 연오랑이 세오녀의 오두막 앞에서 꿇어앉아 비니, 결국 그녀의 고집이 꺾였다. 연오랑과 세오녀는 여기 저기 살만한 곳을 찾아 다니다가 다지마但馬에 이르렀다. 그곳은 산세가 수려하고 토착민들 가운데에는 삼한에서 온 사람들이 많아 서라벌처럼 골품을 따지지 않고 평등하게 살 수 있는 곳이었다. 연오랑은 그 지역의 왕으로 대접을 받으며 일생을 보냈다. 사람들은 연오랑이 서라벌에서 온 귀인으로 자루가 긴 창을 잘 만든다 하여 그를 아메노히보코天日槍라 불렀다. 그 뒤 여러 대가 지나 그들의 후손으로 대단히 영특한 여식이 태어났다. 이 여식의 이름은 오키나가다라시히메気長足姫인데, 뒤에 왜의 천황 가에 시집가서 황후가 되어 조상의 고향인 서라벌을 왜군을 인솔해서 침범하게 된다.

한편, 연오랑과 세오녀가 서라벌을 떠나 돌아오지 않으니, 몰개월과 도기야에 있던 야금장과 쇠부리 터는 불이 꺼지고 작업을 하지 못하게 되었다. 이를 걱정한 서라벌의 임금이 연오랑에게 사신을 보냈다. 사신의 보고를 받은 연오랑은 이를 세오녀에게 알렸고, 세오녀는 명주천에 먹으로 야금과 쇠부리의 요령을 상세히 적어 연오랑에게 건넸다. 연오랑은 이것을 사신에게 주면서 말했다.

"짐이 이곳에 와서 왕이 된 것은 모두 하늘의 뜻이라 이제 되돌릴 수 없게 되었소. 그러나 서라벌의 사정이 하도 딱하니 왕비가 만든 이 천을 드리겠소. 가지고 가서 하늘에 제사 지낸 뒤 이 천에 적힌 대로 하면 다시 야금장과 쇠부리 터에 불이 밝혀질 것이오."

사신이 돌아와 임금에게 보고하고 천에 적힌 대로 행했더니, 다시 야금장과 쇠부리 터에 불이 켜져 일을 할 수 있게 되었다. 사람들은 이를 칭송하여 하늘에 제사 지내고 이곳을 영일현迎日縣이라 하고 천을 가지고 건너온 들판을 도기야都祈野라 불렀다. 도기는 달, 야는 들판이니 달이 뜨는 들판이 된다. 아달라 이사금은 세오녀가 보내온 천을 귀중하게 창고에 모시고 그 창고를 귀비고貴妃庫라 불렀다. 후에 귀비고는 허물어지고 그 자리에 연못이 생겼는데 이를 일월지日月池라 했다.

2. 부여夫餘 왕자 위구태尉仇台와 요동遼東 공주 히미卑彌

겨울의 요하 주변은 서북풍이 불어 몹시 추웠다. 이렇게 추운 날, 얼어붙은 소택지를 썰매 하나가 빠르게 이동하고 있었다. 해가 저물어가면서 날씨가 더욱 사나워졌다. 시커멓게 하늘을 뒤덮은 구름이 때마침 불어오는 바람을 타면서 눈보라가 휘몰아치기 시작했다. 썰매를 탄 사람도, 그를 호위하는 무사들도 점점 숨통이 막히면서 얼어붙은 손아귀가 저려 왔다.

"요동성이 보입니다. 두어 마장만 가면 도착할 수 있을 거요. 힘 좀 냅시다."

"아가씨, 조금만 참으십시오!"

"걱정하지 마라, 난 괜찮으니. 요동성에서 아버님이 좋은 소식을 기다리고 계신다. 어서 말을 몰아라."

썰매에 탄 사람은 여자였다. 그녀는 가는 목소리임에도 멀리까지 들리는 큰 음성으로 외쳤다.

"아버님, 제가 돌아왔습니다. 부여 왕자 위구태의 소식을 가지고 왔습니다. 여기에 부여왕의 서찰이 있습니다."

썰매를 타고 요동성까지 온 여자는 요동 태수 공손도의 딸 히미였다. 그녀는 부여왕이 보낸 서찰을 태수에게 올렸다.

"음, 좋아. 부여왕이 왕자 위구태를 요동으로 보내겠다고 했군. 군사 만 명도 함께 보낸다고. 우리 한나라와 한편이 되어 동쪽의 고구려를 치는 것을 도모할 수 있겠어."

"아버님, 부여 왕자 위구태를 만나 봤습니다. 눈이 부리부리하고 콧대 가 잘 선 얼굴이 고귀해 보였고, 딱 벌어진 어깨에 키가 큰 것이 무용 또한 뛰어나 보였습니다."

히미가 말했다.

"어떻더냐? 네 맘에도 들더냐?"

요동 태수 공손도는 마침 과년한 딸의 짝을 찾고 있었다. 그래서 태수 는 위구태가 오면 그와 한번 대면해 볼 참이었다. 공손도는 요동 태수가 된 뒤, 후한의 지배를 벗어나 자칭 요동후遼東侯 평주목平州牧이 되어 이 지방의 군벌로 왕 행세를 하고 있었다.

며칠 뒤, 동쪽에서 만여 명의 군졸을 이끌고 위구태가 요동성에 나타 났다.

"요동 태수께 부여 왕자 위구태가 왔다고 알리시오."

성의 수문장은 부여 왕자 위구태의 징표를 받아 점검한 뒤, 성문을 열 어 일행을 태수전으로 안내했다.

"어서 오시오. 위구태 왕자. 우리와 힘을 합해 구려句麗를 막으려고 오 셨구려. 반갑소이다. 거기 의자에 앉도록 하시오."

태수 공손도는 위구태를 반갑게 맞이하며 방 한가운데에 있는 탁자 곁 으로 손을 잡고 안내했다.

"오래전부터 부여와 구려가 불편한 관계였던 것은 알고 있소."

"저도 태수님을 이렇게 가까이서 뵈니 구면인 것처럼 느껴집니다. 이 처럼 환대해주시니 눈보라를 무릅쓰고 올 만한 가치가 있었다고 생각되는 군요."

"그거 참으로 기쁜 말이오. 그건 그렇고 부여는 유서가 깊은 나라인 것으로 알고 있소. 그 내력을 좀 더 자세히 알고 싶소이다."

"말씀드리자면 얘기가 길지요. 우선 부여의 내력부터 말씀드리겠습니다. 부여는 네 개의 부족들이 모여서 만든 나라지요. 사대 부족은 각각 가축의 이름을 따서 이름을 정했는데, 마가馬加, 우가牛加, 저가猪加, 구가狗加라 합니다. 각각의 가加는 사출도四出道라고 부르는 네 지방에서 각기 수만 호씩을 거느리고 왕과 마찬가지로 대사大使 이하의 가신을 두어 부족민을 다스려 나가고 있습니다. 부여의 귀족들은 보통 흰옷에 가죽신을 신지만 외국으로 나갈 때에는 비단옷이나 값비싼 털옷을 입고 금은으로 장식한 모자를 써서, 중국인들도 그 호사함을 부러워한다고 합니다. 부여의 법률은 단순하면서도 가혹합니다. 예를 들자면, 살인자는 사형에 처하고 그 가족은 노비로 삼습니다. 절도는 12배를 물리고, 간음한 자와 투기하는 아낙은 사형에 처합니다. 일부다처제가 보통인데, 형이 죽으면 형수를 아우가 아내로 삼는 형사취수제兄死娶嫂制가 있습니다. 또한 국민들 대부분이 가무를 좋아해서 밤낮으로 노소 구별 없이 모두 노래를 불러 그칠 줄 모를 정도랍니다. 해마다 12월에는 영고迎鼓라 해서 하늘에 제사를 지내고, 온 나라가 여러 날에 걸쳐 음식과 가무를 즐기고, 죄상이 가벼운 자를 가려서 사면합니다.

해모수 천제께서 임술년壬戌年에 흘승골성紇升骨城에 도읍을 정하여 북부여를 만드신 뒤로 여러 대를 이어오다가 해모수의 직계를 자칭하는 고두막한高豆莫汗의 강요로 왕의 아우 해부루가 통하의 물가에 있는 가섭원迦葉原으로 천도한 뒤로는, 북부여와 동부여로 나뉘어졌습니다. 뒤에 해모수 천제의 후손이라는 고모수가 유화 부인柳花夫人과 만나 고주몽高朱蒙을 낳는데, 이 자가 졸본부여왕 고모서의 사위가 되어 구려를 만들게 되었습니다. 부여는 북으로는 현토玄兔, 동으로는 읍루挹婁, 서로는 선비와 접하고 있습니다. 8만 호에 40여만 명을 거느리는 대국으로, 사방 2천 리에 걸쳐 산과 넓은 호수가 많으면서도 동방 사회에서는 가장 넓은 평야를 지녀 오곡을 가꾸는 농업국입니다."

"부여의 내력이 정말 대단하구려. 고조선만 유서가 깊은 줄 알았더니, 과연 고조선을 계승한 나라라고 주장할 만하오. 자, 차를 한잔 드시고 얘기를 계속해 주셨으면 하오."

태수의 권유에 따라 위구태는 차를 한 모금 마시고 잠시 숨을 돌린 뒤 얘기를 계속했다.

"동부여의 해부루왕이 아들이 없다가 금와를 얻어 왕위를 잇게 한 것은 태수께서도 아실 것이라 생각합니다. 그 뒤 금와왕의 장자인 대소 왕자와 주몽이 다투다가 주몽이 졸본으로 도망쳐 구려를 세웠지요. 그래서 부여와 구려는 서로 불편한 관계였으나, 워낙 우리 부여가 2천 리 강토의 대국이었기 때문에 구려 같은 소국이 큰 문제가 되지는 않았습니다. 대소 왕자께서는 부여왕으로 등극하신 뒤에 서로 볼모를 교환해서 잘 지내자고 제안하셨는데, 구려의 2대 왕 유리의 태자 도절度切이 겁을 집어먹고 볼모가 되기를 거절하는 바람에 대소왕께서 이를 괘씸하게 생각하시어 구려를 공격하게 되었습니다. 그러나 마침 큰 눈이 와서 더 나아가지 못하고 돌아오셨지요. 그로부터 5년 후, 대소왕께서 대군을 이끌고 구려로 쳐들어가셨는데, 구려의 북명北溟 사람인 괴유怪由가 소택지로 유인하는 바람에 수렁에 빠져 부여군은 전멸당하고 말았습니다. 대소왕께서도 그때 불행을 당하셨습니다. 그런 일이 있은 뒤로 우리 부여와 구려는 불구대천不俱戴天지원수가 되었지요."

"참으로 안타까운 일이오."

요동 태수 공손도는 고개를 두어 번 끄덕이며 위구태 왕자의 말에 동조했다.

"다행히 대소왕의 동생이신 갈사曷思께서 압록강변에 나라를 다시 세워 왕이 되셨고, 그의 아들이 왕통을 잇게 되어 부여의 명맥은 지금까지 이어졌습니다. 세월은 정말 빠르군요. 그때로부터 벌써 강산이 열 번은 바뀐 듯합니다."

위구태 왕자는 크게 한숨을 쉬면서 안타까움을 표시했다. 이러한 왕자를 보며 고개를 끄덕이던 요동 태수 공손도는 자신도 차를 한 모금 마시더니 입을 열었다.

"그렇군요. 한나라는 대대로 요동 태수와 현도 태수, 낙랑 태수가 힘을 합해 나날이 팽창하는 구려를 서와 남에서 압박하여 지금껏 큰 탈이 없었소. 내가 요동후 평주목이 된 뒤로도 한동안은 별일이 없었는데, 이번에 일흔을 넘긴 구려왕 궁宮이 욕심이 많아 그의 아우 수성遂成을 파견하여 예맥과 함께 침공해 왔소. 그 바람에 우리 요동과 현도의 성곽이 불타는 변을 당했소이다. 지난 섣달에 구려왕 궁이 예맥 군사 2만여 기로 다시 현도성을 포위해 왔을 때는 왕자께서 구원해 주서서 무사함을 얻었소. 왕자의 은혜에 어떻게 보답해야 할지 모르겠다고 현도 태수가 말합디다. 그런 왕자가 이번에는 우리 요동과 힘을 합하여 구려를 치려고 왔으니 얼마나 고마운 일인지 모르겠소. 자, 우리 함께 구려를 압박해서 더 이상 그들이 기세를 펴지 못하게 만듭시다."

이날 저녁 요동 태수 공손도는 객전에서 연회를 크게 베풀었다. 연회에는 공손도의 딸인 히미도 참석했다.

"자, 술을 드시오. 안주도 많이 들고요. 우리 요동과 부여의 굳은 동맹을 다시 한번 축하합시다. 오늘 밤은 다들 즐기도록 하시오."

태수가 잔을 높이 들며 말했다. 앞 마루에서는 여남은 명의 무희들이 나와 주악에 맞추어 군무를 추었다.

주연이 파한 다음 날 아침부터, 이들은 고구려를 칠 계책을 마련하는 데 여념이 없었다. 요동 태수 공손도가 위구태 왕자를 보며 말했다.

"이번에는 위나암성蔚那巖城에서 을두지乙頭智에게 속은 것과 같은 실수를 다시는 저지르지 않도록 사전에 만전의 계책을 세워야 할 것이오."

"그럼요. 여부가 있겠습니까? 우리는 그때의 한나라 장수들처럼 어리석지 않습니다. 이번에는 기어코 구려를 굴복시킬 수 있을 것입니다."

위구태 왕자는 자신만만한 태도로 태수의 말에 맞장구를 쳤다.

을두지에게 속은 일은 다음과 같았다. 약 100여 년 전에 한나라가 고구려를 침략한 적이 있었다. 이때 고구려의 국력은 약소했다. 고구려왕이 이를 염려하고 있을 때 좌보 을두지가 아뢰었다.

"지금 오고 있는 한군은 그 기세가 굉장합니다. 그러니 그 예봉을 바로 막는 것은 상책이 아닙니다. 성문을 굳게 닫고 지키면 멀리에서 온 한군은 점차 피로해질 것입니다. 그때 군사를 내어서 쳐부수면 될 것입니다."

왕은 을두지의 계책에 따라 울나암성에서 농성을 시작했다. 하지만 한군은 성을 포위하고 물러가지 않았다. 이러한 상황이 계속 이어지자 고구려의 병사들도 점차 피로를 느끼기 시작했다. 을두지가 다시 계책을 내놓았다.

"한인들은 우리가 있는 성이 바위로 축조되어 연못이 없을 것이라 생각하고 있습니다. 그들은 자신들이 오래도록 포위하면 물이 없어서 우리가 항복할 것이라 믿고 있는 것이옵니다. 우리에게 물이 많이 있다는 것을 보이기 위해, 연못의 잉어를 잡아 수초로 싸서 술과 함께 한인들에게 보내도록 해야 할 줄 아옵니다."

왕은 을두지의 계책을 그럴듯하게 여겨 잉어 여러 마리를 수초에 싸서 예물로 삼고 사신을 한군에게 보내어 다음과 같이 말하게 했다.

"과인이 우매하여 상국에 죄를 져서 장군을 여기까지 오시게 했소. 지금 보아하니 장군이 피곤해 보이는데 위로할 길이 막연하구려. 변변치 않지만 잉어 몇 마리를 잡아 보내니 좌우의 막료들과 안주로 삼으시오."

이 소리를 전해들은 한의 장수는 성 안에 물이 충분한 것으로 알고 부하들을 모아 말했다.

"우리 황상께서 신을 이곳에 보내신 지 벌써 수십 일이 지났음에도 지금껏 구려의 성을 함락시키지 못하였다. 그렇지만 지금 구려왕이 공손한 언사로 전비를 뉘우침을 알려왔으니, 돌아가 황상께 그런 내용을 보고하기로 하자. 차후로 구려가 또다시 우리를 배반하는 일은 없을 것이다."

그리고 한군은 포위망을 풀고 철수했다. 공손도가 말한 것은 을두지의 계책에 넘어가 한군이 철수한 옛일을 빗댄 것이었다.

며칠 뒤 요동 태수의 군사 1만 기와 위구태 왕자의 부여 군사 1만 기는 고구려, 마한, 예맥의 군사 1만여 기를 요동성 밖의 들판에서 요격하였다. 그러고는 일시 후퇴했다가 다시 진용을 정비해서 이들을 크게 파했다. 요동성으로 개선한 위구태를 보고 공손도가 말했다.

"구려의 군사를 물리쳤으니 당분간은 그들이 크게 분란을 일으키지는 않을 것이오. 허나 우리 요동과 부여의 동맹을 더 굳건히 하기 위해서 두 가지 조치를 취했으면 하오."

"두 가지 조치라니 무엇입니까?"

"하나는 위구태 왕자가 내 사위가 되는 것이오."

"히미 공주를 말씀하시는 것입니까? 지난번 현도성 싸움에서 뵌 적이 있습니다. 따님을 저에게 주신다니 이의가 있겠습니까? 아바마마에게 말씀드려 혼례를 치르도록 하겠습니다. 그런데 또 하나의 조치는 무엇입니까?"

"지금 동쪽의 여러 나라를 살펴봤을 때 구려가 급성장을 하는 것이 걱정되오. 북쪽에서는 부여와 선비가 그들을 압박하고 있고, 서쪽에서는 우리 요동과 현도가 있어서 괜찮지만 남쪽의 낙랑군은 심히 쇠약해져 있는 상태요. 그러니 부여의 세력을 낙랑군 남쪽과 아리수阿利水의 북쪽에 심어서 방비했으면 하오. 이를 위구태 왕자께서 맡아주시면 큰 도움이 될 것 같소."

이리하여 요동 태수 공손도는 위구태 왕자를 사위로 삼았다. 그리고 그는 낙랑군의 재령강載寧江 어귀에 대방현帶方縣을 설치했다. 그는 아들 공손강公孫康과 사위 위구태 부부를 그곳으로 파견하여 아리수 건너편에 있는 온조백제溫祚百濟와 왕래하게 했다. 이것이 서기 122년의 일이었다. 공손강은 얼마 지나지 않아 대방현에 대방령帶方令을 두고 요동으로 돌아갔고, 위구태 부부는 온조백제로 넘어갔다. 시간은 흘러 어느덧 서기 146년 8월이 되었다. 고구려의 6대 왕인 태조왕太祖王의 동생인 수성遂成은 왕이 될 욕심으로 여러 차례 음모를 꾸몄다. 그러다가 결국 수성은 고구려의 군사를 이끌고 요동의 서안평을 습격했다. 그런 뒤 그는 다시 남으로 진격하여 대방령을 죽이고 낙랑 태수의 처자를 잡아갔다. 그는 그 공으로 11월에 태조왕의 선위를 받아 고구려의 왕이 되었다. 이 사람이 차대왕次大王이었다. 고구려에서는 그 뒤로도 왕위를 둘러싼 변란이 여러 번 있었다. 그러다가 마침내 조의皂衣 명림답부明臨答夫가 무도한 차대왕을 시해하고 신대왕新大王을 옹립하며 국상과 병마사를 겸임하게 되면서 고구려의 정국이 바로잡히게 되었다.

공손도의 뒤를 이은 공손강은 한반도에 진출하여 낙랑군을 손에 넣었다. 이때 공손도는 대방현을 대방군으로 승격시켜 마한, 진한, 변한의 삼한과 멀리 바다 너머 왜국까지 관장하기 시작했다. 대방군은 대동강大同江과 재령강을 끼고 있어서 해운과 수리가 좋았다. 그래서 대방군은 한동안 삼한 지역을 통솔할 수 있었다. 221년에 공손강이 죽고 동생인 공손공公孫恭이 뒤를 이었다. 하지만 그는 그 후 얼마 안 가서 조카인 공손연에게 태수 자리를 빼앗겼다. 후한이 망하니 공손연은 위魏의 서북에 위치하면서, 중원의 위魏, 촉蜀, 오吳에 이어 제4의 세력으로 자라났다. 그는 무력으로 기반을 잡고 외교와 군사 면에서 공세를 취했다. 그는 고구려를 비롯하여 서쪽의 오환마저 공격했다. 공송연은 마침내 요동군을 분할하여 요서遼西, 중료中遼에 각각 태수를 두고, 한때는 산동반도까지 차지하기도 했다. 공송연은 위의 조공朝貢 명령을 거절하고 연왕燕王을 칭한 뒤 백관을 두고 연호를 소한紹漢으로 선포했다. 공손씨의 정권은 표면적으로는 위에 복종하면서도 그 이면으로는 위의 적인 오吳와 동맹을 하여 살아남으려고 획책했다. 그러나 238년 8월에 위의 사마의가 인솔한 4만여 명의 군사에 의해 수도 양평성襄平城이 함락하면서 공송연은 전사했다. 이렇게 되어 공손씨는 겨우 4대로 반세기만에 역사에서 사라지고 말았다. 하지만 공손도의 사위인 위구태 부부의 후손은 사라진 공손씨와는 달리 한반도와 왜에서 크게 활약하게 되었다.

3. 백제와 야마타이 연맹

"우리가 여기 온 지도 벌써 10년이나 지났습니다. 백제는 외세의 침범도 없고 너무나 태평한 세월이 계속되는 것 같습니다. 마마께서 구태백제仇台百濟를 세워 아리수 이남을 다스리며 북쪽의 구려를 도모하시려는 큰 뜻을 이루시기에는 전도가 요원해 보입니다."

2월의 고마성固麻城에는 삭풍이 매섭게 몰아쳤다. 위구태의 아내 히미의 숨은 내뿜을 때마다 하얗게 서렸다.

"그런 것 같구려. 이제 북한산성北漢山城의 축조도 끝났으니 국방의 허술함도 없어진 셈이고. 여기서 더 지체할 것이 아니라 남쪽으로 가 보는 것도 좋을 것 같소."

위구태가 머리를 끄덕이며 답했다.

"지금 왜의 땅에서는 구려의 유리왕을 간하다가 쫓겨난 대보大輔 합부陜夫가 세운 다파라코쿠多婆羅國와 진왕辰王 탁卓의 후손이 세운 나노쿠니를 비롯하여 히미코의 야마타이코쿠, 금관가야 계열의 도마코쿠 등이 서로 각축전을 벌이고 있다고 들었습니다. 우리도 더 늦기 전에 그곳으로 가서 터전을 마련하는 것이 좋을 듯합니다. 쓰쿠시의 북쪽 해변에는 위노국委奴國이라는 나라가 있는데, 200년이 넘는 역사를 가지고 있다고 합니다. 저는 그 나라의 국왕과 벌써 오래전부터 정보를 교환해 왔습니다. 위노국 왕은 우리와 힘을 합하여 한반도와 왜를 아우르는 큰 세력을 이룩했으면 한다고 하더군요."

"백제왕이 승인을 해야 할 텐데."

"그건 어렵지 않을 것입니다. 비록 빈객 대우를 하고 있다고는 하나 우리가 많은 군사를 거느리고 이곳에 있는 것은 백제엔 눈엣가시나 다름없을 것입니다. 따라서 우리가 왜로 간다고 하면 기꺼이 도와줄 것입니다."

히미는 자신 있는 말투로 말했다. 그녀는 용모만 수려한 것이 아니라, 두뇌도 명석하여 널리 정보를 모아서 작전을 세우는 것에 능했다. 위구태 부부는 대동강구 남쪽의 재령載寧에서 이곳으로 올 때 타고 온 30척의 배를 활용해서 대방 및 요동과 교역을 했다. 그러면서 한편으로는 한반도 남쪽 끝의 청해진淸海鎭을 거쳐 대마도와도 무역을 했다.

봄이 되어 위구태 부부는 개루왕蓋婁王의 대궐로 찾아가 말했다.

"마마, 저희 부부가 이곳에 온 지도 벌써 10년이 넘었습니다. 마마의 대가 되어 태평연월을 백성들이 즐기고 있으니, 저희가 여기서 거들어 드릴 일은 별로 없을 것이라 생각됩니다. 듣자오니 동남쪽 바다 건너 왜인들의 땅은 수십 개의 나라로 나뉘어 사람들이 서로 다투고 있다고 합니다. 그러니 저희가 부여에서 데리고 온 무리들을 이끌고 그곳으로 가 우리 백제를 도울 수 있는 길을 찾아볼까 합니다. 윤허하여 주시옵소서."

"아니, 경이 고마성에 거처한 지가 벌써 십년이나 되었던가? 짐이 무심했구려. 우보右輔는 위구태 왕자와 남부여족이 왜로 가는 일을 우리가 어떻게 도와야 할지 알아보도록 하시오."

개루왕이 곁에 시립한 우보 해소解消를 보고 일렀다. 위구태 일족은 고마성에 자리 잡은 뒤 스스로 남부여족이라 칭하고 있었다.

"마마, 아뢰옵기 황송하오나 저희들의 배 30척만으로는 힘이 조금 부족할 것이라 사료되옵니다. 백제의 군선 10척을 500명의 군사와 함께 보태주시면 크게 도움이 되겠나이다."

"꽤 많은 군사를 요구하시는구려. 우보께서 힘껏 주선해 보시오."

위구태의 말에 왕은 이렇게 대답하며 우보 해소에게 눈길을 돌렸다.

개루왕蓋婁王 10년(서기 137년) 8월에 위구태 부부는 2,000여 명의 남녀를 오십 척의 배에 태워, 백강白江 어귀의 웅천熊川에서 동남으로 떠났다. 선단은 한반도를 남하하여 진도珍島를 지나 남해와 거제도를 거쳐 대마도로 갔다. 그리고 다시 대마도에서 이키를 거쳐 쓰쿠시의 서북단인 마쓰라末盧의 해변으로 배를 몰았다. 그 뒤 해안을 따라 뒷날 하카타博多라 불리는 곳으로 진출했는데, 웅천熊川에서 마쓰라까지 도합 천팔백 리의 뱃길이었다. 마쓰라에서 육상으로 야마타이코쿠까지 가려면 동쪽으로 이백 리를 걸어가야 했다. 마쓰라에서 해안을 따라 좀 더 나가면 고오소산高祖山에 이르렀고, 이 성스러운 산을 넘으면 넓은 들이 나왔다. 이 넓은 들을 후쿠오카福岡 평야라 했다. 서기전 108년에 한무제가 위만조선을 멸망시키고 한사군을 설치할 때, 피난해 온 난민 가운데 일부가 바다를 건너 쓰쿠시에 찾아왔다. 고오소 산기슭의 촌장이 이들을 받아들여 후쿠오카福岡로 들어갔고, 이 일대를 통치하는 위노국을 세웠다. 이 나라가 바로 서기 57년에 한의 광무제光武帝가 '한위노국왕漢委奴國王'의 금인을 주었다는 나라였다. 위구태 일행은 위노국과 교섭해서 이를 접수한 뒤 국호를 이토코쿠伊都國로 고쳤다. 그런 뒤 이들은 동쪽 야마타이코쿠의 여왕 히미코를 찾아갔다. 여왕을 만나려면 여왕의 동생으로 이 일대를 정치적으로 지배하고 있던 다카기를 만나야 했다. 위구태의 아내와 이름이 비슷한 히미코 여왕은 후미코쿠의 영봉인 에히고야마英彦山에 살면서 야마타이코쿠 전체의 사제司祭 역할을 하고 있었다.

"히미구고卑弥狗古 마마, 저희들이 이번에 위노국을 접수했습니다. 그래서 히미코 여왕님을 알현코자 왔습니다."

위구태가 허리를 굽혀 정중히 인사하며 말했다. 히미구고는 다카기의 공식 직함이었다.

"어디서 예까지 왔는가? 이백 년이 넘게 후쿠오카 들판을 지배하던

위노국을 접수하겠다면, 의당 우리 야마타이코쿠의 승인을 받았어야 할 것을. 듣자니 그대들이 마쓰라에서 급습해 위노국 왕의 왕위를 빼앗았다고 하더군. 어찌 이런 일이 있을 수 있는가? 누구 마음대로 그런 일을 할 수 있는가. 괘씸하기 짝이 없구나."

히미구고는 못마땅한 생각을 감추지 않았다. 금방이라도 군사를 풀어 위구태 일행을 포박할 기세였다. 이에 위구태가 데리고 온 백제의 무장들은 위구태 부부를 에워싸고 각자 손으로 칼자루를 잡았다. 부여로부터 위구태를 수호해 온 장군 약사絡思는 짧은 맥궁으로 히미구고의 머리를 겨누었다.

위구태는 자칫 살기가 등등해지려는 부하들을 다독이며 여전히 공손한 자세로 말했다.

"마마, 저희가 미리 아뢰고 왔어야 하는데, 그러지 못한 것은 백번 사죄해야 마땅할 일입니다. 워낙 먼 길을 달포가 넘게 오다 보니 그렇게 되었습니다. 노여움을 푸시고 저의 말을 들어 보시옵소서. 저희들은 원래 요동의 부여 사람으로 대방을 거쳐 한반도 중서부의 고마성에서 구태백제를 일으켰던 사람들입니다. 저희는 백제 개루왕의 영을 받고 백제와 야마타이코쿠 사이에 연맹을 맺고자 찾아온 것입니다. 위노국은 오래전부터 저희 백제와 서로 기맥이 통하여, 한반도 동쪽의 서라벌과 북쪽의 구려에 대항하는 큰 세력으로 뭉치자고 협의해 왔습니다. 우리가 그렇게 뭉치지 못하면 장차 서라벌과 구려의 연합 세력에 당해 나갈 길이 막연해질 것입니다. 그런 사정을 진작부터 알고 있었기에 위노국 왕께서도 저희들을 받아들이기로 하신 것입니다. 널리 통촉하여 주소서."

"마마, 저들이 저렇게 예의를 갖추고 나오니 일단은 객전으로 나가 쉬게 한 뒤, 대책을 따로 논하시는 것이 좋겠사옵니다."

히미구고를 모시고 있던 세모코泄謨觚가 말했다.

"이들이 위노국을 접수한 것은 못마땅한 일이나, 경의 말에 따라 한번 더 생각을 해 보도록 하겠다. 그대들은 나가서 객전에서 쉬도록 하라. 시종은 이들을 밖으로 안내하라."

히미구고는 살벌해진 분위기를 진정시키려는 듯 손짓을 하며 말했다.

위구태 일행이 객전에서 쉬는 동안 히미구고의 막료들은 격론을 벌였다. 그중 한반도의 남쪽 사정에 밝은 세모코는 정황을 설명하면서 백제와의 동맹이 가져다 줄 이익에 대하여 하나하나 지적했다. 중론은 차차 백제와의 동맹 쪽으로 기울었다. 한나절이 지나 히미구고는 결론을 내었다.

"가서 위구태 일행을 데려와라. 백제와 동맹할 것임을 알리자. 사자를 에히고야마英彦山에 계시는 히미코 여왕에게 보내어 우리가 백제와 동맹하기로 결정한 일을 아뢰도록 하라."

히미구고의 명령이 내려졌고 얼마 안있어 위구태 일행이 들어왔다.

"자, 우리 야마타이 연맹에 속하는 여러 나라들은 백제와 힘을 합하는 쪽으로 뜻을 모았소. 위구태 왕은 앞으로 우리가 어떻게 했으면 좋겠는지 의견을 말해 보시오."

이런 일이 있은 뒤 위구태 부부는 이토코쿠에 있으면서 야마타이코쿠의 여러 니기祢岐들과 백제와의 연맹에 대한 협의를 했다. 그리고 우선 사신을 백제로 보내어 개루왕에게 일의 진전을 보고했다. 그러던 중 히미코 여왕으로부터 백제와의 동맹을 승인한다는 전령이 왔다. 위구태는 아내와 함께 북쓰쿠시 일대의 민심을 수습하기 위해 여러 가지로 행사를 벌였다. 또 백제에서 가져온 기술과 문물을 야마타이 연맹에 보급시켜 나갔다. 농사짓는 법, 옷을 깁는 법, 누에치기, 쇠부리 대장 일, 기와를 굽고 지붕을 이는 일, 저수지를 만드는 법 등 가르쳐 줄 것이 많았다. 스무 해가 쉽게 지나갔다. 데리고 온 구태백제 사람들이 왜의 땅에 잘 적응해 나가고 한반도 남해안과의 교역이 빈번해지는 것을 보고 마음이 놓였는지 위구태는 일

년을 시름시름 앓다가 죽었다. 위구태의 왕위는 히미와의 사이에서 태어난 태자 간위거簡位居가 계승했다.

개루왕 43년(서기 208년)은 서라벌 내해 이사금奈解尼師今 13년이었다. 서라벌에서는 왕자 이음利音을 이벌찬伊伐飡으로 삼아 내외병마사를 겸하여 정무를 보게 하고 있었다. 내해 이사금은 이월에 서쪽 지방의 도읍을 순행하고 열흘 만에 돌아왔다. 그리고 다시 시간이 흘러 사월이 되어 강산에 꽃이 만발할 때에 왜인들이 동해안에 쳐들어왔는데 이음이 이를 물리쳤다. 다음 해에는 야마타이 연맹의 군사들이 남해안에 침입했다. 백제와 야마타이 연맹은 한반도 남해안에 군사적 지원을 해서 포상팔국浦上八國이 궐기하게 만들었다. 포상팔국은 보라국保羅國(나주羅州), 고자포古自浦(고성固城), 골포骨浦(창녕昌寧), 칠포柒浦(칠원漆原), 고사포古史浦(진해鎭海), 사물포史勿浦(사천泗川) 등 한반도의 동남에 있던 여덟 개의 읍락국가邑落國家들이었다.

금관가야는 시조 김수로왕이 붕어하여 거등왕居登王이 등극하고, 쓰쿠시 나나쿠마노사토七熊里에 진출한 금관가야 일곱 왕자의 후손과 긴밀하게 연락을 하면서 교역을 더욱 활발하게 만들었다. 그러다 보니 그전까지 왜와의 통상을 주업으로 삼고 있던 남해안의 포상팔국과 마찰이 잦아졌다. 백제와 야마타이 연맹이 포상팔국 군사들을 앞세워 금관가야에 쳐들어오니 힘에 부친 금관가야 왕자는 서라벌에 구원을 청했다.

"큰일 났습니다. 왜놈들이 쳐들어왔습니다. 왜놈들이 백제와 연합해서 포상팔국을 충동해, 우리 금관가야를 공격해왔습니다. 워낙 군사들이 많아 저희들만으로는 감당할 수 없습니다. 속히 구원병을 보내소서."

"이제는 왜놈들이 혼자 힘으로는 안되니까 포상팔국까지 움직였군. 백제도 거든다고? 내버려두면 다음에는 또다시 우리 서라벌까지 쳐들어오겠구나."

내해 이사금은 태자 우로于老와 이별찬 이음으로 하여금 6부의 군사를 이끌고 가 금관가야를 구원하게 했다. 이에 그들은 포상팔국의 장군을 쳐죽이고, 포로로 잡혀 갔던 사람 6,000명을 빼앗아 가야에게 돌려주었다. 그로부터 3년 뒤에는 골포, 칠포, 고사포 삼국이 주동이 되어 다시 포상팔국의 군사를 이끌고 갈화성竭火城을 공격했다. 갈화성은 서라벌의 동해안에 있는 교역 항구였다. 뒤이어 이들은 함안咸安 지역에 있던 안라국安羅國까지 공격했다. 김해의 금관가야와 고령의 대가야는 원래 형제국으로 남가야南加倻 지역 연맹을 이루고 있었다. 그리고 이런 남가야 지역 연맹과는 별도로 함안을 중심으로 안라국이 있었다. 안라국은 낙동강을 끼고 창녕昌寧과 마주보고 있었으며, 북쪽에는 남강이 있어서 의령宜寧과 대치하고 있었다. 이 나라는 한반도 남해안 중동부에 있는 6가야의 하나로, 금관가야와 마찬가지로 해상 교역의 중심이 되던 곳이었다. 안라국의 구원 요청에 따라 내해 이사금과 왕손 내음㮈音이 이끄는 6부 군사들은 포상팔국의 군사들을 요격하여 대파시켰다.

3세기 초가 되어 쓰쿠시 일대에서는 스사노오와 도시가 이끄는 이즈모 군단과 야마타이코쿠의 여러 나라 사이에 큰 전란이 일어났다. 간위거는 이를 피해 아들 울구태蔚仇台에게 이토코쿠의 왕위를 물려주고 다시 남부여 군사를 이끌고 요동반도 북쪽의 장춘長春으로 건너갔다. 서기 238년 위魏의 사마의가 고구려와 연합하여 요동의 공손연을 토벌할 때에 간위거는 장춘 방면의 부여로 구원 출병을 갔다. 그 뒤 위의 관구검이 고구려를 칠 때에 군량미를 공급하면서, 간위거는 백제와 야마타이 연맹의 세력권에서 벗어나게 되었다. 이후 서기 346년, 간위거의 후손인 부여 세력은 녹산鹿山에서 백제의 침공을 받아 패퇴하고 서쪽의 연燕나라 근처까지 옮겨갔다. 연왕 황皝은 군사 만 칠천여 기를 보내어 부여를 습격하고 부여왕 왕현王玄과 그의 백성 오만여 명을 사로잡아 갔다. 연왕이 왕현을 진동장군鎭東將軍으로 삼고 그 딸을 아내로 삼으니, 이로써 부여는 멸망하고 말았다

4. 석우로昔于老

"왜놈이다! 도망쳐라. 산속으로 피해라!"

허우대가 큼직한 젊은이가 다급하게 소리쳤다. 한반도 동남부 영일만 기슭에 있는 사도沙道에 일천이 넘는 왜적들이 병선 오십여 척에 분승해서 침입해 왔다. 서라벌 조분 이사금助賁尼師今 4년(서기 233년)의 일이었다. 최근에는 거의 해마다 봄이 되면 이러한 광경이 되풀이되었다. 왜적이 노리는 것은 '금은을 비롯한, 눈부신 가지가지 진귀한 보배'였고, 철제 도검이나 농기구를 만들 수 있는 판장쇠, 비단, 도자기, 백동경 등도 약탈 대상이 되었다. 사도의 참변에 대한 급보를 받은 대장군 우로는 참모들을 모았다.

"적선이 수십 척인 모양인데, 어떻게 해야 몰살시킬 수 있을까? 좋은 대책이 없는가?"

"저렇게 많은 병선을 한꺼번에 쳐부수려면 머리를 써야 할 것입니다. 소장의 생각으로는 뭍에서 노략질하는 적을 상대할 것이 아니라, 적이 배로 돌아가 철수할 때 기름에 절인 섶나무를 잔뜩 실은 거룻배로 뱃길을 막는 것이 좋을 듯합니다."

참모 가운데서도 머리가 가장 좋다는 아찬阿飡 비유毗有가 말했다.

"뱃길을 그렇게 막아서 어찌하려는 건가?"

"칠포漆浦에 궁병 수백을 매복시켰다가 적선이 거룻배를 치우고 바다로 나가려 할 때, 불화살을 쏘게 하는 것입니다. 불덩어리가 된 거룻배가 적선을 덮친다면 적선은 죄다 불타게 되겠지요. 이때 우리 6부의 날랜 군사들로 뭍에 다시 오르려는 적병을 척살하면 일거에 이들을 섬멸할 수 있을 것입니다."

"화공을 하자는 거로군. 그러려면 동풍이 불어야 하는데 우리 마음대로 될 수 있겠는가?"

"7월에는 샛바람이 자주 붑니다. 이를 이용하면 될 것입니다. 한번 시도해 볼 만한 계책이라 생각합니다."

"훌륭한 계책이다. 즉시 그대로 실시하라."

대장군 우로는 무릎을 부채로 탁 하고 치면서 말했다. 일은 왜적이 눈치채지 못하게 한밤중에 진행되었다. 기름에 절인 섶 덩어리에 불을 붙여 적진에 포차로 투척하면 적진이 온통 불바다로 변할 것이니 큰 효험을 볼 수 있을 것이었다. 음력 7월 그믐의 달도 없는 칠야, 모든 일은 숨소리를 죽여가며 추진되었다. 때마침 샛바람이 힘차게 불어와 사도를 에워싸고 포진한 서라벌 세 부 군사들의 깃발 수백 개를 휘날렸다. 그와 동시에 어둠을 뚫고 하늘 높이 불꽃이 튀어 올랐다. 포차로 쏘아 올린 섶 덩어리였다.

"공 ∼, 공 ∼, 공 ∼, 공 ∼."

"깽깽깽 깨깽. 깽깽깽. 깨깽."

징과 꽹과리 소리가 어지러운 가운데 세 부의 군사들이 일제히 함성을 질렀다. 그와 함께 수백 대의 불화살도 적진을 향해 발사되었다. 잠이 덜 깬 왜적들은 이 소란에 깜짝 놀라 뛰쳐나왔다. 일대는 금세 아수라장이 되었다.

가까스로 갯가에 도착한 적병들이 저마다 다투어 병선에 올라 바다로 도망치는데, 시꺼먼 어둠 속에서 섶을 진 거룻배가 갈 길을 막았다. 그들이 배를 확인한 찰나 '휙', '휙' 하고 거룻배에 불덩어리가 부딪쳤다. 포차로 투척한 섶 덩어리였다. 그 소리가 신호였던 듯, 헤아릴 수 없이 많은 화전火箭이 거룻배를 덮은 섶에 날아들었다. 기름에 절인 섶은 무서운 기운으로 타올랐다. 활활 불타오르는 거룻배의 섶이 적선에 부딪치며 쏟아져 내렸다. 순식간에 적선에 불이 옮겨 붙었다. 옷에 불이 붙은 적병이 비명을 지르며 바다로 뛰어들었고, 비 오듯 쏟아지는 화전은 배에 가까스로 올라탄 적병을 잇달아 넘어뜨렸다. 이를 본 뭍에 있던 세 부의 군사들은 칼과 도끼를 휘두르며 적진으로 쇄도하기 시작했다. 인시寅時 초입에 시작한 전투는 두 시진이나 계속되었다. 동쪽 수평선 너머로 서광이 하늘 높이 솟았다. 많은 왜적이 화살에 맞거나 창과 칼에 베여 쓰러졌고, 화염에 휩싸여 바닷물에 빠져 익사했다. 포로가 된 놈도 삼백이 넘었다. 그나마 포위망을 뚫고 동해 멀리 도주한 적선은 겨우 십여 척에 불과했다. 근래에 보기 드문 압승이었다.

사도에서 왜적을 물리친 뒤 십여 년이 지나도록 왜적은 다시 서라벌을 침략하지 못했다. 그동안에 우로는 서불한舒弗邯이라는 서라벌 17관등의 첫째 가는 벼슬에 올랐고 지병마사知兵馬事도 겸하여 지역군의 총사령관이 되었다. 그는 작전에만 능할 뿐 아니라 정 또한 많은 장군이었다. 서라벌 10대 왕 내해 이사금의 아들로 석씨 성의 성골에 속한 그는 그런 고귀한 신분임에도 병사들을 제 몸같이 아낄 줄 알았다. 우로는 동분서주하면서 서라벌의 강역을 지켜나갔다. 이렇게 나라를 위해 열심히 싸우던 우로였지만 그도 나이를 먹으며 서서히 변해갔다. 젊은 시절 세운 공적 때문인지 오히려 늙어가면서 점점 오만해지기 시작했다. 특히 왜적을 섬멸한 공적을 코에 걸고 사람들을 만날 때마다 자랑을 늘어놓았다.

첨해 이사금沾解尼師今 3년(서기 249년) 봄에 야마타이코쿠에서 사신 갈나고葛那古가 왔다. 왜사를 접대하는 역할은 우로가 맡았다. 이날도 우로는 십육년 전 사도대첩에 대한 회고담을 늘어놓기 시작했다.

"그때 우리 군사들이 해낸 일은 아무도 흉내 낼 수 없을 거요. 당신네 병선들은 대부분이 폭삭 불타서 바다에 가라앉지 않았습니까? 그 후로 당신네들은 다시는 우리에게 덤비지 못하였지요. 안 그렇소, 사신 나리?"

취기 어린 말투로 우로는 이렇게 뇌까렸다.

"그땐 우리가 기습을 당해 참패했소만, 이젠 다를 것이오. 우리 야마타이코쿠의 여왕마마께서는 천지를 다스리는 거룩하신 어른이십니다. 동방의 야마토와 힘을 합하게 되어 우리 군사는 천하무적이 되었소. 너무 서불한의 옛 업적만 자랑하지 마십시오."

야마타이의 사신 갈나고는 언짢은 기색을 보이며 말했다.

"여왕마마라지만 태생이 무당 아니오. 당신네 나라에서는 왕도 여왕의 시중을 든다면서요? 우리나라 같으면 당신네 왕은 소금 굽는 노예로 삼고 여왕은 밥 짓는 식모로 삼았을 것입니다."

술에 취해 정신이 몽롱해진 우로가 게트림을 하면서 또 한마디 내뱉었다.

"무어라 했소? 우리 마마를 무엇으로 삼는다고? 이런 무례한 놈이 있나. 더 이상 못 참겠다."

마침내 갈나고는 분통을 터뜨렸다. 벌떡 자리에서 일어난 그는 술상을 엎어버리고 방에서 나갔다. 그 길로 야마타이의 사신 일행은 쓰쿠시로 돌아갔다.

"마마, 이렇게 분한 일이 또 있습니까? 서라벌의 서불한 우로란 자가 마마를 식모로 삼고 히미구고 마마를 소금 굽는 노예로 삼겠다고 하면서 우리 야마타이코쿠에 큰 모욕을 주었습니다. 참고 참다가 더 이상은 도저히 참을 수 없어서 밤이 새자마자 배를 띄워 돌아왔습니다. 부디 설욕해 주시옵소서."

갈나고는 히미코 여왕에게 이렇게 읍소했다. 그는 아직도 분함이 가시지 않은 듯 숨을 몰아 쉬고 있었다.

"어찌 그런 일이 있을 수 있는가? 우리의 사신에게 어찌 그런 모욕을 줄 수 있단 말인가? 당장 응징해야겠다. 장군 우도주군于道朱君을 불러들여라."

야마타이의 히미코 여왕도 화가 하늘에 닿았다.

"당장 군사를 끌고 나가 무도한 서라벌의 우로를 잡아 죽이도록 하여라."

우도주군은 병선 100여 척에 많은 군사를 인솔하여 서라벌을 침공했다. 야마타이군사들로 서라벌의 서울인 금성을 포위하고, 우도주군은 서라벌의 대궐로 사신을 보냈다.

"우리 여왕마마와 국왕마마를 모욕한 무도막심한 우로를 내놓으시오. 그렇지 않으면 당장에 대궐을 공격하여 육시를 할 것이오. 내일 오시午時까지 우로를 보내시오."

서라벌 궁정에서는 대소동이 일어났다. 아무리 취중이라도 그런 폭언을 할 수 있는가 하는 비난과 책임을 지라는 공론이 비등했다. 우로는 후회가 막심하였지만 이미 엎질러진 물이었다. 밤새 고심한 우로는 마침내 자기 몸을 던지기로 마음먹었다. 울며 말리는 조분 이사금의 딸이자 아내인 명원 부인命元夫人을 뿌리치고 우로는 왜군이 주둔하고 있는 유촌柚村으로 가서 말했다.

"전일에 한 말은 취중에서 한 희롱일 뿐인데 어찌 이렇게 남의 나라에 대군을 몰고 와 침범할 수 있는가. 내가 책임을 지고 해결하고 싶네."

우도주군은 우로가 더 말할 말미를 주지 않았다. 그는 우로를 잡아서 장작더미 위에 올려놓고 불을 질러 태워 죽였다. 그런 뒤 왜군은 포위망을 풀고 철수했다.

우로의 부인 명원은 남편이 억울하게 죽은 뒤 이를 갈며 복수를 맹세했다. 여러 해가 지나서 미추 이사금味鄒尼師今 때가 되었다. 야마타이코쿠의 대사가 서라벌에 왔다. 명원은 왕에게 대사를 자신의 집에서 모시고 싶다고 말했고, 왕의 윤허하에 이 대사를 집으로 초청해서 향연을 베풀었다. 술에 취한 대사가 명원의 미모를 탐내며 희롱했고, 명원은 남편 우로의 유골이 어디에 있는지 알아내려고 있는 대로 교태를 부렸다. 결국 대사는 이에 넘어가 유골을 묻은 곳을 알려주었다. 남편이 묻힌 곳을 알아낸 명원은 술에 취해 잠이든 대사를 찔러 죽였다. 복수에 성공한 명원은 사람을 시켜 남편의 유골단지가 묻힌 땅을 파게 한 뒤, 파인 묘지에 대사의 송장을 깔고 그 위에 유골단지를 놓고 통곡하면서 말했다.

"비천한 왜놈의 송장을 밑에 깔고 서라벌의 성골을 위에 모시니, 이제야 존비의 서열이 제대로 서는구나."

야마타이의 여왕은 이 소식을 듣고 크게 노했다. 그래서 군사를 풀어 서라벌을 침범했지만 막강하게 버티는 서라벌 군사를 이기지 못하고 물러갔다. 이번에는 서라벌 사람들이 모두 아래위로 한 덩어리가 되어 싸웠기 때문이었다.

한편 우로의 아들 흘해訖解는 용모가 남달리 수려했다. 그리고 두뇌 또
한 명석하고 담력이 출중했으며 대단히 민첩했다. 우로는 자기 아들이 집
안을 일으킬 인물이라 했는데 결국 이 아들이 뒤에 임금으로 추대되었다.

5. 기틀을 잡는 고구려

고구려는 아직 압록강 유역을 중심으로 산과 산 사이의 협곡에 산재한
5부의 연합국 형태를 벗어나지 못하고 있었다. 처음에는 주몽이 계루부에
서 나와 왕이 되고 유리가 왕위를 이었지만, 그 뒤 5부족 중 가장 우세한
소노부가 해解씨 성을 갖고 왕위를 계승했다. 그러다가 6대 태조왕 때부
터는 계루부의 고高씨가 왕위를 이었다. 한편 연椽씨 성의 절노부絶奴部는
왕실과의 혼인을 통하여 왕비족이 되었다. 전 왕족인 소노부, 왕족인 계루
부, 그리고 왕비족인 절노부의 족장은 모두 고추가古鄒加라는 특별 칭호
를 갖고 있어서 그 세력이 막강했다. 여기에 관노부灌奴部와 순노부順奴部
가 더해져 5부라 불렀다. 초기의 소노부와 계루부는 대등해서 독자적인 종
묘를 만들어 농경을 주관하는 신神인 영성靈星과 사직社稷에 대한 제의祭
儀를 갖추었으나, 차차 소노부의 지위가 격하되었다. 서울에서만이 아니라
지방행정구역 역시 5부로 나누어 각 부의 밑에는 여러 성城이 딸리게 되었
다. 각 부의 장을 욕살褥薩이라고 했으며, 성의 장을 처려근지處閭近支 또
는 도사道使라 했다.

서기 300년에 제15대 고구려 국왕으로 미천왕美川王이 등극했다. 그
는 7년간을 신분을 숨기고 고용살이와 소금장수를 하면서 숨어 지냈다. 이
런 그를 국상 창조리倉租利가 봉상왕烽上王을 폐하고 왕으로 모셨다. 왕위
에 오른 미천왕은 조회를 열었다. 오전 내내 무엇이 이 나라를 병들게 하
는 요인이 되고 있는지에 대하여 대신들은 계속해서 토의를 해 나갔다. 점

심때가 되어 왕이 말했다.

"경들이 많은 논의를 해서 문제점은 대체로 지적된 것 같으니 오늘은 이만 자리를 파하고, 사흘 뒤에 다시 모여 이번에는 대책에 대해 논의하도록 합시다. 국상은 그동안에 충분히 토의해서 백년대계를 마련할 수 있도록 철저히 준비하시오."

조회를 파하고 나오는 모두의 만면에 웃음이 가득했다. 이제야 성군을 모시게 되었다고 생각하니 기쁘기 한이 없었다.

사흘 뒤 아침에 왕이 말했다.

"다들 충분히 논의했을 것이라 믿소. 어디 우리 고구려를 강한 나라로 만들기 위한 계책을 들어 봅시다. 먼저 5부의 욕살들이 말해 보시오."

먼저 북부 욕살 연상루椽尙婁가 나와 아뢰었다.

"신들 5부의 욕살들과 도사들은 모여서 각 부나 왕족 간의 분규를 없애는 일을 논의했습니다. 이런 분규는 모두 권력과 재물을 탐내는 데에서 비롯되는 것이니, 그 원인을 없애는 길은 인사와 논공행상이 공명정대하게 이루어지는 방법밖에 없다는 데에 의견이 모아졌습니다. 이를 위해서는 출신 부나 계급을 따지지 말고 재능이 있는 자를 뽑아 직위와 영지를 주는 것이 좋을 듯합니다. 사람들을 그 실력에 따라 뽑아 관직을 준 뒤, 각자 맡은 직함에서의 공적을 해마다 대가회의에서 심사하여 결과를 상감마마께 올리도록 하는 것입니다. 상감마마의 재가를 얻어 상을 주고 승진하도록 하면 신료들의 불만이 없어지고 면학과 무술연마에 힘쓸 것입니다."

"치세에 으뜸이 되는 것이 인재의 육성과 활용이라는 말이지요? 그 다음으로는 무엇을 해야 하겠소?"

왕은 구체적인 방안을 제안해온 욕살이 대견하다 생각하며 다음 말을 재촉했다. 그러자 이번에는 대사자 을두축乙斗丑이 한 발 나서며 말했다.

"소신은 사람들과 함께 곤경에 빠진 백성을 어떻게 구휼할 것인지에 대해 논의했습니다. 잦은 가뭄과 기근으로 사람이 사람을 잡아먹을 지경에 이르렀다고 합니다. 이런 때에는 상감마마 스스로 근검질소하게 생활을 하시고, 모든 대신들이 힘을 합하여 절약하면 백성에게 나누어 줄 식량을 마련할 수 있을 것입니다. 고국천왕故國川王 때에 국정을 맡은 을파소乙巴素께서 진대법賑貸法을 만들어 실시하니 내외의 백성이 크게 기뻐했다 합니다. 진대법에 따르면 해마다 3월부터 7월에 이르기까지 관곡을 풀어서 백성의 식구가 많고 적음에 따라 빌려 주었다가 10월에 환납하도록 했습니다. 이제 국고를 열어 집집마다 사정에 따라 곡식을 빌려주되, 향후 3년에 걸쳐 나누어 갚도록 하는 것이 좋을 것입니다. 그런 한편 향후 3년간은 모든 부역을 없애고 각자 토지를 개간하고 농사나 일용 잡화, 기구를 만드는 산업에 힘쓸 수 있도록 만들어야 합니다.”

“그렇게 모든 조세와 공물을 줄이고 부역을 면제하면 어떻게 외적을 막고 나라 살림을 지탱할 것인고?”

왕은 약간 걱정이 되는 듯이 창조리를 돌아보며 말했다.

“마마, 그것은 크게 걱정할 일이 아닌 것으로 압니다. 선대에 궁궐 수축을 위해 모아둔 곡식과 더불어 여러 대에 걸쳐 진대법에 의해 환수한 곡식을 다시 빌려주지 않은지라, 양곡의 비축이 대단히 많습니다. 국방은 우리 5부의 군사들로 대처해 나가면 능히 감당할 수 있으니 일반 서민의 부역까지 동원하지 않아도 될 것입니다. 염려 놓으소서.”

창조리가 자신 있다는 투로 말했다.

그러자 신성태수新城太守 고노자가 나서서 말했다.

“마마, 신들과 각 성의 도사들이 논의한 결과, 국방을 위해서는 다음과 같은 일을 하셔야 할 것이라고 의견이 모였습니다. 우선 철갑을 두른 군사 10만과 날랜 기병 3만을 더 길러내셔야 합니다. 그러기 위해서는 이들을 충분히 무장시킬 수 있는 무기를 제조할 대장간과 대장장이를 확보해야 합니다. 이 숫자는 지금 우리가 보유한 군사의 두 배입니다. 그리고 기마병이 탈 말은 서역의 한혈마汗血馬를 구해 와 번식시켜서, 5만 필 정도는 길러내야 할 것입니다. 이런 준비를 다 하려면 아마도 여러 해가 걸릴 것입니다. 꾸준히 군졸들을 훈련시키고, 무술대회에서 발탁한 장수들에게 전술과 통솔에 대해 교육시켜 인솔하게 하면 천하제일의 강병이 마련될 것입니다."

"그렇게 군사를 길러서 어떻게 하려는 것인가?"

왕은 의아하다는 듯이 물었다.

"지금 우리나라의 서방으로는 현토군, 요동군이 있고 극성棘城에 근거를 둔 선비족의 모용씨慕容氏가 수시로 우리를 침공해오고 있습니다. 이를 방비하려면 수비에서 공격으로 전환하여 먼저 압록강 하류의 서안평을 공략하고, 연이어 요동성과 북쪽의 현토성을 장악하도록 해야 합니다. 남쪽으로는 낙랑군과 대방군이 있어서 서해로 나가는 길을 막고 있으니 이것 또한 장악해서 중국 세력을 한반도에서 일소해야 합니다. 그러면 풍부한 물자와 생산력을 확보하여 서해안을 통한 국제적인 교역을 할 수 있게 될 것입니다. 그래야만 압록강 남북으로 뻗었던 고조선의 옛 강토를 되찾고 그 문화를 계승할 수 있게 될 것입니다."

"좋은 생각이오. 우리가 다물多勿을 하자는 것이군요. 동명성왕이 뜻하신 바대로 고조선의 정통을 계승하여 고토를 복구하는 다물을 하자는 말이지요. 참으로 짐의 뜻과 맞는 말을 하셨소."

왕은 그제야 흐뭇한 표정을 지으면서 크게 웃었다. 만당의 신하들도 함께 환호했다.

"그럼, 모든 일은 창조리 대대로大對盧가 지휘하여 각부 욕살과 태대형太大兄, 태대사자太大使者로 구성한 대가회의를 수시로 열어 인재육성과 발탁, 그리고 논공행상을 하도록 하라. 그리고 향후 3년간 모든 조세를 반감하고 국고를 열어 진대법에 의해 양곡을 빌려주도록 하되, 상환은 3년에 걸쳐 분할토록 하고, 군사의 훈련은 조의두대형皂衣頭大兄을 병법과 무술에 능한 장수로 새로 뽑아 맡기도록 해라. 무엇보다도 이런 모든 일을 순조롭게 추진하려면 무기제조와 병참이 원활히 이루어지는 것이 중요할 터이니 이것은 대대로가 직접 맡아 소홀함이 없도록 하라."

드디어 국책이 정해졌다. 비록 3년이라는 짧은 기간 동안 행해지는 것이었으나 고구려가 근대국가로 나가는 기틀이 비로소 마련된 셈이었다. 그런 뒤 3년이 지난 미천왕 3년(서기 302년) 9월에 왕은 군사 3만을 거느리고 현토군을 쳐서 8,000명을 사로잡아 평양으로 데리고 왔다. 그 후 한동안은 다시 내정에 치중하다가 중국 정세를 살핀 뒤 미천왕 12년(서기 311년) 8월에 요동의 관문인 서안평을 공격해 탈취했다. 낙랑군을 공략해서 남녀 2,000명을 노획한 것은 이보다 2년 뒤인 10월의 일이었다. 미천왕 15년 9월에는 대방군도 공략했고 다음 해 2월에는 현토성을 확보했다. 그리하여 400여 년 동안 한반도를 지배했던 중국의 식민지 낙랑군과 대방군이 완전히 사라졌다. 마침내 고구려는 압록강에서 서해까지 진출하게 되었다. 그러나 요동성만은 그 후에도 모용씨의 연燕과 충돌하는 과정에서 여러 번 뺏고 빼앗기기를 거듭했다. 미천왕 20년 12월에는 진晉의 평주자사平州刺史 최비崔毖와 더불어 고구려, 그리고 단씨段氏, 우문씨宇文氏의 삼개국 군사가 극성에 있는 모용외慕容廆를 쳤다. 그러나 이 연합 공격은 실패했다. 미천왕은 국경을 접한 연나라를 견제하기 위해 그 배후에 있는 후조後趙의 석륵石勒씨에게 사신을 보내어 제휴했다. 이후 즉위한 지 32년이 되던 해(서기 331년) 2월에 갑자기 왕이 붕어하니, 위대한 지도자를 잃었다고 온 나라의 백성들이 애도했다.

제9장

통일이 되어가는 야마토

1. 돌림병을 치유하고 세력을 확장한 야마토

"오늘도 환자가 또 생겼다지요."

"그렇답디다. 요즘처럼 염병이 심해서야 마음 놓고 물 한모금 마시겠어요?"

"송장이 하도 많아서 땅을 파서 묻기도 바쁘다던데."

"신께서 화가 나신 것이 아닐까요? 굿을 해야 할 것 같지요?"

미와산三輪山에서 흘러내리는 하쓰세가와初瀬川 강변의 부락민들이 이렇게 야단을 부린 지도 벌써 여러 날이 되었다. 처음에는 몸이 나른하고 밥맛이 없다며 끼니를 거르는 사람이 여기 저기에서 나타났다. 차츰 두통이나 뼈마디의 통증을 호소하는 사람들이 나타나더니, 몇몇은 열이 나며 곱똥을 싸거나 아래로 피를 쏟았다. 그들의 혓바닥이 갈색으로 변하더니 이윽고 가슴과 배 곳곳에 붉은 발진이 생겼다. 열흘쯤 고열에 시달린 사람들은 기침을 캑캑 하며 의식을 잃고 나뒹굴었다. 한 사람이 발병하면 연이어 식구들과 이웃으로 옮아갔다.

"임금님께서 쓰쿠시에서 이곳으로 오셔서, 오호나무치 신께서 안받아

주시는 것 아니야?"

"오호나무치 신이라는 명칭은 이즈모에서 불렸던 이름이고, 여기서는 대물주신大物主神이라고 해야 맞지. 어쨌든 쓰쿠시의 신들은 이곳에 맞지 않은가 봐. 이즈모의 신을 모시고 와야 할 것 같아."

가야에서 온 광 왕자의 증손인 이와레히고가 야마토에 나라를 세운 지 여러 세대가 지났음에도, 민심은 여전히 서북방 산 너머에 있는 이즈모의 세력을 두려워하고 있었다. 이즈모 세력은 높은 산 위에 사당을 짓고 대물 주신을 모셨다. 지금의 임금은 쓰쿠시 동북부에 있던 가야계 왕족으로, 이 와레히고의 황통을 이어 야마토로 진출한 미마키이리御間城入, 수진崇神 천황이었다. 미마키이리는 쓰쿠시에서 왜의 대란이 일어나자, 난을 피해 아들과 함께 야마토로 옮겨왔다. 그래서 그의 이름에는 '들어간다'는 뜻의 '이리入'가 들어 있었다. 임금은 대궐 안에 신전을 세우고 천군을 배치해 서 쓰쿠시 천신족의 아마테라스를 모셔옴으로써 이와레히고 이래 추진해 온 야마토의 건국을 완성한 셈이었다. 그리고 대물주신은 다른 천군이 제 사장이 되어 모시게 했다. 그런데 이 대물주신을 모시는 천군이 머리 숱이 빠지고 몸이 쇠약해져서 제대로 제사를 받들지 못했다. 그래서 이번 같은 탈이 난 것이라 생각한 백성들은 임금을 원망하기 시작했다. 염병이 창궐 하던 어느 날, 임금을 곁에서 모시고 있던 천군에게 신이 내렸다. 천군에 게 내린 신은 걱정 끝에 잠을 설친 임금을 보고 말했다.

"그대가 재앙을 없애고자 한다면, 나를 누구보다도 정성껏 모시도록 하여라. 그러면 바로 좋아질 것이니라."

"나라 하심은 누구십니까?"

임금이 물었다.

"나는 대물주신이니라. 나를 정성으로 모셔야 하느니라."

천군에게 내린 신이 엄숙한 말투로 일렀다.

그날 밤 임금이 꿈을 꾸는데 한 귀인이 나타나서 스스로 대물주신이라고 하며 말했다.

"임금이시어, 걱정이 많을 것이로다. 나라에 환란이 있는 것은 나의 뜻이니라. 오타타네코大田田根子로 하여금 내게 제사 지내도록 하면 당장에 나라가 평안해질 것이며, 멀리 해외에서도 사람들이 찾아와 그대에게 복종할 것이니라."

잠에서 깨어난 임금은 천군을 통해 신이 했던 말과 자신의 꿈을 곰곰이 생각해 보았으나 머리가 복잡하여 일단 그 생각은 나중으로 미루기로 하고서는 한동안 잊고 지냈다. 그런 일이 있은 지 몇 달이 지났을 때, 신녀神女 세 사람이 대궐로 찾아와 말했다.

"마마, 저희들이 꿈을 꾸었는데 귀인이 나타나서 신전을 모시는 제주를 오타타네코로 바꾸라 하셨습니다."

여러 번 같은 말을 들으니 임금으로서도 귀가 솔깃해질 수밖에 없었다. 임금은 사람을 보내어 오타타네코를 찾아오게 했다.

남쪽 오사카만 근처에 그릇을 굽는 마을이 있었는데, 그 마을에서 옹기를 굽고 있던 여자가 자신을 오타타네코라고 했기에 사람들은 그녀를 데려왔다. 임금이 신료들과 부족장들을 거느리고 정전으로 나와 물었다.

"그대가 오타타네코인가? 그대는 누구의 자손인가?"

"소녀는 대물주신의 자손이옵니다. 어머니는 이쿠타마요리히메活玉依姬이고 그릇을 만들며 살아왔습니다."

여자는 마룻바닥에 엎드린 채 고개도 들지 못하고 다소곳이 아뢰었다. 임금은 신궁에 온갖 제기를 갖추게 하고 오타타네코로 하여금 대물주신을 모시게 했다. 그리고 대물주신과 함께 모든 천신과 토속신을 모시도록 신녀를 배치하고, 제물을 마련할 수 있도록 전답을 내려주었다.

오타타네코는 신전에서 제사를 지낸 뒤 신녀들에게 말했다.

"원래 돌림병은 불로 다스려야 하느니라. 우리 옹기 굽는 마을에는 염병이 덤비지 못하는데, 이는 가마에 계속 불을 지피기 때문에 역신이 얼씬거리지 못하는 것이다. 지금부터 돌림병이 발생한 마을에는 새끼줄을 쳐서 외부와 차단시키고, 집이나 세간들을 모두 불태우도록 하여라. 죽은 시신도 화장을 한 뒤 땅에 그 재를 묻도록 하고. 모든 음식을 끓여서 먹고 손발을 끓인 물에 정갈하게 씻도록 하면 대물주신께서 기특히 여기시어 돌림병을 막아주실 것이다."

오타타네코의 지시에 따라 신녀들이 야마토 전역의 마을을 정비해 나갔다. 그러자 그토록 창궐했던 괴질이 가신 듯이 없어졌고 백성이 모두 편히 살 수 있게 되었다.

3세기 초, 북쓰쿠시에서는 위노국의 왕이 야마타이코쿠의 여왕 히미코와 함께 왜왕으로서 주변 여러 나라를 함께 통치하고 있었다. 부여의 위구태가 북쓰쿠시에 와서 위노국을 접수하여 이토코쿠를 세웠을 때, 수진 천황은 위노국에 있었다. 천황은 백제와 동맹을 하자는 위구태의 제의에 동의한 뒤에, 야마토로 가서 이와레히고의 황통을 승계하여 야마토 왕조의 천황이 되었다. 수진 천황은 야마토에 올 때에 셋째 아들인 이쿠메이리活目入彦만 데리고 오고, 아내이자 이쿠메이리의 생모는 이토코쿠에 남겨두었다.

몇 해가 지나 수진 천황은 칙령을 내렸다. 네 명의 대장군을 보내어 북, 동, 서, 남의 네 지방을 야마토에 복속하게 만들라는 것이었다. 그때까지 야마토의 통치 범위는 이와레히고 때와 마찬가지로 나라奈良 분지 남반부와 우다宇陀 지역 일부뿐이었다. 그 밖의 지역에는 이와레히고 전후에 야마토로 이주해온 천신족의 방계 왕족이나 그 외척, 그리고 선주민인 이즈모계의 현지 세력이 세운 작은 나라들이 있었다. 이 나라들을 외교적으로 설득해서 야마토의 산하에 들어오도록 만들거나, 부득이한 경우에는 무력을 써서라도 접수하도록 하라는 것이 칙령의 내용이었다. 북쪽이라 함은 아후미近江, 호쿠리쿠北陸 방면이었고 동쪽은 이세伊勢 이동의 간토關

東 지방을 말했다. 남쪽은 야마시로山代와 단바丹波인데, 이 지역에 파견된 장군들은 이즈모 계열의 현지 세력들을 무력으로 평정해 나갔다. 서쪽의 기비吉備에는 기비쓰吉備津彦 장군을 파견했는데, 그는 이 지역을 토벌하여 야마토의 동맹국으로 만들었다.

기비쓰 장군에 관해서는 다음과 같은 기록이 전해지고 있다.

기비의 나라에 서쪽 나라 마한의 왕자가 날아왔다. 그 이름은 우라溫羅라고 했는데 목말을 타고 그 위에 옷을 걸쳤기에 키가 1장 4척이나 되어 보통 사람의 두 배가 넘는 것처럼 보였다. 머리카락과 수염은 시커멓게 무성했고 시뻘건 두 눈은 호랑이처럼 번쩍였다. 그는 성질이 매우 광폭하였다. 우라는 기비 복판에 있는 산에 성을 짓고 서쪽 나라에서 야마토로 보내는 공물이나 부녀자를 약탈했다. 어떤 때는 사람들을 붙잡아서 커다란 가마솥에 넣어 삶아 죽이기까지 했다. 사람들은 우라를 귀신이라, 또 그가 사는 성을 귀신의 성이라 부르며 무서워했다. 우라의 횡포를 견디다 못한 사람들이 야마토 조정에 호소하여 여러 장수들이 파견되어 왔으나, 우라의 신출귀몰한 재주에 모두 패퇴하고 말았다. 마침내 기비쓰 장군이 많은 군사를 이끌고 파견되어 왔다. 기비쓰 장군은 기비 중간에 있는 산에 진을 치고, 돌로 만든 방패로 앞을 막으며 전투 준비를 했다.

"이놈 우라야, 내 화살을 받아 보아라."

우라와 마주친 기비쓰 장군은 이렇게 소리치며 활을 쏘았다. 출중한 활 솜씨를 지닌 기비쓰 장군이었기에 날아가는 화살의 기세는 매서웠다. 그러나 그 화살은 귀신의 성에서 우라가 던진 바위와 공중에서 부딪히며 모두 땅에 떨어지고 말았다. 몇 번이고 계속해서 활을 쏘았으나 번번이 실패하는 바람에 쉽게 승부가 나지 않았다.

"음. 이놈의 재주가 제법 신통하군. 이대로는 안 되겠다. 달리 궁리를 해 봐야지."

기비쓰 장군은 신통력을 발휘해서 두 개의 화살을 한꺼번에 쏘아 보았다. 두 화살 중 한 화살은 우라가 던진 바위와 충돌해서 땅에 떨어졌으나, 남은 화살은 그대로 날아가 우라의 왼쪽 눈에 박혔다.

"으악!"

우라는 비명을 지르며 눈에 박힌 화살을 힘껏 뽑았다. 화살촉이 박힌 눈알이 화살과 함께 빠져 나왔다. 우라는 이 눈알을 입에 털어 넣고 '으지직' 씹어 삼켰다. 이 모습을 본 기비쓰 장군은 더욱 쉴 새 없이 화살을 쏘았다. 이러한 공격이 계속됨에 견디다 못한 우라는 꿩으로 모습을 바꾸어 산속에 숨었다. 그러자 기비쓰 장군은 매가 되어 그를 추격했다. 다시 우라가 잉어로 모습을 바꾸어 강물 속으로 도망치니 장군은 가마우지로 화신하여 우라를 물어뜯었다.

"내가 졌소. 날 잡아 마음대로 하시오. 나를 이긴 장군은 기비왕의 호칭을 받아 마땅하오. 기비의 나라를 송두리째 바치겠소. 마음대로 하시오."

마침내 견디다 못한 우라는 기비쓰 장군에게 기비왕의 칭호를 바치고 항복했다. 이렇게 붙들린 우라는 마을 어귀에 효수되었다. 밤이 되니 효수된 머리가 큰 소리로 으르렁거렸다. 그래서 기비쓰 장군은 우라의 머리를 개에게 주고 먹게 했다. 그러나 개가 살을 파먹어 해골이 된 뒤에도 우라의 머리는 쉬지 않고 으르렁거렸다. 할 수 없이 기비쓰 장군은 가마솥을 앉힌 곳의 땅속 깊이 해골을 묻었는데, 해골은 13년간을 계속해서 울어댔다. 이런 괴상한 일이 계속된 것은 우라가 통솔했던 사람들 가운데 우라가 패사한 뒤에도 그를 사모하는 사람들이 있어서, 우라의 제사 때가 되면 산속에 숨어서 괴상하게 울었던 까닭이었다.

그러던 어느 날 밤 우라가 기비쓰 장군의 꿈에 나타나서 말했다.

"내 아내인 아소히메阿曾姫로 하여금 내게 메를 올리게 하시오. 그러면 내가 지은 죄를 갚기 위해 메를 짓는 밥솥을 울려서 세상의 길흉사를 알려주도록 하겠소."

다음 날 기비쓰 장군은 아소히메를 찾아서 우라의 제주로 삼았다. 제주가 된 아소히메는 큰 솥에 메를 지어 제상에 바쳤다. 그 후로 기비쓰 신사에서는 우라에게 바칠 메를 짓는 솥 울림 행사를 하는 것이 관례가 되었다. 이때 솥이 크게 울면 메를 짓는 사람의 소원이 크게 성취된다고 전해온다.

그런데 이런 일이 민간에서는 모모타로桃太郞 전설로 각색되어 전해졌다. 모모타로 전설에서는 기비쓰 장군이 복숭아에서 태어나는 것으로 되어있다. 강물에 두둥실 떠내려 온 복숭아를 늙은 부부가 주워 쪼개니 통통한 사내아이가 태어났다. 이 아이는 커서 사람들을 괴롭히는 도깨비를 퇴치하러 갔다가 성공하여, 보물을 잔뜩 싣고 돌아온다. 이때 따라간 부하들이 개, 원숭이, 꿩이라고 한다. 후일에 기비의 중심이 되는 오카야마岡山에서는 5월 5일 단오에 어린이들이 모모타로 축제를 열어 이런 전설을 기념해 나갔다.

2. 야마토다케루노미코토倭建命(日本武尊)

"고모님, 제가 왔습니다. 오우스小碓彦가 왔습니다."

변성기가 된 소년이 큰 소리로 말했다. 키는 보통 어른보다 목 하나가 더 컸으나 아직은 애 티가 나는 소년이었다.

"누가 왔다고? 오우스가 왔다고? 멀리서도 찾아왔구나!"

이세伊勢의 신궁神宮에서 아마테라스를 모시는 천군 야마토히메倭姬가 버선발로 뛰어나왔다. 그녀는 이쿠메이리비고(스이닌垂仁 천황)의 딸이었다.

"많이 컸구나. 야마토에 있을 때는 요만했는데."

야마토히메는 오우스를 덥석 안으면서 말했다. 오우스의 키가 훨씬 커서 야마토히메의 가냘픈 몸은 마치 나무에 매달려 있는 매미 같았다.

"고모님, 절 받으십시오. 그간 별일 없으셨는지요? 고모님께서 떠나신 뒤로 얼마나 그리웠는지 모릅니다. 햇님을 모시고 나라 살림을 꾸려 나가는 법에 대해서 고모님께서 많은 것을 가르쳐 주시지 않았습니까?"

"그래, 웬일인고? 네가 이세에까지 찾아오고."

"사연이 좀 복잡하니 천천히 말씀드리고 싶습니다. 그 전에 먼저 아마테라스께 예배를 올려야 할 것 같습니다."

"그렇지. 그게 먼저지. 자, 이리 오너라."

의식이 끝나고 야마토히메는 오우스의 소매를 당기며 서둘러 신전 옆의 거처로 안내했다.

"자, 이리 들어가자. 그동안 어떻게 지냈는지 또 왜 예까지 날 찾아왔는지 얘기나 들어보자."

"고모님, 고모님이 가신 뒤로 아바마마께서는 서쪽의 여러 나라를 정벌하시느라 쉴 사이가 없으셨습니다. 특히 미마나는 우리의 조상께서 계셨던 곳이기에 아바마마께서는 언제나 그곳으로 건너가고 싶다는 꿈을 가지고 계셨습니다. 그런데 쓰쿠시 일대가 승복을 하지 않고 다시 반란을 일으켰습니다. 그러하기에 아바마마께서는 며칠 전에 절 부르셔서 쓰쿠시의 구마소熊襲를 치라고 하셨습니다. 들어보니 구마소에는 무력이 출중한 수장이 있다고 합니다. 하여 제가 감당하기 힘들 것 같아 이렇게 고모님을 뵙고 가르침을 받으러 왔습니다."

"원. 아직 어린아이에게 그런 힘든 일을 시킨단 말인가? 우리 오우스가 지금 몇이지? 허긴 너는 어릴 때부터 기운이 장사였지. 태어나서 얼마 안되었는데도 하도 기어 다니기에 내가 네 허리띠를 맷돌에 매어두었단다. 그런데 우는 소리가 나서 찾아보니, 네가 맷돌을 단 채로 마루를 기어 다니다가 마루 끝에 떨어져 대롱대롱 매달려 있지 않겠니. 그뿐인가? 열 살이 되어서는 큰 세발 솥을 두 팔로 안아 번쩍 든 일도 있었지. 아무튼 워낙 힘이 장사라 다들 네가 장차 크게 될 거라고 했지."

"고모님, 제 나이 올해 열여섯으로 이제 충분히 나랏일을 맡을 만한 나이는 되었다고 생각합니다. 허나 구마소의 수장인 도로시카야取石鹿文는 쓰쿠시 제일의 장사랍니다. 사람들은 그의 소굴인 가와가미川上 지방, 구마소熊襲의 최고의 장수라는 뜻으로 그를 구마소다케루熊襲建라고 부르며 무서워하고 멀리하고 있답니다. 제가 그를 이기려면 어떻게 해야 할지 걱정이 앞섭니다. 고모님, 절 도와주소서."

오우스의 호소를 들은 야마토히메는 곰곰이 생각했다. 그녀는 한참 만에 고개를 들더니 오우스에게 물었다.

"군사는 몇이나 데리고 가는고?"

"활 잘 쏘는 오토히고弟彦公와 몇몇 무사들을 데리고 갑니다."

"많은 군사도 없으면서 그들을 이기려면 기발한 계책이 있어야겠군."

그러면서 야마토히메는 오우스에게 귓속말로 한참을 얘기하더니, 여인들이 입는 아름다운 옷 한 벌과 단검을 한 자루 내어 와서 오우스에게 건네주었다.

"꼭 이겨서 돌아오너라. 아마테라스께 너의 무운을 빌어주마."

야마토히메의 격려를 받은 오우스는 그 길로 오토히고와 군사 백여 명을 거느리고 서쪽으로 떠났다. 거의 두 달 가까이 걸린 섣달 초에 그들은 구마소에 도착했다. 오우스는 산허리에 움막을 짓고 오토히고로 하여금 가와가미 주변의 정세를 염탐해 오도록 했다. 얼마 후 오토히고가 헐레벌떡 뛰어왔다.

"마마, 여기서 남쪽으로 한 마장을 가면 가와가미에 이르는데, 그곳에서 구마소의 족속들이 모여 잔치를 하고 있습니다. 아마도 새로 지은 집들이를 하고 있는 것으로 보이옵니다. 구마소다케루는 대청마루에 앉아 여러 여인들을 안고 희롱하고 있습니다. 벌써 이틀째 술과 노래로 진탕만탕이라고 합니다. 이럴 때를 이용해서 구마소다케루만 요리하면 나머지 족속들은 꼼짝달싹 못할 것이옵니다."

"음, 그래? 그럼 그 괴수 놈은 내게 맡기고 너희들은 여기에 있다가 내가 신호를 보내거든 쳐들어와라."

"어떻게 하시려는 것이옵니까? 혼자 가시면 위험합니다. 다케루는 천하장사이옵니다. 조심하시옵소서."

"걱정하지 말라. 내가 알아서 할 것이다."

오우스는 지고 왔던 보따리를 풀었다. 그 속에는 야마토히메가 준 여자 옷이 있었다. 오우스는 그 옷을 입었다. 훤칠하게 키가 큰 오우스가 여자 옷을 입고 꽃 관을 머리에 쓰니 마치 하늘에서 내려 온 선녀 같았다.

"단검을 다오. 내 품에 넣으리라."

오우스는 야마토히메가 준 단검을 허리춤에 찌르고 옷섶으로 이를 감추었다.

가와가미의 저택으로 오우스가 내려가니, 사람들이 놀라서 길을 열어주었다. 그는 흰 저고리와 붉은 주름치마, 거기에 흰 두건을 쓰고 이마에 금장식을 두른 띠를 매고 있었다. 마침 저물어가는 햇빛을 등진 오우스의 모습은 한 마리의 백로처럼 아름다웠다. 가와가미의 저택에서 한 사나이가 나와 오우스를 맞았다.

"누구십니까? 그리고 어디서 오셨습니까?"

"저는 오우스라 합니다. 해 돋는 나라에서 왔지요. 구마소다케루熊襲 建님께서 새 집을 지으셨다 하기에 축하해드리려고 왔습니다. 다케루님에 게 안내해주십시오."

오우스가 안으로 들어가니 다케루는 여인들에 둘러싸여 술을 마시고 있다가 취안을 들어 오우스를 쳐다보았다. 몽롱한 그의 눈에 비친 오우스 는 영락없는 선녀로 보였다. 비틀거리며 몸을 일으킨 다케루는 오우스의 팔을 잡아 끌어서 자신의 곁에 앉게 했다.

"한잔 올리겠습니다. 다케루님. 훌륭한 저택을 지으신 것을 진심으로 축하드리옵니다."

오우스는 살포시 다케루에게 기대면서 술병을 들어 대접만 한 큰 잔에 가득 따랐다. 오우스가 움직일 때마다 소맷자락이 흔들렸고, 이에 맞춰 향긋한 향기가 주위에 풍겼다. 최음 효과가 있다는 사향 냄새였다.

"자, 단숨에 쭉 들이키시옵소서. 다케루님은 대왕이 될 분이시옵니다. 저희에게 시범을 보이시옵소서."

"음, 좋군 좋아. 그대의 이름이 오우스라 했는가? 해 돋는 나라에서 왔다고? 그곳이 어디인가?"

"이세라 합니다. 여기서 두 달쯤 걸어가야 하는 곳이옵니다."

"그런 곳에 이렇게 아름다운 여자가 있었던가? 지금 몇 살이나 먹었고 술은 좀 하는가?"

"이팔청춘이옵니다. 한잔 주시옵소서. 저도 대왕을 모시고 취하고 싶습니다. 이런 좋은 날에 어찌 취하지 않고 배길 수 있겠습니까?"

오우스는 큰 잔에 가득 부은 술을 단숨에 비웠다.

"허. 고년이 제법이군. 안주도 들겠느냐? 자, 예 있다. 이걸 받아 먹어라."

다케루는 사슴 고기를 한 점 뜯더니 입에 물고 얼굴을 내밀었다.

그러자 오우스는 다케루의 입에 있던 고기를 날름 입으로 받아먹었다.

"고것 참 예쁜 짓만 하는군."

다케루는 예뻐서 못 견디겠다는 듯 오우스를 품에 꼭 껴안았다. 몇 순배를 더 했는지 모르게 시간이 지나갔다. 밤이 이슥해지니 사람들은 모두 잠자리로 물러가고 대청마루에는 오우스와 다케루만이 남았다. 다케루는 연일 마신 술기운을 못 이겨 오우스의 무릎을 베개로 삼아 코를 골며 누워 있었다. 멀리서 부엉이가 우는 소리가 들렸다. 반달이 하늘에서 대청마루에 누운 다케루의 얼굴을 내려다 보며 차갑게 웃었다. 그 찰나였다. 오우스가 품에 숨겼던 단검을 뽑았다. 단검을 두 손으로 꼭 쥐고 머리 위로 높이 들더니 아래로 빠르게 내리며 다케루의 가슴에 힘껏 꽂았다.

"으악! 어째서 날 찌른 것이냐?"

격심한 통증에 잠이 깬 다케루가 외마디 소리를 질렀다. 오우스는 이러한 소리에도 아랑곳하지 않고 다시 찌르기 위해 단검을 뽑았다. 그러자 다케루의 가슴에서 선혈이 분출해 오우스의 흰 저고리를 붉게 물들였다. 오우스가 한 번 더 찌르려고 하는데 다케루가 소리쳤다.

"잠깐만 기다려라. 날 죽일 수 있는 사람이 이 세상에 있을 줄이야. 넌 누구냐. 이름을 대라."

"난 왕자 오우스다. 금상의 아들이지."

오우스의 대답을 들은 다케루는 신음을 하면서 말했다.

"나는 이 나라 제일의 장사다. 날 이긴 사람은 아무도 없었다. 이제 왕자 같은 용감한 사람의 손에 죽게 되니 감히 왕자에게 존칭을 올리고 죽고 싶구나. 들어주겠느냐?"

"그러지. 천하장사 구마소다케루가 주는 칭호라면 받아 주리라. 말해 보아라."

"이제부터는 왕자가 야마토 제일의 무인이라는 뜻으로 야마토다케루노미코토倭建命라고 칭해라."

다케루가 숨을 거두니, 오우스는 일어나서 처마 끝에 걸려 있던 횃불을 뽑아 들어 허공에 크게 원을 세 번 그렸다. 그러자 담장 너머에 몸을 감추고 있었던 군사들이 집 안으로 우르르 달려 들어왔다. 오우스의 군사들은 갑작스러운 변에 우왕좌왕하는 다케루의 졸개들을 모조리 쳐 죽였다. 이윽고 동이 트기 시작했다. 오우스는 즐비한 시체들을 치우게 하고 집 안을 정돈한 뒤, 마을 사람들을 모이게 했다. 뜰 안에 모인 구마소의 사람들을 향해, 오우스는 대청마루에 서서 내려다 보며 말했다.

"이제 이 고을 구마소는 야마토의 통치하에 들어오게 되었소. 이제부터는 모두들 서로 도우며 화목하게 살도록 하시오. 구마소다케루 같은 포악한 자가 해를 끼치지 못하게 우리 군사들이 여러분을 보호할 것이오. 앞으로 농사를 지으면 열 말에 한 말을, 포목을 짜면 열 필에 한 필을 우리 야마토로 보내시오. 그렇게만 한다면 다른 어떤 놈도 여러분을 수탈하지 못하게 우리가 막아 주겠소."

오우스의 선언을 들은 구마소의 주민들은 환성을 질렀다. 그도 그럴 것이 구마소다케루를 비롯하여 그 전의 여러 구마소다케루들은 주민들의 수확을 반이나 넘게 빼앗아 갔었다. 그래서 주민들의 생활은 궁핍하기 짝이 없었다.

오우스 일행은 가와가미를 다스리도록 오토히고와 함께 군사 오십 명을 남겨두고 주민들의 환송을 받으며 야마토로 돌아갔다. 가는 길에는 기비에 들러 저항하는 무리를 소탕했다. 다음 해 봄 2월이 되어서야 야마토 조정에 돌아온 오우스는 구마소를 평정하고 오는 길에 기비의 반도도 소탕했음을 천황에게 보고했다. 천황은 오우스의 공을 크게 치하하면서 오우스가 야마토다케루노미코토로 호칭하는 것을 정식으로 인정했다.

이로부터 2년이 지난 6월 여름날의 일이었다. 이번에는 동쪽의 무리들이 반란을 일으켰다. 이에 게이코景行 천황이 군신을 모아 일렀다.

"요즈음 동쪽 나라들이 소요를 일으키다가 반란에까지 이르고 있으니 누가 나가 이를 평정할 것인가?"

여러 신하들이 서로 눈치를 살피고 말을 하지 못하자, 오우스가 한 발 나서며 아뢰었다.

"구마소를 평정한 지 벌써 두 해가 지났습니다. 이제는 천하가 태평성세가 될 줄로 알았더니, 동방에서 오랑캐가 반란을 일으켰다 합니다. 이러다가는 언제쯤 평안한 세상을 찾을 수 있으리까? 신이 야마토다케루의 칭호를 받은 지도 여러 해가 되었으니, 감히 오랑캐들을 토벌하여 다시는 딴마음을 먹지 못하게 만들겠나이다."

아무도 나서지 않아서 속으로 언짢아하던 천황은 오우스의 말이 반가웠다. 천황은 얼른 자리에서 일어나 곁에서 시립하고 있던 시종으로부터 부월을 받아 오우스에게 건네주면서 말했다.

"오우스여 조심하도록 하여라. 동방의 오랑캐들은 예로부터 위아래가 없고 남녀 간에 섞여서 온갖 음탕한 짓을 하던 놈들이다. 그러나 모름지기 모든 민초가 짐의 백성이니, 먼저 위엄과 덕으로 다스려서 항복을 받을 수 있도록 힘써 줬으면 한다. 구태여 군사를 동원하지 않고 반도들을 설득해서 귀순하도록 만들면 그것이 제일이니라."

천황의 말이 끝나자 오우스는 부월을 두 손으로 받들고 절을 두 번 하면서 아뢰었다.

"황상이 분부하신 대로 소신이 동방의 오랑캐를 정벌하러 가겠습니다."

그런 뒤 오우스는 장군 둘과 많은 군사를 거느리고 야마토를 떠나 동쪽으로 진군했다. 초겨울 이른 아침에 출발한 오우스의 군사들은 이세반도로 들어섰다. 이세의 신궁에서 오우스는 고모인 야마토히메를 뵙고 하직 인사를 하기 위해서 잠시 행군을 멈추었다.

"고모님, 제가 또 왔습니다. 구마소를 평정한 지 몇 해 지나지 않아 이번에는 동방의 오랑캐들을 정벌하러 가게 되었습니다. 지난번 구마소를 퇴치할 때에는 고모님의 지략과 아마테라스의 비호를 받아 무사히 일을 해낼 수 있었습니다. 그래서 이번에도 대임을 다할 수 있도록 도와주셨으면 합니다."

오우스의 인사를 받고, 야마토히메는 아마테라스 신전에 제를 올릴 수 있도록 준비를 갖추어주었다. 격식에 따라 제를 올리고 나오는 오우스를 보며 야마토히메가 말했다.

"오우스야, 이번 일은 구마소의 경우보다 훨씬 더 힘들 것이다. 동방의 오랑캐는 구마소와 비교할 수 없을 만큼 포악한 야만족이란다. 모든 일에 세심한 주의를 기울여서 다치지 않도록 해야 한다. 지금까지 내가 보관해온 보검을 한 자루 주겠다. 이 보검은 옛날에 스사노오 할아버지께서 이즈모에서 얻으신 것으로, 우리 신궁에서 중히 보관해오던 것이다. 또 주머니를 하나 줄 테니 품에 지니고 다니도록 해라. 아주 급한 상황에 이르거든 이 주머니를 풀어 보아라. 분명 해결책이 나올 것이다."

3. 아즈마吾妻 하야 (내 사랑이여)

오우스는 이세 신궁을 하직하고 군사들을 이끌고 스루가駿河로 나갔다. 도중에 호즈미穗積씨 집안의 오토타치바나弟橘姬라는 공주가 오우스의 수청을 들기 위해 합류했다. 그녀는 이와레히고 이전에 야마토를 다스렸던 니기하야히의 후손이었다. 오우스의 군사들이 동쪽으로 행군을 계속하는데 이 지방을 다스리던 추장이 마중을 나와 공손히 아뢰었다.

"마마, 이곳에서는 사슴이 많이 잡히옵니다. 어서 사냥을 나가도록 하시옵소서."

오우스는 추장의 말을 그럴듯하게 여겨 오토타치바나를 데리고 사냥을 나섰다. 그러나 이것은 추장의 함정이었다. 한참 정신 없이 사슴을 쫓던 오우스가 키가 넘게 자란 억새풀 숲을 헤치고 들어갔을 때 갑자기 맞은편에서 불길이 일어났다. 깜짝 놀란 오우스가 억새풀 숲에서 나오려는데 불이 사방에 확 하고 퍼졌다. 영락없이 불에 타 죽을 지경이 되었다. 휩싸여오는 연기에 숨이 막혀 기침을 하면서 몸을 낮춘 그의 머리에 고모가 준 주머니 생각이 떠올랐다. 그는 얼른 주머니를 꺼내어 풀어 보았다. 그 속에는 부싯돌이 들어있었다.

"맞불 작전을 펴라는 거구나. 고모님 고맙습니다."

그는 허리에 차고 있던 보검으로 주위의 억새를 베어 넘기고 부싯돌을 쳐서 맞불을 질렀다. 그것을 본 오토타치바나는 치마폭을 두 손으로 잡아 불길을 향해 훨훨 부쳤다. 그러자 신통하게도 등 뒤에서 바람이 불어왔다. 마침내 적의 추장과 그 졸개들이 오우스가 지른 맞불에 화상을 입고 쓰러졌다. 그는 다시 군사를 이끌고 동쪽의 사가미相模를 거쳐 가미쓰후사上總로 나가려 했다. 가미쓰후사로 가는 길에 가로놓인 바다를 보니 작아서 쉽게 건널 수 있을 것 같았다.

"이렇게 작은 바다쯤이야 단숨에 건널 수 있겠지."

그런데 마침 동쪽 하늘에서 먹구름이 피어 오르고 샛바람이 불어왔다. 그러더니 날씨가 갑작스레 변하기 시작했다. 물길잡이가 급히 달려와서 말했다.

"마마, 조심하시옵소서. 이곳은 날씨가 변덕을 잘 부리는데, 폭풍이 일면 감당하기 힘드옵니다."

"뭘, 별일 있으려고. 이까짓 작은 바다야 단숨에 뛰어넘을 수 있을 것이다. 어서 배를 띄우도록 해라."

오우스의 군사들은 여러 채의 배에 분승해서 동쪽으로 나아갔다. 그때 마침 새까맣게 하늘을 뒤덮은 먹구름 속에서 번쩍하고 번개가 쳤다. 대여섯을 세는 사이에 '우르르르 꽝' 하는 천둥 소리가 귀청을 때렸다. 곧이어 억수 같은 비가 '우두두두' 소리를 내며 쏟아졌다. 저만치 바다 가운데로 나간 배들은 산더미만 한 파도에 희롱당해 높이 솟았다가 물 속으로 빠져들어갔다. 군사들은 모두 함빡 물 벼락을 맞고 사색이 되었다.

"바다의 신께서 진노하셨어요. 어서 화를 풀어드려야 합니다. 이대론 모두 바다 속에 빠져 죽습니다. 빨리 조치하셔야 합니다. 해신의 화를 풀려면 사람을 바쳐야 합니다. 누구든 빨리 물 속에 몸을 던져야 화가 풀릴 것입니다."

물길잡이가 외쳤다. 그런 상황을 살피던 오토타치바나가 오우스에게 말했다.

"신첩이 해신의 분노를 풀어드리겠습니다. 마마의 앞길에 더 이상의 액운이 없길 빌겠나이다."

오우스가 말릴 사이도 없었다. 오토타치바나는 장옷을 둘러쓰고 바다 속으로 몸을 날렸다. 잠시 후 바다의 신이 화를 풀었는지 파도가 잔잔해지면서 폭풍이 멎었다. 군사들이 탄 배는 무사히 대안에 도착할 수 있었다.

그들은 가미쓰후사 해변에서 며칠을 쉬었는데 군사들 중 하나가 해변에 떠오른 나무 빗 하나를 들고 왔다. 그것은 오토타치바나가 머리에 꽂았던 장식용 빗이었다. 오우스는 그 빗을 가슴에 안고 목을 놓아 울었다.

"아즈마吾妻 하야 (내 사랑이여), 아즈마 하야."

오우스의 통곡은 한동안 그칠 줄 몰랐다.

며칠을 가미쓰후사에서 지낸 오우스는 오토타치바나의 장례를 치르고 다시 동북으로 향하여 미치노구陸奧에 들어갔다. 이번에는 오우스가 탄 뱃머리에 커다란 백동 거울을 달았다. 그 아래에는 두 자 높이의 동탁을 달았는데, 포구로 들어가면서 공이로 '댕, 댕, 댕, 댕, 댕' 하고 쳐서 맑은 소리를 울렸다. 동쪽 하늘에 높이 뜬 햇빛을 반사해 백동 거울은 눈부시게 번쩍였다. 백동 거울에서 반사된 광선이 포구에 모여 서성거리던 오랑캐 쪽에 닿도록 물길잡이는 거울을 조절하면서 배를 몰았다. 오우스는 백동 거울의 바로 뒤에 서서 군사들이 함성을 지르도록 독려했다. 미치노구의 오랑캐들은 포구로 다가오는 이상한 배들을 지켜보고 있다가 눈이 부시고 귀가 따가워지자 겁이 나서 해변에 폭삭 주저앉았다.

"우리는 야마토의 천국에서 찾아온 군사들이다. 우리나라의 천황폐하께서 너희들을 달래어 백성으로 삼으라 하셔서 여기에 온 것이다. 우리의 말을 듣는다면 새로운 농기구와 곡식을 주고, 또 명주로 옷을 지어 입을 수 있게 해주겠다. 그리고 이 지방의 도적으로부터 너희들을 보호해 줄 것이다. 어떤가? 야마토의 백성이 되겠느냐?"

오우스가 물었다.

"저희를 돌봐주신다니 감사합니다. 저희야 도적만 막아주셔도 감지덕지할 따름이옵니다. 게다가 농사짓는 법까지 가르쳐주신다니 더 바랄 게 없습니다."

추장이 말했다. 추장의 선창으로 마을 사람들은 야마토의 백성이 되겠다고 하면서 함성을 질렀다.

미치노구를 평정한 오우스 일행은 서쪽으로 발길을 옮겼다. 그러던 중 우스히 고개碓日峙를 넘게 되었다. 우스히 고개에 올라 동남쪽을 보면서 오우스는 세 번 크게 탄식을 했다. 그러고는 '아즈마하야'라고 침통한 목소리로 크게 세 번 외쳤다. 오우스가 오토타치바나를 사모하는 마음은 이처럼 극에 달했다. 이를 들은 군사들은 모두 숙연해졌다. 이런 일이 있은 뒤로 사람들은 우스히 고개 이동 지역을 아즈마라고 불렀다.

"이미 미치노구의 여러 나라가 우리 손에 들어왔는데, 아직도 시나노信濃와 고시越의 여러 지방은 황명을 따르지 않고 있다. 여기도 말을 듣게 만들어야겠다."

우스히 고개에서 오우스는 이와 같이 말하고 부하 장수 기비노다게吉備武를 고시로 보내어 그 지방의 산세와 민정을 보살피게 만들었다. 그리고 오우스 자신은 시나노를 장악하기 위해 군사를 계속 몰았다. 시나노는 산이 험하고 바위가 하늘 높이 솟은 곳이 많아 사람이나 말이 모두 오르기 힘든 지역이었다. 수천 길 낭떠러지와 겹겹으로 싸인 숲에 가로막혀 몸을 움직이기도 힘든 험한 길을 군사들이 가까스로 넘어가는데, 갑자기 흰 사슴이 나타났다. 이 사슴은 산신령이 현신한 것이었다. 산길을 가다가 지친 오우스는 산신령인 줄 모르고 마늘 쪽을 던져 사슴의 눈을 찔렀다. 눈에 마늘 쪽을 맞은 사슴은 그 자리에서 쓰러져 죽었다. 그러자 산길 전체에 짙은 안개가 끼어 좀처럼 사람들이 길을 찾을 수 없게 되었다. 한참 동안 지적을 가리지 못하고 헤매고 있는데 어디선가 하얀 개 한 마리가 나타나서 길을 인도했다. 그 개 덕분에 오우스 일행은 산길을 벗어나 오와리尾張에 들어갈 수 있었다.

오와리에서는 할 일이 많았다. 전에 동방으로 떠나면서 오와리를 거친 적이 있었는데, 그때 오와리의 호족과 결혼으로 유대를 맺기 위해서 오우스는 오와리의 공주 미야즈히메美夜受比賣와 약혼을 한 적이 있었는데, 그 약속을 지키기 위해 얼마 동안 오와리에 머물게 되었다. 오우스와 미야즈히메의 결혼식은 성대하게 거행되었다.

그러던 어느 날 군졸 하나가 오우스를 찾아와 아뢰었다.

"마마, 아후미近江의 이부키야마伊吹山에 잡귀들이 나타난다고 합니다. 이를 퇴치하여 주시옵소서."

오우스는 바로 길을 나섰다. 이런 곳의 잡귀를 잡는 데에 보검을 가지고 갈 필요성을 못 느낀 오우스는 보검을 미야즈히메에게 맡기고 단신으로 길을 나섰다. 오우스가 이부키야마에 오르려 하는데 길 가운데에 큰 구렁이가 똬리를 틀고 있었다. 오우스가 구렁이를 보고 말했다.

"이 구렁이는 필시 산신령의 부하일 게다. 산신령을 잡는 마당에 그 부하쯤이야 상대할 필요가 있겠는가."

그러나 이 구렁이가 바로 이부키야마의 산신령이었다. 산신령은 오우스의 말에 화가 나서 구름을 부르고 우박을 내리게 했다. 골짜기가 깊어지면서 사방이 어두워졌고 희미한 길마저 보이지 않게 되었다. 살을 에는 추위 속에 우박을 맞으며 산속을 헤매던 오우스가 간신히 산을 빠져 나온 것은 해가 서산으로 넘어 갈 때였다. 기진맥진한 오우스가 겨우 산마루에 있는 샘터에 다다랐을 때는 벌써 해가 지고 어스름이 깔려 있었다. 오우스는 샘터에서 물을 한 바가지 퍼서 마셨다. 그리고 험한 산길을 걷노라 피투성이가 된 발을 샘물에 씻었다. 천신만고 끝에 오와리로 돌아 온 그는 이때부터 시름시름 앓기 시작했다.

오와리로 돌아온 오우스는 미야즈히메의 집에 들렀다가, 보검을 찾아들고 군사를 몰아 이세를 거쳐 노보노能褒野에 갔다. 노보노에 이르자 오우스의 통증은 더욱 심해졌다. 오우스는 미치노구에서 볼모로 잡아왔던 오랑캐들을 이세 신궁에 바치고 야마토히메로부터 받았던 보검을 반납했다. 이 보검은 오우스가 억새풀을 베고 맞불을 질러 함정에서 빠져 나온 일을 기념해서 '풀 베는 검草薙劍'이라 이름 지어졌다. 오우스는 병이 심해 다시는 일어나지 못하게 되었다. 그래서 그는 기비노다게 장군을 조정으로 파견해서 상주하게 했다.

"신이 천조의 명을 받들고 멀리 동방의 오랑캐를 토벌하였습니다. 이제 갑옷을 풀고 창칼을 물려 개선의 길에 올랐습니다. 소신이 직접 황상께 복명을 해야 할 것이나, 천명이 다하여 걷지 못하게 되어 자리에 누웠습니다. 소신의 일신이 망가지는 것은 아쉬울 것이 없으나, 황상을 뵙지 못하게 된 것은 슬프기 한이 없습니다."

며칠 뒤 오우스는 노보노에서 숨을 거두었다. 나이 서른둘로 인생의 한창 때 일이었다. 사람들은 노보노에 둥근 묘를 크게 써서 그를 장례했다. 그런데 얼마 후 오우스의 혼백이 백조로 화신해서 서쪽으로 날아가다가 나라와 오사카에 잠시 머물렀다. 사람들은 나라와 오사카에 백조능을 만들어 오우스를 길이길이 추념하기로 했다. 천황은 오우스의 죽음을 듣고 잠도 제대로 못 자고 식사도 하지 못하며 밤낮으로 흐느끼고 가슴을 치며 슬퍼했다.

"짐의 아들 오우스여. 그대가 떠난 뒤로 하루도 걱정하지 않은 날이 없었다. 밤낮으로 오우스가 돌아오기를 고대했는데 이게 무슨 변인가, 오우스가 죽다니. 앞으로 짐은 누구와 국사를 의논할 것인가?"

천황은 백관을 불러 오우스를 야마토다케루노미코토로 다시 부르게 했다. 그리고 노보노의 분묘를 제왕에 버금가는 규모로 조성토록 만들었다.

4. 진구神功 황후

"저 아이가 시집갈 때가 된 것 같은데. 누구와 짝을 지었으면 좋겠소?"

가이카開化 천황의 증손인 오키나가노스쿠네氣長宿弥가 곁에서 길쌈을 하고 있던 아내를 보고 말했다. 오키나가氣長의 아내는 서라벌 왕자 연오랑(아메노히보코: 天日槍)의 5대째 손녀였다.

"글쎄, 누가 좋을까요? 그동안 그 아이는 역사와 고전을 공부했고, 여자답지 않게 군사를 움직이는 병법을 익혀온 데다가, 신을 내리는 무당의 방술에도 능통하니, 시집갈 데가 마땅치 않습니다."

아내가 약간 걱정된다는 듯이 남편을 쳐다보며 말했다.

앞뜰에서는 키가 훤칠한 아가씨가 마침 내리기 시작한 눈송이를 두 손바닥에 받겠다는 듯이 하늘을 향해 펼치고 발돋움을 하며 킬킬거리고 있었다. 두 부부가 애지중지하는 다라시히메足姬였다. 그녀의 희고 갸름한 얼굴의 두 볼은 불그레하게 상기되어 있었다. 눈꼬리가 약간 위로 올라가 어찌 보면 날카롭게 보이는 것을 빼고는 그녀의 용모는 빼어나게 아름답고, 몸매 또한 늘씬했다.

"주아이仲哀 천황의 황후로 들여보내면 어떻겠소?"

한참을 생각에 잠겨 있던 오키나가가 말했다.

"그게 좋겠어요. 보통 사람은 저 아이를 감당하기 힘들 거예요."

아내는 그럴듯한 생각이라는 듯 고개를 끄덕였다. 주아이 천황은 오래 전에 동방 오랑캐를 평정하다가 죽은 오우스의 둘째 아들로 아직 황후를 정하지 못하고 있었다.

"그럼 내가 대궐에 다녀오리다. 가서 대궐 일에 밝은 다케우치武內 오오미大臣를 만나서 이 일을 상의해 보고 오리다. 의관을 갖추어주시오."

다케우치는 평소에 오키나가의 여식이 보통이 아니라고 생각하고는 눈여겨 봐 왔다. 그래서 그는 오키나가의 혼인에 대한 청을 듣고는 즉석에서 찬성했다.

한 해가 지났다. 다라시히메는 황후로 간택되어 성대한 혼인식을 거행하게 되었다. 혼인이 끝나고 얼마 뒤에 천황은 남쪽으로 사냥을 나갔다. 몇 사람의 귀족과 수백 명의 관인들을 데리고 가서 며칠 동안 지방 시찰을 겸하여 사냥을 즐기고 있는데 쓰쿠시에서 급보가 왔다. 쓰쿠시의 구마소熊襲가 또다시 반란을 일으켰다는 보고였다. 천황은 구마소를 치기로 하고 쓰누가角鹿의 행궁에 있는 황후를 관문關門 해협의 아나토穴門로 오게 했다. 천황은 아나토의 도요우라豊浦에 크게 대궐을 지었다. 천황이 여러 신하들을 모아 일렀다.

"이제 구마소를 토벌할까 하오. 이에 대하여 논의하시오."

군신들이 구마소의 토벌책을 논의하는데, 의견이 분분해서 쉽게 결론이 나지 않았다. 그날 밤, 천황은 다케우치를 불러 뜰에서 신탁神託을 받도록 하라 이르고는 거문고를 친히 뜯었다. 거문고 소리가 은은히 퍼지는 곳에 그 소리에 따라 천황의 곁에 있던 황후에게 신이 내렸다. 황후에게 내린 신은 그녀의 입을 통해 다음과 같은 신탁을 내렸다.

"천황이여, 왜 구마소熊襲가 복종하지 않는 것을 걱정하는가. 구마소는 첩첩 산중이라 큰 소출이 없는 나라다. 어찌 군사를 일으켜 토벌할 만한 가치가 있다고 할 것인가? 그런 곳보다는 바다 건너에 처녀의 고운 눈초리처럼 초롱초롱한 나라가 있는데 그곳을 토벌함이 좋을 것이다. 그곳에는 눈부신 금은보화가 넘쳐나고 있다. 바로 서라벌이라는 나라다. 그대가 나를 잘 모시면 피를 보지 않고도 그 나라가 그대에게 복종할 것이다. 그렇게 되면 구마소쯤은 제물에 항복해올 것이다. 나를 제사 지내려면 천황의 배와 아나토에서 거둔 곡식을 바치면 되느니라."

그러나 천황은 이 신탁을 믿지 못했다. 그는 높은 언덕에 올라 서쪽을 바라다보았다. 천황이 아무리 눈을 크게 뜨고 내다보아도 눈 아래에 펼쳐진 것은 망망한 바다뿐이었다. 천황은 궁으로 돌아와 신에게 고했다.

"짐이 살펴보니 망망한 바다밖에 보이지 않았습니다. 어찌 허공에 나라가 있을 수 있습니까? 짐을 속이지 마십시오."

이 말을 들은 신은 크게 노했다. 신은 다시 황후의 몸에 내려서 그녀의 입을 통해 말했다.

"물에 비치는 그림자처럼 내가 훤히 볼 수 있는 나라를 그대는 보지 못하고 어찌 그런 나라는 없다고 하는가? 내 말을 믿지 못할 뿐 아니라 나를 비방하기까지 하는구나. 이처럼 내 말을 믿지 못한다면, 그대는 그 나라를 얻지 못할 것이다. 그러나 그대의 황후가 지금 잉태를 했으니, 그 아이가 태어나면 장차 그 나라를 얻게 될 것이다."

천황은 그래도 신의 말을 거역하고 남쪽으로 구마소를 공격했다. 그러나 결국 이기지 못하고 돌아왔다. 그런 일이 있은 지 넉 달이 지났다. 천황은 갑자기 병이 들어 자리에 눕더니 다음 날, 쉰둘이라는 나이로 생애를 마치게 되었다. 천황이 급사함에 황후는 다케우치 오오미大臣와 상의했다.

"지금 천황께서 돌아가신 것을 천하에 알리면 큰 변란이 생길 우려가 있어요. 군사들을 이중, 삼중으로 배치하여 천황이 돌아가신 것을 아무도 눈치채지 못하게 해야겠소. 오오미가 모든 일에 소홀함이 없도록 조치하시오."

황후는 다케우치 오오미에게 단단히 당부했다. 한 달이 지나 황후는 스스로 빈소에 들어가 제주가 되었다. 다케우치 오오미가 거문고를 다시 뜯었다. 거문고 앞뒤로는 폐백을 산처럼 쌓고, 신의 말을 올바르게 해석하기 위해 신관을 대기케 했다. 여러 신들에게 제사를 올린 뒤 황후와 다케우치 오오미는 한반도로 진격할 대 선단을 조직하기로 결정했다. 그들은 야마토와 쓰쿠시 일원의 호족들에게 병선을 만들고 군사를 모으도록 지시했다. 얼마 후 수백 척의 병선에 수많은 군사들이 모였다. 이들은 북쓰쿠시의 가시히노우라橿日浦에서 출발하여 서북으로 배를 몰았다. 떠나기 전날 황후는 머리를 풀고 바다를 향해 제를 지내며 말했다.

"내가 천신과 지기의 가르침을 받들고 열성조의 도움을 받아, 푸른 바다를 건너 몸소 서쪽 나라를 치려고 한다. 이제 내가 머리를 바닷물로 씻겠다. 만약 신들께서 나의 소원을 들어주신다면, 내 머리카락이 절로 두 갈래로 나누어지리라."

황후가 바닷물에 머리를 감으니 머리카락이 둘로 갈라졌다. 그녀는 머리를 빗질하여 상투를 틀었다. 그런 뒤에 신료들에게 말했다.

"모름지기 군사를 일으키고 대중을 동원하는 일은 나라의 큰일이라 할 수 있다. 어려운 일이 많을 것이나 모든 신료들이 힘을 다하여 임한다면, 쉽게 뜻하는 바를 이룰 수 있으리라. 모든 일이 잘 되면 여러 신료들의 공이 될 것이요, 실패하면 나의 책임으로 돌릴 것이다. 그러니 모두들 뜻을 모아 일을 도모하도록 하라."

황후의 말을 들은 모든 신료들은 공손히 몸을 굽혀 절을 두 번 하면서 맹세했다.

"황후께서 천하를 위하고 종묘와 사직을 편히 모시기 위해 일을 꾸미신 바, 저희 신료들이 어찌 소홀히 하겠나이까? 돈수 백배하여 황명을 받들도록 하겠습니다."

그해 가을 구월 초하루에 황후가 오호미와大三輪 신사에 칼과 긴 창을 봉납하니 군사가 쉽게 모집되었다. 그리고 길일을 택하여 황후 스스로 부월을 들고 삼군을 호령했다.

"재물을 탐하고 사리를 취하거나 집에 두고 온 처자를 생각하면, 반드시 적의 포로가 되고 말 것이다. 적병이 적다 하여 멸시하지 말고, 적병이 세다 하여 겁내지 말라. 부녀자를 겁탈치 말고 항복하는 자를 살상하지 말라. 싸움에 이기면 반드시 상을 줄 것이며, 패하여 도망치면 반드시 그 죄를 묻겠노라. 신께서 우리를 돌보시고 선봉에서 우리를 인도하시리라."

이때 황후는 산월이 가까워져 있었다. 그녀는 부른 배를 복대로 묶고 신에게 기도하며 말했다.

"모든 일이 잘 되어 이곳으로 돌아오는 날, 여기서 아기를 낳겠습니다."

황후의 선단은 한 달 뒤인 시월 초에 대마도의 와니노쓰鰐浦에서 북쪽을 향하여 출범했다. 대군은 서라벌의 서울 금성을 에워싸고 여러 날 공격했다. 왜군은 마침내 크게 이겨서 서라벌의 임금인 매금寐錦의 항복을 받았다. 매금이 항복한 성문 앞에 황후의 긴 창을 꽂아 왜군의 승리에 대한 후일의 증빙으로 삼았다. 황후의 앞에 포박되어 꿇어앉은 매금을 여러 장수들이 참수하자고 했으나, 황후는 이를 허락하지 않고 매금의 포승을 친히 풀어주고 말을 돌보는 마감으로 삼았다. 이는 출정 전에 '부녀자를 겁탈하지 말고, 항복하는 자를 살상하지 말자'고 그녀가 선언한 것을 실천한 것이었다. 서라벌 측에서는 왕자를 인질로 내놓았다. 왜인들은 그와 동시에 금은보화와 비단, 능직과 얇은 명주를 바리바리 실었다. 드디어 황후는 선조 대대로 꿈꾸어오던 서라벌 정벌에 성공하고 쓰쿠시로 개선할 수 있었다. 그런 공을 칭송하여 후세에서 그녀를 진구神功 황후로 시호했다. 그녀는 쓰쿠시에 돌아오자마자 아들을 낳았다. 이 아들이 뒤에 보위에 오르니 오진應神 천황이다.

제 10장

백제의 홍성

1. 관제와 품계의 제정

서기 238년에 공손강의 아들 공송연이 위魏의 장수 사마의의 공격을 받아 참수를 당하게 되면서 가족과 고위 인사, 그리고 장수들 70여 명이 참형에 처해져 공손씨는 요동에서 사라지게 되었다. 그와 함께 위구태의 아들 간위거의 남부여 무리들도 거점을 잃고 말았다. 그래서 많은 남부여 세력들은 한반도로 다시 내려와 대방군을 넘어 백제로 들어갔다. 이런 때에 고이왕古爾王이 백제의 7대 왕이 되었다. 그때까지 백제는 아직 정비되지 않은 읍락국가의 연합체에 지나지 않았다. 왕권은 온조의 계열에 의해 세습으로 이어져갔다. 그리고 국가의 중요한 관직은 왕족인 부여扶餘씨와 왕비족인 진眞씨나 해解씨가 독점해 나갔다. 나라의 중요한 일은 이 지역의 부족과는 관계없는 유입 세력인 팔대 성씨八大姓氏에 속한 귀족들이 정사암회의政事巖會議 같은 것을 통해 결정했다. 북방 기마민족의 관례에 따라 왕은 좌보左輔나 우보右輔를 두어 국사를 맡게 했고, 그 아래로는 좌장左將과 우장右將을 두어 병마사를 맡겼다. 고이왕까지의 백제 초기 역사는 대부분이 북으로는 말갈, 동으로는 서라벌, 그리고 남으로는 마한과 왜와의 공방전으로 점철되어왔다. 개루왕 때 남쪽의 왜로 건너간 위구태의 손자 울구태는 요동의 공손씨와 왜의 이토코쿠 사이를 몇 번이고 오가더니, 공손씨가 패망한 후 한동안 백제의 왕궁에 기탁하며 고이왕의 개혁 사업을 돕게 되었다.

"마마, 현재의 관제와 형벌 체제로는 나라를 다스리기가 어렵습니다. 그 정비가 시급하다고 생각합니다. 중국 대륙의 위魏나라에서는 최고 명예직으로 정1품인 태사太師, 태부太傅, 태보太保의 삼공三公을 두었습니다. 그리고 실제 정치는 황태자가 겸임하는 중서령中書令과 좌, 우 승상丞相이 맡아 하며, 그 아래에 6부를 두어 그 장관을 상서尙書라 하고 시랑侍郎으로 보좌하게 했습니다. 우리도 이제는 관직과 품계를 정비해서 각자가 맡을 바를 분명히 하고 직책에 맞는 권한과 책임을 주어야 합니다. 그래야 위계질서가 잡히고 일사불란한 통솔이 가능할 것입니다."

마침 남당南堂에 모인 여러 신하들 앞에서 울구태가 왕에게 아뢰었다.

"옳은 말이오. 울구태 왕자의 말에 따라 우보께서 여러 신하들과 상의해서, 우리에게 맞는 관제와 품계를 제정하도록 하시오."

"삼가 왕명을 받들어 안을 마련하도록 하겠습니다."

우보 진충眞忠이 아뢰었다.

어전을 물러난 신하들은 울구태를 포함하여 왕숙인 질質, 우보 진충, 좌장 진물眞勿이 중심이 되어 여러 날 새로운 관제와 품계에 대하여 토의했다. 이들은 부여, 고구려, 신라, 위의 여러 직제와 품계에 대하여 검토하면서 그 공과에 대하여 격론을 벌였다. 그리고 마침내 고이왕 26년(서기 259년) 섣달에 하나의 안을 왕에게 품신하게 되었다.

"마마, 저희들이 논의한 바로는 현재의 좌, 우보 체제로는 제대로 나랏일을 경영하기가 힘들 듯합니다. 지금 주변을 살펴보니 말갈, 고구려, 서라벌, 그리고 왜가 수시로 국토를 침범해 오고, 만백성의 살림이 넉넉하지 못하니, 신료들을 문무로 나누어 각기 소임을 다하도록 하는 것이 가장 좋을 것으로 생각됩니다.

먼저 국사를 맡을 사람으로 좌평佐平 여섯을 두는 것이 좋겠습니다. 이들 좌평이 왕명 출납, 재무, 예식, 숙위, 사법, 국방의 여섯 부서를 관장하도록 하는 것입니다. 그 아래에는 다섯 솔率자 직계를 두어 좌평을 보좌하도록 합니다. 6품인 나솔奈率 이상의 신료에게는 자줏빛 옷을 입게 하고 은으로 만든 꽃으로 관을 장식하게 하면 각자 위엄을 갖고 백성을 다스릴 수 있을 것입니다. 그리고 그 아래에는 덕자 돌림의 관직 다섯을 두어 각자 붉은 관복을 입게 합니다. 그 아래에 다시 하급직을 배치하여 이들에게 푸른 관복을 입혀 정사를 거들게 하면 질서가 눈에 보이게 잡힐 것이라 생각합니다. 일반 백성들은 자줏빛 옷과 붉은 옷을 입지 못하게 해야 하겠습니다. 그리고 처녀는 머리를 땋아서 늘어뜨리고, 결혼하면 두 갈래로 모아 올려 머리 위에 서리도록 해서, 지아비가 있고 없음을 밝히도록 해야 하겠습니다. 각 관서의 장은 3년마다 교체하면 여러 족장 사이의 세력 균형을 이룰 수 있을 것이고, 장기 집권의 폐해를 최대한 줄일 수 있을 것입니다."

우보 진충의 말을 듣고, 왕이 물었다.

"중앙관서를 그렇게 하는 것은 좋은데, 지방은 어떻게 하면 좋겠는가?"

"수도를 상, 전, 중, 하, 후의 5부로 나누고, 부마다 5항巷을 두어 25항으로 구성하게 합니다. 그리고 각 부에는 각각 5백 명의 군사를 배치합니다. 지방은 전국을 동, 서, 남, 북, 중의 5방으로 나누는 것이 좋겠습니다. 지방의 각 방에 방령方領을 두어 통솔하게 하는데, 한 방에 700명에서 1,200명까지의 군사를 배치하여 이들이 지방을 수비토록 했으면 합니다. 그리고 탐라耽羅와 왜를 포함한 전국 22개 처의 주요 성읍에는 담로擔魯를 두어 다스리도록 합니다. 담로에 왕족들을 임명하시면, 왕권이 확립될 것이라 생각합니다."

왕숙인 질이 말했다.

"경들이 배려한 것이 여러 가지로 많은 것 같구려. 수고하셨소. 그대로 실시하도록 하시오."

왕의 윤허가 났다. 드디어 고이왕 27년(서기 260년) 초에 왕은 새로운 직제와 품계를 제정했음을 선포하고, 왕제 우수優壽를 왕명 출납을 맡는 내신좌평內臣佐平으로 삼았다. 그런 뒤에 왕과 내신좌평 우수는 두 달 동안 숙의해서 나머지 다섯 좌평을 임명했다.

봄기운이 화창한 3월이 되었다. 왕은 정청인 남당에 나가 좌평들을 호명하며 친히 임명했다. 왕은 넉넉한 큰 소매의 자줏빛 도포에 푸른 비단 바지를 입고 금꽃으로 장식한 오라관烏羅冠에 흰 가죽띠를 두르고 검은 다룸가죽 신을 신었다. 왕은 그런 뒤에 조정좌평朝廷佐平 곤노昆奴에게 일렀다.

"이제 관제도 마련되었으니 이번에는 백성들에게 반드시 지켜야 할 일을 일러주는 것이 좋겠소. 경의 생각은 어떠한가?"

"삼가 아룁니다. 첫째, 관인으로서 공적인 일에 재물을 받은 자와 도적질을 한 자는 3배의 장물을 징발하고 종신 금고의 형벌을 주는 것이 마땅할 것입니다. 다음으로 반역을 한 자는 화형에 처하고, 전쟁에 나가 지고 온 자나 여자를 겁탈한 자는 살인범과 마찬가지로 참수형에 처합니다. 이들 범죄자의 자산은 몰수하고 그 처자는 노비로 삼을 것입니다. 마지막으로 남의 물건을 훔친 자는 훔친 액수의 열두 배를 물리도록 하겠습니다."

형벌을 맡은 조정좌평朝廷佐平 곤노昆奴가 소상히 아뢰었다. 이는 대부분이 부여 시절부터 집행해온 것인데, 거기에 관인 중 부정을 한 자는 종신 금고에 처하는 것을 더했다.

"대체로 잘 정한 것 같소. 이번에는 제례와 교육에 대한 방안을 말해보시오."

왕이 다른 화두를 꺼냈다. 그러자 예식을 담당한 내법좌평 우두優豆가 한 발짝 나와서 말했다.

"시조 구태의 신묘를 서울에 세우고 해마다 네 번 제사하시는 것이 좋 겠습니다. 또 하늘과 동, 서, 남, 북, 중앙의 다섯 신께 이월, 오월, 팔월, 그리고 동짓달에 제사를 지내도록 하는 것입니다. 국조 온조 대왕 때와 마 찬가지로 천지에 제사하는 단을 설치하여 지내는 것입니다."

"제사는 그렇게 하면 되겠고, 백성들은 어떻게 가르칠 것인고?"

"각 성읍에 학당을 지어 아직 미혼인 자들을 모아 주야로 독서와 궁술 과 검술을 익히게 하는 것이 좋겠습니다. 이들에게 오경을 가르치고, 악기 를 다루는 법도 익히게 하는 것이 좋겠습니다. 그리고 오경五經 박사를 서 울의 태학太學에 두어 이들을 감독하게 하는 것입니다."

내법좌평 우두가 다시 설명했다.

"좋을시고. 경들이 모든 것을 두루 잘 살펴서 제도를 마련하니 앞으로 우리나라의 장래가 미덥기 짝이 없구려. 그대로 시행하도록 하시오."

그 뒤 20여 년간은 주로 새로운 제도의 정착에 힘쓰면서, 서라벌과의 접경에서 작은 전투만 대여섯 번 있었다. 고이왕 53년(서기 286년) 정월에 사신을 서라벌에 보내어 수교를 청했다. 동짓달에 고이왕이 돌아가시니 군 신이 그 치적을 기리고 오랫동안 애도했다. 백제의 제도 개혁에 크게 공헌 한 울구태는 283년에 다시 쓰쿠시의 이토코쿠로 돌아갔다. 그는 백제의 옷 짓는 공녀를 왜로 데리고 가서 왜인들의 의상을 개선하는 데 도움을 주었 다. 이후 울구태의 다음을 이은 다케우치는 이토코쿠를 이끌고 야마토 왕 조에 들어가 스쿠네宿祢의 가바네姓를 받고 오오미大臣가 되어 진구 황후 를 도와 야마토 재통일 작업에 큰 역할을 하게 되었다.

고이왕의 아들 책계왕責稽王은 대방군 공주 보과寶菓를 부인으로 삼았 기에 처가를 도와 고구려를 침범했다. 그 바람에 고구려와의 관계가 더욱 악화되었다. 몇 년 뒤, 맥인貊人들과의 싸움에서 책계왕은 전사하고 말았 다. 책계왕을 이은 분서왕汾西王은 304년 2월에 낙랑군의 서쪽 현을 빼앗았으나 10월에 낙랑 태수가 파견한 자객에 의해 암살을 당했다. 분서왕이 변사하자 그의 아들이 아직 어려서 사람들은 종조부인 비류를 왕으로 추대했다. 이분이 비류왕比流王이다. 비류왕은 41년간이나 집권했으나 서제인 우복優福을 내신좌평으로 삼아 국정을 관장하게 만들었다가 6년 뒤 우복이 모반을 해 친히 군사를 이끌고 이를 토벌한 일 외에는 별다른 치적이 없었다. 후에 분서왕의 아들이 장성을 해서 계왕契王이 되었으나 두 해를 넘기지 못하고 죽었고, 비류왕의 둘째 아들인 근초고왕近肖古王이 보위에 올랐다. 이런 혼란 속에서도 고이왕이 제정한 제도는 차츰 정착하여 결실을 보게 되었다. 그것이 근초고왕 때에 백제가 크게 번창하게 되는 힘이 되었다.

2. 왕자 부여구扶餘句

비류왕 13년은 서기 316년이었다. 봄에 가뭄이 들고 큰 별이 서쪽으로 흘러갔다. 그러면서 4월에 백제의 위례성에 있는 대궐에서 왕자가 태어났다. 비류왕의 둘째 아들이었다. 왕은 첫 왕자를 잃은 지 얼마 되지 않은지라 크게 기뻐하며 이 아이에게 부여구扶餘句라는 이름을 지어주었다. 이 왕자가 열여섯이 되던 해의 여름이었다.

"마마, 괴상한 일이 일어나고 있습니다. 저 하늘을 보시옵소서. 서쪽에서 새빨간 구름이 하늘을 덮어오고 있습니다. 아무래도 흉측한 일이 일어날 징조인 것 같습니다. 피신을 하소서."

병관좌평 해구解仇가 대궐에 급히 들어와 아뢰었다.

"왜 그러느냐? 병관좌평이 무엇을 그렇게 호들갑스럽게 야단인가?"

"마마, 그것이 그렇지 않습니다. 서쪽에서 붉은 구름이 하늘을 덮어온다는 것은 선대왕께서 낙랑 태수가 보낸 자객에게 시해를 당하신 것처럼 큰 사변을 예고하는 것입니다. 미리 준비하시어 재앙을 막으소서."

"알았다. 우선 왕자 구句를 서쪽의 능허대凌虛臺로 보내어 배로 남쪽

의 목지국目支國으로 피신토록 하여라. 달솔達率 진의眞義에게는 군사 500
명을 거느리고 왕자를 호위하라 이르고."

"마마께서는 어찌 하시려는 것입니까?"

"짐은 그대와 함께 구원狗原으로 가리라. 중부 5방의 군사들이 수행토
록 하라."

왕은 사냥을 하러 간다고 하고 군사 2,500명을 움직였다.

능허대를 거쳐 직산稷山의 목지국으로 피신한 왕자 구는 진의의 호위
를 받으며 사산성蛇山城으로 올라갔다. 이곳에 진을 친 왕자 구는 백제에
복속하게 된 옛 마한 맹주국인 목지국의 유민 대표들을 만났다.

"목지국의 여러 마을의 어른들께 인사를 드리러 왔습니다. 옛 진왕의
후예들이 호남과 왜로 흩어졌다고 들었습니다. 또 삼한의 맹주였던 마한의
신지臣智나 신운국臣雲國의 견지遣支 같은 분의 후예께서는 어디로 가셨는
지 가르쳐 주셨으면 합니다."

왕자 구는 호남의 각 지방을 차지하고 있었다는 마한의 오십사국에 대
한 일이 궁금했다.

"마마, 이곳은 옛 마한의 맹주였던 목지국의 산성입니다. 바로 이 근
처에서 옛날 한반도 남반부를 거느린 것이 진왕이었습니다. 그러나 진왕은
강한 왕권은 없었고, 삼한 연맹체의 맹주로 받들어졌을 따름이었습니다.
삼한이라 하면 서쪽의 마한, 동쪽의 진한, 남쪽의 변한을 말합니다. 마한
이 54개국, 진한과 변한이 각각 12개국이었지요. 마한은 사람이 제일 많이
살고 있어서 10만여 호가 넘었습니다. 기자조선이 위만에게 망하면서 기
자조선의 마지막 왕인 준왕準王은 바닷길로 한강 이남으로 망명해 와, 진
왕의 배려 아래 한왕韓王이라 칭하고 이곳에 눌러앉았습니다. 이분이 뒤에
마한의 영도자가 되었지요. 우리 백제도 사실은 마한왕의 관용으로 한강변
에 땅을 빌려서 나라를 시작한 셈입니다."

달솔 진의가 이곳의 연혁을 상세히 설명했다.

"한강 이남으로 보면 남양만南陽灣과 아산만牙山灣 일대를 장악하는 사람이 천하를 도모할 수 있다고 전해옵니다. 이곳의 포구를 통해 서쪽 바다 건너 나라들과 왕래하는 것과 물자 교류가 쉽기 때문이지요. 우리 백제가 남쪽 끝에 있는 영암靈岩, 강진康津, 해남海南, 완도莞島 같은 포구들을 장악한 것은 최근의 일입니다. 고이왕 때까지만 해도 우리 힘이 미치지 못하여, 이 지역 작은 나라들에서는 그 크기에 따라 신지나 읍차邑借의 칭호를 가진 수장들이 활동하고 있었습니다. 우리 백제에 이들이 복속한 뒤, 마한의 일부 백성들은 바다를 건너 동남쪽 왜로 건너가서 그곳에 나라를 세워 세력을 키우고 있다고 합니다."

유민 대표 가운데 한 사람이 설명했다.

왕자 구가 호남을 순시하고 있는 동안에 두 달이 지났다. 왕은 여전히 구원의 북쪽에서 사냥을 핑계로 군사훈련을 하고 있었다. 어느 날 서울에서 급한 파발이 왔다. 말에서 뛰어내린 장수가 왕의 막사에 들어와 숨을 헐떡이며 고했다.

"마마, 내신좌평 우복이 북한성北漢城에서 반란을 일으켰습니다. 어서 이를 진압하지 않으시면 보위를 찬탈 당하십니다. 대처하소서."

"뭐라고 했느냐? 내신좌평이 반을 일으켰다고? 7월 달의 붉은 구름이 뜻한 것이 이것이었던가."

왕은 병관좌평 해구를 보고 미리 짐작하고 있었다는 듯이 말했다.

"마마, 우복은 6년 전에 내신좌평이 된 뒤로, 자기가 고이왕의 직계라 왕위를 이을 자격이 있다고 은밀히 주장해 온 것으로 압니다. 이제 그의 본심이 만천하에 드러났으니, 초전에 박살을 내셔야 하겠습니다."

병관좌평 해구의 말이었다.

비류왕의 행동은 빨랐다. 구원에서 출발한 군사는 불과 이틀 만에 북한성에 도달했고, 공방전은 쉽게 끝났다. 쉽게 반란을 진압하고 우복을 참수하여 그의 머리를 북한성에 효수했다. 이것으로 초고왕 계열과 고이왕 계열의 왕통 승계 싸움은 초고왕 계열의 승리로 끝났다.

일단 정통성 싸움에서는 이겼으나 백제의 형편은 잘 풀리지 않았다. 봄, 여름으로 한재가 크게 들어 초목이 말라 죽고 강물이 말랐다. 이후로도 천재지변이 그치지 않아 민심은 더욱 흉흉해졌다. 왕은 초고왕 계열의 정통성에 너무 집착한 것으로 인해 고이왕 계열의 반발이 있을 것이 조심스러워졌다. 그래서 자기가 죽은 뒤에는 다시 고이왕 계열 분서왕의 장자가 왕통을 잇도록 유지를 내렸다. 왕의 유지에 따라 왕위를 계승한 자가 계왕契王이었다. 그러나 초고왕 계열의 왕족들은 이것을 받아들이지 않았다. 불평이 표면화되려고 할 때, 계왕이 이 년도 지나지 않아 죽었다.

"이제 다시 왕통을 바로잡아야 할 것이오. 비류왕의 아들이신 부여구 마마를 모시도록 해야 합니다."

내신좌평 진의가 조정의 신료들 앞에서 선언했다. 조정의 신료들이나 각 방의 방령들에게 이의가 있을 리 없었다. 그리하여 왕자 구가 왕위에 올라 근초고왕近肖古王이 되었다. 서기 346년의 일이었다.

"짐이 사방의 정세를 살펴봤을 때, 우리나라에는 많은 문제가 있는 것 같소. 내신좌평은 짐과 얘기했던 내용을 여러 신료들에게 설명해 주시오."

근초고왕은 왕위에 올라 처음 열린 회의에서 만조백관 앞에서 말했다.

"마마의 뜻을 받자와 우리 백제의 안팎 사정을 설명드리겠습니다."

내신좌평 진의는 왕을 향해 공손히 고개를 숙여 절하고 나서, 남당에 모인 여러 신료를 향해 목청을 돋우었다.

"금상께서 등극하시기까지 천재지변이 계속되어 민생이 도탄에 빠졌습니다. 이는 그동안 우리 백제의 왕족과 귀족이 권력 다툼에 눈이 어두워 민생을 돌보지 않은 탓이 크다 하겠습니다. 금상의 등극을 기념해서 전국에 사면령을 내려서 백성들의 죄를 한 등급씩 경감하는 것이 좋겠다는 어의이십니다. 그리고 앞으로 3년간은 모든 부역을 면제해 주어, 우선 민생이 회복하도록 만들자고 하십니다. 여러 신료들과 왕족 및 귀족들은 그동안 저축해놓은 재물을 풀어서, 백성들을 돕고 보살피는 데 일조해주셔야 하겠습니다. 왕실에서는 세출의 3할을 삭감하여, 있는 옷을 바꾸지 않고 기워서 입도록 하겠고, 3년간은 음주를 삼가겠다고 하십니다. 국고에 있는 양곡도 군량과 최소한의 비축을 빼고는 백성들을 돕는 데 지출하게 됩니다."

남당에 모인 신료와 귀족들은 모두 숙연해졌고, 기침 소리 하나 들리지 않았다. 왕은 옥좌에 앉아 그들의 표정을 두루 살폈다. 속으로는 불만의 소리가 클 것으로 짐작했는데, 우선은 조용해서 마음이 놓였다. 진의가 계속해서 말했다.

"우리나라를 둘러싼 여러 나라의 동태를 살펴봅시다. 우선 동쪽의 서라벌은 우리 분서왕 4년에 국호를 신라新羅라고 고친 뒤 우리나라와 전쟁을 하지 않고 서로 사신을 파견하며 수교하고 있습니다. 남동쪽으로는 가야의 여러 나라와 왜국이 우리와 동맹을 하게 되었습니다. 황해 너머에 있는 서토는 남북으로 왕조가 갈라져 있는데, 그 가운데 남조의 동진東晉과 우리나라의 사람들이 왕래를 하고 있습니다. 오직 걱정되는 것은 북쪽의 고구려인데, 이에 대한 방비를 중점적으로 해야 할 것입니다. 만주에 있는 요서遼西, 진평晉平 두 군과 위구태 이후의 낙랑, 대방의 옛 지역이 한수 이남의 우리 백제와 왕래하고 있는데, 그 옆구리를 찌르듯이 노리고 있는 것이 고구려입니다. 고구려의 남진 세력을 막으려면, 무엇보다도 우리의 수송 선단을 강화해서 각 지역 간 물자의 유통과 통상을 진흥시켜야 할 것입니다. 이를 위해 금상께서는 능허대를 중심으로 수백 척의 배를 건조하고, 그 선단을 부릴 사공과 수군 병사의 훈련을 추진하기로 하셨습니다. 동시에 가야와 왜국에도 사신을 보내어 협력을 요청하기로 하셨습니다. 특히 쓰쿠시의 이토코쿠에는 울구태 왕자가 있고, 그와 함께 보낸 백제 세력이 크게 불어나고 있다고 합니다. 사신을 보내어 고구려를 치기 위한 원병을 청한다면 그들도 과거의 연분을 생각하여 기꺼이 도울 것입니다."

내신좌평이 되기 전에 병관좌평을 거친 적이 있는 진의의 설명에는 거침이 없었다.

"짐의 뜻도 내신좌평과 같소. 여러 신료들은 각자 소임을 다하여 우리 백제가 크게 뻗을 수 있도록 힘써주시오. 앞으로 누가 법과 왕명을 제대로 집행하는지 처남 진정眞淨을 조정좌평調廷佐平으로 삼아 살피도록 할 것이니 그리 아시오."

왕의 이 말을 끝으로 오늘의 조정회의는 끝났다. 신료들과 왕족, 그리고 귀족 대표들이 남당에서 삼삼오오 무리를 짓고 나왔다. 개중에는 오늘의 왕명이 너무 과하다고 불평하는 자도 있었으나, 조정좌평 진정이 가까이 가자 입을 다물고 왕궁을 나갔다.

다음 날 아침 일찍 왕은 내신좌평 진의를 불렀다.

"내신좌평, 어제 묘의를 마치고 나니 사람들이 무어라 합디까? 불평이 많았을 텐데."

"일부 투덜거리는 자가 있었습니다만, 조정좌평 진정이 감찰하는 바람에 잠잠해졌습니다. 마마의 뜻을 모시도록 서울의 오부 군사들이 엄중히 경계하고 있사오니 불평이 다소 있더라도 다른 생각들은 못 할 것입니다. 염려 마시옵소서."

"그렇다면 좋겠지만, 워낙 하극상을 잘 일으키던 사람들이니 추호도 방심해서는 안 되오."

"여부가 있겠습니까? 염려 놓으소서."

"지금 좌평을 급히 들어오라 한 것은 아무래도 동쪽의 신라와 남쪽의 왜에 대한 조치를 서둘러야 할 것 같아서요."

"신라는 저번에도 사신을 보내어 수교를 강조하고 있습니다만, 남쪽의 왜는 조금 복잡해질 것 같습니다."

"왜에 무슨 일이 있소? 복잡하다니."

"사실은 울구태가 이토코쿠에 돌아간 뒤, 이토코쿠가 동쪽의 야마토에

흡수되었습니다. 그러면서 이토코쿠의 왕자인 야마토다케루가 야마토 왕조의 명을 받아 쓰쿠시의 구마소다케루를 죽이고 다시 야마토의 동쪽 지방까지 평정했다고 합니다. 그 뒤 야마토다케루의 후손이 왜왕이 되었는데 급사하는 바람에 그의 왕비가 야마토 조정을 좌우하게 되었다 합니다. 원래 이토코쿠의 대신으로 울구태와 함께 갔던 다케우치라는 무장이 이 왕비의 심복으로 대신이 되어 국정을 돕고 있다고 하는데, 다케우치의 조상은 우리 백제 사람이고, 왕비의 조상은 서라벌 왕자라고 전하고 있습니다. 몇 해 전, 왕비와 다케우치는 서라벌을 침범해서 크게 이기고 많은 재물을 약탈해갔습니다. 그 뒤 왕비는 아들을 낳아 황위를 계승시키기 위해 다케우치 장군과 함께 쓰쿠시를 떠나 야마토로 진군했다고 합니다. 하지만 야마토 왕조에서는 왕비가 낳은 아들을 정통으로 인정하지 못하겠다고 하며, 다른 왕통의 왕자들이 반란을 일으켰다고 합니다. 그러나 왕비가 이끈 군사에게 당하지 못하고 이들은 야마토 제일의 큰 호수인 비와호琵琶湖에 빠져 죽고 말았습니다. 이렇게 해서 야마토 왕조가 왜국을 재통일하게 되었다고 합니다."

"아, 그래요? 그렇다면 더욱 더 신라와 야마토에 사신을 다시 보내야 하겠소. 요즈음 각국에서는 좋은 말을 구하지 못해 애를 쓴다고 하니 우리 대궐에서 길러온 적토마赤兎馬 암수 한 쌍을 신라와 야마토에 보내는 것이 어떨까 생각하오. 특히 야마토에는 반란을 평정한 것을 축하한다고 하면서 말을 길들이는 사람을 함께 보내어 그들에게 우리 문물도 가르쳐 주도록 하면 더욱 좋지 않겠소. 적당한 사람을 시급히 골라 보시오."

왕명을 받고 대궐을 물러난 내신좌평 진의는 머리가 아팠다. 말 네 마리를 외양간에서 골라내는 것은 별로 힘든 일이 아니었다. 요서와 대방을 통해 남부여 세력이 올 때에 천하의 준마를 수백 필 가지고 왔던 터라 왕실의 외양간에는 하루에 천리를 달린다는 적토마를 포함하여 천하의 영웅들이 탐낼 명마가 수두룩했다. 그러나 이를 잘 길들일 줄 알면서 백제의 문물을 잘 아는 박식한 인재는 흔하지 않았다. 진의는 근초고왕의 뜻을 충분히 이해하고 있었다. 북쪽의 고구려를 견제하고 대 백제국을 건설하겠다는 왕의 구상에는 야마토의 왜인 세력 지원이 필수적이었다. 왕은 이토코쿠가 백제인에 의해 다스려지고 있다는 것을 목지국 유민으로부터 들은 뒤로는 이토코쿠를 백제의 분국으로 생각하고 있었다. 그렇다면 이토코쿠 세력이 야마토를 지배하게 된 오늘날, 왕이 야마토를 산하에 넣어 대 백제 건설에 활용하려 할 것은 틀림이 없었다. 말만 돌보는 일개 마감을 보내서는 그런 일을 쉽게 이룰 수는 없을 것이었다. 적어도 이번에 보낼 마감은 문무의 지식과 지혜가 출중한 사람이어야 했다. 누굴 뽑을 것인가? 진의의 머리는 계속 빠개지는 것 같았다.

3. 칠지도七支刀

"지금 마마께서는 야마토에 달솔 구저久氐와 방령 막고해莫告解를 사신으로 보낼 예정이십니다."

내신좌평 진의가 좌평회의에서 말했다. 백제의 근초고왕 20년이자 신라의 나물 이사금奈勿尼師今 10년의 일이었다.

"야마토라면 저 남쪽에 있는 왜인들의 나라가 아닙니까?"

조정좌평 진정이 물었다.

"예, 그렇습니다. 여러분께서는 울구태 왕자를 기억하실 것입니다. 그분은 쓰쿠시로 건너가 이토코쿠의 왕이 되었지요. 그런데 그 이토코쿠가 야마토와 합쳐지게 되었답니다. 그리고 이토코쿠의 재상으로 있던 다케우치라는 사람이 지금은 야마토의 여왕을 도와 오오미大臣라는 최고의 직위에 올랐습니다. 우리로 말하자면 내신좌평인 셈이지요. 그래서 마마께서는 사신을 야마토에 보내어 원군을 청할 생각으로 계십니다."

좌평회의에서 논의한 끝에 우선 달솔達率 구저久氐를 탁순국卓淳國으로 보내어 왜인들의 본뜻을 알아보기로 했다. 탁순국에 있던 왜장은 답사로 부장 니하야爾波移를 구저를 따라 백제로 보내왔다. 니하야가 야마토 왕조의 내력을 대충 설명했다. 니하야의 얘기에 골똘히 귀를 기울이던 왕이 말했다.

"내법좌평內法佐平은 들으시오. 부장 니하야가 앞으로 수고가 많을 것 같으니, 이 사람에게 오색의 비단을 빛깔마다 한 필씩 다섯 필, 소뿔로 만든 각궁과 화살 일 식, 그리고 판장쇠 40정을 선물로 주도록 하시오. 그리고 니하야 부장은 들으시오. 그대가 힘을 써서 두 나라 사이의 길을 열도록 하시오."

"분부만 내리시면 소신이 멸사봉공하겠나이다."

니하야가 공손히 아뢰었다. 며칠 뒤 니하야는 탁순국을 거쳐 야마토로 돌아갔다.

다음 해 초여름이었다. 백제가 처음으로 보낸 사신인 구저 일행이 야마토에 도착함에 야마토의 군신은 기뻐서 어쩔 줄을 몰라 했다. 특히 진구神功 황후가 좋아했다. 백제의 사신들이 예물을 바쳤다. 그런데 뜻밖에도 예물이 조잡했다.

"어찌 된 일인가? 백제에는 귀한 물건이 창고에 넘친다고 니하야가 말했고, 백제의 대왕께서도 우리에게 보낼 준비가 다 되어 있다고 하셨다는데."

볼품없는 예물을 내려다 보며 황후가 구저에게 물었다.

"마마, 신들이 길을 잃고 신라의 사히沙比에 갔다가 신라인들에게 사로잡혀 석 달을 하옥되어 죽을 고생을 했습니다. 그들은 소신이 갖고 있던 야마토로 가지고 올 예물을 빼앗아 갔습니다. 용서하여주소서. 소신이 본국에 돌아가면 최고의 예물을 다시 마련해서 오도록 하겠습니다."

"괘씸한 놈들이로고. 신라놈들이 그런 짓을 했단 말이오? 예전에도 신라놈들이 우리가 가야로 보내는 예물을 빼앗아갔다가 우리 군사들에게 혼난 적이 있었는데, 그 버릇이 여전하구만. 경은 아무 염려하지 말고 짐이

주는 예물을 갖고 본국으로 돌아가도록 하시오."

백제의 사신이 온 지 몇 달이 지난 어느 날이었다.

"마마, 신라에서 사신이 왔습니다."

황후를 측근에서 모시던 시종이 급히 내전에 들어와 아뢰었다.

"무어라고? 백제에서 사신이 온 지 몇 달 되지도 않았는데 신라에서도 왔단 말인가? 마침내 우리 야마토를 삼한에서도 알아주기 시작했군. 신라는 전에도 우리가 가야로 보내는 예물을 뺏어갔고, 이번에는 백제가 우리에게 바치는 물건을 탈취해 갔소. 이런 일이 자꾸만 되풀이되니 가만히 둘 수가 없소. 누가 다시는 이런 일이 일어나지 않도록 신라의 버릇을 고쳐줄 수 있을꼬?"

황후는 짜증스럽다는 기색을 역력히 드러내면서 늘어선 신하들을 둘러보며 말했다. 그날 밤 황후는 이 일을 신전에 고했다. 그랬더니 신의 계시가 있었다.

"이 일은 다케우치를 시키면 되리라. 그리고 직마나나가職痲那加로 작전을 지휘하게 하면 만사형통하리라."

계시를 들은 황후는 신하들에게 말했다.

"신의 계시가 이러하니 직마나나가를 대장군으로 삼아 신라를 문책하고 백제를 지원하는 것이 좋겠소."

"마마, 우선 직마나나가를 신라에 파견하겠나이다. 그리고 아라타와케荒田別와 가가와케鹿我別를 장군으로 삼아 군사를 동원하여 달솔 구저를 따라 한반도로 가게 하겠습니다."

오오미 다케우치가 황후의 지시를 받들었다.

그 뒤 4년간은 이들의 출정 준비에 야마토가 떠들썩했다. 물론 일차적으로 직마나나가가 신라에 가서 잘못을 따지고 왔다. 이러한 야마토 왕조의 동정을 살피던 달솔 구저는 함께 사신으로 온 사람들을 모아 상의했다.

"아무래도 야마토가 우리를 지원하기 위해 군사를 동원할 것 같으니 이 소식을 서울에 알려야 하겠소. 누가 갔으면 좋겠소?"

"제가 가겠습니다."

막고해가 말했다.

"그럼 내일 아침 일찍 떠나도록 하시오. 왜인들이 우리 백제를 지원하기로 결정했다는 이 기쁜 소식을 전하고 상감마마의 지시를 받도록 해야 할 것이오."

"알겠습니다. 바로 채비를 하겠습니다."

막고해는 크게 기지개를 켜며 일어섰다.

"마마, 막고해가 왔습니다. 야마토에 갔던 막고해가 혼자서 돌아왔습니다."

내신좌평 진의가 조례에 앞서 내전으로 들어와 아뢰었다.

"막고해가 왔다고? 이게 얼마만이요? 같이 갔던 구저는 어쩌고 혼자 돌아왔는가? 갔던 일은 잘 되었는가?"

"마마, 소신입니다. 동부 방령 막고해입니다. 그간 옥체 만안하셨습니까? 문후 여쭈옵니다."

"동부 방령 어서 오시오. 벌써 몇 해 만인가. 고생이 많았지요? 달솔도 잘 있소? 그래, 갔던 일은 어떻게 되었소? 야마토가 우리를 돕겠다고 하던가?"

막고해는 그동안의 일을 자상하게 보고했다.

"오. 그런 일이 있었군. 그런데 어찌 왜인들이 경들의 말을 믿으려고 하던고?"

"다행히 야마토의 오오미로 있는 다케우치가 백제 사성을 살 알고 있었습니다. 원래 야마토 왕조는 가야 계열이기 때문에 신라와는 사이가 좋지 않았습니다. 특히 지금은 황후가 다스리고 있는데, 이 황후의 어미가 연오랑의 후손이라 합니다. 마마도 아시듯이 연오랑은 서라벌의 서출 왕자였던 자입니다. 서라벌의 까다로운 골품제도가 싫다 하여 오래전에 왜로 건너갔지요. 그래서 신라와는 사이가 좋지 않았던 내력이 있습니다. 그래 서인지 소신들의 말에 귀를 기울여 주었습니다."

"우리가 한반도 남쪽을 도모하려는 일을 거들어줄 생각이 있던가? 그 리고 한수 이북의 고구려를 치는 일도 지원하겠고?"

"예, 마마. 이미 다케우치 오오미가 우리 백제를 지원할 군사를 동원하 기로 결정해서 근 몇 년을 그 준비에 몰두하고 있는 것을 보고 왔습니다. 달솔이 이르기를 마마께 그런 사정을 보고드리고, 우리 백제의 작전에 대 한 지시를 받아오라 했습니다. 마마, 어찌 하리까?"

"이미 좌평들에게 일러둔 바 있으므로 바로 구체적인 작전을 펴도록 하게 될 것이오."

근초고왕은 태자 시절부터 만주의 요하 서쪽 지방과 한반도 중부의 대 방에 있던 남부여 세력과 한수 이남의 백제 세력을 통합하고, 호남의 마한 세력과 영남의 가야 세력을 아울러서, 서로 다투지 않고 상부상조하면서 잘 살 수 있는 나라를 만드는 것이 꿈이었다. 그러기 위해서는 남쪽 바다 건너의 야마토의 도움이 필요하다고 생각하고 있었다. 건국 이후로 여러 지역으로 뻗어 나갔으나, 아직 마한의 옛 강역도 다 회복하지 못하고 있어 서 고이왕의 혁파에도 불구하고 백제의 국력은 약했다. 다행히 학문과 농 작 기술은 한반도의 다른 어떤 지역보다도 앞서 있었다. 지리적으로 황해 건너 서쪽 나라들과 가까워, 문물의 교류가 많았기 때문이었다. 다만 아 직은 훈련된 군사력이 모자랐다. 북으로 고구려를 막고, 남으로 서부 가야 영역을 차지하려면 바다 건너 야마토와의 동맹이 절실하게 필요했다.

"이제 준비는 다 되었습니다. 목려근자木荔斤資를 대장군으로 삼고 방 령 막고해를 부장군으로 삼아 보병과 기병 이만 명을 거느리고 섬진강 너 머로 출전하기로 했습니다."

병관좌평兵官佐平 진고도眞高度가 말했다.

"이제 우리의 출정 준비가 끝났으니 야마토에 사람을 보내어 우리와 호응하라고 하라."

왕이 지시했다. 야마토에서는 직마나나가의 지휘 아래 아라다荒田와 가가鹿我의 두 장군이 각각 오천여 명의 군사를 이끌고 신라를 남쪽에서 협공하기로 했다. 달솔 구저가 야마토의 군사들과 함께 행동했다. 이 작전에는 김해의 아랫가야와 고령의 웃가야도 처음부터 신라에 대항하여 참전했다. 이 전투로 인해 백제는 한반도의 호남과 서부 영남 일원을 확보하게 되고, 야마토는 남부 영남에 교두보를 마련하게 되었다.

신라와의 전쟁에서 승리한 목려근자 대장군은 왜장들을 거느리고 백제의 위례성에 올라와 근초고왕과 태자 귀수貴須를 알현했다. 왕은 이들의 노고를 크게 치하하고 많은 하사품을 내렸다. 며칠 후 근초고왕은 전승을 축하하기 위해 왕성을 찾아온 직마나나가를 보며 말했다.

"경의 작전이 주효해서 가야 일원을 평정하게 되었으니, 이보다 기쁜 일이 또 어디 있으랴. 바라건대 우리 두 나라가 천추만세에 걸쳐 돈독히 지내도록 할 것이다. 경은 돌아가거든 귀국의 황후에게 그런 취지를 잘 전하도록 하여라."

직마나나가는 구저와 함께 야마토로 돌아갔다. 진구 황후는 개선하고 돌아온 직마나나가 등을 크게 치하하며 축하연을 베풀었다. 축하연 석상에서 황후는 구저를 보고 말했다.

"경은 벌써 몇 번이나 야마토를 다녀갔는데, 또 이렇게 온 것은 무슨 까닭인가?"

"소신은 오로지 우리 백제와 귀국이 굳게 동맹하도록 미력을 나하고자 할 뿐입니다."

"고마운 일이로다. 오오미, 이 자의 공이 대단히 크니 상을 주도록 하시오."

"그렇지 않아도 백제에서는 하동의 다사성多沙城을 달솔 구저에게 봉읍으로 내리도록 되어 있습니다. 다사성을 우리나라와의 연락 기지로 활용할 수 있도록 많은 재물과 인력을 보태어 달솔 구저에 대한 지원을 충분히 하겠습니다."

이후 야마토의 군사 만 명 가운데 일부가 백제를 도와 고구려에 대비하도록 한강 북쪽에 재배치되었고, 백제와 야마토 사이에 사신이 여러 번 오갔다. 주로 백제에서는 구저가 사신으로 갔고, 야마토에서는 직마나나가 왔다. 어떤 때에는 두 사람이 동행을 했기에 두 사람 사이는 친구처럼 친해졌다.

근초고왕 24년 5월에 구저가 직마나나가와 함께 야마토로 건너왔다. 구저가 진구 황후를 알현하면서 말했다.

"마마, 이번에 저희 백제는 귀국의 도움을 받아 북으로 고구려를 무찌르게 되었습니다. 저번에 가야 지구를 도모한 것과 함께 그간의 고마움을 기리고자 저희 태자 귀수 마마께서 칠지도七支刀를 지어서 칠자경七子鏡 한 장과 많은 보화를 함께 마마께 드리라 하여 가지고 왔습니다. 가납하여 주시옵소서."

"언제나 고마운 것은 귀국의 대왕이신데, 이번에는 태자까지 이렇게 정성을 다해 주시니 참으로 기특한 일이로다. 어디 그 칠지도와 칠자경을 가까이 가져와 보거라. 짐이 몸소 살펴봐야겠다."

황후는 구저가 두 손으로 공손히 바치는 칠지도와 칠자경을 하나씩 받아 앞뒤로 살펴보았다.

"이 칠지도는 쇠를 다루어 만든 것으로 보이는데 가지 일곱이 무엇을 뜻하는지는 모르겠구나. 허나 칼의 양면에 한자를 새겨 금으로 상감을 했으니 보검임에 틀림없구나. 칠자경도 두드러진 혹이 둥글게 일곱 개 있으니, 일곱으로 상징하는 것이 무슨 뜻인가?"

"마마, 일곱은 북두칠성北斗七星을 뜻하는 것입니다. 북두칠성은 하늘 북쪽 끝의 북극성北極星 가까이에 있으면서 사람의 수명을 지키고 춘추의 곡식을 보호해주는 일곱 개의 별입니다. 고래로 북두칠성에 빌면 아들을 얻고 수복을 갖춘다고 했습니다. 태자마마께서는 이번에 가야의 일곱 지방을 평정한 것도 기릴 겸 북두의 일곱 별을 상징하여 칼의 가지를 일곱으로 지으셨고, 거울에도 일곱 개의 유두乳頭를 심으셨습니다. 칠자경을 자세히 보시면 청룡, 백호, 주작과 현무의 사신상四神像을 부조로 새긴 것을 아실 수 있을 것이옵니다. 칠지도의 앞면에는 '태화泰和 4년 11월 16일 병오丙午의 정오에 잘 다듬은 쇠로 칠지도를 만들었다. 이 칼은 많은 재앙을 피할 수 있어 왜왕이 갖는 것이 마땅하다'고 새겨져 있습니다. 뒷면에는 '선조 이래에 이렇게 훌륭한 칼은 없었다. 백제의 세자 기奇가 일부러 만들었으니 후세에 이르도록 이를 전해 나가라'고 되어 있습니다."

"대단한 보물이군. 태자마마의 정성이 이처럼 대단하시니 기쁘기 한이 없소. 오오미께서 이 보물들을 신전에 모시도록 하시오."

황후는 만족스럽다는 듯 활짝 웃으며 말했다.

사실 칠지도는 백제의 태자 귀수가 근초고왕 24년 가을에 고구려를 치기에 앞서 곡나산谷那山의 쇠를 백 번 다듬어 만든 보검이었다. 그 뒤 이 74.9cm의 철검은 일본 나라 현奈良縣 덴리 시天理市 이소노가미 신사石上神社에 신보로 전해졌다.

4. 아직기阿直岐와 왕인王仁

국력이 크게 신장한 근초고왕 21년의 일이었다.

"게 아무도 없느냐? 외양간에 사람을 보내어 말을 돌보는 마감들을 모두 이리로 오라고 일러라."

내신좌평 홍洪은 대궐의 남당에서 큰 소리로 사람을 찾았다.

"좌평 합하 부르셨습니까? 여기 모두 대령했습니다."

마감들 가운데 가장 연장자인 고수高壽가 고했다.

"너희들 마감 가운데 누가 공부를 가장 많이 했느냐? 단군 이래의 『천부경』이나 중국의 『한서漢書』를 많이 읽어 본 사람이 누구인가? 적어도 『오경五經』과 『사기史記』, 『한서』는 읽었어야 하는데."

"마감 가운데는 아직기가 제일 박식합니다."

"아직기가 누군가. 앞으로 나오너라."

"제가 아직기입니다."

키가 크고 근골이 장대한 젊은이 하나가 나서며 고개를 숙여 절했다.

"날 따라 안으로 들어오너라."

내신좌평 홍은 아직기에게 안으로 들어오라고 몸짓을 했다.

"내가 네게 알아볼 일이 있노라. 어디 출신인가?"

"저는 울구태 마마를 따라 요서에서 내려온 남부여 사람의 후손입니다."

"그럼 말을 잘 타겠군. 말을 길들이기도 잘 하고?"

"여부가 있겠습니까?"

"학문은 어느 정도 닦았는가? 읽은 책을 한번 말해 보게."

"예기禮記의 『대학大學』과 『논어論語』를 읽었습니다. 그리고 역사를 좋아하여 사마천의 『사기史記』를 몇 번이고 되풀이해서 읽었습니다."

"그래? 그렇다면 격물치지格物致知가 무슨 뜻인지 풀어 보게."

"예. 격물치지란 오경의 하나인 예기 속 대학에 나오는 말씀입니다. 공자께서 말씀하시기를, 공명정대한 덕행을 밝히고, 백성을 새롭게 하며, 더없이 착하게 되라는 세 가지 강령을 사람은 실천해야 한다고 하셨습니다. 그리고 '격물, 치지, 성의誠意, 정심正心, 수신修身, 제가齊家, 치국治國, 평천하平天下'의 팔조목도 실천해야 한다고 하셨습니다. 즉 실제 사물의 이치를 연구하여 지식을 완전하게 하고, 마음을 바르게 하고, 몸을 닦고, 집안을 간추리며, 나라를 다스려, 천하를 평안하게 만드는 것이 사람이 해야 할 여덟 가지 조목의 일이라 하셨습니다. 이 가운데 사물의 이치를 연구하여 지식을 완전하게 갈고 닦는 '격물치지'는 모든 학문의 기초를 이룬다고 생각합니다."

아직기의 대답에는 거침이 없었다. 내신좌평은 혀를 내두르며 무릎을 치고 말했다.

"어디서 그런 공부를 했는가? 우리나라에 그대와 같은 인물이 그대 말고도 또 있는가?"

"저야 마감의 직함을 갖고 있는 말단 관리에 지나지 않습니다. 저와 같은 사람은 처처에 있습니다. 모두 어릴 적에는 경당扃堂에서 한문과 무예를 배우며 자랐고, 커서는 서울의 태학에서 공부했습니다. 저 외에도 수백의 동문이 있습지요. 저야 여러 동문 중에서 잘하는 축에도 못 들지요."

"우리나라의 학문 수준이 그렇게 높은 것을 미처 몰랐구나. 정말 대단한 일이다. 그런데 그대는 장가는 갔는가? 또 장차 무엇을 하고 싶은가?"

"아직 미혼입니다. 좀 더 여러 나라를 다니며 배우고 싶습니다."

"야마토라는 나라가 남쪽에 있는데, 그에 대하여 아는 바가 있는가?"

내신좌평 홍은 은근히 이 사람을 야마토에 파견해서 백제와 유대를 강화하도록 만들어야 하겠다고 마음을 먹고 다시 아직기에게 물었다.

"예. 조금은 알고 있습니다. 예전에 울구태 마마께서 왜로 떠나시면서 하신 말씀을 아버지를 통해 전해 들었습니다. 울구태 마마의 조부이신 위구태께서 이토코쿠의 왕이 되실 때만 해도 야마토는 동쪽 끝의 작은 나라였는데, 차차 그 세력이 커져 이토코쿠마저 병합해서 왜의 대왕국이 되었다고 하셨습니다."

"어떤가? 그대가 그 나라에 사신으로 갈 생각은 없는가? 마침 금상마마께서도 야마토와의 동맹을 좀 더 공고히 해서 고구려에 대항하기를 바라고 계시거든. 그대가 야마토에 가서 야마토 조정이 계속 우리 백제를 돕도록 분위기를 만들어주었으면 한다네."

내신좌평 홍의 말을 듣는 동안 아직기의 두 뺨은 점점 불그스레해졌다. 사나이로 태어나 한번 해볼 만한 일이라고 생각했다. 그러나 그는 조심스러운 사람이었다.

"말씀은 잘 알겠습니다만 제 힘이 워낙 약하고 지혜가 모자라서 어떻게 해야 도움을 드릴 수 있을지 생각이 막막합니다."

아직기는 머뭇거리며 말했다.

"걱정 말게. 그대만 좋다면 내게 계책이 있다네. 그대는 금상마마께서 하사하신 적토마 암수를 몰고 태자마마를 모시고 야마토에 가서 그들의 궁정에서 말을 돌보며 기회를 엿보면 되네. 그러면서 그대의 학문을 야마토의 사람들에게 가르치는 걸세. 어떤가? 해 보겠는가?"

"알겠습니다. 가 보도록 하겠습니다."

묵묵히 홍의 말을 듣고 있던 아직기는 결심을 한 듯 의연한 태도로 허리를 펴며 말했다.

아직기는 적토마 두 마리를 몰고 태자 전지腆支를 따라 야마토로 건너갔다. 오오진 천황 15년 8월 야마토에 도착한 아직기는 적토마 덕분에 크게 환영을 받았다. 왜인들에게는 좋은 말이 귀했던 시절이었다. 그러했기에 하루에 천리를 달린다는 온몸이 불덩어리처럼 붉은 적토마는 이러한 왜인들에게는 보기만 해도 신기한 것이었다.

하루는 오오진應神 천황이 아직기를 불러 말했다. 오오진 천황은 진구 황후의 넷째 아들로 진구 황후가 신라를 쳐들어갈 때에 태어났다. 진구 황후가 섭정을 하던 끝에 유명을 달리 하니 그 뒤를 이어 천황이 되었다.

"짐이 부탁이 있어서 오라고 했는데 들어주겠소? 다름이 아니라 여기 있는 황자 와키이라쓰코稚郎子에게 성현의 경전을 가르쳐서 장차 군주가 되기 위한 지식을 갖추도록 도와주시오."

"삼가 분부를 받잡도록 하겠나이다."

마다 할 일이 아니었다. 아직기는 즉석에서 천황의 명을 받아들였다.

그런 일이 있은 뒤로 아직기는 아침에는 말을 돌보고, 점심을 먹고 난

뒤로는 저녁노을이 질 때까지 동궁에 와서 황자에게 경전을 강독했다. 황자는 머리가 명석했다. 몇 해가 지나지 않아 아직기가 갖고 온 책은 다 강독을 끝냈다. 아직기는 학문을 가르치는 것 외에도 틈틈이 황자에게 말을 타는 법과 활 쏘는 재주를 가르쳤다. 어느 날 아침이었다. 천황이 아직기를 불렀다.

"황자의 진도가 어떻소. 경전은 다 익혔는가?"

"폐하, 제가 가르칠 수 있는 것은 모두 마치셨습니다. 이제 제가 가르칠 것이 더는 없습니다."

아직기는 기쁜 마음으로 황자의 성적을 아뢰었다.

"그럴 리가 있소. 한학의 경전은 수가 엄청나다고 들었는데 벌써 다 배우다니요…… 그건 그렇고 백제에는 아직기 사부 같은 학자가 많이 있겠지요?"

"소신보다 나은 사람이 수백 명 있습니다. 백제에는 태학太學이라고 해서 많은 학사들이 고조선 이래의 전적과 중국의 오경과 사기, 한서 등을 밤낮으로 연찬하는 곳이 서울에 있습니다. 그 태학의 우두머리가 오경박사五經博士입니다. 태학에는 오경박사 이외에도 역박사曆博士, 의박사醫博士, 채약사採藥師, 주삼사呪森師 등의 여러 박사와 점을 치고 굿을 보는 박사와 관상을 보는 박사, 그리고 바둑 박사가 있습니다. 태학의 박사들은 모두 소신보다 월등히 나은 사람들입니다."

"그래요? 사부께서 그렇게 격찬을 하시니 우리 황자를 위해서 한 분 더 스승으로 모셔 오도록 해야겠소. 일간 다시 부를 테니 수소문을 해서 천거하시오."

며칠 뒤, 천황이 아직기를 다시 찾았다.

"알아 보셨소? 우리 황자를 더 가르쳐주실 분을 알아 보셨소?"

"예, 폐하. 마침 조선반도 서남단에 영암靈岩이라는 곳이 있사온데, 그곳의 문산재文山齋에 공맹의 유학을 공부하고 노장老壯의 사상까지 연구한 사람이 있습니다. 그의 학문의 경지가 대단히 높아 천하에 그 이름이 알려졌습니다."

"그분이 뉘시오? 그렇게 사부께서 격찬하시는 분이."

"바로 영암의 성기골聖基洞 사람인 왕인王仁 길사吉師이십니다."

"어떻게 하면 그분을 모셔올 수 있을꼬?"

"백제 본국에 특사를 보내시어 왕명을 받아야 할 것입니다."

"백제의 대왕께서는 항상 우리를 생각해주시는 분이니 짐이 정중하게 부탁드리면 반드시 들어주실 것이오. 저번에 아직기 사부를 좋은 말과 함께 보내시어 우리 야마토를 보살펴주신 고마우신 대왕이시니, 우리가 예를 다하여 부탁드리면 필시 왕인 길사를 보내주실 것이오. 누구를 보내면 될 것인가 인선을 해 보시오."

며칠이 지났다. 오오미 다케우치가 대궐에 들어와 아뢰었다.

"폐하, 신이 살펴보니 아무래도 아라타와케와 가무나기와게를 보내시는 것이 좋을 듯합니다. 두 사람은 일전에 탁순국에 파견된 적도 있는 장군으로 그 공이 대단하여 조정의 원로로 모시고 있습니다. 이 두 분이면 백제 본국에 보낼 사신으로 모자람이 없을 것입니다."

"그것이 좋겠소. 이런 큰 인물을 모셔오려면 우리의 원로로 사신을 삼아야 할 것이오."

천황은 흐뭇한 기색을 감추지 않았다.

이때로부터 삼십여 년을 거슬러 올라간 백제 서남단에서의 일이었다. 호남의 소금강 전남 영암 월출산月出山에 진달래가 활짝 피었다. 기암괴석이 둘러선 산골짜기에 온통 분홍빛 수가 깔렸다. 월출산 중턱을 향한 오솔길에서 한 사나이가 왼손으로 열 살쯤 되어 보이는 소년의 손을 잡고 발걸음을 재촉하고 있었다. 이들은 월출산 중허리에 있는 문선재文善齋로 가는 길이었다. 사나이의 이름은 왕순王旬으로 몇 대째 성기골聖基洞에서 그릇을 굽고 호미나 칼을 만들면서 살아왔는데, 이 일대에서는 제법 잘 산다고 알려져 있었다. 그는 조상이 한漢나라의 고조高祖황제라고 만나는 사람마다 자랑하고 다녔다. 고조황제 후손으로 왕란王鸞이라는 사람이 있었는데, 중국에서 장사하러 왔다가 이곳이 좋아 눌러앉았다고 했다.

월출산을 등지고 산기슭 중턱에 자리 잡은 문선재의 사립문을 들어서며 왕순은 큰 소리로 말했다.

"제주님 예. 계십니껴? 지가 왔심다. 왕순입니다. 우리 아아 왕인을 데리고 왔심다."

그 소리를 기다렸다는 듯이 키가 훤칠하고 빼빼 마른 노인이 흰 턱수염을 길게 늘어뜨리며 나타났다.

"왔소? 왕순 아제. 아이를 데리고 왔다고?"

"예. 그렇심다. 시방보톰 이 아를 제주님이 맡아 갈차 주이소. 속수束脩도 다뿍 갖고 왔싱께. 잘 부탁헙니다."

"속수야 아무럼 어떤가. 아이만 똑똑하면 될 것인데."

"아아는 참으로 영리하당께요. 세 살 때, 볼쏘로 천자문을 떼었십니다. 지금은 대학을 읽고 있당께요."

제주는 긴 수염을 왼손으로 한 번 빗더니 눈을 가늘게 뜨며 왕인을 보고 말했다.

"내일부터 이 학당에 들어와 숙식을 함께 하면서 생활 범절과 의사소통의 근본부터 배우도록 하여라. 이리 날 따라 오너라. 너의 형이 될 학사들과 너를 가르칠 훈도에게 소개해주마."

제주가 왕인의 손을 잡고 양사재로 가는 것을 왕순은 뒤에서 허리를 깊이 굽히고 배웅했다. 왕순은 가지고 온 속수와 질그릇을 재실에 바치고 문선재를 뒤로 했다.

왕인은 영산강榮山江 하구 영암의 구림 성기동鳩林聖基洞에서 태어났다. 본시 영암은 월출산에 있는 움직이는 바위에서 그 이름을 따왔다. 중국 남북조에서 밀려들어오는 여러 가지 사조나 문물에 일찍부터 접촉할 수 있는 곳에 영암은 있었다. 또한 구림은 선사시대부터 청동기 제작지였다. 그리고 이 일대에는 도기를 굽는 가마가 여럿 있었다. 왕인이 문선재에 들어와 숙식을 함께 하면서 제주와 훈도에게 강독을 받은 지도 어언 5년이 지났다. 왕인은 문선재 바로 위쪽에 있는 죽순봉竹筍峰 옆의 큰 암굴에 책을 보관해두고 월출산을 올려다보며 공부했다. 후에 이 굴을 책굴이라 불렀는데, 폭이 열 자에 길이가 서른 자, 높이가 두 길이나 되었다. 왕인의 학문의 경지는 일진월보하다가 거의 모든 경전을 두루 통하게 되었다. 열다섯 살밖에 되지 않았는데도 그의 학문 수준은 문선재를 넘어 호남 일대에까지 알려지게 되었고, 약관이 되면서는 서울에까지 알려졌다. 호남 끝에 있는 영암 월출산 문선재의 왕인이라면 태학의 학사들 사이에서도 영재로 소문이 자자해졌다.

십여 년이 지난 어느 해였다. 서쪽의 동진에서 온 배편에서 괴질이 전염되어 왔다. 상대포上臺浦를 거쳐 전파된 괴질은 성기골까지 퍼져 나갔다. 왕인의 아버지 왕순은 이 괴질에 걸려 사흘을 앓다가 유명을 달리했다. 왕인은 아버지께서 돌아가셨다는 비보에 목을 놓고 울었다. 인생의 무상함을 새삼스럽게 깨달은 왕인은 이때부터 노장老壯의 도교道敎에 관심을 갖게 되었다. 어느덧 왕인은 역易을 통달하고 『서경書經』을 읽어도 막히지 않고 노장의 학문에도 미치지 않는 것이 없게 되었다.

하루는 문선재의 제주가 왕인을 불렀다. 이날따라 제주는 하얀 도포를 입고 있어 가슴에 길게 늘어뜨린 흰 수염과 함께 신선처럼 숭고하게 느껴졌다.

"왕인아. 서울에서 사신이 왔구나. 임금님께서 네게 시키실 일이 있는 모양이다."

"제게 시키실 일이라니요?"

"아마도 작년에 왜로 건너간 아직기 선사께서 야마토의 왜왕에게 너를 천거한 모양이다."

"아직기라면 몇 년 전에 우리 재실에서 며칠을 계시다가, 상대포上台浦에서 야마토로 도항하신 어른이 아닙니까. 그때 말 두 마리를 몰고 가신 것으로 아는데, 그 어른이 절 천거한다니 무슨 일이십니까?"

"아직기 선사께서 야마토의 왕자를 가르쳐 왔는데, 이제 더 이상 가르칠 것이 없다고 하시는구나. 왕자가 워낙 영리하여 한 번 들으면 결코 잊는 법이 없다고도 하시더구나. 대학을 가르쳤는데 이 이상 가르칠 재간이 없어서 왜왕에게 너를 천거했다고 하는구나."

"아직기 선사께서 오셨을 때에, 『한서서전漢書敍傳』 상편에 기술되어 있는 천하의 임금이 해야 할 일에 관련해서 저녁 내내 토론을 한 적이 있습니다. 그때 서로 뜻이 같다는 것을 알고 얼마나 반가웠는지 모릅니다. 그래서 저를 천거한 모양이지요."

왕인은 몇 년 전에 있었던 아직기와의 대담을 회상하면서 얼굴에 홍조를 띠며 말했다.

"어쨌든 왜왕이 너를 불러들이려고 야마토의 원로 중신 두 사람을 우리 임금님께 보내어 간청을 하고 있다더구나. 한번 만나 보는 것이 어떻겠느냐?"

"아버님과 어머님이 돌아가셔서 천하의 고아가 된 몸이니 이제 어디든 간에 절 알아주는 사람과 함께 지낼까 합니다. 아직기 선사께서 계시는 곳이라면 기꺼이 가도록 하겠습니다."

"상대포에 야마토로 갈 배가 와 있다고 하는구나. 사신들이 이곳까지 너를 모시러 오겠다고 한단다."

"예까지 올 필요야 있겠습니까? 며칠 안에 제가 채비를 해서 상대포에 가겠다고 알려 주십시오."

그로부터 사흘이 지났다. 왕인은 제주와 훈도, 그리고 함께 공부하던

학사들과 작별하고 상대포로 내려갔다. 종자 한 명을 데리고 가는데 등짐으로 커다란 책 보따리를 메게 하고 자신도 책을 한 짐 지었다. 상대포에 이르니 멀리 포구에 누상선樓上船 하나가 정박하고 있는 것이 보였다. 이들이 산길을 내려오는 것을 보고 백제의 관복을 입은 사람이 일행을 맞았다. 그 뒤에는 병졸 몇 명에게 둘러싸여 있는 야마토의 관복을 입은 사람 둘이 서 있었다. 백제의 관복을 입은 사람이 왕인을 보고 읍을 하면서 말했다.

"왕인 길사이십니까? 저는 서울에서 금상마마의 영을 받고 내려온 내법좌평 우소입니다. 마마께서 길사님을 야마토 교화사로 파견하시기를 바라시어 모시러 왔습니다."

내법좌평 우소는 병사들 사이에 엉거주춤 서 있던 사람들을 소개했다.

"이분들은 야마토의 원로 중신이신 아라타와케와 가무나기와케이십니다. 지난번 신라와의 전투에서 우리를 도와 혁혁한 공을 세운 적이 있는 야마토 제일의 무장들이십니다. 이번에 야마토의 천황 폐하께서 길사님을 모시러 특별히 보내신 분들입니다."

"아, 그렇습니까? 처음 뵙겠습니다. 왕인이라 합니다."

왕인은 깍듯이 인사를 했다. 야마토의 원로들도 왕인을 향해 공손히 읍을 했다.

"길사님의 고명은 야마토에도 널리 알려져 있습니다. 아직기 선사께서 극찬을 하신 어른으로 알고 있습니다. 저희와 함께 야마토로 가서서 황자마마를 지도해 주셨으면 합니다."

아라타와케가 말했다.

서로의 수인사가 끝나자, 멍석을 부두에 펴고 왕인은 북쪽 왕성을 향해 요배를 했다. 그런 뒤 일행은 돛이 둘 달린 누상선에 올랐다.

"아직기 선사께서는 안녕하신지요."

선실에 들어가 자리에 앉아 차를 마시며 왕인이 왜사들에게 물었다.

"예, 선사께서는 건강하십니다. 아직기 선사께서는 황자마마의 사부가 되시어 글과 왕도를 가르치고 계십니다. 우리 야마토의 조정에서는 선사님을 국사처럼 모시고 공경하고 있습니다."

아라타와케가 답했다.

"황자님은 어떤 분이신가요?"

이번에는 가무나기와게가 대답했다.

"황자님은 우지노 와키이라쓰코라고 하십니다. 금상 폐하께서는 황후 외에도 많은 비가 있으셔서 아들딸을 많이 두셨습니다. 그 가운데 와키이라쓰코 황자님은 금상 폐하께서 특히 사랑하시는 아드님이십니다. 천황 폐하께서는 이 황자님에 대한 애정이 각별하시어 그 교육에 큰 관심을 기울이고 계십니다."

"도대체 폐하께서는 아들딸이 몇이나 되십니까?"

"황후마마에게서 황자 둘과 공주 하나를 얻으셨습니다. 황후마마 이외에도 비가 일곱 분이신데, 여기서 나신 여덟 황자와 아홉 공주를 합하면 모두 열 분의 황자와 열 분의 공주를 얻으셨습니다."

"모두 황자나 공주로 호칭하십니까?"

"그렇습니다. 야마토에는 말자末子 상속 풍습이 있어서 이 가운데 누가 황통을 잇게 될지 아무도 모른답니다. 그저 성심에 따를 수밖에 없습니다."

"야마토에서는 우리 백제를 '구다라'라고 한다는데 어찌 그렇게 부르는 것입니까?"

"원래 남부여나 백제 사람들이 야마토로 건너갈 때에 백마강의 구도레 나루를 통해 갔다고 합니다. 그래서 구도레라는 나루의 이름을 따서 백제를 구다라라고 하게 되었다고 합니다. 그런데 어떤 사람은 그보다 훨씬 옛날인 마한의 고다라居陀羅라는 지명에서 유래한 것이라고도 합니다. 고다라는 큰 나라라는 뜻이지요. 야마토 사람들은 구다라를 선진국으로 알아서 구다라 물건이면 무엇이든 좋은 것으로 알고 있습니다. 그래서 '구다라 나이'라는 말을 구다라처럼 좋은 것이 없어서 '쓸모가 없다'는 뜻으로 씁니다."

아라타와케가 답했다.

"그럼 신라는 무엇이라 하고, 또 고구려는 무엇이라 부릅니까?"

"신라는 '시라기'라고 합니다. 사로국이 원래 이름이었기 때문인데, 그 첫소리인 '사'를 야마토에서는 '시'라고 읽습니다. '라'는 땅을 뜻하고 '기'는 성 또는 큰 마을을 말하지요. 고구려는 '고마'라 부릅니다. 고마는 맥 貊을 뜻합니다. 우리 야마토에서는 곰을 '구마'라고 하는데 고구려가 곰을 숭상하는 맥족 출신이라 하여 고구려를 고마라고 부르게 되었습니다."

상대포를 떠난 배가 한반도의 남단을 돌아 거제도를 거쳐 대마도로 가는 동안에 왕인과 왜사들은 이런 화제로 이야기를 하면서 시간이 가는 줄 몰랐다. 배는 대마도에서 이틀을 머물렀다. 순풍을 기다려서 다시 돛을 올린 배는 이키를 거쳐 현해탄을 건넜다. 다행히 날씨가 좋아서 큰 풍파를 겪지 않고 세토내해로 들어갈 수 있었다. 며칠을 항해한 끝에 일행을 태운 배는 나니와쓰難波津에 도착했다. 뭍에 오른 일행은 가마를 타고 아직기 선사가 거처하는 가루輕 고개 위의 궁전으로 갔다. 가루에는 아직기가 말을 돌보는 마구간도 있었다. 왕인은 숙사에 짐을 풀고 세수를 한 뒤에 의관을 정비했다. 그리고 아직기의 안내를 받으며 대궐로 들어갔다.

먼저 다케우치에게 인사를 드렸고 이어서 정전에서 천황을 배알했다.

"어서 오시오, 왕인 길사. 수륙 만 리에 예까지 오기가 고단했겠소. 여독이 조금은 풀렸소?"

천황이 말했다.

"폐하의 부르심을 받자와 달려왔습니다. 백제 대왕마마의 친서를 가지고 왔습니다."

"어디 봅시다. 대왕께서는 옥체 만안하시지요?"

천황은 친서를 두 손으로 받아서 얼마 동안 읽었다. 이윽고, 천황이 말했다.

"대왕마마께서 경을 보내니 야마토의 학문이 창달될 것을 기대한다 하셨소. 오오미, 와키이라쓰코 황자는 어디 있는가. 나와 스승을 맞으라고 하시오."

잠시 후 와키이라쓰코 황자가 다케우치의 안내를 받으며 나타났다.

"어서 이리 와서 왕인 길사에게 인사드려라. 지금부터는 아직기 선사에 이어 왕인 길사를 사부로 모시고 배우도록 해라."

"사부님, 인사드립니다. 이 제자의 절을 받으소서."

황자 와키이라쓰코가 왕인에게 큰절을 깍듯이 했다. 왕인도 황급히 황자에게 맞절을 했다. 이 장면을 보고 있던 천황과 다케우치 오오미는 만면에 미소를 지었다.

"왕인 길사께서는 이번에 천자문 한 질과 논어 열 권을 가지고 오셨습니다. 왕인 길사는 사서, 오경이나 노장의 도교에도 정통하니, 왕도에 학당을 세워 황자님들과 귀족의 자제들에게 한학을 가르치게 하는 것이 좋겠습니다. 윤허하여 주신다면 야마토에 유학儒學을 펴는 데 크게 도움이 될 것으로 생각하옵니다."

아직기가 말했다.

"잘 말씀하셨소. 아직기 선사의 진언대로 학당을 세우도록 하고 황자들과 귀족들에게 학문을 가르치도록 하시오."

마침내 천황의 윤허가 내려졌다.

왕인은 가루시마輕嶋에 새로 지은 학당에서 『논어』를 가르치는 한편, 삼강오륜의 요점을 일러주고 중국과 백제의 역사를 간단히 추려서 가르쳤다. 그러면서 『천자문千字文』으로 한자를 배워 쓰게 했다. 왕인이 학당에서 가르치는 데에 사용한 교재는 위魏의 하안何晏의 『논어집해論語集解』였다. 사서 가운데 하나인 『논어』는 공자의 언행과, 공자와 제자 및 그 시대의 사람들과의 문답, 그리고 제자들 간의 문답을 기록한 책이었다. 모두 20편으로 공자의 이상적인 도덕관인 인仁에 관해 논하고 정치나 교육에 대한 의견을 진술하고 있었다. 하안의『논어집해』에는 노자와 장자의 사상에 영향을 받은 해석이 많았다. 이러한 왕인의 가르침으로 야마토 지배자들의 생각 속에는 유교적 윤리관과 정치관, 그리고 세계관이 근본을 이루게 되었다.

5. 야마토에 변화를 가져오는 왕인

"다들 이리 모여라. 새로 오신 왕인 박사를 소개해 주겠다."

아직기 선사가 가루시마에 새로 지은 학당에 모인 황자와 귀족의 자제들에게 말했다. 와키이라쓰코와 그의 형인 오오사자기를 포함하여 열다섯 명의 소년들이 모였다.

"이분이 새로 온 왕인 박사님이시다. 왕인 박사는 백제 본국에서도 이름이 널리 알려지신 대단한 학자요. 유교의 오경을 비롯하여 노장의 교에 이르도록 모르는 분야가 없으시지. 사서는 예기 가운데에 있는『대학』과『중용』의 두 편『논어』,『맹자』를 말한다. 오경은『주역』,『서경』,『시경』,『상서』,『춘추』를 말하지. 모두 한漢나라 때에 편찬되어 지금까지 전해지는 유교의 중심이 되는 경전이다. 지난번에 내가 예기의 한 편인『대학』을 가지고 왔고, 이번에 왕인 박사께서『논어』를 가지고 오셨다. 여러분은 이제부터 왕인 박사에게『논어』를 배우게 될 것이요. 그뿐만이 아니라 왕인 박사께서는 가장 기본적인 한자를 배울 수 있도록『천자문』도 가르치실 것이고, 필기도구도 제공하실 것이다. 자, 다들 스승의 예로 왕인 박사를 모시자."

학당의 대청마루 북쪽에 돗자리를 깔고 뒤에 병풍을 쳤다. 돗자리 위에 방석을 높이 쌓고 왕인 박사가 좌정했다. 소년들은 일제히 그 앞에 꿇어앉았다. 아직기 선사의 지명에 따라 소년들은 차례로 자기의 이름을 말했다. 첫날은 이렇게 왕인 박사와 제자들이 서로를 소개하는 것으로 끝났다. 인사가 끝날 무렵 아직기 선사가 왕인 박사에게 다음 일정에 대하여 귓속말로 속삭였다. 왕인 박사가 자리에서 일어나 다음 일정에 관해 말했다.

"내일부터 아침 식사를 든 연후에 이 자리에 모이도록 해라. 점심 때까지는 『논어』를 중심으로 가르치도록 할 것이다. 점심을 먹고 나면 한 시진 정도 천자문을 중심으로 글씨 연습을 하게 되니 각자 내가 주는 필기도구를 갖고 오도록 해라."

다음 날 아침, 소년들이 학당에 모였다. 왕인이 스승의 자리에 앉더니 먼저 말문을 열었다.

"지금 너희들이 가장 알고 싶은 것이 있다면 말해 보거라."

"아직기 선사에게서 삼강령三綱領이 대단히 중요하다고 배웠습니다. 그때 아직기 선사께서는 삼강령만이 아니라 오륜五倫도 사람이 꼭 지켜야 한다고 말씀하셨습니다. 오륜에 대한 박사님의 해석을 듣고 싶습니다."

와키이라쓰코 황자가 물었다.

"유교에서는 다섯 가지 사람이 지켜야 할 인륜을 정하여 지키도록 권하고 있다. 맹자께서 말씀하시기를 부자간에는 친애하고, 군신 간에는 의리를 지키며, 부부간에는 예의를 지키고, 장유 간에는 서열을 지키며, 친구 간에는 신의를 지켜야 한다고 하셨다."

"다른 것은 다 알아듣겠는데 나이가 많고 적음에 따라 서열을 정하여 문란하지 말라는 말씀은 잘 모르겠습니다. 우리 야마토에서는 옛날부터 막내가 집안의 어른 자리를 맡아 나가게 되어 있는데, 장유유서란 가르침에 어긋나는 것이 아닌가 하고 몹시 걱정이 됩니다."

와키이라쓰코가 의문이 안 풀린다는 표정으로 말했다.

"장유유서란 사회의 질서를 유지하고 예법을 지키는데 근본이 되는 대단히 중요한 말이다. 이를 어기게 되면 혼란이 일어나게 되고 자칫하면 큰 난리까지 일어나게 되지. 특히 제왕의 보위를 승계하는 데에는 질서가 분명해야 하거든. 중국에서는 주周나라 때부터 적장자가 승계하는 법도를 지켜 나갔지. 주의 무왕武王이 죽자 그 아들 성왕成王이 어려서 무왕의 아우인 주공周公은 섭정이 되어 어린 성왕을 보필했다. 주공의 섭정을 왕위를 찬탈한 것으로 오해한 다른 아우들이 반란을 일으켰으나, 대의명분이 모자라 모두 패망하고 말았지."

"그렇지만 우리나라에서는 고래로 막내가 나라님의 자리를 이어받아 왔습니다. 니기하야히께서도 막내이셨고, 진무 천황께서도 막내이셨습니다."

"그때는 아직 야마토 왕조가 수립된 지 얼마 되지 않은 시기였고, 또 당시의 풍습이 아들이 장성하면 집을 나가 따로 일가를 형성하는 것이었기 때문에 막내가 마지막으로 남아 아버지의 집안을 계승한 것이었지. 이제는 국가의 규모도 갖추어졌고 많은 신하를 거느리게 되었기 때문에 어렵더라도 빨리 질서를 잡아야 할 것이다."

황자들은 왕인의 말을 듣고 학당을 나오면서 각자 생각이 여러 갈래로 나누어졌다. 와키이라쓰코는 천황이 가장 사랑하는 아들로 장차 황태자가 될 것으로 누구나 지목하고 있었다. 그런데 그는 네 번째 비인 미야누시야가宮主宅媛의 아들이었다. 그의 형으로는 황후 소생인 오오사자기大鷦鷯尊와 황후의 언니 소생인 오오나까쓰額田大中彦, 오오야마모리大山守 등 여럿이 있었다. 그러니 유교의 오륜에 따라 장유로 따지거나 적서로 따지면, 와키이라쓰코의 명분이 부족한 형편이었다. 그래서 와키이라쓰코는 공부를 할수록 자기의 처지가 거북하게 되는 것을 느꼈다.

다음 날 아침이었다. 왕인이 말했다.

"사람이 태어나서 죽기까지 많은 일이 일어날 수 있는데, 이에 대하여 우리 공자님께서는 만년에 이렇게 말씀하셨지. '나는 열다섯이 되었을 때에 공부에 뜻을 두어 서른이 되어서야 혼자 설 수 있었다. 마흔이 되자 자신이 생겨 쉽게 남에게 휘둘리지 않게 되었다. 오십이 되면서 천명을 알게 되고, 육십이 되니 남의 말을 들으면 그 사람의 감정을 제대로 이해할 수 있게 되었다. 그리고 칠십이 되어서야 내 마음이 내키는 대로 행동해도 규범에 어긋나지 않게 되었다'고 하셨다. 우리 같은 범인이야 어찌 그대로 될 수 있을까마는 이 말씀을 참고로 해서 각자 노력해야 할 것이다. 이는 위정편爲政編에 나오는 말씀이다. 다들 오늘 하루는 이 구절을 외우도록 하고, 각자 앞으로 생활함에 길잡이로 하도록 하자."

왕인은 학생들에게 공자 같은 성현도 성장 과정에서 여러 단계를 겪는 다고 하면서 너무 서두르지 말고 꾸준히 공부하며 수양을 더 해 나가라고 가르쳤다. 그러자 학생들은 평생을 배워도 끝이 없는 일이구나 하며 약간 주눅이 드는 것 같았다.

왕인 박사의 『논어』 강독은 쉬지 않고 거의 매일같이 계속되었다. 한 해가 지났다. 학생들은 웬만한 구절은 모두 외울 정도가 되었다. 경전을 외우기는 했으나 그 해석은 각자 의견이 분분했다. 서로 되물어 보기도 하고 의견이 안 맞으면 왕인 박사에게 가서 다시 훈도를 받았다. 오오사자기 와 와키이라쓰코의 관심은 주로 군자가 되는 길과 나라를 다스리는 방법에 있었고, 오오야마모리는 그런 것보다는 관중管仲의 고사 같은 국가의 기둥 이 되는 사람의 업적에 더 관심을 가졌다.

"군자, 군자 하지만 공자님께서도 그렇게 대단한 군자가 되지는 못하 신 것 같아. 그기에 모국인 노魯나라에서도 성공하지 못하고 여러 다른 나라를 전전하다가 도적으로 몰린 적까지 있는 것이겠지. 세상을 다스리는 데는 무력이 제일이지. 힘으로 처부수면 될 일을 어렵게 얘기하고 있는 것 같아."

오오야마모리는 『논어』를 배울수록 자기의 비위에 맞지 않다는 기색을 이제는 숨기려고도 하지 않고 공언했다.

하루는 황자들이 '인'이라는 유교의 중심이 되는 사상에 대하여 논의하다가 격론이 벌어졌다. 도화선이 된 것은 왕인의 다음과 같은 말이었다.

"안연顔淵이 공자님께 인仁이 무엇인가 하고 여쭈어 보았다. 공자님께서는 '이기심을 누르고 공공의 규범에 따르는 것이 인이다. 일단 이기심을 누르고 규범을 실행해 나가면 세상 사람들은 모두 따라서 사람의 가야 할 길을 실천하게 될 것이다. 사람의 가야 할 길이 바로 인인데 이것을 실천하는 일은 스스로 결심해야 하는 것이지, 남에게 의존해서 되는 것이 아니다'라고 하셨다. 안연이 다시 실천하는 방법에 대해 여쭈었다. 공자님께서 '규범에 없는 것을 보지 않고, 듣지 않고, 말하지 않으며, 행하지 않는 것이다' 하셔서 안연은 비록 자기가 못나기는 했으나 말씀대로 모든 일을 해나가겠다고 말씀드렸다. 다들 안연처럼 인을 실천하도록 힘쓰거라."

"아니 세상에 규범이 무엇인지 잘 알려져 있지도 않은데 규범을 따르라 하시니 어쩌지? 먼저 규범부터 정해야 할 것 아닌가."

오오야마모리가 이해가 안 된다는 투로 말했다.

"무슨 소리를 하고 있는 거야. 우리가 벌써 『논어』 공부를 일 년이 넘게 했는데 규범도 모르면 헛공부를 한 거지."

와키이라쓰코가 형이 항상 투덜거리는 것이 못마땅하다는 듯이 한마디했다.

"무어라고? 넌 뭘 안다고 큰소리냐. 너는 규범이 무엇인지 알고나 하는 말이야?"

"딱도 하십니다. 작은 형. 지금까지 군자가 되는 길을 여러 가지로 배워왔고, 나라를 다스리는 일에 대해서도 많은 가르침을 받았으니 그게 바로 규범이 아닙니까."

"군자 같은 소리 하고 있네. 네가 군자가 무엇인지나 아느냐?"

"군자란 지식을 갖추면서 덕을 쌓고 무리를 이끌어 나갈 수 있는 지도자를 뜻합니다. 교양이 있는 사람이라야 될 수 있지요."

와키이라쓰코가 제법 간략하게 군자를 정의했다. 그러면서 그는 군자가 지켜야 할 일에 대하여 『논어』의 위령공편衛靈公編을 들어 설명했다.

"군자는 자기가 잘못한 것이 있으면 고칠 줄 알고 고치지 못하고 있으면 부끄러워할 줄 알아야 합니다. 또 군자는 항상 자기의 능력이 모자람을 걱정하고 아무것도 안 하고 있음을 부끄러워해야 합니다. 항상 모든 일의 책임은 자기가 지며 남의 탓으로 돌리지 아니해야 합니다. 그리고 긍지가 있으면서도 남과 다투지 않고 공손해야 한다고 공자님께서 말씀하고 계십니다."

"그렇게 말하면서도 너처럼 거만한 놈은 군자가 못 되지. 동생이지만 목불인견이야."

함께 배웠는데도 와키이라쓰코처럼 조리 있게 설명하지 못하는 오오야마모리는 동생이 눈에 거슬렸다.

"어디 두고 보자. 너 그렇게 까불다가 나한테 혼날 날이 있을 게다."

오오야마모리는 마음속 깊이 뇌까렸다.

"다들 그렇게 다투지 말고 내 말을 들어라. 공자님께서 안연을 제자 가운데 제일로 치시면서, 안연이 학문을 좋아하고 수양에 힘쓰면서 화가 나도 남에게 비치지 않고 참을 줄 알며 잘못을 되풀이 하지 않는다고 격찬을 하셨단다. 너희들도 이를 배워 수양하도록 해라."

왕인의 한마디에 두 사람은 입을 다물었다.

왕인은 황자들에게 나라를 다스리는 법도 가르쳐야겠다고 생각했다. 그래서 황자들만 따로 불러 『논어』를 다시 읽게 하고 백성을 다스리는 길에 대하여 각자 깨달은 바를 발표하게 했다. 먼저 와키이라쓰코가 말했다.

"민심을 얻으려면 바른 사람을 등용해야 합니다. 바른 사람을 그렇지 못한 사람 위에 두어 다스리면 민심을 얻을 수 있을 것이고 그 반대로 하면 백성이 따라오지 않는다 했습니다. 이것은 훌륭한 인재를 등용하는 것이 무엇보다 중요하다는 말씀입니다. 순舜임금 때에 고도皐陶를 발탁했더니 인격자가 아닌 사람들은 멀리 떠나게 되었다는 고사와, 탕왕湯王이 천자가 되셨을 때에도 많은 신하 가운데에서 이윤伊尹을 등용했기 때문에 옳지 못한 사람들이 스스로 물러갔다는 고사를 보아도 알 수 있습니다."

"그렇지. 모름지기 임금이 가장 신경을 써야 하는 일은 인재의 등용이지. 가장 윗자리에 올바른 사람을 두면 그 아래에는 저절로 훌륭한 부하들이 모이게 마련이고, 잘못된 사람들은 발을 붙이지 못하게 되는 법이란다. 그리고 임금이 신하를 대할 때에는 같은 인간으로서 대하고, 신하는 임금을 진심으로 모셔야 정치가 잘 되는 법이지."

왕인이 강조한 것은 어진 인재를 알아보고 요소에 등용해야 나라 살림이 제대로 굴러간다는 것이었다. 왕인은 다시 황자들에게 자로편子路編을 잘 읽어 보라고 일렀다. 여러 해를 이런 식으로 왕인 박사와 『논어』를 강독해 나간 학생들은 이제는 상당한 경지에 도달했다. 그런데 하루는 오오야마모리가 엉뚱한 질문을 했다.

"공자님께서는 인을 행하고 군자가 되라고 하시는데 어찌 신통한 술수는 하나도 가르쳐주시지 않습니까?"

"공자님은 어찌 그렇게 높은 학문의 경지에 달하게 되셨는지 알고 싶습니다."

오오야마모리의 뒤를 이어 와키이라쓰코가 물었다.

"그에 대해서는 술이편述而編을 읽어 보면 될 것이다. 숙제로 삼을 테니 내일 논의해 보도록 하자."

왕인은 『논어』의 술이편을 가리키며 각자 읽어 보고 오라고 했다.

다음 날 학당에 모인 제자들을 보고 왕인이 물었다.

"어제 오오야마모리 황자가 공자님께서 술수를 가르치지 않으신다고 했는데, 이에 대하여 술이편에는 무엇이라고 나와 있던가?"

먼저 오오야마모리가 답했다.

"자불어괴력란신子不語怪力亂神이라고 술이편에 있는 것을 보니 성현은 천지의 성질을 밝히는 일에 괴상한 힘이나 어지러운 신을 쓰지 않나 봅니다. 따라서 공자님께서는 신통한 술수는 쓰지 않으시는 분인 것 같습니다. 우리 야마토의 선조들 중에는 신통한 수에 능한 분이 많으신데 그런 재주를 못 배워 좀 아쉽습니다."

"공자님께서는 어떻게 높은 학문의 경지에 이르셨다고 했던가?"

"술이편을 읽어 보니 공자님께서는 태어날 때부터 아는 것이 많은 사람이 아니라 옛일을 알아보고 고전을 읽고 옛 제도나 옛 도리를 살펴보다가 보니 배움이 많아지고 사물의 이치를 깨닫게 된 것이라 하셨습니다. 또 말씀하시기를 세 사람이 함께 가면 그 가운데에 반드시 스승으로 모실 사람이 있는 법이라 하셨습니다. 셋 가운데 착한 사람이 있으면 이를 본뜨도록 하고, 나쁜 사람이 있으면 좇지 않고 행실을 고치도록 하다가 보면 많은 것을 익히게 된다 하셨습니다."

와키이라쓰코가 답했다.

"이제는 모두들 『논어』를 잘 소화한 것 같구나. 실천에 옮길 수 있도록 노력하여라."

왕인은 제자들의 빠른 성장에 흡족하다는 듯이 크게 웃으며 말했다.

여러 해가 지났다. 천황이 오오사자기와 오오야마모리를 불러서 물었다.

"너희들은 자식이 귀여운가?"

"그렇습니다. 자식이란 사랑스러운 것입니다."

두 사람은 동시에 답했다.

"그럼 다 큰 아이와 어린아이 가운데 어느 쪽이 더 귀여운가?"

오오야마모리가 답했다.

"그야 다 큰 아이가 더 사랑스럽습니다."

천황은 기뻐하는 기색이 아니었다. 그러자 오오사자기는 『논어』의 삼건三愆의 마지막 구절이 생각났다. 삼건三愆은 세 가지 허물로 『논어』 계시季氏 제16편에 있는 말이다.

'윗사람의 곁에서 모시고 있을 때에 범해서는 안 될 세 가지 금기가 있다. 자기 차례가 안 왔는데 발언하는 것. 이는 조급함이요. 말할 차례가 되어도 발언하지 않는 것. 이는 숨김이요. 끝으로 윗사람의 기분을 무시하고 말하는 것. 이는 장님과 마찬가지로 살피지 못하니 어리석은 일이다.'

그래서 오오사자기는 천황의 기색을 살피면서 말했다.

"다 큰 아이는 이미 성장을 해서 어른이 되어 앞일에 걱정이 없습니다. 그러나 어린아이는 아직 어떻게 될지 모르니 보살펴줘야 합니다. 그러니 어린아이를 더 사랑해 주어야 합니다."

그제야 천황은 "껄껄껄" 웃으며 자기의 뜻을 얻었다고 좋아했다. 두 사람보다는 와키이라쓰코를 태자로 책봉하려는 저의가 있어서 한 질문이었던 것을 오오사자기는 현명하게 알아차린 셈이었다. 오오야마모리는 아버지의 심사가 못마땅했으나 어쩔 수가 없었다. 삼강오륜에 장유유서가 있으나 아직 야마토의 조정에서는 이를 실천할 단계가 못 되었으니 어찌 하겠는가? 며칠 뒤에 와키이라쓰코가 황태자로 책봉되고 오오사자기가 황태자의 보필로 임명되자, 오오야마모리는 먼 지방의 산천과 임야를 다스리는 직함으로 쫓겨나 권좌에서 밀려났다. 이것이 천황이 붕어한 뒤에 큰 난리로 이어질 줄은 아무도 몰랐다.

왕인은 학당에 모인 학생을 지도하는데 그치지 않고 야마토 말의 소리와 뜻에 맞추어 한자를 쓰는 법을 고안해 이를 널리 쓰게 만들었다. 야마토요미大和訓 또는 와군和訓이라고 하는 이 서법은 이두문과 비슷하여 일본인이 스스로의 문화를 보존하는데 큰힘을 보태었다. 오오진 천황 다음에 즉위한 천황을 기리면서 그가 쓴 '나니와쓰의 노래難波津歌'는 이 야마토요미의 대표적인 작품으로 후세에 길이 전해졌다. 왕인은 야마토 일대의 농민을 위해서도 많은 일을 했다. 그 가운데 특히 돋보이는 것이 저수지를 만든 일이었다. 나니와에 있는 구리가이께栗池와 나라에 있는 와니이께

和珥池가 모두 그의 지휘 아래 축조된 것으로 농민의 물 걱정을 한결 덜어 주었다. 왕인이 사망한 해는 확인되지 않고 있다. 여러 가지 기록이 전해져 와서 1616년에 들어서야 묘지가 확인되고, 여러 차례에 걸쳐서 묘역을 정비했다. 1899년에 닌토쿠 천황 1500년제를 거행하면서 왕인 분묘제전이 행해졌다. 1938년에 오사카 시는 이 묘역을 문화유적으로 지정하고 기념비와 휴게소를 건립했다. 이 묘원 이외에도 도쿄東京의 우에노上野 공원을 비롯하여 일본 각지에 왕인 박사를 기념하는 기념비나 신사가 마련되어 있다. 왕인 박사가 태어난 우리나라에서는, 1987년 9월에 영암군이 유적지를 정화하여 왕인묘王仁廟를 준공했다. 전라남도 영암군에서는 해마다 3월 말에 나흘간에 걸친 왕인 문화축제를 개최하여 그의 큰 공적을 기념하고 있고 4월 9일에는 추모제를 올리고 있다. 왕인 박사가 일본에서 처음으로 유교에 의한 학문과 인륜의 기초를 세우고 6세기 말~7세기 전반의 아스카 문화飛鳥文化의 기틀을 잡아준 공적을 기리는 행사이다.

제 11 장

기사회생

1. 북쪽에서의 공방전

"황해를 건너면 양자강에 이를 수 있는데, 그곳이 날씨도 따뜻하고 인심이 좋아 족히 살 만하다오. 바다 건너 동진은 넉넉한 나라라, 우리를 잘 받아주니 사람들이 지내기가 훨씬 수월하다오."

병관좌평 해구解仇가 주위를 돌아보며 말했다. 백제의 10대 비류왕比流王 13년(서기 316년)의 일이었다. 사람들은 해구의 말이 그럴듯하다고 생각하고 서로 다투어 옷 보따리를 챙겼다. 여러 장정들은 아낙들을 데리고 해구를 따라 능허대에 정박한 수십 척의 배에 올랐다. 많은 백제인들이 양자강 서안으로 이주해갔다. 이러한 현상이 오랫동안 계속되어 백제 사람들은 황해를 둘러싼 지역 모두가 자기네의 강토인 것처럼 허리를 펴고 다니게 되었다. 양자강 연안에 세운 백제촌은 근초고왕近肖古王과 그의 아들 근구수왕近仇首王 때에는 그 일대의 상권을 좌우하게 되어, 백제의 국력에 크게 도움을 주는 세력으로 자라났다.

근초고왕이 야마토와 가야를 동맹으로 맺고 동남쪽의 신라와 일전을 하여 한반도의 서남 일대를 장악한 뒤로 무엇보다 시급해진 것은 대북 정책이었다. 고구려가 미천왕의 선정으로 국력이 충실해져서 군사를 동원하여 서쪽의 연燕과 남쪽의 백제를 침범하기 시작했기 때문이었다.

"마마, 사신을 보내어 연의 모용씨慕容氏와 동맹을 도모해야 하겠습니다. 고구려왕 사유斯由가 환도성으로 천도한 뒤로 자꾸만 우리의 영토를 넘보기 시작했습니다. 고구려는 평원군平原郡 근방까지 그 세력을 미치고 있습니다. 이대로 두다가는 반드시 우리 백제를 침범하게 될 것입니다. 그러니 연의 모용씨와 동맹을 서두르셔야 하겠습니다."

병관좌평 해구가 동진과의 수효 교섭을 마치고 돌아와서 근초고왕에게 아뢰었다. 사유는 고구려 16대 고국원왕故國原王의 이름이었다.

"중국의 북쪽에 있던 흉노나 선비 같은 족속들이 중원을 석권했다고 하는 이야기는 들었는데, 연의 모용씨는 또 무엇이며 그들과 고구려는 어떤 관계에 있는가? 그리고 과연 그들이 우리와 동맹을 맺기를 원할 것 같은가?"

근초고왕近肖古王은 북변의 정세가 자못 걱정되는 듯 심각한 표정으로 물었다.

"마마, 모용씨는 원래 선비의 일파입니다. 처음에 이들은 중국의 하북에 근거하다가 대륙이 혼란한 틈을 타서 요서로 진출했습니다. 동진은 결국 이들을 무시할 수가 없어 요동군공遼東君公으로 봉했습니다."

"그렇다면 대단한 사람들이군. 그런데 지금의 고구려왕 사유斯由와는 어떤 관계로 있는가?"

"고구려왕 사유는 모용외가 죽고 그의 아들인 모용황慕容皝이 전연前燕왕이 됨에 언젠가는 그와 일전을 하지 않을 수 없을 것이라 생각했습니다. 사유는 평양성을 증축하고 만주 북쪽에 신성을 쌓아 모용황의 침입에 대비하면서 동진에 사신을 보내어 동맹군을 확보하려 했습니다." 내신좌

평內臣佐平 진의眞義는 고구려와 전연의 피로 점철된 싸움에 대하여 다음과 같이 소상하게 아뢰었다

모용황이 신성을 공격해 왔는데. 미처 준비가 덜 된 사유는 할 수 없이 세자를 모용황에게 볼모로 보내고, 항복해서 전연에 조공을 바치기로 했다. 그런 뒤 환도성丸都城을 수리하고 국내성國內城을 다시 쌓아 그들과의 전쟁에 대비했다. 그리고 서울을 국내성에서 환도성으로 옮겼다. 모용황은 다시 고구려를 철저히 부수기 위해 주력인 4만 명의 대군이 선봉장 입위장군立威將軍 모용한慕容翰의 계책에 따라 남도로 진격했다. 고구려로 가는 길은 북도와 남도의 두 갈래가 있는데, 남도는 험하고 길이 좁아 적은 군사로도 지킬 수 있고, 북도는 길이 넓고 평탄하니 대군을 몰고 오기 쉬웠다. 그래서 모용한은 고구려군이 남도를 적은 군사로 대비하고 북도를 주력으로 막을 것이라 생각하고 고구려의 허를 찔렀다. 방비가 적은 남도를 대군으로 격파하면 나머지는 절로 무너질 것이라 본 것이다. 주력을 남도에 배치한 뒤에 만오천 명의 군사를 장사長史 왕우王寓가 이끌고 먼저 북도로 침공하게 했다. 아나나 다를까 고구려왕은 아우 무武에게 오만의 군사를 주어 북도를 막게 하고, 왕 스스로는 근위병 약간을 인솔하여 남도로 나갔다. 그런 남도를 모용황의 대군 4만이 급습했으니 고구려왕이 당해낼 재주가 없었다. 모용황의 대군은 고구려의 장수들을 베면서 환도성까지 쳐들어갔다. 고구려왕은 혼자 도망하여 단웅곡斷熊谷으로 들어가 숨었다. 마침내 고구려의 서울인 환도성에 들어간 연의 대군은 고구려왕의 어미인 주씨와 왕비를 사로잡았다. 북도로 내려오던 왕우가 철수하게 되어, 더 이상 환도성에 머물 수 없게 된 모용황의 주력은 좌장사左長史 한수韓壽의 헌책에 따라 미천왕의 능을 파헤치고 시신을 거두어갔다. 그뿐이 아니라 환도성의 국고에 있던 대대로 물려받은 보물들을 탈취하고, 남녀 오만여 명을 포로로 삼고 대궐에 불을 지른 뒤, 환도성을 허물고 돌아갔다.

"아, 그런 일이 있었구려. 고구려가 처참하게 당했군. 그 오만불손하던 고구려가 말이야. 그래, 그 뒤에는 어떻게 되었지?"

"한 해가 지난 뒤에 고구려왕은 그 아우를 전연으로 파견해서 진귀한 물자 수천 점을 바쳤습니다. 연왕 모용황은 그 대가로 미천왕의 시신을 돌려주었으나, 왕의 어미는 그대로 두어 인질로 삼았습니다. 왕모 주씨의 볼모가 풀려 놓여 난 것은 다시 그로부터 십사 년이 지난 모용황의 아들 모용준慕容寯 때의 일이었습니다. 전연왕이 고구려왕의 귀순하는 태도를 좋게 보아 고구려왕을 정동대장군征東大將軍 영주자사營州刺史로 삼고 낙랑공樂浪公으로 봉한 것은 최근의 일입니다. 이렇게 고구려와 서쪽의 여러 부족과의 관계가 일단락이 되었으니, 이번에는 틀림없이 고구려가 우리나라로 남침할 것입니다."

"그렇다면 어서 사신을 보내어 전연과 동맹을 맺도록 하라. 그리고 남쪽의 야마토와 동쪽의 신라에게 좋은 말 두 마리씩을 보내어 화친을 도모하도록 하고. 특히 야마토에게는 그들의 군사를 북쪽으로 보내달라고 부탁도 하라." 마침내 왕명이 내렸다.

한 해가 다시 지났다. 9월에 고구려왕 사유가 보병과 기마병 이만 명을 거느리고 치양雉壤에 침입했다. 왕은 고구려의 군졸들이 민가를 약탈한다는 소식을 듣고 태자 수須를 보내어 이를 쳐부수게 했다. 태자는 치양을 급습해서 적병 오천여 명을 참살하고 돌아왔다. 11월에 왕은 한수 남쪽에서 백제의 북방군을 모아 열병을 했다. 이때 백제군은 모두 누런 깃발을 진중에 세워 바람에 휘날리게 했다. 치양에서의 승리로 백제군의 사기는 하늘을 찔렀다. 그로부터 2년 뒤인 근초고왕 26년(서기 371년) 10월에 왕이 태자와 더불어 정병 삼만 명을 거느리고 고구려를 침범했다.

"마마, 저길 보소서. 백잔百殘의 군사들이 구름같이 몰려오고 있습니다. 성문을 굳게 닫고 지켜야 할 것입니다. 저놈들도 이 성을 오래 공격하지는 못할 것입니다. 겨울이 다가오고 있으니, 동장군의 도움으로 쉽게 물리칠 수 있을 것입니다."

고구려 북부 욕살 조선祖宣이 평양성의 장대에서 남쪽을 가리키며 말했다.

"무슨 소리. 백잔의 무리는 우리의 적수가 아니니라. 저들이 몇 만이 오더라도 우리 조의皂衣 수천 명이면 충분히 대적할 수 있다. 누가 선봉이 되어 이들을 격파할 것인가?"

고구려의 왕 사유斯由가 장수들을 돌아보며 물었다.

"소장이 나가겠습니다."

동부 욕살 안상晏尙이 나섰다. 그는 남문을 열고 말을 몰아 달려 나갔다. 안상을 따라 고구려의 철기병 오백과 궁수 천여 명과 보병 오천여 명이 성의 남쪽 들판에 나가 진을 쳤다. 백제의 군사 만여 명이 이미 대동강을 건너 포진해 있었다. 양군은 서로 마주보고 함성을 질렀다.

백제의 장군 진수眞首가 진두에 말을 몰고 나와 외쳤다.

"나는 백제의 장군 진수다. 나와 자웅을 겨룰 장수가 있거든 나오너라."

진수의 목소리는 크고 우렁찼다. 고구려 본진이 있는 평양성의 장대에서도 그가 외치는 소리가 들릴 정도였다. 진수는 용봉환두대도龍鳳環頭大刀를 허리에 차고 오른손에는 긴 창을 들고 검은 말을 타고 나왔다. 진수의 도전에 응해 안상이 나섰다. 안상은 비늘 갑옷에 도끼를 들며 적갈색 한혈마汗血馬를 몰고 나갔다.

"나는 고구려의 동부 욕살 안상이다. 어디 한번 승부를 겨루어보자."

두 사람은 잠시 숨을 고르더니 곧 함성을 내지르며 서로 맞붙었다.

'콱' 하고 창과 도끼가 서로 부딪쳤다. 진수가 창을 휘둘러 안상을 치려 들자 안상은 얼른 머리를 숙이고 말 등에 몸을 납작 붙였다. '휙' 하고 장창이 머리 위를 지나가는 소리가 들리는 순간 안상의 도끼가 진수의 허리를 노리고 들어왔다. 진수는 말을 급히 몰며 안상의 도끼를 창으로 막았

다. 이렇게 여러 합을 이들은 치고 막았다. 두 마리의 말과 사람이 춤을 추
듯 어울려서 맴을 돌았다. 한 식경을 이렇게 싸우던 두 장수는 결국 승부
를 내지 못했다. 이를 보고 있던 양 진영에서 징을 쳐서 두 장수가 철수하
도록 했기 때문이다.

진수는 돌아오자마자 대장군 막고해莫古解에게 항의했다.
"조금만 더 싸웠으면 안상의 목을 벨 수 있었는데, 왜 징을 쳐서 소장
을 불러들이셨습니까? 다시 나가 싸우겠습니다."
"그만하시오. 두 사람의 무예가 난형난제라, 자칫하면 장군이 낭패를
당할 것 같아 그리하였소. 선봉이 다치기라도 하면 이번 싸움에 영향이 클
것이 아니오."
"대장군, 소장을 어떻게 보고 그러십니까? 안상쯤이야 이 창으로 단숨
에 찔러 넘어뜨릴 것이외다. 이번에는 말리지 마소서."
진수는 분에 못 이겨 씩씩거렸다. 막고해가 말했다.
"그럴 것이 아니라 이 평양성을 떨어뜨릴 궁리나 해 봅시다. 구려군이
성문을 열고 나오기만을 기다릴 것이 아니라, 오늘 밤에 야습을 시도해 봅
시다. 수레에 높은 망루를 세워 궁수 여럿을 배치한 뒤 성벽보다 높은 곳
으로 가 장대에서 독전하는 장수들을 겨냥해서 활을 쏘도록 합시다. 그리
고 충차로 성문을 부서서 열도록 해 봅시다. 별도로 날랜 군사 수십 명을
뽑아 성벽을 넘게 해서 성문을 안에서 열 수 있도록 시도해 봅시다. 오늘
은 그믐이라 달도 없을 것이오."

자정이 조금 지났다. 고구려 군영은 백제군의 동태를 살피다가 별 이
상이 없어 보여 약간 마음을 놓은 상태였다. 그런데 갑자기 평양성의 남문
밖에서 함성이 일어났다. 그와 함께 징과 북소리가 높이 울렸다. 장대 위
에 올라간 고구려왕 사유는 여러 막료와 함께 전황을 살피려 했다. 이를
보고 있던 망루의 백제 궁수들이 장대를 향해 일제히 활을 쏘았다. 사유는

난전을 막으려고 칼을 휘둘렀다. 하지만 결국 앞가슴에 대여섯 개의 화살이 박히면서 정신을 잃고 쓰러졌다. 실로 눈 깜짝할 사이의 일이었다. 왕을 잃은 고구려군은 일시에 무너졌다. 성벽을 타고 들어온 백제 군사가 안에서 성문을 열자, 막고해가 지휘하는 백제군이 성내로 노도처럼 쳐들어왔다. 이러한 와중에 동부 욕살 안상이 왕의 시신을 가까스로 수습해서 북문으로 빠져나갔다. 조의 십여 명이 그 뒤를 따라 나갔다. 북부 욕살 조선은 군사를 이끌고 성내로 들어온 백제군과 백병전을 벌였다. 고구려군은 결사적으로 백제군을 성밖으로 밀어냈다. 그런 뒤 성문을 굳게 잠근 고구려군은 백제군의 계속된 도발에도 응전하지 않았다. 북문으로 빠져나간 안상 일행은 왕의 시신을 모시고 북으로 달렸다. 며칠 후 왕의 전사를 기별 받은 태자 구부丘夫는 국내성에서 만여 명의 군사를 데리고 남하해 왔다. 이후 태자는 부왕의 시신을 수습하여 고국원故國原에 장사하고 고구려왕으로 즉위했다.

고구려를 크게 이긴 근초고왕 부자는 군사를 이끌고 돌아온 뒤 서울을 한산으로 옮겼다. 근초고왕은 한산 천도 이듬해에 동진과 수교했다. 동진은 그에게 진동장군鎭東將軍 낙랑태수樂浪太守라는 작위를 수여했다. 그 뒤로도 몇 년 동안 고구려와 백제는 서로 공방을 되풀이했다. 그러나 계속된 가뭄, 메뚜기의 황재, 지진과 단층, 진흙 비와 황사, 그리고 괴질의 유행으로 고구려와 백제 모두 시달리는 백성을 구휼하는 일로 경황이 없게 되었다. 근초고왕 28년 7월에는 독산성禿山城 성주가 남녀 삼백 명을 데리고 신라로 달아나기까지 했다.

2. 왕을 잃고 다시 일어나는 고구려

"아바마마께서 어찌 직접 장대에 나서서서 변을 당하셨는가? 호위하던 장졸들은 무엇을 했는가? 적군이 망루를 세워 공격하는 것도 눈치채지 못하다니."

새로 등극한 고구려의 17대왕 소수림왕小獸林王이 평양성 공방전의 책임을 물었다.

"마마, 소장을 벌하소서. 모두 소장의 책임입니다."

북부 욕살 조선이 통곡을 하면서 머리를 조아렸다.

"마마, 소장의 책임이 더 중합니다. 백제의 선봉장 진수를 죽이지 못한 소장의 잘못입니다. 소장을 벌하여 주소서. 북부 욕살은 수성을 주장했는데, 소장이 서둘러서 적군을 공격한 것이 도화선이 되었습니다. 소장을 중벌로 다스리소서."

동부 욕살 안상이 머리를 산발한 채 호소했다.

"경들의 책임이 아니오. 우리 수비 체제에 구멍이 뚫린 것이니 그 이유를 알아보도록 해야 할 것이오. 우리 고구려군이 서쪽의 전연前燕과 싸우다가 환도성이 함락되고 왕모와 왕비, 그리고 남녀 오만여 명이 포로가 된 것이 불과 30년 전의 일인데, 이번에는 백잔에게 평양성을 공격받아 아바마마까지 돌아가시게 된 것은 아무래도 우리의 국방 태세가 제대로 되어 있지 못한 탓으로 생각되오. 경들은 국상과 함께 국정 전반을 점검하여 국가 대계를 수립하도록 하시오. 동부 욕살 안상에게는 군사 4만을 줄 테니, 서쪽의 연과 남쪽의 백잔을 막도록 하시오."

왕은 평양성의 패전을 장수들의 책임이라기보다 고구려의 방어망에 구멍이 뚫린 것으로 보고, 이에 대한 근본 대책을 세울 것을 명했다. 이에 국상 창조불倉助弗은 오부의 욕살들과 왕제 이련伊連을 비롯한 왕족들을 소집해서 논의를 시작했다. 그러나 왕은 대신들의 논의만으로는 속이 차지 않았다.

왕은 태자 시절부터 주부主簿 송황宋晃을 데리고 서쪽 나라의 사정을 살펴 왔다. 송황은 연燕의 동이호군東夷護軍으로 있다가 귀국한 지 얼마 되지 않은 사람이었다. 현재 연은 모용준慕容儁의 대가 되자 신흥 전진前秦에게 밀리게 되었다. 새로 세력을 펴게 된 전진과 빨리 동맹을 맺어 연을 협공하는 것이 좋겠다고 여긴 왕은 보위에 오르자마자 전진왕 부견符堅에게 사신을 보내어 수교를 요청했다.

"고구려왕이 유시流矢에 맞아 죽었다고? 백제의 태자 수須가 큰 공을 세웠군. 그래, 새로 왕이 된 구부가 짐에게 무엇을 청해 왔는고?"

전진왕 부견은 황하 이북을 평정한 기세로 중원을 통일할 생각이었다. 그런 때에 고구려에서 사신이 왔다 하니 기분이 매우 좋았다.

"폐하, 고구려왕이 맥궁과 고구려 방패를 보내어 왔습니다. 이와 함께 고구려의 미인 십여 명도 폐하의 후궁으로 추천해 왔습니다. 답례로 무엇을 보내도록 하오리까?"

전진왕의 시종이 아뢰었다.

"우리나라에 불교가 들어온 지 오래인데, 동이의 나라에는 아직 포교를 하지 못했다고 들었소. 요즈음 같은 난세에 부처님의 가르침을 전해 주는 것이 우리 같은 대국이 해야 할 일인 것 같소. 전에도 지둔도림支遁道林이 불교를 알리려고 고구려에 서찰을 보낸 적이 있었는데 성사하지 못했다고 들었소. 이번에는 꼭 불교를 전해야 하겠으니 승상은 천축天竺의 승려 순도順道를 고구려로 보내도록 하시오. 불상과 경문을 가지고 고구려에 가서 포교하라고 이르시오. 부처님의 가르침을 받들면 고구려도 그전처럼 호전적으로 나오지는 않을 것이오. 우리가 고구려의 수교 요청을 허락하는 징표로 이보다 더한 것은 없을 것이오."

전진왕 부견의 명을 받아, 소수림왕 2년 8월에 순도가 국내성으로 들어왔다. 왕이 순도를 보고 물었다.

"그대는 부처를 모시고 있다고 들었소. 부처가 무엇이며 그분의 가르침은 어떤 것인지 알려 주시오."

"부처님께서는 천축의 히말라야산맥 남쪽 기슭에 있는 가비라 성에서 태어나셨습니다. 고다마의 싯다르타라고 하는데 정반왕淨飯王의 아들이십니다. 스물아홉 살 때 생로병사生老病死의 네 가지 괴로움에서 벗어나고자 궁궐을 빠져나가 고행을 하시다가, 서른다섯이 되던 해에 붓다가야의 보리수 아래에서 득도를 하셨습니다. 그 뒤 여든이 될 때까지 천축의 여러 지역을 다니면서 사람들에게 괴로움과 고통에서 해방될 수 있는 방법을 가르쳐 주셨습니다.

부처님께서는 모든 생물이 변해 나가는 것을 나비의 일생을 들어 설명하셨습니다. 즉 윤회輪廻를 말씀하신 것이지요. 나비는 알을 낳고 나비의 알은 애벌레로, 그리고 애벌레는 번데기로 변하는데, 번데기에서 결국 나비가 다시 나타나게 됩니다. 이런 전체 과정을 보면 미리 정해진 약속이 있는 것처럼 보입니다. 나비는 나비의 알에서 나오지, 모기의 알에서는 나오지 못합니다. 한 생물이 살아 있을 때 지은 업業의 힘은 그 생물 속에 축적되어 있다가, 그 생물이 죽으면 그 힘이 작용해서 다음 생물이 만들어집니다. 과거에 지은 업은 현재의 존재를 만들고, 현재에 저지른 업은 미래의 존재를 만듭니다. 업의 성질에 따라 생물은 천상의 극락에 태어나기도 하고 짐승으로 떨어지기도 합니다. 왕이나 귀족으로 태어나는 것은 과거에 그렇게 태어날 업을 지녔기 때문입니다. 그러니 대대로 번창하고 싶으면 왕과 귀족이 행해야 할 법도를 지켜야 한답니다. 백성을 사랑하고 모든 생물에게 자비를 베풀면, 인과응보로 부처나 임금으로 태어나게 됩니다. 마찬가지로 신하로서 임금에게 충성을 다한 사람은 귀족으로 다시 태어납니다.

부처님께서는 과거와 현재와 미래를 돌보시면서, 생물이 생전에 한 행

적에 따라 저마다 육도六道에 다시 태어나게 하십니다. 육도는 지옥도地獄道, 아귀도餓鬼道, 축생도畜生道, 아수라도阿修羅道, 인간도人間道, 천상도天上道의 여섯 도를 말합니다. 지옥도는 나락奈落으로, 이승에서 나쁜 짓을 한 사람이 죽어서 고초를 겪게 되는 곳입니다. 염라대왕閻羅大王이 주재하고 귀신이 죄인을 옥죄이는 곳인데, 8대지옥과 8한지옥寒地獄 등 많은 종류가 있습니다. 아귀도에 떨어지면 안팎으로 장애가 생겨 음식을 먹지 못하고, 항상 굶주림에 고생하게 됩니다. 축생도는 살아서 악업을 행한 사람이 떨어지는 곳입니다. 지옥도와 아귀도의 바로 위에 있는 세계로, 그곳에 떨어지면 짐승의 모습으로 태어나서 고생하게 됩니다. 인간도는 사람이 사는 세계이고 천상도는 천상의 세계로, 그곳에서는 극락왕생할 수 있게 됩니다."

순도가 설교를 하자 왕은 고개를 끄덕이며 수긍했다.

'사람마다 분수에 따라 제 할 일을 다 해 나가면 부처님께서 보호해 주신다는 말인데, 그렇다면 우리 고구려의 국론을 통일하는 데 크게 도움을 줄 수 있는 사상이겠군.'

"어떻게 하면 우리 중생들이 부처님의 가르침을 받을 수 있게 할 수 있을까, 대사께서 그 길을 알려 주시오."

불교를 장려할 생각을 갖게 된 소수림왕이 순도를 대사라 공대하면서 말했다.

"부처님의 가르침을 일조일석에 전달하기는 어렵습니다. 제가 가지고 온 불상을 모시고 백 번이고 천 번이고 예배하고 경문을 암송해 나가면 차차 터득할 수 있을 것입니다. 부처님께서는 혼미한 인생에서 깨달음을 얻는 일에 대해 다음과 같은 비유를 하셨습니다.

옛날 어떤 곳에 나이 많은 부자가 있었습니다. 그는 크고 오래된 저택에 살고 있었는데, 그 집에 불이 났습니다. 집 안에는 많은 아이들이 놀고 있었는데, 놀이에 열중해서 불이 난 줄도 모르고 도망칠 생각을 하지 않았습니다. 늙은 부자는 집 밖에서 아이들에게 빨리 나오지 않으면 타 죽는다고 고함을 쳤습니다. 그러나 아이들은 아직 어린지라 말뜻을 이해하지 못하고 천진난만하게 놀이에 몰두했습니다. 부자는 꾀를 냈습니다. 평소에 아이들이 갖고 싶어 하던 장난감인 양차羊車, 녹차鹿車, 우차牛車를 집 밖에 두었으니 어서 나오라고 일렀습니다. 그 소리를 들은 아이들은 다투어 불 난 집에서 뛰쳐나왔습니다. 부자는 아이들을 안전한 곳으로 피난시킨 뒤에, 모두에게 흰 소가 끄는 화려하게 장식한 수레를 하나씩 골고루 나눠 주었습니다. 이 이야기에서 불타는 집이라는 것은 이 어지러운 세상을 말합니다. 아이들은 어지러운 세상에서 다가오는 위험을 깨닫지 못하고 쾌락만 좇는 사람들을 말합니다. 늙은 부자는 부처님입니다. 부처님은 불 난 집에서 헤매고 있는 사람들을 구제하려고 삼승三乘이라는 방편을 쓰셨습니다. 양이 끄는 수레는 성문승聲聞乘, 사슴이 끄는 수레는 연각승緣覺乘, 그리고 소가 끄는 수레는 보살승菩薩乘에 해당합니다."

"허허 거참. 어려운 말씀을 하시는군. 몽매한 대중을 구해낸다는 얘기는 알겠으나 삼승은 잘 알아듣지 못하겠소. 어쨌든 우리 백성들에게 난세를 이길 수 있는 길을 인도할 것으로 보이는군. 그렇다면 짐이 도와드리겠소. 높으신 가르침을 널리 알리도록 하시오."

왕이 말했다.

고구려에는 여러 세력 별로 다양한 재래 신앙이 있어서 정신적인 통합을 이루기가 힘들었다. 왕은 불교를 받아들임으로써 고구려인의 정신적 대통합을 도모할 속셈이었다. 특히 업보사상業報思想에 따라 백성들이 현재의 신분제를 받아들이고, 이승에서의 노력 정도에 따라 내세에서는 삶이 바뀔 수 있다는 긍정적인 인생관을 형성하게 한다는 것이 왕의 마음에 들었다. 소수림왕은 그로부터 삼 년 뒤에 순도를 위해 초문사肖門寺를 지어주었다.

불교를 받아들여 전진과의 수교에 성공한 왕은 나라를 제대로 통솔하려면 누구나 익혀서 지켜 나가야 하는 율령律令을 제정해야 한다고 생각했다. 이때까지는 관습에 따라 나라를 움직여 왔다. 그러나 이제 나라가 커지고 다양한 세력을 포섭하게 되었으니, 이런 때에 나라 전체에 통일된 규범이 없으면 외침을 막거나 백성을 다스리는 일이 힘들어질 것 같았다. 그래서 왕은 전진前秦의 율령을 본떠, 누구나 지켜야 할 율령을 제정하기로 했다.

소수림왕 3년(서기373년)에 반포된 이 율령에는 사회 질서 유지를 위한 기본적인 규범이 두루 포함되었다. 율령의 반포로 고구려는 적지 않은 변화를 겪게 되었다. 지금까지 오부 중심으로 되어 있던 체제가 왕권이 강화되는 중앙집권적인 체제로 변했다. 또한 이때에 반포된 율령으로 관등과 직제, 형량, 조세, 제사 등을 비롯한 생활 전반을 규정하는 규범을 제공할 수 있게 되었다. 그리고 다양한 세력들 간의 상호 배타적인 태도를 완화시키는 효과도 있었다. 사실 고국원왕의 전사도 오부 체제 하에서 중론이 통일되지 않는 것을 답답하게 여긴 고국원왕이 서둘다가 일어난 참사였다.

소수림왕 4년에는 호승 아도阿道가 고구려에 들어왔다. 아도는 그 풍모와 생김새가 특이했고 신통력이 있었다. 그가 강의를 하면 하늘에서 아름다운 꽃이 비 오듯이 내려왔다. 왕은 아도를 그 다음 해에 이불란사伊弗蘭寺를 지어 거처하게 했다.

한편 국상 창조불은 대가회의에서 부국강병책을 논의하여 왕에게 건의했다.

"마마, 부국강병을 위해서는 인재 육성이 제일이라고 생각합니다. 학문과 무예, 그리고 식산에 힘쓸 수 있는 인재를 집중적으로 길러야 하겠습니다. 미천왕 때에 시도한 일이 있습니다만, 전국의 민간 학숙인 경당扃堂

에서만 가르칠 것이 아니라, 서울에 태학太學을 두어 경당을 거친 우수한
인재를 뽑아 나라에서 직접 기르도록 해야 하겠습니다. 이들에게 오경五經
같은 유교 경전이나 『사기』, 『한서』 등의 역사책, 『옥편』 등의 사전, 『문
선』과 같은 문학서를 읽게 하여 사람의 도리와 나라를 다스리는 방법을 배
우도록 만드는 것입니다. 이와 함께 천문과 역학을 장려해서 농업 생산력
을 향상시키고, 의학 지식과 기술도 무당과 승려가 지니고 있는 지식, 기
술과 함께 집대성하여 질병을 다스리도록 개발해야 합니다. 또한 농사에만
힘쓸 것이 아니라 제염과 제철, 건축과 토목공사, 그리고 회화와 무악舞樂
도 장려하여 국부를 기르고 문화를 창달하게 만들어야 합니다. 이런 모든
일에 최고의 인재를 골라 박사에 임명하고 재산과 명예를 함께 지닐 수 있
도록 만들면 박사가 되려고 공부하는 사람이 많이 모이게 되어 우수한 인
재가 속출하게 될 것입니다."

"학술만이 아니라 산업과 예술에 이르는 여러 분야에서 인재를 기르자
는 생각이군. 하루 이틀에 되는 것이 아니니 꾸준히 노력해야 할 것이오."

왕도 훌륭한 인재가 많이 나와야 한다는 데에는 이의가 있을 리 없
었다.

"부국강병이라 했는데 무사들의 실력을 키울 대책은 어찌 없는고?"

왕이 욕살들에게 물었다.

"신 북부 욕살 조선이 아룁니다. 무사들의 실력을 기르기 위해서는 세
가지를 검토해야 할 것입니다. 그 첫째는 무사들의 정신 무장입니다. 국조
주몽 대왕 이래로 우리 고구려는 다물多勿로 뭉쳐 왔습니다. 다물이란 단
군조선 제38세 단군의 이름입니다. 단군 다물 때의 국토는 남북 2만 리와
동서 1만 리에 걸친 광대한 강역이었다 합니다. 이는 동으로는 동해와 러
시아 연해주, 남으로는 왜와 대만, 서로는 중앙아시아, 북으로는 몽골에
이르는 광활한 지역인데, 우리 고구려에서는 이 옛 땅을 되찾는다는 뜻으
로 다물이라는 말을 사용하고 있습니다. 모든 무사들이 다물 정신으로 뭉

치도록 심신을 단련해야 할 것입니다. 그리고 대왕마마께서 분부하시면 무조건 따라 할 수 있도록 훈련시켜야 하겠습니다. 가까운 예로 흉노의 명적일화鳴鏑逸話를 참고로 하여 반복된 훈련을 시켜야 합니다."

"흉노의 명적일화가 무엇인가?"
왕이 물었다.
"옛날 흉노의 대왕이었던 선우單于 두만頭曼의 고사를 말합니다. 흉노의 선우 두만의 아들이 명적鳴鏑을 만들어 휘하 만 명의 기마 병사들에게 자기가 명적을 쏘면 반드시 같이 쏘도록 하라고 이릅니다. 따라 하지 않는 자는 참형에 처한다고 했지요. 한 번은 자기가 타고 가던 말을 쏘니, 군사들 가운데에 사격을 주저한 자가 있었습니다. 두만의 아들은 그런 군사들을 모두 죽였습니다. 그 뒤에 자기의 애첩을 쏘았습니다. 역시 따라 하지 않은 자를 참형에 처했습니다. 다시 사냥을 나가 이번에는 아버지가 타고 있던 말을 쏘았습니다. 좌우의 군사들은 모두 따라 했습니다. 그런데 선우 두만이 왕위를 다른 자식에게 물려주려고 하자 이 아들이 아버지를 활로 쏘았습니다. 훈련된 병사들은 서슴지 않고 모두 명적을 따라 선우 두만을 쏘아 죽였답니다. 이처럼 엄한 법도 하에서 훈련을 거듭하면 사람으로서는 감히 할 수 없는 일도 저지를 수 있다고 한답니다. 우리의 무사들도 불문곡직하고 명령에 복종하는 습관을 길러야 합니다."

"무사를 기르는 데 세 가지를 검토한다 했는데, 다른 두 가지는 무엇인가?"
"아무리 정신 무장이 철통같이 되어 있다고 해도 무예를 연마하고 병법을 공부하지 않으면 힘을 발휘하지 못합니다. 검술, 봉과 창술, 궁술, 기마술, 택견, 수영 등 무예를 연마하도록 장려해야 합니다. 해마다 갈고 닦은 무예를 겨루는 대회를 봄과 가을에 열어 장원과 차상을 뽑아 중랑장中郞將으로 삼습니다. 『육도삼략』과 『손오의 병법』을 태학에서 익힌 후 장군으로 삼으면 좋은 장수를 기를 수 있을 것입니다."

"그렇다면 세 번째는 무엇인가?"

왕의 물음에 이번에는 동부 욕살 안상이 대답했다.

"정신 무장이 되고 무예가 출중하며 병법에 통달했다 하더라도 탁월한 병장기가 없으면 큰 전투에서 이기기 힘든 법입니다. 우리 고구려는 고조선의 치우천왕 시절부터 강철을 다루는 재주가 비상해서 병장기를 개발해 온 전통이 있습니다. 우리의 맥궁과 장창, 그리고 쇠로 만든 방패는 천하무적이라 할 수 있습니다. 특히 고구려 화살은 철갑도 쉽게 뚫을 수 있어 멀리에서도 적군을 무찌를 수 있습니다. 궁전弓箭, 창검槍劍, 모극矛戟, 노弩, 개갑鎧甲, 순적楯的, 공성기로서 포차抛車와 비석기飛石機, 충차衝車 등의 파괴기破壞機, 운제雲梯 등의 등성기登城機, 그리고 야전용의 삼인승 전차戰車 등 많은 무기를 개발해서 군사들이 자유자재로 다룰 수 있도록 훈련시켜야 합니다. 이와 함께 평야에서 잘 달리는 한혈마汗血馬와 산야에서 힘을 발휘하는 과하마果下馬를 길러서 철기 군단을 형성할 수 있도록 해야 하겠습니다. 이러한 기마 군단을 말의 색깔로 청룡, 주작, 백호, 현무의 네 개 군단으로 편성하면 크게 힘을 발휘할 것입니다. 동, 남, 서, 북의 각 부에서 맡으면 될 것입니다. 폐하가 거느리실 중부는 노란색 바탕에 검은 삼족오를 그린 깃발을 등에 꽂은 한혈마 군단으로 만드시면 그 위세가 천하를 누르게 될 것입니다."

"참으로 좋은 생각이오. 지금부터 준비해서 모든 진용을 갖추도록 합시다."

왕은 욕살들의 슬기로움을 대견해 했다.

3. 담덕談德과 순도順道

"상감께서 너무 여러 가지를 한꺼번에 시도하시는 통에 나라가 어지럽기 짝이 없습니다. 이러다가 나라가 망하지나 않을까 심히 염려됩니다."

고구려 소수림왕의 외숙 우소于蘇가 누이인 고국원왕비 우씨에게 말했다.

"마마가 아직 등극하신 지 얼마 되지 않아 그러시는 게 아니겠소. 오라버님께서 잘 보필해 드리세요."

왕비 우씨는 전연의 장군 모여니慕輿泥가 환도성에 쳐들어 왔을 때에 시어머니인 고국원왕모 주씨周氏와 함께 전연의 서울 패성邶城에 잡혀 가서 십삼 년간이나 살다가 왔다. 그래서 누구보다도 외적의 침입을 두려워했다.

"평양성에서 선왕 마마께서 돌아가시자마자 전진에서 중을 데려온 것은 무슨 뜻인지 이해가 되지 않습니다. 국조 이래로 이 나라는 단군왕검을 모셔 왔고, 수신燧神과 농신께 제를 올려 왔습니다. 그런 곳에 서역의 석가모니釋迦牟尼인지 무엇인지를 들여와서 예배를 강요하니, 말이나 되는 일입니까?"

우소는 생질인 왕이 자기와 상의도 하지 않고 일을 추진하는 것이 못마땅했다.

"그럼, 어쩌자는 겁니까? 형님."

사자使者의 벼슬에 있는 우소의 막내 동생 우직于稷이 물었다.

"이 일에는 주부 송황이 크게 역할을 하고 있다고 들었습니다. 형님."

"송황이 누구냐? 서토에서 동이호군으로 있다가 돌아온 그 건방진 녀석 말이냐?"

"예, 그렇습니다. 송황이 전진과의 수교를 주선하면서 순도라는 중을 데리고 온 것으로 압니다."

"이러다가는 왕실에 주도권을 모두 빼앗기고 말 것이야. 원래 고구려는 소노부와 계루부가 왕권을 이어 왔지만, 우리 제나부提那部가 돕지 않았다면 사방의 외적을 막아내지 못했을 것이 아닌가. 그러니 우리를 무시할 수는 없단 말이다."

"왕과 왕제인 이련伊連이 뜻을 함께하여 불교를 퍼뜨릴 생각을 하고 있으니, 우리 제나부에서는 북부의 신녀와 무당을 모두 동원하여 불교에 반대하는 시위를 벌이도록 합시다."

우직이 제안했다.

"모르는 소리 하지 마라. 그런 소극적인 방법을 써서 새 세력을 막을 수 있다고 생각하느냐? 어림없는 소리지. 그보다는 상감의 측근을 여러 가지 구실을 붙여 변방으로 쫓아내고, 불교를 음해하여 사직을 보존할 길을 찾아야 할 것이다."

우소가 동생의 말을 막으며 잘라 말했다. 그들 형제의 얘기를 묵묵히 곁에서 듣고 있던 신성新城 도사道使 울돌蔚돌이 커다란 눈알을 부라리며 큰 소리로 말했다.

"무얼 그렇게 마련할 게 많으십니까? 까짓 것, 송황 같은 놈은 쥐도 새도 모르게 없애버립시다. 상감이 등극한 지 얼마 안 되니, 측근의 신하와 친척을 죽여 없애면 아무리 상감이라도 우리에게 의지할 수밖에 없을 게 아닙니까?"

"함부로 서두를 일이 아니다. 내가 따로 지시할 때까지는 가만히 있도록 해라."

울돌의 저돌적인 성격을 잘 아는 우소가 그를 말렸다.

그날 밤 우소는 국내성의 처소를 떠나 서북 방에 있는 환도성으로 향했다. 환도성에는 우씨 산하의 정병 일만이 국내성을 지원한다는 명목으로 주둔해 있었다. 우소는 왕의 측근을 변방으로 쫓아버리기 위해 이 군사력을 이용해서 위협할 생각이었다. 우소는 환도성에 약간의 수비병만 남기고 군사를 몰아 국내성으로 내려왔다. 우소는 울돌을 선봉장으로 삼아 국내성의 대궐을 에워싸게 했다.

"상감은 불교를 물리치소서. 전진의 서토 세력을 이 나라에서 내쫓도록 하소서."

북부 장병들의 요구가 대단했다. 이를 들은 왕이 대궐 앞에 나왔다.

"너희들은 어디의 군사들인가? 환도성을 수비하던 북부 군사들이 아닌가? 불교를 받아들인 것은 전진과 수교하는 데 도움이 되기 때문이다. 지금까지 우리나라를 괴롭혀 온 전연의 모용씨를 동서에서 협공하자면 전진과 힘을 합해야 하기 때문이다. 이는 결코 불교만 받아들이고 국조 동명성왕 이래로 우리가 모셔온 수신燧神이나 농신을 저버리자는 것이 아니니라. 우선 두 곳에만 절을 짓는 것이니 그렇게 알고 짐의 뜻에 따르라. 모두들 환도성으로 돌아가거라. 그렇지 않으면 왕명을 불복한 역도로 처벌할 것이니라."

왕의 태도는 준엄했다. 아무리 울돌이 저돌적인 용장이라 해도 왕명을 거역할 명분은 없었다. 이들은 후일을 기약하고 환도성으로 돌아갔다.

왕은 즉위 5년 2월에 초문사肖門寺와 이불란사伊弗蘭寺를 창건해서 중 순도와 아도를 이곳에 두어 불법을 전하게 하더니, 7월에는 아우 이련伊連을 시켜 백제의 수곡성水谷城을 치게 했다. 다음 해 시월에는 다시 이련이 군사를 몰고 백제의 북변을 쳤으나 별로 소득을 얻지 못했다. 도리어 백제를 자극한 것이 되어, 백제의 군사 삼만이 평양성을 다시 침공해 온 것을 왕이 친히 군사를 인솔해서 싸워 한 달 만에 가까스로 남쪽으로 물리쳤다. 이렇게 이련과 그의 막료 송황이 큰 성과 없이 군사를 철수해 오자, 북부 욕살 우소가 다시 일어나 이들을 무능하다고 크게 비난했다. 이번에는 우소의 명분이 통했다. 마침내 이련은 송황과 함께 졸본성卒本城으로 쫓겨났다.

이련은 소수림왕 7년에 임지로 떠나면서 초문사의 순도를 만났다.

"대사, 아무래도 이번 길은 오래 걸릴 것으로 생각됩니다. 부처님의 가호를 받도록 내 아들 담덕을 대사에게 맡기고 싶습니다. 이 아이가 아직 네 살밖에 안 되니, 철이 들려면 한참이 지나야 할 것입니다. 부처님의 가르침과 우리 고구려의 역사를 배우게 해 주시고, 장차 치국평천하를 할 수 있는 길도 가르쳐 주십시오. 또한 북부 세력으로부터 해침을 당하지 않도록 각별히 돌봐 주소서."

이련은 공양물을 바치며 순도에게 부탁했다.

"염려 마소서. 담덕 왕자님은 제가 정성껏 돌보아 드리겠습니다. 서북에서는 거란이 날뛰고 있으니, 부디 옥체 보전하소서. 나무아미타불 관세음보살."

순도는 근골이 우람한 고승이었다. 큰 키에 눈이 움푹 팼고, 코가 우뚝하며 곱슬머리에 검은 얼굴을 한 천축인이었다.

"담덕아, 대사님께 인사 드려라. 오늘부터는 대사님 곁에서 수련을 해야 한다. 내 북쪽 졸본성에 가 있는 동안, 대사님의 말씀을 잘 듣고 많은 가르침을 받아야 한다."

이련이 담덕에게 일렀다. 이련의 말에 따라 담덕은 자그마한 손을 모아 무릎을 꿇고 순도께 깍듯이 인사 드렸다.

"담덕 왕자는 나를 따라오시오. 절 안에 거처를 마련해 드릴 것이니 왕제님께서는 염려 말고 소승에게 모든 것을 맡기고 떠나십시오. 나무아미타불 관세음보살."

순도 대사는 어린 담덕의 손을 잡고 서쪽 금당金堂 안으로 들어갔다.

순도를 따라 금당에 들어간 담덕은 정면에 안치된 부처님에게 예불을 올렸다. 순도는 곁에서 목탁을 두드리며 독경을 했다. 다음 날 새벽 인시寅時에 담덕은 순도대사가 흔들어 깨우는 바람에 일어났다.

"졸려 죽겠는데 왜 깨워요?"

담덕이 두 눈을 비비며 투덜거렸다.

"절에서는 절의 법도에 따라 생활해야 하느니라. 날마다 인시에 일어나서 자리를 정돈하고, 절 안을 청소한 뒤에 세수를 해라. 그리고 예불을 한 뒤에 공양을 드려야 한다."

"아직 깜깜한 밤중인데 벌써 깨우고 그래요? 인시는 또 뭡니까? 인시를 어떻게 알지요? 스님만 따라 하면 되는 거지요? 그치요? 스님."

담덕이 어리광을 부렸다.

"암, 날 따라 하면 된다. 차차 모든 걸 익히게 되면 혼자서도 할 수 있을 것이다."

순도는 어린 담덕이 대견하고 사랑스러운 듯 입가에 미소를 띠며 말했다.

"아침 공양을 드리고 나면 점심때까지 한자를 익히고, 그 뒤에 역사를 배우도록 하자. 내가 우리 고구려와, 이웃한 지나의 역사를 함께 가르쳐 주마."

"한자는 송황 할아버지한테 천자문을 배웠습니다. 할아버지께서 단군 할아버지와 치우천왕 얘기를 해 주셨는데, 정말 재미있었어요. 그런 걸 더 말씀해 주실 건가요? 스님."

"허, 그래? 참으로 영특하구나. 벌써 그런 것까지 알고 있다니."

"스님, 점심을 먹고 나면 놀러 나가도 되나요?"

"아직은 혼자 나가서는 안 된다. 사미스님과 함께 다니도록 해라. 그리고 절에서는 함부로 큰 소리를 지르거나, 신을 끌고 다녀서는 안 된다. 또한 공양을 드릴 때 외에는 아무 때나 주전부리해서도 안 된다."

"뭣이 안 되는 게 많네요."

"사미스님 말만 잘 들으면 된단다. 역사 공부를 한 뒤에 사미스님하고 뒷산에 올라가 마음껏 놀도록 하고."

순도는 올해 열넷이 된 사미승沙彌僧 혜청慧淸을 불렀다.

"혜청은 오늘부터 담덕 왕자를 내 몸 같이 위하고 돌보도록 해라. 한시도 한눈을 팔아서는 안 된다. 속세의 잡인들이 근접하지 못하도록 특별히 주의하고, 큰 변이 있을 때에는 내게 알려야 한다. 알겠느냐?"

"네, 큰스님."

혜청은 나이에 비해 키가 웃자라고, 웃으면 두 볼에 보조개가 패는 소년이었다. 이날 이후로 담덕은 혜청과 새벽부터 잘 때까지 행동을 함께 하게 되었다.

담덕이 초문사에 들어온 지도 사 년이 지났다. 여덟 살이 된 담덕은 제 또래의 다른 소년들보다 체격이 크면서도 행동이 민첩했다. 오전에는 순도 대사에게서 학문과 불경을 배우고, 오후에는 혜청과 무술을 익혔다. 처음에는 목검과 맥궁을 얻어 검술과 활 쏘기를 연습했다. 열여덟이 된 혜청은 벌써 장골이었다. 혜청은 짬이 날 때마다 담덕을 데리고 초문사 주변의 산야를 누볐다. 국내성을 떠나 환도성에 가기도 했고 국동대혈과 통천혈도 살펴봤다. 압록수를 따라 서쪽으로 한없이 내려가 보기도 했다. 북부 우씨 세력의 감시도 차차 완화되어 담덕은 마음대로 다닐 수 있게 되었다.

하루는 담덕이 혜청과 함께 압록수를 따라 서쪽으로 말을 달려 박작성 泊灼城에 이르렀다. 박작성은 호랑이 형상을 닮은 웅장한 산의 정상에 있는 성이었다. 담덕은 산성에 올라 서쪽을 바라다보았다. 멀리 요동과의 경계를 이루는 장성이 보였다.

"혜청 스님, 저 산성은 무엇입니까?"

담덕이 물었다.

"저건 요동과의 경계가 되는 장성입니다. 우리 고구려는 몇 번이고 이 장성을 넘어 요동을 치다가 후퇴했답니다."

얼마 후 이들은 박작성을 뒤로 하고 한나절을 동북쪽으로 말을 몰아 졸본성으로 올라갔다. 졸본성에서는 담덕 왕자의 아버지 이련이 송황과 함께 고구려의 서북 방을 지키고 있었다. 이곳은 북방의 호족인 거란이 자주 침입해서 방화와 약탈을 일삼는 곳이었다. 이련이 이끄는 고구려 군사들은 이들과 싸우노라 영일이 없었다. 그런 곳에 담덕과 혜청이 단 둘만으로 말을 몰고 왔다는 보고를 받은 이련은 무슨 큰 변이라도 난 것이 아닌가 하여 가슴이 철렁하고 무너졌다.

"아버님, 제가 왔습니다. 담덕입니다."

담덕이 졸본성 관아의 문전에 말을 매고 수문장의 안내를 받아 정청으로 오르며 고했다.

"아니, 담덕아. 네 어찌 이런 곳까지 왔느냐? 순도 대사는 잘 계신가? 오는 길에 험한 일을 당하지는 않았고? 너 혼자 왔느냐? 또 어디를 들렀느냐?"

이련은 몇 년 만에 만난 아들이었기에 한꺼번에 많은 질문을 했다.

"아버님, 하나씩 말씀드리겠습니다. 이번에 제가 온 것은 혜청 스님과 함께 우리나라의 서방 경계를 알아보기 위해서입니다. 저도 벌써 여덟이 되어, 압록강을 따라 작약성까지 갔다가 이곳까지 올 수 있을 만큼 말을 탈 수 있게 되었습니다. 오는 길에는 별로 큰 고생을 하지 않았습니다."

"요즈음은 북부 군사들이 우리를 감시하지 않으니까 네가 예까지 별일 없이 올 수 있었지만, 만일 제나부 사람들이 네가 국내성을 빠져 나온 것을 알면 필시 혈안이 되어 찾을 것이다. 이곳에서 한 이틀만 쉬었다가 빨리 초문사로 돌아가 순도 대사의 지도를 계속 받도록 해야 한다. 얼마 안 가서 내 다시 국내성으로 돌아갈 날이 올 것이니, 그때까지는 초문사 뒷산의 암자에서 칩거하고 있어야 하느니라."

이련이 단단히 부탁을 했다.

이련은 졸본성에서 거란을 막으면서, 한편으로는 요동성을 도모할 궁리를 하고 있었다. 그동안 여러 해에 걸쳐 전연의 침범을 받아 왔는데, 주부 송황이 전진과 교섭해서 전연을 협공할 계획으로 세작을 사방으로 보내어 정보를 수집하고, 작전을 세워 군비를 확충하고 있었다.

　이틀을 졸본성에서 쉰 두 사람은 다시 말을 몰아 국내성으로 돌아왔다. 다행히 북부의 제나부 사람들에게는 들키지 않았다. 신성 도사 울돌은 용맹만 넘쳤지 치밀함이 없어서, 두 사람이 초문사를 나갔다가 닷새 만에 돌아와도 이를 눈치채지 못했다. 담덕은 다시 순도 대사를 뵙고 여쭈었다.

　"대사님, 우리나라에는 어찌 이렇게 생각을 달리하는 사람이 많습니까? 한쪽에서는 칠성님을 믿고, 또 다른 한쪽에서는 단군왕검과 치우천왕을 모시고 있고, 그런가 하면 대사님은 부처님을 믿으라고 하십니다. 듣자니 태학에서는 공맹의 도도 가르친다 하는데, 어느 것을 믿어야 할지 자못 혼란스럽습니다. 가르침을 주소서."

　"칠성님을 모시는 것은 태곳적부터 민간에서 행해 온 신앙이지. 삼신을 모시는 삼신신앙三神信仰과 함께 우리 고구려에서 가장 많이 믿는 신앙이란다. 삼신신앙은 여성을 숭상하는데, 칠성신앙七星信仰은 남성을 숭상하지. 삼신신앙이 마고麻姑를 직녀로 모시면서 시작하는데 비해, 칠성신앙은 곰을 숭상하던 웅족에서 아내를 얻어 아들 단군을 낳으신 환웅천왕桓雄天王이 이끌던 구려족의 신앙이란다. 환웅천왕 때부터 남자가 실권을 갖게 되어 칠성신앙이 성하게 되었지. 북두칠성을 곰의 모습이라고 보아 이를 신물神物로 모시게 된 것이란다. 우리 고구려 사람들은 이 칠성신앙을 오랫동안 믿으며 살아왔단다."

　"그렇다면 칠성신앙으로 사람들의 생각을 통일하면 될 것이 아닙니까? 대체 공맹의 도는 무엇이며, 불교는 왜 들여와야 합니까?"

　"왕자는 무엇보다 먼저 대왕마마께서 어떤 포부로 계신지 알아야 할 것이다. 우선 대왕마마의 존호부터 알아보자. 대왕마마께서는 우리나라의 세 번째 왕인 대무신왕大武神王의 유지를 따라 국토를 확장할 생각으로 계신다. 동서남북의 이민족마저 포섭한 큰 나라를 만들겠다는 포부가 있으신 대왕마마께서는 우리 고구려 말로 되어 있는 호칭이나 이름을 서토에서도 통할 수 있게 한자를 빌려 적게 하셨지. 대왕마마께서 태학을 세워 지배층의 자제를 교육하게 한 것은 이런 사상을 지배층부터 익히게 해야 한다고 생각하셨기 때문이지. 단군 할아버지 이래로 지켜온 천부경天符經, 삼일신고三一神誥, 참전계경參佺戒經에 중국의 율령을 가미하여 새로운 율령을 만들어 백성이 지키도록 만든 것 또한 광대한 국토의 여러 민족을 일사불란하게 통솔하기 위한 수단이었단다. 그런데 이런 것은 대체로 어렵게 설명이 되기 때문에 일반 백성들이 따라가기 힘들었거든. 그래서 대왕마마께서는 마침 전진에서 불교를 장려하는 것을 알고 이것을 들여오기로 하셨지. 좋은 일을 하면 극락으로 가고 나쁜 일을 저지르면 지옥에 떨어진다는 간단한 내세관과, 자비심으로 만물을 대하고 마음을 비우면 세상 살기가 편해진다는 부처님의 가르침을 이용하려 하신 거지. 왕자도 차차 그 상세한 내용을 알게 되면, 사람을 다스리기가 얼마나 어렵고 힘든지를 깨닫게 될 것이다."

"천부경에서는 하늘과 땅과 사람이 원래 하나에서 비롯한 것인바, 하늘에 낮과 밤이 있고 땅에 물과 뭍이 있으며, 사람에게 남녀가 있어서 서로 어울려 힘을 합하면 새로운 하나를 창조하고, 이 새로운 하나가 다시 원래의 하나로 돌아간다고 하신 것으로 알고 있습니다. 모름지기 사람은 우주와 하나로 돌아가 합쳐진다는 것을 깨달으면, 마음이 밝아지고 만사형통한다고 했습니다. 그런데 불교에서는 어떤 가르침을 주시는 건지 알고 싶습니다."

순도 대사는 아직 어린 담덕 왕자가 단군 이래의 사상에 대해 이미 깊은 이해를 하고 있는 것을 보고 놀랐다.

"불교는 다른 어떤 가르침과도 다르지. 첫째로 신을 내세우지 않는다. 부처님을 이상으로 받들고 확대 해석하여 절대적이고 무한한 성격을 갖고 계시는 것으로 설명하고 있지만, 부처님은 세상을 창조했다거나 지배하는 분은 아니시지. 부처님의 생각은 자비와 지혜로 대표되는데, 자비는 무한하며 보상을 바라지 않는 사랑을 말하고 미움이나 원한과는 거리를 멀리

하고 있지. 고로 광신을 배척하고 관용을 베풀어 모든 사람을 평등하게 대할 것을 주장한다. 한편 지혜의 내용은 여러 가지로 발전하는데, 모든 삼라만상森羅萬象을 원래 빈 것으로 생각하는 지혜가 최고라고 주장한다. 그리고 연기緣起라 해서 모든 현상이 생기고 없어지는 데에는 일정한 법칙이 있다고 생각하는 인과응보因果應報를 주장한단다. 누구나 해탈解脫의 경지인 열반涅槃에 이르면 모든 고민과 욕심에서 해방되게 마련이지. 이런 일은 혼자의 힘으로도 이룩할 수 있지만 부처佛, 불경法, 승려僧의 삼보三寶의 도움을 받으면 힘을 덜 들이고 성취할 수 있는 법이다. 서방정토西方淨土의 극락세계極樂世界에 계시면서 모든 중생을 구제하신다는 아미타불阿彌陀佛이나, 괴로울 때에 중생이 그의 이름을 외우기만 해도 대자대비大慈大悲를 내리고 구제해 주신다는 관세음보살觀世音菩薩 같은 분들이 괴로운 세상에서 헤매는 중생衆生을 도와주고 계시지."

"대왕마마가 추진하고 계신 일을 조금은 이해할 수 있을 것 같습니다. 대사님, 대왕마마의 뜻을 받들어 이 나라를 부흥시킬 수 있도록 더욱 많은 것을 가르쳐 주소서."

담덕 왕자는 대사의 깊은 지식에 탄복했다. 이런 분을 스승으로 모시게 된 것이 더할 나위 없이 고마웠다

담덕이 아홉 살이 되던 해의 가을이었다. 왕이 대궐로 담덕을 불렀다. 담덕이 문후를 드리자 왕이 옥좌 가까이에 오게 한 뒤에 물었다.

"담덕 왕자, 오늘이 어떤 날인지 아느냐?"

"할바마마의 제삿날이 아닙니까?"

담덕이 답했다.

"네가 기억하고 있었구나. 지금부터 꼭 11년 전의 일이었지. 그게 시월 스무사흘이었지. 백잔의 군사 삼만이 평양성을 침범해왔다. 할바마마께서는 몸소 군사를 이끌고 나가 싸우시다가 화살을 집중적으로 맞아 돌아가시고 말았지. 아직 백잔을 도모해서 할바마마의 원수를 갚지 못하고 있으

니 안타깝기 짝이 없구나. 담덕이 순도 대사의 가르침을 받아 문무와 학식이 많아졌다고 들었다. 오늘은 담덕의 생각을 듣고 싶구나."

"대왕마마, 소신이 아직 어려서 어떤 말씀을 드려야 할지 엄두가 나지 않습니다."

"무슨 말이냐? 생각나는 대로 말하면 되는 것을."

담덕은 재삼 사양했으나 왕이 계속 요구하는 바람에 마침내 자신의 생각을 말하게 되었다.

"마마, 소신이 생각하기로는 나라의 법도나 국민이 의지할 종교, 그리고 지도층에서 해야 할 학문에 대해서는 이미 마마께서 모든 일을 잘 보살펴 주시고 계신 듯하옵니다."

"그렇게 생각하는가?"

"그러하옵니다. 허나 소신의 생각으로는 우리 고구려의 군사력은 아직 부족한 것이 많은 것 같사옵니다."

"왜 그렇게 생각하는가? 이미 우리 고구려는 오부를 중심으로 한 육만의 군사를 각 부의 욕살과 각 성의 성주, 그리고 군관인 도사, 대모달大模達, 말객末客 등이 밤낮으로 훈련을 시켜 천하무적이 된 것으로 아는데, 무엇이 모자란다는 말인가."

"모름지기 군사의 힘은 세 가지로 결정된다고 배웠습니다. 첫째는 장수의 질이고 둘째는 병졸의 숙련도이며 셋째는 모든 장졸이 갖추어야 할 병기라고 들었습니다. 그런데 우리의 장수들 중에는 아직 병법에 통달한 자가 없다고 들었습니다."

'담덕이 어디서 이런 지혜를 얻게 된 것일까? 필시 순도 대사나 송황에게서 배운 것일 테지. 아무튼 어린 것이 대단하군.'

왕은 속으로 크게 놀랐다.

"병졸들을 훈련시키는 것은 어떻게 하는 것이 좋겠는가?"

"오부의 병졸들을 각각 넷으로 나누어 춘, 하, 추, 동으로 장비를 달리하여 훈련시켜야 하겠습니다."

"그럼, 장졸들이 갖추어야 할 병장기로는 무엇이 부족한가?"

"방어를 하기 위해서는 쇠와 가죽으로 만든 방패가 필수적입니다. 그리고 모든 장졸이 갑주를 착용해야 하겠는데 이는 강철로 만드는 것이 제일이라 하겠습니다. 공성용 무기와 수성용 무기도 여러 가지로 개발해야할 것입니다. 이런 병장기를 대량으로 생산할 수 있도록 쇠부리 터와 대장간을 만들고 뛰어난 야장冶匠을 육성해야 할 것입니다."

담덕의 대답은 거칠 것 없이 청산유수 같았다.

'이것은 결코 담덕 혼자서 생각한 것은 아닐 게야. 하지만 앞으로 담덕은 우리나라를 이끌어 갈 큰 인물이 되겠구나.'

왕은 슬하에 왕자가 없었다. 그래서 장차 이 나라를 맡길 사람을 찾고 있었다. 아우인 이련은 성실하긴 해도 그릇이 너무 작았다. 그런데 이련의 아들이 이처럼 잘 자라고 있는 것을 보니 왕은 대단히 흐뭇했다.

"담덕은 자주 대궐에 와서 짐에게 많은 얘기를 들려주도록 하여라. 그리고 부탁하니 할바마마의 원수를 반드시 갚아 주도록 해 다오."

2년이 지난 동짓달에 왕께서 돌아가셨다. 소수림小獸林에 장례를 성대하게 치렀다. 왕은 아들이 없었기 때문에 아우인 이련이 왕위를 이었다. 고국양왕故國壤王이었다. 이련은 왕위에 오르자 바로 군사를 동원해 주부 송황을 대로對盧로 삼아 사만여 명을 이끌고 요동을 습격하게 했다. 담덕 왕자는 송황과 함께 중부의 개마무사鎧馬武士를 인솔하고 이 전투에 참가했다. 담덕 왕자에게는 첫 출전이었다.

4. 고구려의 국토 확장

고국양왕 3년 정월에 왕자 담덕은 태자가 되었다. 아직 열세 살 밖에 되지 않았으나, 무예를 단련하고 병법과 국가 경영을 순도 대사와 대로對盧 송황에게서 배워 온 담덕은 어린 나이에 비해 자못 점잖았다. 담덕을 태자로 책봉하는 의식은 성대했다. 오부의 대표 족장인 상가相加와 왕을 보좌하는 재상인 대로에서 7등직인 사자使者에 이르는 문무백관이 정전 앞의 정원을 가운데 두고 양편에 도열했다.

십삼 단으로 된 돌계단 위 마루에는 왕과 왕비가 나란히 의자를 놓고 남면해서 앉았다. 왕은 오색으로 채색한 옷에 흰 비단으로 만든 관을 쓰고, 금과 옥으로 장식한 가죽 띠를 둘렀다. 주부主簿 이상의 대신들은 푸른 비단 관을, 그리고 우태優台 이하의 하위직은 붉은 비단 관을 썼는데, 모두 가장자리를 금과 은으로 장식하고 양쪽에 새 깃을 꽂았다. 이런 관을 조우관鳥羽冠이라 했다. 담덕 태자는 금, 은과 옥으로 장식한 책幘을 쓰고 양쪽에 장끼의 긴 깃을 꽂았다. 그리고 금, 은, 옥으로 장식한 띠를 두르고 황색 가죽신을 신었다. 오색의 소매가 큰 적삼과 통이 넓은 바지를 입은 태자는 일곱째 계단에서 태자비와 함께 왕과 왕비를 대하고 섰다.

계단 양 옆에서 열네 명의 악사들이 탄쟁彈箏, 공후箜篌, 비파琵琶, 생笙, 고鼓 등의 관, 현, 타악기를 들고 서서 지서가芝栖歌를 부르면, 뜰 가운데에서 여러 궁녀들이 지서무芝栖舞를 추었다. 모두 성현이 부르는 노래와 춤이었다. 모두들 천추 만대로 이어질 왕운을 기원하고 있었다. 고구려 초기에는 토속 음악과 함께 칠성이나 마고를 모실 때에 추는 풍속무가 발달했는데, 중국과 흉노를 통해 새로운 악기와 음악이 전해지면서 종래의 풍속무는 그 형식이 더 다양해지고 조화 있는 춤으로 발전하게 되었다. 고구려의 지서무는 뒤에 당唐나라가 칠부기七部伎나 십부기十部伎를 개발할 때에 그 가운데 포함시킬 정도로 세련된 춤이었다. 고구려의 음악과 무용은 고대 일본에도 영향을 주어 고마가구高麗樂로 널리 알려졌다.

담덕이 태자 책봉을 받고 나니 그동안 여러 계파로 갈라져 내분을 해왔던 고구려의 지도부가 하나로 뭉치게 되었다. 민심이 하나가 되는 것을 보고, 8월에 왕은 군사를 일으켜 백제를 공격했다. 큰 소득은 없었으나 백제가 감히 고구려를 침범할 엄두를 못 내게 견제할 수는 있었다. 그 뒤 삼년간은 전쟁이 없어 조용했으나, 어찌 된 영문인지 시월에 복숭아와 자두 꽃이 피고, 발이 여덟에 꼬리가 둘 달린 망아지를 소가 낳는 이변이 속출해서 민심이 흉흉해졌다. 이때의 일을 후세에서는 부여 계통의 구태 백제가 남쪽의 온조 백제와 마한 연맹을 아울러서 큰 세력으로 자란 것을 은유적으로 표현한 것이라고 전했다. 망아지를 마한으로, 복숭아와 자두 꽃을 구태 백제와 온조 백제로 비유한 것이다. 심한 가물이 봄마다 찾아 들고, 추수를 임박한 논밭에 메뚜기 떼가 몰려들어 애써 가꾼 한 해의 농사를 깡그리 망가뜨렸다. 기근이 들어 여기 저기에서 사람들이 굶어 죽었다. 더러 사람들이 서로 잡아먹는다는 소문까지 나자 왕은 비축미를 풀어 이재민을 구제했다.

제12장

4세기의 한반도 동남부

1. 고구려 수교 사절로 가는 실성實聖

"아버님, 임금님께서 저를 부르셨습니다. 무슨 일로 그러실까요?"

실성이 걱정스러운 얼굴로 물었다. 나물 이사금奈勿尼師今 36년 섣달 그믐이 눈앞에 닿은 밤의 일이었다.

"별일이야 있겠느냐? 요즈음 나라 밖이 어수선해서, 네게 특별한 임무를 주시려는 것이겠지. 서쪽의 백제가 자꾸만 우리 강역을 넘나보고 있고, 남쪽의 왜인들이 한 삼십 년을 잠잠하더니, 또 쳐들어올 기세라는 첩보가 있어서 그에 대비하려는 것 같구나. 네 어미가 우리 신라의 왕통을 좌우하는 우두머리 역할을 하는 이리 부인伊利夫人인데 별일이야 있겠느냐?"

실성의 아버지 이찬伊湌 대서지大西知의 말이었다. 대서지는 성골로 김씨 시조 알지閼智의 종손이었다. 지금은 신라의 17등급의 관직 가운데 두번째가 되는 이찬의 신분으로 있었다. 신라의 모체인 사로국의 경주 일대에 분포한 여섯 촌락의 주민들은 대부분이 고조선의 유민이었다. 이들 가운데에는 중국의 진秦나라에서 망명해 온 사람들도 있었다. 김씨족은 이들 난민들을 받아들임으로 해서 그들의 세력을 키워 나갔으나 세력이 충분히 크지 못하여 미추味鄒를 이사금으로 세운 뒤에도 삼대는 석昔씨에게 왕위를 내어줄 수밖에 없었다.

4세기에 들어서서, 만주 방면에서 북방 유목 민족이 한반도로 남하해 왔다. 이들은 오르도스 철기 문화를 지닌 흉노 계통의 사람들이었다. 한동안 한漢나라를 북방에서 제압하던 흉노가 북과 남으로 분열하면서 그 일부가 한반도에 내려왔는데, 이들이 김씨족에 포섭되어 강대한 기마군단이 형성되었다. 김씨 출신의 나물 이사금이 다시 신라의 왕통을 이은 것이 바로 이 즈음이었다.

"무슨 일을 시키실지 모르겠으나, 마음을 단단히 먹고 다녀오겠습니다."
실성은 무엇인가 마음에 짚이는 것이 있는지, 입술을 앙다물며 굳은 표정으로 관복을 차려입고 대궐로 향했다. 실성이 대궐에 당도하자마자 내시가 바로 왕이 있는 내당으로 안내했다.
"어서 오시오, 아우님. 짐이 아우님에게 특별히 부탁할 게 있어서 이렇게 늦은 시각에 오시라고 했소. 날씨가 몹시 추운 것 같은데 오시는 길이 힘들지 않았는지 모르겠소."
왕은 실성이 방 안에 들어오는 것을 반갑게 맞으면서 의자를 권했다. 그리고는 시녀를 시켜 다과를 내어 오도록 했다. 방 안은 큰 화로에 숯불을 피워 훈훈한 기운이 맴돌았다.
"마마, 무슨 급한 일이 있으신지요? 이 밤중에 절 부르시니, 무슨 일인지 걱정이 되옵니다."
"아우님도 잘 아시겠지만, 왜가 근래 삼십 년은 우리 강역을 침범하지 않았소. 그런데 다시 대군을 모집해서 침범해 올 것 같다는 세작의 첩보를 받았다오. 근래 60년간을 돌이켜 보면 벌써 수 십번을 왜가 쳐들어와서 약탈을 하고 심지어 서울까지 포위한 적이 있었소. 또다시 이들이 준동한다니 큰 걱정이라오."

"마마, 이번에도 군사를 잘 배치하시면 큰 변은 없을 것이옵니다."

실성이 말했다.

"짐도 그렇게 생각하나 걱정이 하나 더 늘었소. 북쪽의 고구려가 그동 안은 힘을 쓰지 못하여 그에 대한 대비는 별로 하지 않고 있었는데, 6년 전에 왕자 담덕談德이 군사를 4만이나 이끌고 요동에 있던 대방왕을 격파 했다고 하더이다. 그렇게 해서 고구려가 요동과 현토 양 군의 남녀 일만 명을 포로로 했다고 하니, 그 세력이 만주 전체로 뻗치게 되었소. 그리고 다음 해 8월에 태자 담덕이 남쪽의 백제를 쳐서 성을 여럿 빼앗고 나서는 하늘 높은 줄 모르게 기세가 높아졌다오. 아무래도 고구려와 우리가 충돌 할 가능성이 많아진 것 같소. 우리 신라는 백제와 대치하고 있는 판인데, 잘못하면 고구려와 왜의 남북 협공까지 받아 큰 낭패를 당하게 되는 것은 아닌지 걱정하고 있던 참이라오."

왕은 신라의 주변국에 대한 걱정으로 초조한 기색을 감추지 않고 말 했다.

"마마, 너무 걱정하지 마시옵소서. 신이 북쪽의 고구려에 대한 대책을 세워보겠나이다. 마마께서는 남쪽의 왜와 서쪽의 백제에 대한 대비책에 전 념하시옵소서."

"아우님이 그렇게 말해 주니 한결 시름이 놓이오. 그래, 어쩔셈이 시오."

"마마, 소신을 고구려에 사신으로 보내 그들과 신라가 화친을 맺도록 하시옵소서. 신이 살피건대, 지금의 고구려는 연燕과 거란契丹, 그리고 백 제를 도모하노라 정신이 없을 것입니다. 그러니 우리가 화친을 제의한다면 기꺼이 응해줄 것으로 생각되옵니다. 고구려는 미천왕 25년에 이미 왜에 사신을 보내어 쇠방패와 과녁을 준 적이 있습니다. 그리고 고국양왕故國壤 王 5년에는 치수와 관개를 할 줄 아는 장인을 왜로 보내고, 또 40년에 다 시 사신을 보내어 국교를 맺었습니다. 그러니 고구려와 우리가 빨리 화친 을 맺지 않으면, 왜와 연맹하여 우리를 협공할 가능성이 있사옵니다. 소신이 고구려의 대왕을 설득하여 우리 신라와 수교하도록 만들겠나이다."

"그래 주시겠소? 아우님이 수고해 준다면 정말로 큰 도움이 되겠소. 짐이 힘껏 뒷바라지를 해 드리겠소. 우리는 다 같은 김씨이고, 아우님의 어머니가 석등보昔登保 아간阿干의 따님이시자 왕통을 선정하는 종宗이 되시는 어른이시니, 짐이 어찌 소홀히 할 수 있겠소. 그래, 언제 떠나시려오?"

왕은 자기 뜻을 얻었기에 화색이 만면이었다.

"가친에게 말씀을 드리고, 내일 아침 일찍 바로 떠나도록 하겠나이다."

"그런데 군졸은 몇이나 데리고 가실 생각이오?"

"싸우러 가는 것이 아니니 종자 둘만 데리고 가겠습니다. 고구려왕이 신라의 보검과 세포를 좋아한다고 들었습니다. 과하마果下馬 다섯 마리에 공물을 싣고 가도록 하겠나이다."

"왕실의 창고에서 상감보검 두 자루와 세포 30필을 아우님께 내어 드리도록 해라. 마구간에서 과하마 다섯 마리도 골라 가도록 해드리고."

왕이 시종에게 일렀다.

다음 날 아침 실성은 금성의 북문을 나섰다. 어제까지 불던 삭풍이 멎어 날씨가 봄날처럼 훈훈했다. 종자로 따라나선 사람은 나마奈麻 위석委席과 길사吉士 돌쇠였다. 이들은 새재鳥嶺를 넘어 남한강을 따라 북상했다. 산길을 타고 가자니 험로였다. 백제와 고구려가 서로 치고받는 지역인 임진강臨津江과 한탄강漢灘江가에는 두 나라의 산성이 많이 대치하고 있었다. 백제는 관미성關彌城과 수곡성水谷城 등 십여 개의 산성을 축조해서 고구려의 남침에 대비하고 있었다. 실성의 일행은 삼엄한 대치 상태에 있는 이런 산성들을 피해서 밤중에 계곡을 따라 북상하고 낮에 숲 속에서 잠을 자는 고역을 치렀다.

"저 사람들은 누구지? 이런 전쟁터에서 한가하게 계곡을 지나가다니."

설마천雪馬川을 따라 올라가다가 임진강을 건넌 실성 일행은 호로고루성瓠瀘古壘城 아래의 오솔길을 따라 걷고 있었다. 호로고루성에서 내려다보던 고구려 병사들이 실성 일행을 보고 수군거렸다.

"복색을 보니 신라 사람 같군. 몇몇이 따라가서 먼발치에서 감시하도록 해라."

고구려 병사 가운데 한 사람이 지시를 했다. 그러자 검은 전복을 입은 사나이 다섯이 산성을 내려갔다. 이들은 조의선인皂衣仙人이었다.

금성을 떠난 지 근 두 달 만에 국내성에 도달한 실성 일행은 지칠대로 지쳐 있었다. 일행은 국내성 밖의 가장 큰 주막에 여장을 풀었다. 주막의 아낙에게 물을 데워달라고 부탁하여 오랜만에 따뜻한 물로 목욕을 한 실성은 여독이 확 풀리는 것 같았다. 실성은 주모에게 은자를 세 개 쥐어주며 말했다.

"여보시오 주모, 유명한 고구려의 곡아주曲阿酒를 마셔 보고 싶소. 한 상 잘 차려 오시구려."

"은자만 많이 놓구려. 한 상만이 아니라 열 상이라도 차려드리리다."

주모는 두 손으로 은자를 받아 들어 달빛에 비추어 보더니, 부시시 속치마를 더듬어 허리에 찬 주머니에 집어넣고 부엌으로 들어갔다.

"옛소, 여기 있수다. 많이 드시구려."

주모가 가지고 온 술상에는 술안주가 제법 고루 차려져 있었다. 담백한 감자전과 나박김치, 그리고 오이냉국이 놓인 상 한가운데에는 숭어탕이 올라왔다. 이 숭어탕은 압록강에서 잡은 신선한 숭어에 쇠고기와 두부를 송송 썰어 넣어 끓인 것으로 얼큰하고도 감칠맛이 났다. 주모는 상을 내려놓고 다시 들어가더니 곡아주를 항아리에 가득 담아왔다.

"허허, 주모의 요리솜씨가 대단하구려. 위석아, 돌쇠야, 이리 와서 너희들도 한잔 해라."

실성은 항아리에 든 쪽박으로 곡아주를 떠서 자기 앞의 잔과 위석과 돌쇠 앞에 놓인 잔에 철철 넘치게 따랐다. 위석과 돌쇠는 고개를 옆으로 돌려서 술잔을 두 손으로 공손히 받쳐 들고 마셨다.

　"나리, 참 술맛이 일품입니다요. 지가 한 잔 더 올리겠습니다요."

　서너 잔을 마시자 돌쇠는 벌써 혀가 잘 돌지 않았다. 원래 술이 약한데다가 이번의 원행 길로 기운이 쇠잔한 탓이려니 하고 실성은 생각했다. 위석은 두주불사라 전혀 취하지 않았다. 술이 거나해진 돌쇠는 큰 소리로 힘자랑을 하기 시작했다. 그러자 주막의 여기 저기에서 술을 마시던 사나이들이 이쪽으로 모이기 시작했다. 이들은 호로고루성부터 실성을 미행해 왔던 조의선인들이었다. 그 가운데 하나가 불쑥 나서며 말했다.

　"여보시오. 당신이 그리 힘이 세시오? 어디 나랑 한번 별러 보시려오? 팔씨름으로 승부를 겁시다. 어떻소. 해 보겠소?"

　"그럽시다. 어디 팔씨름으로 누가 센지 내기를 해 봅시다."

　두 사람은 식탁을 가운데로 하고 양쪽으로 갈라 앉아 서로 손을 마주잡고 상 위에 팔꿈치를 올렸다. 팔씨름을 붙은 두 사람은 군호에 따라 힘을 쓰기 시작했다. 그런데 돌쇠의 힘이 너무 셌다. 순식간에 상대방의 팔을 꺾었다.

　다음 날 아침 일찍 실성은 위석과 돌쇠를 재촉해서 말 다섯 마리를 끌고 성 안에 있는 고구려왕의 대궐로 갔다. 대궐 앞에 지켜 선 수문장에게 돌쇠가 말했다.

　"여보시오, 수문장. 여기 계신 분이 우리 주인 나리로, 신라의 실성 왕자님이시오. 대왕마마에게 공물을 바치고자 수천 리 길을 왔으니 대왕마마에게 고해 주시오."

2. 신라와 고구려의 연맹

"대왕마마, 저는 신라의 실성 왕자라 합니다. 도움을 받고자 찾아왔습니다."

대궐에 들어온 실성은 고구려왕 이련伊連을 알현했다. 18대 고국양왕故國壤王으로 소수림왕小獸林王의 아우였다.

"신라의 임금이 나물 이사금이었지? 그럼 왕자는 나물 이사금과 어떤 관계인가?"

고구려왕이 물었다.

"나물 이사금과는 동서입니다. 다 같은 알지 할아버님의 후손이나, 나물 이사금의 어머니는 김씨 성의 휴례 부인休禮夫人이시고, 저의 어머니는 석씨 성의 이리 부인이라 어머니의 혈통이 다르옵니다."

"신라는 모계 혈통을 따진다더니 복잡하군."

"지금의 왕비는 13대 미추 이사금의 공주 보반 부인保反夫人이시고, 소인의 아내는 왕비의 동생인 내류內留입니다."

"신라인들은 친족 간에 혼인을 하는 풍습이 있는 모양이지?"

"골품을 유지하려고 노력하다 보니 부득불 친족 간에도 혼인을 하는 경우가 많습니다. 직계가 아니면 같은 성골 간에 혼인을 하게 합니다"

"허허, 우리와는 사뭇 다르군…… 그래 도움을 받고자 한다니 무슨 말인고?"

"대왕마마, 저희 신라는 아직 국력이 허약합니다. 그런데 서쪽에서는 백제와 동맹을 한 가야 제국이 자주 침공해 오고, 요즈음에는 남쪽의 왜놈들이 이들과 일맥을 통하여 우리나라를 괴롭히고 있습니다. 벌써 여러 번 저희 서울인 금성을 포위하여 양민을 살상하고 약탈을 자행했습니다. 고구려는 그 군사가 강성하여 요동과 요서를 장악하셨다고 하니, 저희 신라도 구원해주셨으면 합니다."

"우리가 그대의 나라를 구원하면 어떤 보답을 할 것인가?"

왕의 곁에 시립하고 있던 태자 담덕이 말했다. 담덕은 아직 젊은 나이인데도 허우대가 크고 위풍이 당당하여 고구려왕을 압도했다.

"고구려를 대대로 상국으로 모시고 해마다 조공을 할 것이옵니다."

실성도 키가 아홉 자 다섯 치나 되며, 영리함이 얼굴에 드러나 보이는 청년이었다. 그는 담덕의 위엄에 지지 않으려고 분명한 어조로 답했다.

"대왕마마, 신라의 사신을 일단 물리시고 추후 하명을 하겠다고 하시옵소서."

담덕 태자가 말했다.

"신라의 사신은 원로에 수고가 많았소. 객관에 돌아가 있으면 우리의 결정을 알려주리다."

실성의 일행은 예를 갖춘 뒤에 대궐을 나왔다.

"아무래도 고구려가 쉽게 우릴 도울 것 같지 않은데요."

실성을 따라갔던 위석이 걱정이 된다는 투로 말했다.

"우선 객관에 가서 오늘은 쉬도록 하자. 아무래도 고구려가 쉽게 우리를 구원할 형편이 못 되는 것 같으니, 내일부터는 성 안을 돌아보며 고구려의 사정을 살펴보자."

실성의 말이었다.

신라의 사신들을 보낸 뒤에 왕과 태자 담덕은 대로對盧와 오부 대가大加들을 소집하여 회의를 열었다.

"벌써 여러 해 동안 한재가 계속 들고, 여름에는 메뚜기가 곡식을 갉아먹는 황재蝗災까지 겪고 있습니다. 무엇인가 근본적인 대책을 세우지 않으면 민심을 다스리지 못할 것 같습니다."

대로 상조尙早가 말했다.

"서쪽의 연燕과 남쪽의 백제놈들이 툭하면 우리 강토를 침범하는 것에도 대비해야 하는데, 흉년이 계속되니 군사들이 힘을 쓰지 못하고 있습니다."

동부 대가大加 소량蕭諒이 수심에 찬 얼굴로 좌중을 둘러보며 말했다.

"오늘 신라에서 사신이 와서 도와달라고 하던데, 우리 형편이 아직 여유가 없으니 어떡하면 좋겠습니까?"

태자 담덕이 말했다.

"글쎄올시다. 우선 우리 발등의 불부터 꺼놓고 봐야지요. 신라놈들이야 기다리라 하지요."

대로 상조가 퉁명스럽게 말했다.

오부의 대가들은 대로를 보좌하는 주부 몇 사람과 함께 한참 동안 구수회의를 했다. 이윽고 대로 상조가 의견을 종합했다.

"우선 창곡을 풀어 백성을 구제하도록 합시다. 백성을 구휼하는 한편 군량미도 충분히 확보하여 외침에 대비해야 할 것입니다."

"신라의 요청은 어떻게 하지요?"

동부 대가 소량이 물었다.

"우선 수교를 하자고 하면서 사신을 보내도록 합시다. 주부 창현倉玄을 정사로 삼아 조의 두 사람을 거느리고 신라의 서울로 가서 우리와 힘을 합하여 백제, 가야, 왜의 연합 세력에 대항하자고 합시다. 실성 왕자에 버금가는 왕자를 우리에게 볼모로 보내라고 합시다. 그동안은 실성 왕자를 국내성에 붙들어두고요."

태자 담덕이 명쾌하게 결론을 내었다.

다음 날 아침, 실성 일행이 묵고 있는 객관으로 고구려왕의 시종이 찾아와 대궐에서 왕이 찾는다고 전했다. 실성 일행은 황급히 예복을 갖추고 대궐로 들어갔다. 정전에서 고구려왕과 담덕 태자가 이들을 맞았다.

"우리가 당장 신라를 도울 형편은 못 되나, 왕자가 이렇게 먼 길을 찾아왔으니 어찌 함부로 거절할 수 있으리오. 해서, 우리 고구려에서는 신라로 사신을 보내어 수호 조건을 교섭하기로 결정했소. 열흘 뒤에 정사 창현이 호위 군사를 데리고 신라의 금성으로 떠나기로 했으니, 실성 왕자의 부하 가운데 한 사람을 함께 보내 안내토록 하시오."

담덕 태자가 덤덤한 어조로 말했다.

"그러시다면 나마 위석을 보내도록 하겠습니다. 위석이면 신라의 안팎 사정에 두루 밝으니 능히 그 소임을 다할 수 있을 것이옵니다."

대궐을 하직하고 객관으로 돌아온 실성은 위석과 돌쇠를 불렀다.

"고구려에서 신라와 수호조약을 교섭하러 사신을 보낸다고 하는구나. 나마가 이들을 안내해 가도록 해라. 나는 돌쇠와 이곳 사정을 좀 더 살펴볼 생각이다. 추측컨데 나를 여기에 붙들어두려는 뜻은 볼모로 잡기 위해서인 듯하구나. 나마는 신라에 가거든 나를 대신할 사람을 적절히 간택하여 데리고 와야 할 것이다."

"알겠습니다. 그런데 마님께는 따로 기별할 것이 없으십니까?"

실성은 아내에게 전할 서찰을 따로 준비했다. 그 속에 다음과 같이 짤막하게 적었다.

"이역 삼천리에서 실성이 짝 잃은 기러기가 되어 그대를 그리워하고 있소. 다시 만날 때까지 몸성히 있으시오."

열흘 뒤에 고구려의 사신이 나마 위석의 안내를 받으며 수로로 압록강을 따라 서남쪽으로 떠났다. 실성은 돌쇠와 함께 국내성 남쪽 압록강 부두에서 이들을 배웅했다. 배웅을 하고 오면서 실성은 국내성 근방을 돌아보기로 했다. 국내성은 높은 산에 둘러싸인 압록강 중류의 분지에 있었다. 이곳은 집안輯安이라고 하는데, 동서가 이십오 리에 남북이 십오 리쯤 되는 그리 넓지 않은 분지였다. 실성은 먼저 국내성 밖을 돌아보았다. 사방 둘레가 오 리를 약간 넘는 궁성으로, 그 안에 대궐과 관아, 그리고 민가가 있었다. 국내성을 한 바퀴 돌고 나서 서북쪽으로 육 리 정도 떨어진 곳으로 가 보니 신라의 서울인 금성의 남산보다 약간 높은 산이 있었다. 그 산 기슭의 작은 강이 압록강으로 흘러들어가고 있었다. 내친김에 그 강을 따라 올라가 보았다. 산성이 세 길 높이로 쌓였는데, 남문에서는 무사들이 삼엄하게 지키고 있었다. 길을 안내한 고구려의 부장이 신분을 밝히자 성문이 열렸다. 성문을 들어서니 큰 연못이 있었다. 이 연못에서 고구려 기병 수십 명이 말에 물을 먹이고 있었다. 부장의 설명에 의하면 음마지飲馬池라는 연못이라고 했다. 두어 마장 더 올라가자 전투를 지휘하는 장대將臺가 나타났다. 장대에는 환도성이라는 현판이 걸려 있었다. 장대에 올라 내려다 보니, 산기슭 동쪽 저만치에 국내성이 보였다. 이곳은 외침에 대비하여 국내성을 방어하는 산성이었다.

"고구려가 자기네 서울을 참으로 단단히 지키는군. 남쪽에 큰 강을 끼고 북쪽은 높은 산으로 둘러싸여 있는데, 바로 곁에 환도성을 두어 외침을 당하면 이 성으로 이동해서 농성을 할 수 있는 태세로 있으니 말이야. 이리로 국도를 옮긴 것이 언제쯤인가? 그동안 외침은 한 번도 없었는가?"

실성은 고구려 수도의 방어 태세를 보고 혀를 두르며 경탄했다.

"유리명왕瑠璃明王 마마 22년의 10월에 국내성으로 천도했으니까, 벌써 사백 년 가까이 되었습니다. 그동안에 동천왕 20년 8월에 위의 관구검이 국내성을, 그리고 10월에는 환도성을 점령한 적이 있었습니다. 고국원왕 12년 11월에 전연의 모용황에게 환도성이 함락되고 미천왕릉을 도굴당한 적도 있습니다."

길을 안내하던 고구려의 부장이 비통한 어조로 말했다.

"어찌 그렇게 정확하게 외침을 당한 해와 달을 익히고 있습니까? 철천지한이 되셨던 모양이지요?"

"예, 우리 고구려 사람들은 누구나 한 번 당한 재난은 각자 기록해서 벽에 붙여 놓고 그 복수를 다지옵니다. 이제부터는 그런 재난을 당하는 일은 결코 없을 것입니다."

고구려 부장은 가슴을 펴면서 당당하게 말했다.

'허, 대단한 사람들이군. 잘못 건드렸다가는 큰 변을 당할 것 같군.'

실성은 내심 크게 충격을 받았다.

한편 고구려를 떠난 고구려 사신은 두 달 남짓 걸려서 신라의 금성에 도착했다. 일행은 신라의 궁궐에 도착하자마자 바로 남당으로 안내되었다. 나물 이사금과 이찬 대서지가 다른 신료들과 함께 사신을 만났다.

"마마, 고구려의 사신 창현이 문안드리옵니다. 신라와 수호조약을 맺고 오라는 우리 대왕마마의 분부를 받잡고 왔습니다."

정사 창현이 말했다.

"어서 오시오. 원로에 수고가 많으시오. 오시는 길이 힘들었을 텐데."

왕이 위로의 말을 건넸다.

"실성 왕자가 국내성에 와서 고구려와 신라 간에 수호를 맺자고 제안했습니다. 그래서 소신이 수호를 하기 위한 조건을 다지기 위해 왔습니다. 우리 대왕마마께서는 새재鳥嶺와 죽령竹嶺으로 경계를 삼아, 두 나라 사이에 서로 공방을 하지 않을 것을 약조하도록 하라 하셨습니다. 그리고 해마다 신라의 세포 천 필과 푸른 구슬 서 말을 조공받기를 기대하고 계시옵니다. 여기 그 내용을 담은 국서를 올리나이다. 그리고 한 가지 더 말씀드릴 것이 있습니다. 우리 대왕마마께서는 신라에서 왕자 한 분을 우리 고구려에 보내주시기를 바라고 계시옵니다. 고구려의 문물을 익혀서 신라에 전할 수 있도록 하려는 배려이십니다."

'까다로운 조건을 달면서 무슨 배려인가. 되먹지 못한 것이.'

왕은 속으로 괘씸한 생각이 들었으나 내색을 하지 않았다.

"여러 가지로 내세운 조건이 많은 것 같은데, 그런 것을 다 들어 준다면 고구려에서는 우리에게 무엇을 해줄 것인고?"

이찬 대서지가 물었다.

"지금 우리 고구려는 동서남북으로 크게 강토를 넓히고 있사옵니다. 그렇다 하더라도 영남嶺南은 신라에게 보장한다는 것이 그 첫째이고, 우리 고구려의 문물을 신라에게 전하여 문화 창달에 기여하게 한다는 것이 그

둘째이고, 마지막으로는 백제, 가야, 왜의 연합 세력에 대항하는 연맹을 맺겠다고 하셨습니다."

왕이 손을 저으면서 말했다.

"국서를 이리 다오. 짐이 읽어 보리라."

국서를 받아 읽는 왕의 표정이 점점 어두워졌다. 이윽고 왕은 국서를 이찬 대서지에게 주면서 말했다.

"오늘은 우선 접견만 하는 것으로 하고, 화백和白에서 수교 조건에 대하여 논의하도록 하세. 고구려의 사신을 객사로 안내하도록 해라."

왕명에 따라 화백이 소집되어, 신라 육촌장과 이찬 이상의 신료들이 남당에 모였다. 먼저 대서지가 입을 열었다.

"고구려가 우리와 수교하겠다는 조건을 보면 우리나라더러 고구려를 상국으로 모시라고 하는 것으로 보입니다. 지금 백제, 가야, 왜국이 동맹을 해서 우리나라를 침공하기 시작한 마당에 고구려와 등질 수는 없는 것으로 생각됩니다. 신중히 논의해서 국가대계를 정하도록 하십시다."

"다른 것은 다 그만두더라도, 영남만을 우리가 차지하라는 것은 너무 심한 조건이요. 북쪽의 아리수를 경계로 한다면 모르지만."

고허촌장高虛村長 소원蘇原의 말이었다.

"왕자 한 분을 보내라는 것은 우리더러 볼모를 들이라는 뜻인데 누굴 보낸단 말인가. 이사금 마마의 왕자님은 태어난 지 백일도 되지 않았는데."

"세포 천 필이면 너무 큰 부담이요. 신라의 세포가 쉽게 만들어지는 줄 아는가 보오. 우리 마을의 한 해 농사가 아닌가? 거저먹으려 드는군. 괘씸한 놈들. 우리도 힘을 길러야 합니다. 고구려는 조의라는 무사 수련을 하는 집단이 있다는데, 우리도 젊은이들을 동원해서 힘을 길러야 해요."

화백회의는 떠들썩했다. 모두들 거만한 고구려의 제안이 못마땅하다고 야단들이었다. 한동안을 논의하다가 이벌찬 홍선이 의견을 정리했다.

"고구려와의 경계는 실직원悉直原과 하슬라何瑟羅, 그리고 우수주牛首州를 잇는 선으로 삼도록 합시다. 공물은 좀 힘들더라도 고구려의 원대로 해주도록 하고요. 문제는 볼모로 보낼 왕자인데 이 일만은 이사금 마마께서 결정해주실 수밖에 없겠습니다."

"어려운 부탁을 하나 하고 싶소, 이찬 대서지."
왕이 말했다.
"무엇이옵니까. 말씀하시옵소서."
"실성으로 하여금 몇 해만 더 그곳에 있어 달라 했으면 하는데. 아무래도 짐의 왕자는 아직 너무 어려서."
"실성은 장가든 지 얼마 되지 않은 아이입니다. 며느리를 볼 낯이 없습니다. 사실인즉 이번 사행도 무리였습니다. 통촉하여 주시옵소서."
"그럼 어떡하겠소. 왕자를 못 보낸다고 우선 거절해 보고, 그래도 안 되면 부득이 실성으로 정할 수밖에 없소."
왕의 의사는 단호했다.

3. 볼모로 남게 된 실성의 시름

다음 날 이찬 홍선弘宣이 고구려의 사신을 만났다.
"우선 고구려가 실직원, 하슬라와 우수주를 이은 선의 남쪽으로는 침범하지 않겠다고 약조를 해주셨으면 하오. 그리고 백제나 가야, 왜의 세력이 신라를 침범하면 우리를 돕겠다는 약조도 해주셔야 하겠습니다."
"새재와 죽령 이남이라고 말했는데 실직원, 하슬라와 우수주라니요. 그곳은 훨씬 북쪽인 고구려의 영역에 들어와 있는 땅이 아니오. 그건 곤란하오. 다시 생각해서 우리의 안을 받아들이도록 하시오."
고구려의 사신 창현은 머리를 가로저었다. 그러나 그는 속으로는 다른 생각을 하고 있었다.

'더 북쪽으로 경계를 삼자고 하지 않으니 다행이다. 만일 철원현鐵圓縣 근방까지 신라의 영역으로 주장했다면 정말 큰일이었어. 내 재량으로도 이 정도는 양보할 수 있겠다.'

"공물은 해마다 보내도록 하겠습니까? 세포 천 필과 청옥 서 말인데."

"고구려왕께서 너무 욕심이 많으십니다. 우리 신라에 너무 부담을 주시는 것 같소. 대국답게 좀 봐줄 수 없는지요? 세포 오백 필과 황포 오백 필을 보내는 것으로 하고 청옥 서 말은 그대로 드리도록 하겠습니다."

"그럼 왕자 한 분을 고구려로 유학시키는 일은 어찌 하시겠습니까?"

"이사금 마마의 왕자는 아직 강보에 쌓여 있는 아기이니 후일로 미루도록 하십시다."

"안될 말이오. 양국의 문물이 교류되도록 하려면 아무래도 왕자 한 분 정도는 고구려로 유학해 주서야 신라의 성의가 표시될 것입니다. 이건 절대적으로 필요한 일입니다. 더욱이 고구려가 많은 군사를 동원해서 신라를 돕는다는 것은 신라의 왕실과 확고한 유대가 구축되는 것을 전제로 하는 것이 아니겠습니까? 전후 사정을 잘 살펴서 이것만은 꼭 성사시켜야 할 것입니다."

고구려의 사신 창현은 결코 물러서지 않았다. 홍선은 화백회의를 소집해서 보고했다.

"우리나라와 고구려의 경계를 실직원, 하슬라와 우수주를 잇는 선으로 정하였소. 서로 침공을 하지 않기로 약정했습니다. 그리고 백제, 가야, 왜의 연합 세력이 침공해 오는 것 같은 긴급사태가 벌어지면 고구려의 군사 지원을 받기로 했소."

홍선은 먼저 양국 간의 군사동맹 체결에 대해 합의한 것을 보고했다. 육촌장과 이찬들은 모두 만족한다는 표정이었다.

"다음으로 조공의 문제는 세포 천 필을 세포 오백 필과 황포 오백 필로 바꾸어 약간의 조정을 했으나, 대체로 고구려의 요청을 들어주기로 했습니다."

그러자 일부 촌장들이 웅성거리기 시작했다. 너무 양보한 것이 아닌가 하는 불평이었으나 이내 조용해졌다.

"마지막으로 왕자의 고구려 유학 건인데, 이것만은 고구려 사신이 절대로 양보를 하지 않는군요. 그래서 하는 수 없이 이미 고구려에 간 실성 왕자께서 몇 년간 더 그곳에 머물러 수고해 주시는 것으로 하고, 뒤에 우리 왕자가 장성하면 교대할 것을 기약하기로 해서 양해를 얻었습니다."

이 말에 대서지가 펄쩍 뛰었다.

"기어코 실성을 볼모로 삼기로 했군요. 우리 며느리를 볼 낯이 없어졌으니 어쩌면 좋단 말인가? 비정도 합니다. 아까운 청춘을 누가 보상할 것인가?"

그러자 알천閼川 양산촌장이 대서지의 손을 붙들고 위로했다.

"수삼 년의 고생일 것이요. 우리가 그냥 내버려둘 수야 있겠습니까? 며느님을 잘 다독거려 참으라고 하시지요."

고구려의 사신은 첫해의 공물을 바리바리 실은 말을 몰고 북쪽으로 출발했다. 나마 위석은 실성의 부탁을 제대로 해내지 못해 힘이 빠져 있었다. 돌아가서 실성 왕자를 볼 낯이 없었다. 그러나 화백회의에서 결정 난 일을 누가 바꿀 수 있으랴. 하는 수 없어 그저 떠나는 날 아침에 실성의 아내인 내류 부인을 만나러 갔을 뿐이었다. 사신이 돌아왔다는 소식을 들은 실성 왕자는 부리나케 객사로 돌아왔다. 돌쇠를 앞세워 압록강 변을 돌아보고 오는 길이었다. 위석으로부터 협상 내용을 들은 실성은 한동안 말없이 하늘만 쳐다보았다.

'아, 결국 나만 버려지는구나. 신라에서 날 걱정하는 사람이 아버님 외에는 없단 말인가.'

실성은 길게 한숨을 쉬었다. 불현듯 아내의 얼굴이 떠올랐다. 그 부드럽던 손길이며 수심에 젖어 애잔했던 모습이 그리웠다.

고구려왕이 실성을 찾았다. 내키지 않는 걸음으로 실성은 대궐로 갔다.

"축하하오. 왕자의 소원대로 우리나라와 신라가 동맹을 하게 되었소."

왕은 만면에 미소를 띠며 말했다.

"경하드리옵나이다. 대왕마마."

실성의 목소리는 땅에 꺼져 사라질 것 같이 작았다.

"그런데 신라에서는 왕자를 대신할 사람을 보내오지 못한다고 하니, 아무래도 실성 왕자가 얼마 동안 더 고구려에 있으면서 우리나라의 문물을 익히도록 해야겠소. 무엇이든 필요한 것이 있으면 도와드리겠소."

"국내성에서는 소수림왕小獸林王 때에 태학太學을 설립해서 귀족의 자제를 교육하고 있소. 그리고 그때 처음으로 율령律令을 반포했답니다. 모두 신라에서도 본받을 만한 것들이니 잘 살펴 보도록 하시오."

담덕 태자가 거들었다.

"그러고 보니 형님마마 때에 전진왕前秦王 부견符堅이 중 순도 편에 불상과 경문을 보내어 왔었지. 그래서 초문사肖門寺를 지어 불교를 퍼뜨리게 허락했었지. 불교에 대한 것도 신라에서는 모를 것이니 잘 알아보도록 하구려."

왕이 말했다.

"지금 거처하는 객관으로는 여러 가지로 불편할 것이오. 성 안에 저택을 하나 내어줄 것이니 거기서 거처하도록 하시오."

왕은 청하지도 않은 것까지도 여러 가지 자세하게 곁들여 지시했다.

대궐에서 나온 실성은 그날로 새로 마련된 집으로 짐을 옮겼다. 새집은 말끔하게 단장이 되어 있었다. 안방에 들어가 앉자 한 여인이 다과를 소반에 받치고 들어왔다. 여인은 다소곳하게 앉으며 큰절을 했다.

"소연素鳶이라 합니다. 왕자님을 시중들라는 대왕마마의 분부 받잡고 왔습니다. 무엇이든 시키실 일을 일러주시옵소서."

실성은 잠시 아내의 모습이 이 여인의 자태 위에 씌워지는 것을 느꼈다. 아찔했다. 묵묵히 여인의 절을 받으면서, 얼굴이 화끈해지는 것을 느꼈다. 정신을 차려 보니 고구려 여인이었다. 하얀 얼굴에 검은 눈썹, 그 아래 짙은 속눈썹과 새까만 눈동자와 큰 눈, 귀밑머리를 앞으로 늘어뜨린 빈하수鬢下垂, 그리고 곤색 저고리에 색동 주름치마를 입은 것으로 보아 고구려왕이 특별히 간택한 규수로 보였다.

다음 날 일찍 실성은 돌쇠를 데리고 국내성을 나섰다. 국내성에서 압록강을 거슬러 올라가니, 산골짜기 중턱에 두 개의 동굴이 있었다. "돌쇠야, 이 굴이 무엇인지 알아보고 오너라."

돌쇠가 동굴 근처의 마을에 가서 알아보고 돌아왔다.

"왕자님, 이 굴은 국동대혈國東大穴이라 한답니다. 해마다 시월이면 이곳에서 수신燧神을 모시고 제사를 지낸다고 하는군요. 저 너머에 통천혈通天穴이라는 작은 굴이 하나 더 있는데, 그곳에서는 고구려의 국왕이 백관을 거느리고 와서 천제에게 제사를 지낸다고 합니다."

"고구려가 신령을 모시는 것이 다양한 모양이군. 일전에 담덕 태자의 말로는 동맹東盟이라고 해서, 해마다 시월에 귀신鬼神, 사직社稷, 영성靈星을 모시고 춤을 추며 즐기는 제천대회祭天大會를 한다고 했어. 그건 이런 동굴에서 하는 것은 아닌가 봐. 사당이 따로 있는 모양이야."

실성은 고구려의 제례제도祭禮制度가 어떤지 알고 싶어졌다.

그날 밤 집으로 돌아온 실성은 소연을 찾았다.

"소연이라고 했지? 내가 고구려의 제천대회에 대해 알고 싶은데, 이에 관해 잘 아는가?"

"작년에도 시월에 제천대회를 열었습니다. 다들 신나게 춤을 추면서 신령을 모셨지요. 그 가운데 제일 신나는 춤이 있는데, 왕자님이 원하신다면 저희 몇몇 궁녀들이 보여드릴 수 있습니다."

"그래? 부탁하네. 고구려의 춤사위를 한번 보고 싶네."

"하루만 말미를 주시옵소서. 준비를 해서 내일 저녁에 보여드리겠나이다."

"알겠네. 그럼 부탁함세."

다음 날 저녁이 되었다. 소연이 궁녀 둘과 악사 셋을 데리고 들어왔다. 얼마 뒤 소연이 나와 고운 목소리로 길게 노래했다.

"이제부터 수신燧神을 모시오.
단군 할아버지 때에
굴속에 숨어 있던
웅녀 신이 수신이요.
국토 신이자 생산의 신
부싯돌로 불을 일으키는
수신이 나오시니,
모두들 엎드려 공경할지니라.
소머리 농신도 나오시니,
모두들 엎드려 공경할지니라."

소연의 흥겨운 노랫소리와 세 악사의 장단에 맞추어 두 사람의 궁녀가 가면을 쓰고 나와 춤을 추었다. 한 궁녀가 바람을 안고 옷자락을 펄럭거리고 춤을 추며 나온다. 노랑색 깃에 진한 녹색의 천의天衣를 걸친 수신이었다. 긴 장삼을 입고 왼손은 머리 뒤로 젖히고 오른손은 아래로 내려 불을 담은 화로를 들었다. 뒤로 굽힌 두 발로 엉덩이를 차며 팔짝 뛰었다가 살포시 화로를 마룻바닥에 놓고 일어선다. 그러자 또 한 궁녀가 소머리 탈을 쓰고 나와, 노랑 색 깃에 분홍색의 화사한 천의자락을 날리며 훨훨 춤춘다. 농신農神이었다. 두 팔을 벌리고 무릎을 굽혔다가 펴기를 되풀이하면서 춤을 춘다. 두 궁녀가 악사가 두드리는 장구의 가락에 맞추어 덩실덩실 춤추는 모습은 정말로 흥에 넘친 고구려인의 춤사위였다.

"천신제를 모시는 것을 보니 고구려의 정기가 서려 있는 것을 느낄 수 있어 좋구나."

실성은 한동안 소연의 노랫소리와 세 악사의 음률과 두 궁녀의 춤사위에 취하여 밤이 가는 줄을 몰랐다.

4. 전란 속의 한반도와 실성의 왕위 획득

실성이 고구려로 간 지 일 년이 지난, 나물 이사금 38년(서기 393년) 5월의 일이었다. 왜인들이 신라의 서울 금성을 포위했다. 연 닷새를 왜인들이 금성의 남문을 중심으로 공격해 왔다. 이찬 대서지가 성루에 올라 몰려오는 왜적을 내려다 보니 왜적의 기세가 자못 사나웠다. 비 오듯 화살을 쏘면서 긴 사다리를 성벽에 걸치더니, 사생결단하고 기어올랐다. 대서지는 군졸들을 독려해서 기름을 펄펄 끓여 왜적의 머리에 쏟게 했다. 그리고 화전을 쏘았다. 훨훨 타오르는 불길 속에 왜병들이 비명을 올리며 굴러 떨어졌다. 그리고 불이 붙은 사다리는 폭삭 하고 무너졌다. 왜적들이 충차를 밀고 와 남문의 두꺼운 대문에 부닥뜨렸다. 그 위에 다시 불붙은 기름을 퍼부었다. 왜적이 모두 나가 뒹굴었다.

고허촌장高墟村長 소원蘇元이 말했다.

"저놈들을 그냥 상대할 것이 아니라, 성문을 열고 나가 싸우도록 합시다. 우리 용사들이면 저런 것쯤이야 쉽게 무찌를 수 있을 것입니다."

이찬 홍선이 이를 말렸다.

"보아하니 왜놈들의 기세가 등등한데, 우선은 예봉을 피하는 것이 상책입니다. 저놈들이 벌써 닷새를 공격하고도 성루 하나 장악하지 못하니, 우리가 성문을 꼭 닫고 방비를 단단히 하면 제풀에 물러갈 것입니다. 지금 우리가 나가서 상대한다면 우리 군사들도 많이 다칠 것임에 틀림없소. 저놈들이 철수하려 할 때에 우리 기병 이백과 보병 천 명으로 추격하면 반드시 대승할 것이오. 이찬 대서지께서 기병을 통솔하고 나갈 준비를 해주시오. 나는 보병 천 명을 데리고 따라갈 것이오."

"알겠습니다. 저놈들이 철수한다면 필시 독산獨山으로 갈 것이니, 소장이 먼저 기병을 몰고 가 도망가는 길목을 막겠습니다. 보병이 추격하여 앞뒤에서 협공을 하면 틀림없이 우리가 승리할 것입니다."

왜군은 공성이 여의치 않자 영일만으로 철수하기 시작했다. 왜병들이 대마도에서 타고 온 병선 수백 척이 영일만에 닻을 내리고 있었다. 왜군이 철수하기 시작한 것을 본 대서지는 백마를 타고 성문을 열고 나갔다. 대서지를 따라 이백여 기마병이 포위망을 뚫고 영일만 쪽으로 달려 나가면서 흙먼지가 뿌옇게 일어났다. 성루에서 내려다 보던 이찬 홍선이 호령을 했다.

"가자, 신라의 용사들아. 적도를 전멸시키자."

이날의 전투는 신라의 대승으로 끝났다. 왜적을 베고 사로잡은 숫자가 헤아릴 수 없이 많았다.

그런데 고국양왕 8년 5월에 왕이 돌아가서 섭정으로 있던 담덕이 왕위에 올랐다. 뒤에 광개토대왕廣開土大王 또는 호태왕好太王이라 부르게 되는 왕이었다.

쇠약하고 문란했던 고구려가 국력을 회복하여 서남으로 백제를 쳐서 아신왕阿莘王의 항복을 받고, 동남으로 백제, 가야, 야마토(왜)의 연맹군을 무찔러 실성으로 하여금 신라의 왕이 되게 한 것은 광개토대왕 10년의 일이었다. 광개토대왕은 순도 대사의 건의에 따라 대동강 근처의 남경인 평양에 아홉 개의 절을 창건했다. 그리고 연호를 영락永樂으로 제정했다. 한반도韓半島에 있는 나라가 독자적으로 연호를 쓰게 된 호시이다. 이 연호에 따라 광개토대왕은 살아 있을 때에는 영락대왕永樂大王이라 불렸다. 남쪽의 일이 모두 자리를 잡자, 대왕은 서쪽으로 눈을 돌렸다. 영락 5년에는 먼저 비려卑麗를 정벌했다. 비려는 거란의 전신이었다. 이어 영락 8년에는 동북의 숙신肅愼을 정복했다. 전진이 망한 뒤, 선비족의 모용수慕容垂가 후연을 세워 성무제成武帝가 된 것은 서기 386년의 일이었다. 그런데 모용수가 죽고 나서 그의 손자인 모용성慕容盛이 연왕이 되자, 광개토대왕이 보낸 사신이 예절을 갖추지 못했다고 화를 내며 군사 삼만 명을 거느리고 고구려를 침공했다. 영락 10년 9월의 일이었다. 그는 표기대장군驃騎大將軍 모용희慕容熙를 선봉으로 삼아 공격을 해 와서, 신성新城과 남소南蘇의 두 성을 빼앗고 사방 백 리를 개척지로 삼아 고구려인 오천여 호를 그곳에 옮기고 거성으로 돌아갔다.

이런 일이 있은 뒤 대왕이 군신을 모아 상의했다. 순도 대사와 대로 송황도 회의에 참석했다. 대왕이 물었다.

"선비의 모용씨가 끊임없이 우리를 괴롭히고 있는데, 이들의 내력이 어떻게 되는지 아는 사람은 자세히 보고하라."

그러자 대로 송황이 나서서 말했다. 그는 이미 칠순이 넘어 흰 수염이 가슴까지 드리워지고 눈썹이 자라 하얗게 눈을 덮은, 세속을 초월한 신선 같은 모습을 하고 있었다. 그러나 무장 출신이라 위풍만은 아직도 당당했다.

"서토에는 오랜 옛날부터 한족漢族과 그 밖의 여러 민족이 있어, 서로 공격을 하고 번갈아 나라를 세워 백성을 다스려 왔습니다. 황하의 중류와 하류에 한족이 살고 있는데, 그들은 화하華夏족이라고 부르면서 자기네가 세계의 중심에 있다고 생각하여 사는 곳을 중화中華라 부르고 있습니다. 그러나 이 지역에는 한족만이 아니라 북쪽 몽골 지역의 흉노, 서쪽의 청해靑海, 신강新疆, 사천 지역 출신인 갈羯, 강羌, 저氐라는 소수 민족이 번갈아 나라를 세워 가며 다스렸습니다. 이들과 함께 요하 지역을 중심으로 선비족이 힘을 얻게 되어 중원으로 진출하여 세운 나라가 연燕입니다. 그 뒤 선비족은 전연, 후연, 북연, 남연 등의 여러 나라를 차례로 세웠습니다. 사실 이 선비족은 단군조선의 후예로, 우리 고구려와는 뿌리가 같습니다. 지금부터 이천 년쯤 전에 '단군조선이 왕제 대심代心을 남선비南鮮卑의 대인大人으로 봉했다'는 기록에서 선비가 역사에 처음으로 나오는데, 조선朝鮮의 선과 비왕卑王의 비를 합해 선비라 하게 된 것입니다. 선비는 한나라 때에 흉노에 합세했다가 흉노의 힘이 약해지자, 지금으로부터 200여 년 전인 후한後漢 말기에 단석괴檀石槐가 선비족을 통합해서 몽골과 요하 유역을 차지하고 한나라를 자주 침범했습니다. 이 단석괴의 이름에 단檀이라는 성이 있는 것은 그가 단군의 후예임을 스스로 인정하고 있는 것입니다."

"그런데 요즈음 우리나라로 쳐들어오는 적장은 모두 모용씨慕容氏를 칭하고 있는데 그 연유는 어떻게 된 것입니까?"

주부 우직이 물었다.

"그에 대해서는 소승이 말씀드리겠습니다."

송황의 설명을 말없이 듣고 있던 순도 대사가 말했다.

"대로께서 말씀하셨습니다만, 선비족은 몽골, 흉노와 마찬가지로 단군조선에서 갈라져 나간 동이 9족의 지류입니다. 선비 족장 단석괴가 우리 고구려의 차대왕次大王 마마 10년에 흉노를 정벌하여 몽골 지방을 차지하고 다음 해에 운중雲中에 침입했습니다. 거금 150년 전에 이들은 다시 모용慕容, 걸복乞伏, 독발禿髮, 탁발拓跋 등으로 갈라졌습니다. 이들 가운데 모용씨가 연의 여러 나라를 만들었답니다. 선비의 기원은 요동성 밖의 선비산으로, 서토에서는 그들이 황제의 후손이라고 생각하고 있습니다. 고구려 원왕 3년에 모용황慕容皝이 전연을 건국하면서 선비족이 다시 중원에 등장하게 되기까지, 근 이백 년간을 선비족은 몽골과 요동성 북방을 근거지로 하여 화북華北 지방을 공략했습니다. 이 전연前燕이 다음 대에 가서 전진前秦의 부건苻堅 천왕에게 멸망을 당하게 되어 모용황의 일족인 모용수가 일시적으로 부건 천왕 밑에 가 있었지요. 그러다가 부건 천왕이 동진과의 싸움에 졌을 때, 선비족 군사를 이끌고 요동으로 돌아와 후연後燕을 세웠지요. 이들은 자주 우리와 싸워 서로 일진일퇴를 해 왔습니다. 모용수의 손자가 모용희입니다. 지금은 모용희가 왕위를 차지하고 있습니다."

"선비족의 모용씨에 대한 것은 잘 알겠습니다만, 이들을 견제하기 위해서 대로께서 전진에 교섭하여 수교를 하고 대사를 모셔 온 것으로 아는데, 아직도 모용씨가 저리 날뛰는 것을 보면 근본적인 대책이 필요할 것으로 보입니다. 대사께서는 어떤 전략을 갖고 계십니까?"

우직이 물었다.

"이들과 대적하는 것은 결코 쉬운 일이 아닙니다. 대체로 후연 같은 북방 기마 민족 출신 국가들은 한족과 교류가 많이 되어 이원화된 통치 체제를 갖고 있습니다. 군왕을 호칭할 때에도 한족처럼 황제를 칭하면서 동시에 기마 민족 특유의 선우單于를 함께 쓰고 있습니다. 그러니 통치 단위도 한족처럼 호戶에 따라 관영을 설치하면서도, 유목민이 쓰는 낙落을 중심으로 운영해 나가기도 합니다. 그러니 그들은 종족, 부족을 주축으로 정치와 군사 기구를 만들어 통치하고 있는 셈이지요. 나라라는 것은 각 부족 간의 연맹체에 지나지 않고, 황제의 권한이 다른 나라에 비해 그리 크지 않으며, 각 부족장의 권한이 오히려 크답니다. 이것은 마치 백 년 전의 우리나라와 비슷한 형편이지요. 그래서 부족장 간의 분쟁이 자주 일어나고 내란이 계속되고 있습니다. 이것을 전진의 부견 천왕이 관료 기구를 만들어 국왕 중심체제로 바꾸려 시도했으나, 중간에 동진에게 패하는 바람에 제대로 추진하지 못했답니다. 이런 약점을 우리는 충분히 활용해야 할 것입니다."

"대사께서 좀 더 구체적으로 설명을 해 주셔야, 저희들이 이해를 할 수 있을 것입니다."

여러 신하들 가운데 여기 저기에서 그런 소리가 들려왔다.

"구체적으로 말한다면 후연이 비록 강성하다고는 하나, 그 군주에 의지하는 힘이 그리 크지 않으니, 군주의 허약함을 이용해야 한다는 것이 첫째 방안입니다. 후연의 모용보慕容寶의 양자가 되었던 고운高雲이란 자가 있는데, 원래 우리와 동본으로 고구려 고양高陽씨의 후손입니다. 이자와 힘을 합하여 후연을 공격하는 것이 크게 도움이 될 것입니다. 대왕께서 사신을 보내어 고운을 위로하여 우리 편으로 만드는 것이 좋을 것입니다."

"모용희에게는 어떤 허점이 있습니까?"

이번에는 송황이 물었다.

"지금의 후연왕 모용희에 대해 말씀드리겠습니다. 모용수의 막내아들인 표기대장군 모용희慕容熙가 왕이 되었는데 성격이 워낙 광폭하고 안하무인이라, 우리가 그의 성질을 이용하여 잘 충동하면 저돌적으로 공격을 해 올 것이 틀림없습니다. 성들을 굳게 지키고 있다가 날씨가 추워질 때를 기다려 반격하면, 그들은 필시 치중도 버리고 패주할 것입니다. 별도로 사신을 고운에게 보내어 우리와 힘을 합해서 후연을 치도록 하면, 반드시 이길 수 있을 것입니다. 중위장군中威將軍으로 있는 선비계 한인漢人인 풍발馮跋이 고운을 거들고 있으니 이들과 힘을 합하면 후연을 도모할 수 있을 것입니다."

순도 대사의 전략은 분명했다.

"대사의 말씀이 지당하십니다. 대왕마마, 대사가 진언한 두 가지 작전으로 모용씨의 후연을 도모하도록 하는 것이 좋을 듯하옵니다. 윤허하소서."

송황이 말하자 대왕도 고개를 끄덕이고 순도 대사의 계책을 따를 것을 윤허했다.

영락 12년에 고구려는 숙군성宿軍城을 공격해서 후옌의 평주자사平州刺史 모용귀慕容歸를 축출했다. 그리고 2년 뒤에는 다시 후연을 공격했으나, 그 다음 해 정월에 후연왕 모용희가 대군을 이끌고 요동성으로 침입해서 이를 함락시키려고 시도했다. 그는 장사將士 무득毋得을 먼저 보내어 성을 함락시키고 자기가 왕비와 함께 수레를 타고 입성하겠다고 거드름을 피웠다. 이를 들은 요동성의 장병들이 결사적으로 방어하니 후연군이 이기지 못하고 돌아가고 말았다. 이듬해 여름에는 메뚜기 떼가 뒤끓고 가물이 심해서 들판에 곡식이 성한 것이 없었다. 그런데도 12월에 희는 거병을 해서 고구려와 협력하던 거란을 습격했다. 거란의 무리가 물러가는 것을 보고 그는 기뻐서 함성을 질렀다. 이제야 고구려를 칠 수 있게 되었다고 생각한 그는 장병들에게 모든 치중을 버린 가벼운 몸으로 고구려를 공격하도록 명령을 내렸다. 승승장구하는 자기의 모습을 왕비에게 보여서 그녀의 눈을 즐겁게 하기 위해서였다. 그러나 그의 지시에 따라 삼천여 리를 행군하게 된 장병과 마필은 모두 피곤을 이기지 못하고, 추운 날씨에 시달려 죽는 자가 부지기수가 되었다. 이들은 고구려의 목저성木底城을 공격하다가 이기지 못하고 철군하게 되는데, 고구려의 철기병이 이들을 강타했다. 영락 15년의 일이었다. 지리멸렬이 되어 가까스로 수도로 도망치던 회는 도중에 왕비 부씨苻氏를 잃고 말았다. 애통한 마음이 극에 달한 그는 백관에게 호곡하라고 명했고 듣지 않는 자는 처벌했다. 그는 왕비와 함께 여러 신하를 순장하라고 명하고 대규모의 능묘를 건설해서 국가 재정을 낭비했다. 회가 너무나 학정을 하기에, 고구려와 은밀히 내통하던 고운이 중위장군 풍발과 거사를 해서 회를 시해하고 왕위에 올랐다. 광개토대왕은 고운이 종실이라 하여 하례사를 보냈다. 고운도 시어사侍御史 이발李拔을 보내어 답례를 했다. 고운이 간신들에게 시해되고 풍발이 북연北燕을 수립한 것은 이보다 2년 뒤인 영락 19년 10월의 일이었다. 같은 해 4월에 대왕은 왕자 거련巨連을 태자로 삼고, 7월에 국동지방國東地方에 독산성禿山城을 비롯한 여섯 개의 성을 축조해서 평양의 백성들을 옮겨 살게 했다.

그런데 이때보다 9년 전인 영락 10년(서기 400년)의 일이었다. 고구려에 패한 백제가 가야와 야마토의 군사들과 힘을 합해 신라로 쳐들어오니, 나물 이사금의 마음이 다급해졌다.

"또다시 왜놈들이 백제, 가야와 힘을 합쳐서 우리 신라를 침범하니 이를 어쩌면 좋은가?"

긴급히 소집한 화백회의에서 나물 이사금이 초조한 표정으로 말했다.

"이런 일을 예상하고 실성 왕자를 고구려에 보내지 않았사옵니까? 당장에 파발을 보내어 고구려의 원군을 청하시옵소서."

이찬 대서지가 말했다.

"고구려에 원군을 청하도록 해라. 얼른 시행하도록 해라."

가야와 야마토의 공격은 치열했다. 여러 성 가운데 달벌성達伐城과 황산성黃山城이 버티다가 연합군의 손에 넘어갔다. 우두주牛頭州를 백제군이 포위하고 있는데, 고구려의 오만 대군이 공격을 해 왔다. 백제군이 패주하자 고구려군은 일사천리로 신라의 서울 금성까지 내려왔다. 고구려군은 가야의 여섯 성을 손에 넣고, 임나가라任那伽羅의 발성拔城까지 쫓아가 임나가라를 항복하게 하고 고구려에서 데리고 온 안라인을 두어 지키게 했다. 이들 고구려군과 함께 실성 왕자와 나마 위석, 길사 돌쇠가 금성에 도착했다.

"아버님 제가 왔습니다."

실성이 이벌찬 대서지를 만나 인사를 했다.

"이 얼마만인가? 십 년이 지났지? 네가 고생이 많았겠구나."

대서지는 반가움에 눈물을 흘리며 아들을 안았다.

"다들 잘 계시지요? 어머님도 건강하시고요?"

"그럼, 다들 별일 없단다. 네 처도 잘 있지. 내가 네 처를 대할 낯이 없다. 새색시가 십 년이나 독수공방하게 버려두었으니."

"어디 아버님 때문인가요? 신라의 이사금이 무심한 탓이지요."

"원망하지 마라. 어쩔 수 없었지 그때는. 나물 이사금의 아들이 이제는 셋이나 있으니, 네가 다시 볼모로 갈 필요는 없을 게다."

"듣자오니 마마께 환후가 있다고 하던데 어떠신지요?"

"즉위 후로 병란이 계속되고 흉년이 드는 바람에 이를 걱정하시느라 옥체가 미령하시단다."

"태자의 나이가 아직 어리지요? 지금 열한 살이던가요?"

"그렇지."

대서지의 목소리가 점차 작아지더니 이윽고 귓속말로 속삭이기 시작했다.

"이사금이 지금 승하하시면, 네 어머니인 이리 부인이 성골의 대통을 결정할 것이다. 그러면 필시 네가 임금이 될 게야. 그동안은 쥐 죽은 듯이 조용히 있도록 해라."

이런 대화가 있은 지 일곱 달이 지났다. 고구려군은 백제와 가야, 야마토의 연맹군을 무찌르고, 신라를 속국으로 삼아 해마다 조공을 바치도록 만든 뒤, 일부 군사만 남기고 신라에서 철수했다. 그러자 시름시름 앓던 나물 이사금이 붕어했다. 왕통을 지명할 수 있는 종의 신분으로 있던 이리 부인이 실성을 후계자로 지명해서 실성 왕자가 왕위에 올랐다. 이로써 실성은 원한과 눈물의 세월을 끝내고 영광의 자리로 나가게 되었다. 서기 402년 2월의 일이었다.

이런 일이 있기 전에도 고구려와 백제 간에는 싸움이 자주 일어났었다. 이때보다 27년 전인 근초고왕 30년 7월에 고구려가 북변의 수곡성水谷城을 침입해 왔다. 왕은 대군을 일으켜 보복하려 했으나, 뜻을 이루지 못하고 11월에 붕어했다. 태자 수가 그 뒤를 이어 근구수왕近仇首王이 되었다. 근구수왕 2년 11월에 고구려가 백제의 북변을 침입했다. 다음 해 10월에 근구수왕은 군사 3만 명을 거느리고 고구려 평양성을 침공했다. 11월에는 고구려가 다시 군사를 일으켜 백제를 침입했다. 근구수왕은 왕위에 있은 십 년 동안 고구려보다는 바다 건너 중국 대륙을 주로 도모했다. 그는 백제로 침입한 고구려를 격퇴하여 패수浿水 이남을 손에 넣었고, 해군을 확장하여 선비의 연燕과 부씨符氏의 전진前秦을 쳐서 요서의 진평군陳平郡을 수중에 넣었다. 한걸음 더 나가 그는 바다 건너 동진과도 싸워서 산동, 강소와 절강 지방에 있는 여러 마을을 확보하여 중국 동부에서의 발언권을 키워 나갔다. 근구수왕 10년 4월에 근구수왕이 붕어했다. 근구수왕은 이보다 13년 전인 태자 시절에 고구려왕 사유를 평양성에서 전사하게 만든 장본인이었다. 그 후로 서토를 공략해서 요서와 진핑晉平의 두 고을을 장악하고, 산동, 강소, 절강을 공략하여 광대한 지역을 확보했다. 그가 죽자 만아들인 침류왕枕流王이 즉위했으나 일 년 반 밖에 보위에 있지 못했다. 침류왕은 원래 신병이 있었다. 그래서 그때부터 싸움을 피하고 동진으로 사신을 보내어 외교에 힘쓰게 되었다.

침류왕이 즉위한 해의 일이었다. 전남 영광靈光 땅에 동진으로부터의 교역선이 도착했다. 이 배에서 피부가 까맣고 높은 코에 키가 큰 사람 하나가 몸에 천을 두르고 부두에 내렸다. 장삼 위에 왼쪽 어깨에서 오른쪽 겨드랑이 밑으로 걸친 천을 그는 가사袈裟라 불렀다. 이 사나이가 상륙한 곳은 뒤에 아무포阿無浦라고 했다가 다시 법성포法聲浦로 고쳐 부른 포구였다. 사람들이 신기하게 생각하여 멀리서 에워싸고 구경했다. 그러자 키가 큰 이 사나이가 큰 소리로 대중을 향해 외쳤다.

"나는 천축天竺에서 온 사람으로 마라난타摩羅難陀라고 하오. 천축에서 동진을 거쳐 예까지 왔소. 여러분을 제도하기 위해 이 땅에 왔소."

"저게 무슨 소리란가. 뭐 개뼈다구 같은 소릴 한당께."

부두에 모인 군중들은 저마다 어리둥절해 했다.

"내가 여기서 동쪽으로 갈 텐데, 가는 길에 꽃이 무리지어 피리라. 다들 날 따라오너라. 아미타불阿彌陀佛의 공덕으로 너희들을 모두 제도할 것이니, 다들 날 따라오너라."

영문도 모르면서 사람들은 이 사람의 뒤를 따라갔다. 얼마 뒤 마라난타는 사람들을 이끌고 산으로 올라갔다.

"여기가 좋겠군. 이 땅에는 곳곳에 산과 하천이 있어서 아름다운 꽃이며 나무가 무성하구나. 정겹고 자애로운 이곳에 절을 지어, 부처님을 모시도록 하자. 다들 날 거들면 극락세계로 갈 것이니라."

마라난타는 큰 소리로 말했다. 반신반의하는 군중들 가운데서 하나둘씩 사람들이 마라난타를 거들기 시작했다. 산에서 서까래나 기둥을 만들 나무를 베어 와서 집을 짓는 마라난타를 도왔다. 매일 첫 새벽, 동이 트기 전에 일어난 마라난타는 가부좌를 하고 목탁을 두드리며 이상한 소리를 하다가 일어나서 엎드려 절하기를 거듭했다.

"나무아미타불南無阿彌陀佛, 나무아미타불, 나무아미타불."

그런 뒤에 주민들이 가져다 준 밥과 산채나물로 아침 요기를 때운 그는 온종일 나무를 해 오고 기둥과 서까래를 다듬어서 집을 지었다. 주민들 가운데에는 거드는 사람의 수가 점차 늘었다. 그렇게 해서 달포가 지난 뒤 산 중턱에 절이 세워졌다.

한 주민이 '나무아미타불'이 무슨 뜻이냐고 물었다.

"나무는 천축에서 인사하는 말이오. 잘 주무셨습니까, 안녕하십니까, 안녕히 주무십시오 따위로 폭 넓게 쓰는 '나마스'라는 말에서 비롯한 것인데, 본래 구부린다는 뜻이 있어 존경하거나 귀의하는 의사를 표현할 때 쓰는 말이오. 그리고 아미타란 무한한 수명을 지님을 뜻하는 '아미타유스'와 무한한 빛을 지님을 뜻하는 '아미타바'에서 나온 말이지. 동진에서는 이를 한자로 번역해서 무량수無量壽와 무량광無量光이라 하오. 따라서 나무아미타불이라는 것은 아주 먼 옛날에 부처님이 되신 분을 존경하며 그분에게 귀의한다는 뜻이오. 그래서 '나무아미타불'을 여러 번 외치면 아미타불처럼 영생을 얻게 되는 것이오. 모든 잡념을 쫓고 그저 '나무아미타불'만 연속해서 읊어 보시오. 차차 배꼽에서 환하고 따뜻한 기운이 올라와, 모든 근심 걱정이 없어지고 병고가 낫는 것을 알게 될 것이오.

사람들은 그를 따라 '나무아미타불'을 연신 읊었다. 그랬더니 마음이 황홀해지고 몸이 가뿐해짐을 느끼게 되었다. 사람들은 그런 경험담을 여기 저기에 전파했다. 사람들이 점점 아미타불을 신앙하게 되는 것을 본 마라난타는 절을 떠나 백제의 방방곡곡을 다니며 포교하다가 가을에 한성으로 올라갔다. 침류왕이 그의 소문을 듣고 사람을 보내어 궁중으로 모셨다. 대궐에 들어간 그는 왕과 신료들이 있는 곳에서 설법을 했다.

"살아있는 몸을 가진 아미타불께서 천축에서 교화를 마치시고 백제로 날아오셨다. 아미타불께서 내전 위에 나타나 눈부신 빛을 발하여 대궐 안을 다 비추시니 사악한 무리는 물러가게 될 것이니라."

이 소리를 듣자 침류왕의 안색이 변하고 신하들은 어쩔 줄 몰라 했다. 그러자 마라난타가 다시 말했다.

"너희들은 근심하지 말라. 너희 왕이 천축에 있을 때 극락세계의 나를 청하여 공양하였기에, 지금 이 나라 백제의 임금이 되었느니라. 지금 왕과 신하들이 향락에 빠져 밤낮으로 나쁜 짓을 저지르게 되면 지옥도地獄道, 축생도畜生道, 아귀도餓鬼道의 삼악도三惡道에 떨어지게 될 것이로다. 내가 너희들을 제도하기 위해 여기에 왔노라. 나무아미타불, 나무아미타불, 나무아미타불."

왕은 마라난타의 염불 소리를 따라해 보니 신기하게도 기분이 상쾌해지고 온몸이 뜨거워지는 것을 느꼈다. 왕은 대단한 영험이라 생각했다. 동명 묘나 칠성당에서 제사를 지낼 때에는 느끼지 못한 희열을 느낀 왕은 자기도 모르게 마라난타의 앞에 무릎을 꿇고 절을 하게 되었다. 여러 신하들도 왕을 따라 절을 했다. 왕은 마라난타가 전하는 불교를 널리 퍼뜨릴 생각을 하고 한산漢山에 큰 절을 지어 열 명의 젊은이들로 하여금 마라난타의 지도를 받게 했다. 마라난타가 이 절에서 포교하기 시작한 지 얼마 안되는 동짓달에 병약하던 침류왕이 죽었다. 침류왕의 태자가 아직 어려서 보위를 잇지 못하고 침류왕의 아우 진사辰斯가 왕위에 올랐다.

진사왕辰斯王은 즉위하자마자 고구려의 침범을 막기 위해, 십오 세 이상의 남자들을 징발했다. 징발한 사람들을 동원해서, 청목령靑木嶺에서 북으로 팔곤성八坤城과 서로 황해 바다에 이르는 국경선까지 관방關防을 세

왔다. 얼마 지나지 않아 말갈과 고구려가 번갈아 남침을 해 왔다. 왕이 진가모眞嘉謨를 달솔로 삼고 두지豆知를 은솔로 삼아 이를 막았으나, 이기지 못하고 밀리기만 했다. 그러다가 진사왕 6년 9월에 겨우 진가모가 고구려를 쳐서 도곤성都坤城을 함락시키고 이백 명을 포로로 잡았기에, 진가모를 병관좌평으로 승진시켰다.

진사왕 8년 7월에 고구려의 광개토대왕이 군사 사만 명을 이끌고 백제를 남침해서 석현石峴을 비롯한 성 십여 개를 빼앗아 갔다. 한수 이북의 관미성은 황해를 향한 성으로 배후의 삼면이 암벽으로 둘러싸인 난공불락의 요새였다. 광개토대왕은 군사를 일곱 갈래로 나누어 이 성을 쳐서, 이십 일 만에 함락시켰다. 고구려를 당하지 못한 진사왕은 야마토 왕조에게 구원을 요청했다. 그러나 야마토의 원병이 늦게 도착하여 백제를 제대로 돕지 못했다. 진사왕이 사냥하러 간다고 구원으로 피신했다가 그곳에서 죽었다. 진사왕이 죽고 아신왕阿莘王이 뒤를 잇자, 야마토의 군사들은 백제가 야마토와 동맹관계를 유지할 것임을 다짐받고 가야 제국으로 철수했다.

"고구려왕이 관미성을 빼앗아 갔으니, 이런 원통한 일이 어디 있겠는가? 누가 이를 쳐서 우리의 치욕을 씻을 것인가?"

진사왕의 뒤를 이은 아신왕이 신하들을 모아 한탄했다.

그러자 여러 신하 가운데 왕의 외숙이자 병관좌평으로 백제의 병마사를 맡고 있는 진무가 나와 말했다.

"마마, 제가 관미성을 도모하겠습니다. 군사 일만을 끌고 나가겠습니다."

"외숙께서 수고해 주시겠소? 고구려가 지금 기고만장인데 군사 일만으로 당할 수 있겠소? 아무튼, 관미성은 우리 백제의 북변 요새이니 반드시 탈환해 주시오."

진무가 군사를 이끌고 나가 관미성을 포위했다. 그러나 백제의 공격을 미리 알아차린 광개토대왕이 먼저 관미성을 지키는 장수에게 성문을 굳게 닫고 응전하지 말라는 훈령을 내렸다. 그리고 별도로 군사를 파견해서 백제군의 보급로를 끊었다. 군량이 떨어지니 진무는 견디지 못하고 포위를 풀고 철수했다. 아신왕은 답답했다. 원자 전지腆支를 태자로 삼고, 서제 홍을 내신좌평으로 삼은 아신왕은 진무와 함께 고구려를 침범하여 수곡성 아래에서 싸웠으나 또다시 패배하고 말았다. 다음 해 7월에 진무를 시켜서 고구려를 침공했으나, 광개토대왕이 친히 정예 기병 5천 명을 거느리고 나가 이를 역습했다. 백제군은 견디지 못하고 또다시 후퇴했다. 8월에 고구려군은 국남 지방에 성 일곱을 쌓아 백제와 대치했다. 다음 해 8월에는 광개토대왕이 군사 7천 명을 거느리고 패수浿水에서 백제군과 격전을 벌였다. 패수의 지형에 정통한 고구려군은 강물을 막았다가 일시에 터뜨려 백제군을 대파하고 8천 명의 사상자를 내게 했다. 11월에 백제왕 아신이 패수에서의 패전을 보복하려고 친히 7천 명을 거느리고 한수를 건너 청목령으로 진격했으나, 하늘은 백제의 편을 들지 않았다. 큰 눈이 내려서 군사들 가운데 얼어 죽거나 동상을 입는 자가 헤아릴 수 없이 많았다. 아신왕은 어쩔 수 없이 군사를 돌려 한산성으로 물러갔다. 아신왕은 이렇게 번번이 고구려에게 당하게 되자 분함을 금치 못했다. 아무리 생각을 해 보아도 백제의 힘만으로는 당할 수가 없다고 생각한 그는 태자를 불렀다.

"태자야, 아무래도 야마토에 원병을 다시 청해야 하겠다. 태자가 야마토로 건너가서 우리와 함께 고구려를 칠 수 있을 만큼 많은 군사를 보내줄 것을 교섭하고 오너라."

"알겠습니다. 마마. 그동안 우리는 야마토를 도와왔습니다. 왕인 길사도 야마토에 계시니 소자가 한 번 더 건너가서 원병을 청해 오도록 하겠나이다. 그동안 고구려군의 침공을 막는 일에만 전념하시고, 설욕할 생각은 뒤로 미루도록 하시옵소서."

"태자가 수고를 해준다니, 진무 좌평과 사두 좌장으로 고구려를 막게 하리라. 병관좌평은 한수漢水에 쌍현성雙峴城을 쌓고 주변에 보루를 만들어 군사들을 배치하도록 해라."

태자 전지가 야마토로 떠난 사이에 광개토대왕이 친히 수군을 이끌고 다시 백제의 여러 성을 침공해 왔다. 그는 이 작전을 위해 많은 함선을 예성강禮成江 하구에서 축조했다. 고구려군은 세 길로 남하했다. 관미성을 거쳐 아리수를 따라 한성으로 들어가는 길, 미추홀에 상륙하여 부평을 거쳐 한성으로 나가는 길, 남쪽의 경기만으로 들어가 안산을 거쳐 북상해서 한성으로 나가는 길의 셋으로 나누어 고구려군은 성난 물결처럼 백제군을 무찌르고 한성으로 진격했다. 아신왕은 군사를 이끌고 전전하면서 항전을 계속했다. 그러나 힘이 모자랐다. 임시 수도로 삼았던 성횡城橫에서 마침내 아신왕은 백기를 들었다.

"태왕마마, 노객奴客이 큰 죄를 지었나이다. 용서해 주시옵소서. 용서해주시면 대대로 조공을 하면서 상국으로 모시겠나이다. 우선 세포 삼천 필과 남녀 생구 오백 명을 바치도록 하겠나이다."

백제왕 아신은 고구려군의 군문 앞에 무릎을 꿇고 땅에 머리를 조아리며 호소했다. 광개토대왕은 생시에 호태왕好太王이라고 불렸기 때문에 백제왕이 태왕마마라고 했다.

"백잔百殘왕이 항복을 한다고? 조공을 바치겠다면 받아주도록 하지. 그러나 백잔은 하도 약속을 지키지 않는 사람들이니 무엇으로 보장할 것인가?"

광개토대왕이 말했다. 이 말을 들은 아신이 말했다.

"노객이 태왕마마를 모실 것을 맹세하고 이를 보장하기 위해서, 노객의 아우와 대신 열 명을 볼모로 보내겠사옵나이다. 믿어주시옵소서."

"백잔왕의 말을 믿기로 하지. 원래 짐은 백잔의 영토가 탐나서 정벌한 것이 아니니 영원한 복종을 맹세한다면 이미 점령한 58개 성과 700여 마을의 주민들 가운데 많은 것을 백잔에게 돌려주어 백잔왕이 통치하도록 위임

할 것이다. 자자손손 잘 다스려서 태평성세가 되도록 하여라."

광개토대왕은 도량이 넓은 사람이었다. 백제가 속국이 된다면 그것으로 만족하고 빨리 북서의 넓은 지역을 개척하고 싶었다. 관미성을 비롯한 요긴한 성채만 확보하고 많은 성과 주민들을 백제에 돌려 주었다.

5. 망부석望夫石과 박제상朴堤上

광개토대왕 10년에 고구려는 5만의 대군을 남하시켜 신라를 도와 백제, 가야, 야마토의 연맹군을 쳐부쉈다. 결과적으로 고구려와 신라는 백제의 연맹군을 금관가야 접경까지 밀어붙일 수 있었다. 이때 고구려에 볼모로 가 있던 실성이 10년 만에 돌아와서 나물 이사금이 붕어하자 왕위를 계승하여 실성 이사금이 되었다. 이때의 화백회의에서는 나물 이사금의 맏아들인 눌지訥祗를 태자로 삼도록 했다. 눌지에게는 아우가 둘이 있었다. 하나는 미사흔未斯欣이라 했고, 막내는 복호卜好라 했다. 실성은 자기가 고구려에 볼모로 갔다가 십 년의 세월을 썩힌 것을 못내 한으로 삼고 있었다. 특히 나물 이사금이 자기를 버려두고 다른 왕자로 교체하지 않는 바람에 사랑하는 아내를 잃고 자식도 낳지 못한 것은 도저히 용서할 수 없는 일이라 생각했다. 언젠가는 이 원한을 나물의 자손들에게 갚으리라고 마음먹고 있었다.

실성이 왕이 된 해의 3월 초에 야마토에서 사신이 왔다.

"마마, 야마토의 대왕이신 오오진應神 천황께서 마마의 등극을 경하하기 위해 소신을 보내셨습니다. 과거에는 가야, 백제와 함께 신라를 자주 공격했으나, 이제는 침공을 하지 않겠다고 하십니다. 다만 왕자 한 분을 모셔와서 두 나라의 우호 관계를 공고하게 만들라고 분부하셨습니다. 이미 백제에서도 우리 야마토와 잘 지내기 위해 전지腆支 왕자를 보내 왔습니다. 백제가 아직기, 왕인 등의 대학자도 보내어 우리 야마토에 문물을 계몽해 주었듯이, 신라에서도 왕자를 보내어 많은 것을 우리에게 가르쳐 주시기를 청원하는 바입니다." 야마토의 사신이 아뢰었다.

'무얼 가르쳐 달라고? 쉽게 말하면 우리 왕자를 볼모로 잡겠다는 뜻이 아닌가? 사악한 이들이 원하는 것은 신라의 보옥과 세포지, 우리의 기술을 전수받으려는 것이 아니지 않은가.'

실성은 야마토 사신의 감언이설이 귀에 거슬렸다.

그러나 다시 한편으로 생각을 돌려 보았다.

'지금 이 나라는 고구려의 지원으로 겨우 모양새를 갖추고 있지 않은가. 그렇다면 우선 무엇보다도 먼저 외침을 막고 내정에 힘써서 힘을 길러야 할 시기라 할 수 있어. 나물 이사금 집안의 왕자 하나를 보내면 나물 이사금 집안의 힘이 그만큼 줄어들고, 야마토와의 화친도 도모할 수 있으니 그야말로 일석이조라 하겠다.'

속으로 이런 생각을 한 실성이 말했다.

"왕자만 보내면 되는 것인가? 그 밖에 또 바라는 것은 없는가? 그리고 우리가 수호를 한다면 야마토는 우리에게 무엇을 해 줄 것인가?"

"해마다 신라의 청옥 한 말과 세포 삼백 필을 하사하시고, 가야가 야마토로 보내는 調조를 막지 않으면 될 것입니다. 그러면 야마토에서는 곡옥 열 꾸러미와 말린 전복과 해산물을 보내 올 것이고, 다시는 왜구가 신라를 침범치 않도록 단속해 줄 것입니다."

곁에 시립하고 있던 이척찬伊尺飡 미사품未斯品이 말했다.

"마마, 저들이 저렇게 간절하게 화친을 청하고 있으니 윤허하여 주소서."

"그렇게 하시오. 왕자 미사흔을 야마토로 보내어, 그들에게 우리 신라의 높은 문화를 알려 주도록 하자."

그런 뒤 3년간은 남해 바다가 조용했다. 왕은 다음 해에 미사품을 국정을 총람하는 서불감舒弗邯으로 승진시키고 군사와 정치를 맡겼다. 그런데 삼 년이 지나 다시 왜인들이 신라에 쳐들어왔다. 실성 4년 4월, 왜적이 경주의 명활성明活城에 쳐들어왔을 때 왕이 직접 군사를 거느리고 나갔다. 왕은 독산獨山의 요충에 복병을 심어두고 적병이 오는 것을 요격해서 300여 명을 죽였다. 왕자 미사흔을 볼모로 잡아둔 야마토는, 대마도에 기지를 둔 왜구가 날뛰는 것을 단속하지 못했다. 야마토 내부 사정이 그럴 겨를이 없었기 때문이었다. 거의 해마다 이런 일이 생기니 가만둘 일이 아니었다. 실성은 다시 군신을 모아 의논했다.

"왜적은 상대를 못할 놈들이야. 들으니 대마도에 그들의 기지가 있는 모양인데, 매번 당하기만 할 것이 아니라 우리의 정병으로 대마도를 습격하는 것이 좋겠소. 그들의 병장기와 군량을 불태워 발본색원하는 것이 최선일 거라 생각하는데, 경들은 어떻게 생각하는가?"

실성이 물었다. 그러자 서불감 미사품이 앞으로 나서며 말했다.

"마마, 병법에 군사는 흉기고 싸움은 위험한 일이라 했습니다. 손자孫子가 말하기를 '군주는 화를 내어 군사를 동원해서는 안 되고, 장수는 성이 난다 하여 전투를 시작해서는 안 된다'고 했습니다. 차라리 우리 해안의 요소에 요새를 짓고 지키다가, 적들이 침범하면 이를 맞아 무찌르는 것이 상책일까 합니다."

일리가 있는 말이었기에 실성은 대마도 정벌을 단념하고 말았다.

고구려는 실성을 신라의 왕위에 오르도록 도운 뒤, 일단은 북으로 철군했다. 그들은 일부 군사만 가야 접경에 남겨두고 돌아갔다. 그러나 전과 마찬가지로 왕자 한 명을 볼모로 보낼 것을 요구했다. 해마다의 공물도 전보다 많아졌다. 청옥은 마찬가지였으나, 신라 세포는 천 필을 요구해 왔다. 왕의 11년에 실성은 나물의 셋째 왕자 복호를 고구려에 보내기로 했다. 다시 5년이라는 세월이 지났다. 그동안에 왜구가 몇 번이나 침범했다. 실성 이사금 14년 7월에 왕은 경주 부근의 혈성원穴城原에 그동안 단련시킨 군사들을 모아 열병을 하는 큰 행사를 치렀다. 이 행사에서 공이 큰 장수에게는 금으로 만든 관을 씌우며 크게 표창했다. 이렇게 군사들을 조련해 한 달 뒤에는 풍도風島로 침공한 왜구를 크게 무찌를 수 있었다. 실성은 이제 우리도 웬만한 적군은 감당할 수 있겠다고 자신감을 가졌다.

"이제는 고구려도 내쳐야겠다. 그들은 항상 우리를 업신여기고 사사건건 간섭해 왔다. 그러니 이제는 그러지 못하게 해야겠다."

실성은 고구려의 은공을 모르는 것은 아니었다. 그러나 여러 신하들 앞에 자기가 군주로서 너무 무력해 보이는 것이 싫었다.

그런데 태자인 눌지가 자기의 말을 고분고분하게 듣지 않고 사사건건 반대되는 의견을 내놓았다. 두 동생을 볼모로 내보낸 눌지는 왕의 처사가 마땅치 않았다. 대마도 정벌론이 나올 때에도 눌지는 미사품의 의견에 찬성했다. 실성이 고구려를 내치려는 기미를 눈치챈 눌지는 고구려 주둔군 사령관인 고추가古鄒加 울돌과 왕래하기 시작했다. 울돌은 제나부의 우소의 심복으로 있을 때에는 고구려 왕실을 견제했으나, 광개토대왕이 즉위한 뒤에는 고추가로 승진해서 고구려의 남정군을 지휘하고 있었다. 실성도 볼모로 국내성에 가 있을 때에 울돌과 교분이 있었다. 그래서 실성은 울돌이 여전히 자기와 친숙할 것이라 생각했다. 그러나 눌지로부터 실성의 속 생각에 대해 전해들은 울돌은 점차 눌지를 더 신용하게 되었다. 그는 가만히 신라의 왕실을 살펴보았다. 실성과 나물 왕가 사이가 결코 화목하기만 한 것이 아니라는 것은 쉽게 알 수 있었다. 그는 실성을 왕위에서 축출하는 데에 그들의 불화를 이용하는 것이 최선이라는 결론을 얻었다.

이러한 울돌의 속마음을 실성 이사금은 알지 못했다. 왕은 목에 걸린 가시처럼 된 눌지를 고구려의 힘을 빌려 제거할 생각을 하게 되었다. 실성은 측근을 시켜 밀서를 울돌에게 보냈다. 실성 이사금 16년 5월의 일이었다. 울돌이 밀서를 받아 펼쳐 보니, 눌지를 잡아 죽이라는 내용이 적혀 있었다. 울돌은 즉각 이 밀서를 눌지에게 보였다.

"어찌 이런 일이 있는가? 숙부가 왕위를 계승하더니 우리 나물 왕가를 일소하려고 하는구나. 아우들을 왜와 고구려에 볼모로 보내더니 이제는 나마저 암살하려고 일을 꾸미고 있어. 내 어찌 이를 그냥 보고 있을 것인가. 하늘은 스스로 돕는 자를 돕는다고 했겠다. 내게 충성을 다하는 군사들을 이끌고 왕성을 공격하리라."

눌지는 궐기할 것을 결심했다.

고구려군에게 배후를 부탁하고 눌지는 왕성으로 진격했다. 대궐에 쳐들어가니 수비군과 난투가 벌어졌다. 그러는 가운데 왕이 죽임을 당했다. 신라 역사상 처음으로 시해 사건이 일어난 것이었다. 긴급 사태에 직면하여 화백회의가 소집되었다. 이 자리에서 눌지는 자기가 왕통을 이어 등극할 것임을 선포했다. 그러고는 지금까지 쓰던 왕호인 이사금 대신에 마립간麻立干을 쓸 것임을 발표했다. 마립은 신라 말로 말뚝을 말하는 것으로, 말뚝을 쳐서 자리를 정한다는 의미였다. 왕이 높이 앉고 신하들을 아래에 도열하게 한다는 뜻으로, 단순한 연장자라는 뜻의 이사금보다 강화된 왕권을 선포할 수 있었다.

다음 해 정월에 왕은 친히 시조 묘를 배알했다. 그런 뒤에 대궐에 돌아온 왕은 볼모로 간 두 아우를 맞이할 일을 논의하기 시작했다. 수주촌간水酒村干 벌보말伐實靺과 일리촌간一利村干 구리내仇里迺, 그리고 이이촌간利伊村干 파로波老 세 사람이 지혜가 뛰어나다는 말을 듣고 이들을 불렀다.

"짐의 두 아우, 미사흔이 왜로 간 지는 16년이 되었고, 복호가 고구려로 간 지는 6년이 되었소. 이렇게 남의 나라에 볼모로 가 있는 이들을 구해낼 길이 없겠소? 경들은 유능한 사람을 많이 안다고 들었는데, 좋은 사람을 천거하도록 하시오."

왕이 눈물을 글썽거리며 말했다. 그러자 벌보말이 말했다.

"삽량주간挿良州干 제상堤上이 꾀가 많고 성격이 충직하며 용감하다고 들었습니다. 이자를 등용하시면 마마의 근심을 풀어드릴 수 있을 것입니다."

"그자가 어떤 사람인가? 좀 더 상세히 말해 주시오."

그러자 구리내가 말했다.

"마마, 그는 시조 박혁거세의 9대손이자 파사 이사금의 5대손이라 합니다. 지금 관위는 나마奈麻이옵니다. 학식이 많고 실천력이 대단하다고 들었습니다."

그러자 파로가 말했다.

"제상이 어렸을 때, 한 도인이 그를 보고 이르기를 '이 사람은 견우성牽牛星의 화신이니, 반드시 사람을 구하는 공이 있으리라'고 했다 합니다. 그는 분명히 하늘의 운기를 타고 난 사람입니다. 이번 일을 잘 해결해낼 사람으로 믿습니다."

세 사람이 모두 천거하니 왕은 제상을 만나 보기로 했다.

"제상이여, 짐의 아우들이 왜와 고구려에 볼모로 간 지 오래되어, 짐이 몽매에도 잊을 수가 없구려. 짐을 위해 이들을 구출해 주시오."

왕이 간곡히 일렀다.

"마마, 신을 그렇게 믿어 주시니, 신이 비록 어리석고 변변치 못하나 어찌 왕명을 봉행하지 않을 수 있겠습니까? 먼저 고구려의 복호 왕자님부터 모셔 오도록 하겠습니다. 왜는 워낙 우리와 앙숙이라 쉽게 풀기가 어렵습니다. 좀 더 말미를 주시면 기필코 미사흔 왕자님을 구해 올 방도도 찾아보겠습니다."

제상이 머리를 조아리며 아뢰었다.

제상은 그 길로 고구려로 갔다. 광개토대왕을 알현한 그는 이렇게 아뢰었다.

"대왕마마, 마마의 홍복을 받자와 우리 신라가 외적을 막고 국태민안하게 되었나이다. 대왕마마께서는 불심이 지극하시어 모든 백성을 자비로 다스리신다고 들었습니다. 그래서 서쪽의 백잔을 정복하시고도 백잔왕을 죽이지 않고 그 지역을 다스리도록 허락하셨고, 동쪽의 신라와 가야를 멸하지 않고 사직을 보존하게 하신 것으로 알고 있사옵니다. 모름지기 이웃 나라와 사귀는 데에는 서로 믿고 의지하는 것이 제일이라고 합니다. 그런데 지금 저희 신라 임금의 아우가 고구려에 볼모로 와 있은 지가 어언 여섯 해가 되었습니다. 그래서 지금 신라 임금이 골육지정을 이기지 못해 찢어질 고통을 밤낮으로 느끼고 있사옵니다. 옛날 춘추시대의 다섯 패왕覇王도 제후들을 다스릴 때에 인정을 베풀어 볼모를 잡지 않은 것으로 알고 있습니다. 대왕마마께서 어여삐 여기시어, 은혜를 베풀어 주시면 결초보은結草報恩할 것을 서약합니다. 왕자 한 명을 석방하시는 일은 고구려 같이 강성한 나라로 보면 구우일모九牛一毛에 지나지 않으나, 우리 신라의 임금으로서는 그보다 큰 은총이 없을 것입니다. 신라의 군신이 모두 대왕의 후덕하심을 찬양하여, 대를 이어 이를 기리게 될 것입니다."

제상의 말에는 지성이 넘쳤다. 이를 듣고 있던 광개토대왕은 복호가 돌아가게 허락했다. 한 달 뒤에 신라의 서울로 돌아온 이들을 조야가 환영했다. 그 가운데서도 눌지 마립간이 특히 크게 기뻐하며 제상의 노고를 치하했다.

며칠이 지났다. 다시 제상을 대궐로 불러들인 왕이 말했다.

"짐이 두 아우를 좌우의 팔과 같이 생각하고 있는데, 이제 한 팔은 찾았으나 다른 한 팔이 없어 몹시 아쉽구려. 경이 수고하는 김에 이를 마저 찾아 줄 수 없겠소."

"마마, 고구려는 대국이고 광개토대왕이 불심을 지녀, 도리와 인정을 들어 말하여 쉽게 허락을 받았습니다. 그러나 왜인은 원래 시기심이 많고 우리를 믿지 않으니, 같은 방식으로는 꿈쩍도 않을 것입니다. 신이 며칠을 곰곰이 생각하여 계책을 올릴 것이오니 잠시 말미를 주소서."

제상이 며칠 뒤 대궐에 들어와 아뢰었다.

"마마, 이번에는 위계僞計를 써야 하겠습니다. 우선 소신을 묶어서 백성이 보는 앞에서 태형에 처하소서. 고구려와 내통했다고 신을 친국하소서. 그리고 몰래 사람을 시켜 소신의 탈주를 도우소서. 왜인의 세작이 이를 저희네 천황에게 보고할 때까지 말미를 두소서."

"어찌 경을 그렇게 할 수 있겠는가? 복호 왕자를 데리고 온 공만 갖고도 크게 포상해야 할 것을."

왕은 차마 그의 계책을 취할 수가 없었다.

"마마, 왜인들이 소신을 신뢰하도록 만들려면 소신이 신라를 배반했다고 소문을 내야 합니다. 소신이 공을 세우고도 역도로 몰려 도망쳐 왔다고 하면 말로 만은 믿지 않을 것입니다. 소신이 왜로 도망친 뒤 그들의 신임을 얻는 것이 무엇보다도 긴요할 것입니다."

왕은 마지못해 제상의 계책대로 집행했다.

중인 환시 리에 태형을 당하고 극형에 처해지기 직전에 탈옥에 성공한 제상은 율포栗浦에서 밀선을 타고 왜를 향해 떠났다. 제상이 왜로 떠난 것을 안 그의 아내는 포구로 달려와 떠나는 배를 바라보며 절규를 했다.

"날 버리고 어디로 가십니까, 이제 떠나면 언제 또 오시렵니까? 부디 몸조심하소서."

제상은 아내의 대성통곡하는 소리를 못들은 체하고 동해 한가운데로 나가 배를 남쪽으로 돌렸다. 여러 날이 지난 뒤 제상은 가까스로 야마토에 도착했다. 제상은 야마토에서 모마리시지毛麻利叱智라고 칭해졌다. 제상의 귀순을 의심한 야마토의 조정에서는 세작을 보내어 실정을 알아보게 했다.

세작의 보고를 들어 보니 그의 말이 사실이었다. 신라왕이 미사흔과 박제상의 가족을 하옥시켰다는 말을 듣고 왜인들은 제상을 믿기로 했다. 그럭저럭 몇 해가 지났다. 야마토가 다시 신라를 정벌하기로 결정했다. 그래서 가쓰라기葛城의 소쓰비고襲津彦를 시켜 군사를 이끌고 신라를 치기로 하고, 미사흔과 박제상을 향도로 삼았다. 이들은 함께 진군해서 대마도 북단의 사히沙比 포구에 도착했다. 순풍을 기다려 며칠을 머물고 있는데, 미사흔과 박제상은 바다에 배를 띄우고 생선과 오리를 잡는 뱃놀이를 해서 왜장들의 환심을 샀다. 같이 노는 왜장들도 들으라는 듯 제상이 미사흔에게 큰 소리로 말했다.

"미사흔 마마, 마마와 소신의 식구들을 신라의 왕이 노비로 삼았다고 합니다. 우리가 신라를 배반한 것을 미워하여 재산도 몰수하고 처자도 노비로 삼았답니다. 이번에 어떻게 해서라도 그들을 구해내야 하겠습니다."

왜장들이 박제상의 말을 엿듣고 크게 기뻐했다.

"그럼. 너희들의 원수를 우리가 갚아줌세. 신라에 쳐들어가면 무엇보다 먼저 너희들의 식솔부터 구해내 줄 것이네."

왜장들은 박제상을 완전히 신임하게 되었다.

박제상이 귓속말로 미사흔에게 말했다.

"마마, 저들이 우릴 믿고 있으니, 마마께서는 내일 새벽에 선편으로 신라로 탈출하소서."

"저는 장군을 아버지처럼 모시고 있습니다. 어찌 저 홀로 도망칠 수 있겠습니까? 가더라도 장군과 함께 가렵니다."

"아니 됩니다. 만약 우리 둘이 함께 떠나면, 저들이 우리를 쉽게 뒤쫓아 올 것입니다. 아무래도 소신이 뒤에 남아 마마께서 도망치실 시간을 벌어야 하겠습니다. 적어도 한 나절은 들키지 않아야 탈출에 성공할 것입니다."

"그럼, 장군은 어찌 하시려고요. 저들이 장군을 그냥 두지 않을 텐데."

미사흔은 아무래도 제상을 두고 떠나기가 어려웠다.

"마마, 대사를 도모하는 데 인정에 매달리시면 아니 됩니다. 소신의 일은 소신이 알아서 처리할 것인즉 염려하지 마소서."

마침내 두 사람의 합의가 이루어졌다.

미사흔은 그날 밤 늦게 제상의 목을 안고 통곡한 뒤, 아쉬움을 떨치고 사히 포구에서 배를 띄워 떠났다. 왜병들은 지쳐서 잠이 들어 있었다. 제상은 미사흔이 무사히 떠나는 것을 보고 숙사로 돌아왔다. 방에 들어가 미사흔의 침상에 볏짚으로 허수아비를 만들어 올려놓고 침구로 덮었다. 마치 미사흔이 곤히 잠을 자는 듯이 꾸민 것이었다. 그러고는 방 입구의 툇마루에 앉아 술을 가져오게 했다. 제상은 새벽까지 혼자 술을 들면서 노랫가락을 흥얼거리다가 목침을 베고 잠을 청했다. 왜병은 박제상이 술에 크게 취해 몸을 가누지 못하는 것을 보고 마음을 놓았다. 해가 중천에 뜨고 점심때가 넘어도 일어나지 않는 박제상을 왜병이 깨웠다.

"이제 그만 자고 일어나시오. 소쓰비고 장군께서 찾고 계십니다."

"아, 그래? 내가 너무 술을 마셨나 보지? 어디 마마께서 기동을 하셨는지 알아보자."

제상은 짐짓 방안을 살펴보는 체했다.

"마마께서도 고단하셨던 모양이야. 좀 더 주무시게 내버려두어야겠어. 가서 소쓰히고 장군께 마마가 어제의 뱃놀이로 너무 피곤하셔서 아직 기동을 못하신다고 아뢰거라. 기침하시면 모시고 가겠다고."

그럭저럭 해가 저물 때까지 끌었다. 왜장 소쓰히고는 기다리다 못해 몸소 미사흔의 숙사로 찾아왔다. 말리는 제상을 제치고 방을 열고 들여다보니 미사흔은 아직 곤히 잠자고 있는 모습이었다. 소쓰히고가 큰 소리로 외쳤다.

"미시고지微叱許智 왕자는 일어나시오. 온종일 자는 사람이 어디 있소이까?"왜국에서는 미사흔 왕자를 미시고지라 불렀다.

그래도 방 안에는 인기척이 없었다. 문을 왈칵 젖히고 방 안에 들어가 이불을 벗기니 볏짚으로 만든 허수아비가 드러났다.

"이것이 무엇이오? 미시고지는 어디로 갔소이까? 얘들아 저기 모마리시지를 묶어라. 그리고 병졸을 풀어 미시고지를 찾아라. 반드시 체포해야 한다."

소쓰히고는 그제야 속은 것을 알고 노발대발하며 제상을 포박하여 국문을 했다. 하지만 그의 인품이 아까웠기에 소쓰히고는 제상을 구슬리려고 말했다.

"모마리시지, 그대가 우리 야마토를 섬기면 크게 등용할 것이니라. 윗전에 특별히 아뢸 것이니 우리 야마토에 충성을 다하지 않겠는가? 잘 생각해 보고 대답해라."

제상이 답했다.

"나는 신라의 신하요. 신라의 개가 될지언정 왜왕을 섬기지는 않을 것이오. 왜가 우리 신라를 자주 침범하다가는 크게 봉변을 당할 것이오. 그러니 설득하지 말고 날 죽이시오."

아무리 설득을 해도 듣지 않는 제상을 왜장은 목도木島로 유배시켰다가 불에 태워 죽였다.

미사흔이 돌아온다는 소식이 다대포에서 올라왔다. 반가운 소식에 왕은 육부에 명하여 멀리까지 나가 마중하게 했다. 왕은 미사흔을 만나 손을 잡고 울었다. 대궐에서는 형제들의 재회를 반기며 성대한 주연이 베풀어졌다. 왕은 노래와 춤을 스스로 지어 기쁨을 마음껏 표현했다. 그리고 이때의 향악을 우식곡憂息曲이라 이름 지어 후세에 전했다. 제상이 떠날 때, 부인은 포구에서 부르짖으며 제상을 찾았다. 제상이 멀리 떠나는 뱃전에서 손을 흔드는 것을 본 제상의 부인은 망덕사 남쪽의 모래사장인 장사長沙에 엎드려 대성통곡을 했다. 사람들이 그녀를 부축해 돌아오려고 했지만 부인은 다리가 풀려 일어나지 못했다. 이후 부인은 제상이 오래도록 돌아오지

않아 딸 셋을 데리고 치술령鵄述嶺에 올라갔다. 그녀는 멀리 왜국을 바라다보며 통곡을 계속하다가 마침내 숨이 끊어졌다. 울산 치술령의 꼭대기에 큰 바위가 있는데, 사람들은 이 바위의 모습이 지아비를 기다리는 부인의 모습이라 하여 망부석望夫石이라고 이름 지었다. 사람들은 근처에 사당을 지어 그녀의 충정을 기렸다. 이 사당의 곁에 은을암隱乙岩이 있는데 죽은 아내의 혼이 새가 되어 날아든 곳이라 전한다. 눌지 마립간은 뒤에 박제상이 왜국에서 죽었다는 소식을 듣고 크게 애통해 하면서 그에게 대아찬大阿飡을 추증하고, 그 가족에게 후히 물품을 하사했다. 그리고 미사흔으로 하여금 제상의 둘째 딸을 아내로 삼게 했다.

6. 야마토의 동정

신라가 독자적인 지위를 얻으려고 애쓰던 시기에, 동남의 야마토도 그들의 통치 체제를 정비하는데 온 힘을 다 기울였다. 뒤에 오오진應神 천황이라 시호가 정해진 야마토 왕의 원래 이름은 호무다와게譽田別였다. 그 이전의 천황들은 ~히고彦로 불렸는데, 이 천황 이후는 모두 이름에 ~와게別가 붙어 있어서, 새로운 왕조인 와게왕조別王朝가 시작된 것이라고 해석하는 사람이 있을 정도였다. 어쨌든 이 왕은 선왕 다라시나까쓰히고足仲彦(추아이仲哀 천황)의 유복자이고, 어머니는 신라 계열인 오기나가다라시히메氣長足姬, 진구 황후神功皇后였다. 게다가 그를 모시고 쓰쿠시에서 야마토로 진군했던 사람들은 남부여 계열의 다케우치 장군 휘하의 군사들이었다. 이로 미루어 보면 남부여의 기마족을 중심으로 한 백제 세력이 야마토를 통솔하고 있던 가야 세력을 대체한 것이 분명했다.

오오진 천황 16년 봄에는 백제에서 왕인 박사를 야마토에 보내어 태자의 스승으로 삼았는데, 얼마 지나지 않은 9월에 백제의 아신왕이 즉위 14년 만에 붕어했다. 아신왕은 광개토대왕의 고구려 남정군을 막느라 동분서

주하다가 참패하여 고구려에 항복하고 말았다. 그런데 그는 일찍이 태자인 전지를 야마토에 보내어 원병을 청했었다. 전지는 야마토에 8년이나 붙들려 있었으나, 왜인들이 보낸 원병은 큰 힘이 되지 못했다. 아신왕이 돌아가니 왕의 둘째 아우인 훈해訓解가 섭정을 하면서 태자가 돌아오기를 기다렸다. 그런데 막내 설례碟禮가 왕위를 탐내 형인 훈해를 죽였다.

이 비보를 접한 전지 태자는 울면서 오오진 천황을 찾아갔다.

"고국에서 변란이 일어났습니다. 아신 대왕께서 붕어하셨는데, 막내 삼촌이 왕을 자칭하고 있습니다. 지금 곧 돌아가 바로잡을까 합니다. 도와주소서."

"혼자 갈 수야 있는가? 군사 백 명을 줄 테니 함께 가서 왕위를 회복하도록 하시오."

천황은 한반도 서남에 있던 왜군 기지도 활용할 수 있게 했다. 전지 태자가 기지에 이르니 해충解忠이라는 사람이 한성에서 탈출해 나와 태자를 맞으며 말했다.

"태자마마, 대왕께서 돌아가시자, 왕제 설례가 형을 죽이고 스스로 왕이 되어 천하를 도모하려고 하고 있습니다. 가벼이 한성에 들어가지 마소서. 소신의 부하들이 설례를 제거할 것입니다. 그들이 태자마마를 모시러 올 때까지 기다려 주소서."

태자는 그의 권고에 따라 호남의 한 섬에서 왜인들의 호위를 받으며 소식이 오기를 기다렸다. 수삼 일이 지나서 다시 한성에서 기별이 왔다. 해충이 잰 걸음으로 뛰어와서 고했다.

"마마, 기뻐하소서. 해씨 집안에서 설례를 제거했습니다. 그들과 함께 있던 진眞가네도 박살냈다고 합니다. 사실인즉 진가네는 대대로 군사의 요직에 있으면서도, 왕을 제대로 보필하지 못하고 번번이 구려에 패한 사람들이지요. 이번에 자기네 책임을 면할 생각으로 설례를 충동해서 일을 벌였던 것입니다."

전지는 해충과 그의 군사를 따라 한성으로 올라갔다. 왕위에 오른 전지는 동명묘東明廟를 배알하고, 남쪽에 제단을 지어 부여족 전통에 따라 천지에 제사하고 죄수들을 크게 사면했다. 곧이어 2월에는 사신을 중국의 남조南朝인 동진에 보내어 조공을 했다. 당시에는 왕위에 오르면 가까운 우방에 공물을 보내면서 우호를 촉진하는 것이 관례였는데, 이것을 중국에서는 조공이라고 불렀다. 십 년 뒤에 동진에서는 안제安帝가 이때의 조공에 답하여 전지왕腆支王을 진동장군 백제왕으로 책봉했다.

9월에 왕이 해충을 불러 말했다.

"이번에 경의 공로가 가장 크도다. 경을 달솔達率에 임명하고 한성에서 벼 1,000석을 걷을 수 있는 권한을 주겠노라."

"마마, 왕은이 하해와 같습니다. 그런데 소신이 생각하기로는 조정에 공백이 많은 것 같습니다. 이번에 진가의 집안사람들을 조정에서 물리치셨으니, 그들을 대신해 국정을 맡을 사람을 하루빨리 정하셔야 할 것이옵니다."

"알겠노라. 짐이 그동안에 백제를 떠나 있은 지 여러 해가 되므로 인재를 알아보기가 힘들다. 경이 적절히 인선하여 천거하도록 하여라."

해충은 왕궁에서 물러나 이번 거사에서 큰 공을 세운 사람들을 모아 논의한 뒤에 마땅한 인물들을 왕에게 천거했다. 주로 왕의 친족과 자기네 해씨 집안, 그리고 야마토와의 유대를 돈독하게 다져 온 목木씨 집안 사람들을 거론했다.

왕은 이듬해 2월에 해수解須를 내법좌평內法佐平에, 그리고 해구解丘를 병관좌평兵官佐平에 임명하여 각각 정치와 군사를 맡게 했다. 그러면서 왕비를 해씨 집안에서 맞아들여 이전의 진씨 왕비족 시대와의 인연을 끊었다. 하지만 모두 해씨 집안 일색으로 주변을 굳힌 것이 아무래도 불안했다. 그래서 왕은 배다른 동생인 여신餘信을 좌평의 우두머리인 내신좌평內

臣佐平으로 삼았다가, 다음 해에 수상격인 상좌평上佐平을 신설하여 이 자리로 승진시키면서 군국 정사를 총괄하게 했다. 전지왕은 야마토에 있을 때에 귀족의 딸인 팔수 부인八須夫人을 빈으로 맞았었다. 전지왕이 귀국할 때 그녀는 임신 중이었는데 그녀가 낳은 아들이 뒤에 비유왕毗有王이 되었다. 야마토와의 우호 관계는 계속 유지되었다. 야마토에서 야명주夜明珠를 보내오면 그 답례로 흰 비단 10필을 백제에서 보내는 식으로 두 나라 사이에는 왕래가 잦았다.

야마토에서는 전지를 백제로 돌려보낸 뒤, 가야에서 공물을 보내지 않는다 하여 쓰구木菟와 도다戶田 두 장군으로 하여금 정병을 인솔하고 한반도 남부를 침공하게 했다. 박제상과 미사흔을 잡으려고 출정한 소쓰비고가 오랜 시간이 지나도 돌아오지 않아 문책을 겸한 일이었다. 신라의 왕이 가야에서 야마토로 보내는 공물을 막지 않겠다고 약속하여 미사흔이 도망친 것은 불문에 붙이고 소쓰비고를 데리고 야마토의 군사들은 야마토로 돌아갔다.

한반도에서는 고구려의 판도가 아리수 이북에 이르렀고, 백제나 신라가 모두 고구려의 속국처럼 된 상태가 얼마 동안 계속되었다. 야마토의 병선들은 백제와 함께 황해도의 대방 지역을 침범했으나 고구려에 대항하지 못하고 철수했다. 고구려의 광개토대왕은 사절을 야마토로 보내어 다시는 한반도를 넘보지 말라는 경고를 했다. 사절이 전달한 칙서의 내용과 언사는 오만불손하기 이를 데 없었다. 고구려대왕이 야마토국왕을 가르치는 교서의 형태였다. 이를 받아 본 태자 이라쓰고稚郞子는 크게 화를 내고 고구려의 사절을 면박하면서 칙서를 발기발기 찢어버렸다.

"우리를 무엇으로 아는가? 가야를 비롯해 신라와 백제를 산하에 넣은 큰 나라인데, 고마狛의 오랑캐가 무례하기 짝이 없군."

이라쓰고는 신라에서 미사흔 왕자가 인질로 왔고, 백제에서 태자 전지가 다녀갔기에 야마토 왕조가 남한 일대에 크게 힘을 미칠 수 있는 위치에 있다고 생각했다. 천황계가 가야의 일곱 왕자 후손에서 시작되어 지금은 남부여계의 백제와 친인척 간인데, 그런 나라를 고구려가 가르치려 든다는 것이 몹시 못마땅했다. 강력한 야마토의 왕통을 어떻게 계승해 나가야 할 것인가? 왕인 박사의 훈도를 받아 삼강오륜을 익혔기에, 장유유서를 생각하면 자기가 동생인데도 형들을 제치고 태자로 있는 것이 항상 바늘방석에 앉은 것 같았다. 그러나 아바마마인 오오진 천황이 보위에 있는 동안에는 어쩔 수가 없었다.

오오진 천황은 넷째 아들 오오사자기大鷦鷯나 다섯째인 오오야마모리 大山守는 왕통을 계승할 재목이 되지 못한다고 생각했다. 우선 오오사자기는 너무 여자를 좋아했다. 한 번은 이런 일이 있었다. 쓰쿠시의 휴가日向 에서 사람이 올라와 천황에게 아뢰었다.

"히무가에 아름다운 처자가 있습니다. 이름이 가미나가髮長라 하는데 그 지방의 족장의 딸로 천하일색입니다. 궁중에 초청해서 마마의 곁에 두 소서."

천황은 기뻐하며 그녀를 만나 보자고 했다. 천황이 사람을 일부러 보내 어 초청하여 가미나가 공주가 히무가에서 구와쓰桑津 마을로 올라왔다. 그 런데 오오사자기 왕자가 그녀를 먼발치에서 보고 그 아름다운 자태에 반하 여 넋이 나가 오매불망하게 되었다. 그런 기미를 알아차린 천황은 그녀가 후궁으로 들어오게 되는 날, 두 사람을 특별히 곁에 앉히고는 노래를 지어 두 사람을 짝지어 줄 뜻을 넌지시 알렸다. 오오사자기는 감읍하면서 천황 의 너그럽고 깊은 배려에 감사하는 노래를 지어 화답했다.

한편 오오야마모리는 성격이 난폭하고 학문보다는 무예를 즐기는 왕자 였다. 오오야마모리는 왕인 박사의 학숙에서 형제들과 함께 공부할 때에도 걸핏하면 공맹의 도에 반발했다. 그러던 그가 관리하고 있던 논밭을 천황이 붕어하고 난 뒤에 황실에 빼앗기게 되는 사건이 일어났다. 황실의 논밭을 야마모리山守라 불렀기에 오오야마모리는 자기가 관리할 땅으로 믿고 있었다. 그런데 오오사자기가 야마토의 황실의 땅을 야마모리라고 부르는 연유를 따졌다. 가야에 사절로 나가 있던 아고코吾子籠에게 사람을 보내어 그의 유권 해석을 받도록 했다. 아고코는 말했다.

"듣자온데, 거금 삼백여 년 전 이쿠메이리히고活目入彦(스이닌垂仁) 천황때에 천황이 태자에게 일러서 야마토의 둔전屯田을 정하신 것으로 압니다. 이때 칙서를 내리기를 '모름지기 왜의 둔전은 언제나 천황의 직할지이니라. 왕자라 할지라도 천황이 아니면 이를 관장할 수 없다' 하셨습니다. 이것을 야마모리의 땅이라 함은 어불성설입니다."

천황이 붕어해서 황위가 동생인 이라쓰고에게 넘어간다는 사실만으로도 억울했는데, 자기가 관리하던 땅도 천황에게 빼앗기게 된다는 사실을 알게 된 오오야마모리는 분한 마음을 가누지 못하고 폭발하고 말았다.

"태자를 죽이고 내가 제위에 오르리라."

오오야마모리는 군사를 모아 거병했다.

이 소식을 들은 오오사자기는 이라쓰고 태자에게 변을 알리고 스스로 군사를 이끌고 태자를 도우러 나섰다. 태자도 군사를 동원해서 오오야마모리가 다가오는 것을 기다렸다. 오오야마모리는 태자가 이렇게 방비를 갖춘 것을 모르고 수백 명의 병사들과 함께 밤중에 출발해서 새벽녘에 우지강을 건너게 되었다. 태자는 사공의 복색으로 나루터에 나가서 사공들 사이에 숨었다. 이윽고 오오야마모리가 배를 타고 강을 건너려 할 때 태자가 사공들과 함께 그가 탄 배를 전복시켰다. 그리고 오오야마모리가 물에 떠내려가는 것을 강기슭에 숨었던 복병들이 활을 쏘아 뭍에 오르지 못하게 견제했다. 마침내 오오야마모리는 익사하고 말았다. 태자는 형의 시신을 거두어 나라那羅 산에 묻고 그의 죽음을 노래로 지어 애도했다. 인생의 허무함을 느낀 태자는 대궐을 우지菟道에 다시 지어 거처를 옮기고 형인 오오사자기가 마땅히 등극해야 한다고 주장했다.

　설이 되어 사람들이 토산물을 진상하는데, 태자와 오오사자기는 서로 받지 않겠다고 사양했다. 천황이 될 사람은 자기가 아니라는 것이었다. 한 번은 어부가 해삼과 생선을 바치는데, 두 사람은 마찬가지로 서로 양보만 했다. 결국 두 사람 사이를 왕복하느라 해삼과 생선이 상하고 썩어 어부가 통곡했다. 이런 경우가 한두 번이 아니었다. 이렇게 삼 년이 지나는 동안에 태자의 몸은 점점 쇠약해졌다. 태자가 우지의 대궐에서 병이 나서 다 죽게 되어 오오사자기가 나니와에 있다가 급보를 듣고 달려왔다. 도착해 보니 태자가 숨을 거둔 지 벌써 사흘이 지났다고 했다. 오오사자기가 가슴을 치고 통곡하는데, 태자가 다시 소생했다.

　"태자께서 돌아가셔서는 안 됩니다. 선왕 마마의 뜻을 저버리고 태자께서 우릴 두고 어디로 가신다는 말입니까? 어서 약을 드시고 기운을 차리소서."

　오오사자기가 간절하게 타이르는데, 태자는 한숨을 내쉬면서 말했다.

　"형님, 저는 이제 갑니다. 아바마마께서 오고 싶으면 어서 오라고 손짓하고 계십니다. 우리가 계속 서로 양보를 하다 보면 백성들이 누구를 따를지 몰라 혼란스러워 합니다. 누이 야다八田 공주를 후궁의 한구석에라도 거두어 주소서. 부탁드립니다, 형님."

　태자는 가쁜 숨을 몰아 쉬며 띄엄띄엄 말을 잇고는 끝내 숨을 거두고 말았다. 오오사자기는 삼베로 상복을 지어 입고 곡을 했다. 그러고는 우지의 산 위에 묘를 만들어 장례를 치렀다.

　다음 해 정월에 오오사자기는 천황에 등극했다. 닌토쿠仁德 천황이었다. 나니와에 대궐을 지었는데, 벽에 회칠을 하지 않고 서까래에 조각 장식을 하지 않은 데다가 지붕을 이을 때에도 띠나 참억새로 다듬지 않았다. 그만큼 근검절약에 힘썼다. 황후로는 소쓰히고의 딸 이와노히메磐之媛를 세웠다. 왕자 시절에 맞았던 아내 가미나가는 비로 삼았다.

등극한 지 4년이 되던 해의 봄, 천황은 높은 언덕에 올라서 도성 안을 내려다 보았다. 그랬더니 저녁때가 되었는데도 백성의 집에서 끼니를 짓는 연기가 오르지 않았다. 천황이 여러 신하에게 말했다.

"도대체 이 나라 백성은 어찌 이처럼 가난한가? 짐이 보니, 집집마다 끼니를 짓는 연기가 보이지 않는군. 옛날에 성군이 있을 때는 사람들이 그 덕을 칭송하는 노래를 불렀다고 하는데, 지금 이 나라에서는 그런 소리를 전혀 듣지 못하고 있다. 억조 창생이 이처럼 궁핍한 지가 벌써 여러 해가 된 것 같다. 그러니 향후 삼 년은 모든 세금과 부역을 과하지 말고 백성의 고초를 덜어 주도록 하여라."

나라가 넉넉해서 그렇게 한 것이 아니니, 궁내의 살림 형편은 궁색하기 비길 데 없이 되었다. 천황은 옷이 해져도 기워 입고 새로 짓지 않았다. 신이 닳아도 갈지 않았다. 음식도 상하고 썩지 않는 한 갈지 않고, 대궐의 울타리가 무너져도 고치지 않았으며, 바람과 비가 새어서 옷을 적시고, 별빛이 천장으로 새어 들어와도 지붕을 고치지 않았다. 삼 년을 이렇게 솔선수범하니, 백성의 살림이 풍부해지고 천황의 은총을 칭송하는 소리가 항간에 넘쳤다. 삼 년이 지난 여름에 천황이 높은 언덕에 올라 시내를 내려다 보니, 이번에는 곳곳에서 끼니를 짓는 연기가 오르고 있었다. 천황은 곁에 시립한 황후를 돌아보며 말했다.

"이제야 살림이 넉넉해졌구려. 이제는 걱정하지 않아도 되겠소."

황후가 딱하다는 듯이 말했다.

"대궐이 누옥이 되고 옷이 이슬에 젖게 되었는데, 어찌 넉넉해졌다고 하십니까?"

"원래 임금은 백성을 위해 일하는 법이지. 옛날부터 성군은 백성 가운데 한 사람이라도 굶어 죽으면, 자기의 잘못이 없는가 하고 반성한답니다.

백성이 가난하다는 것은 짐이 가난한 것이고, 백성이 넉넉하다는 것은 짐도 넉넉해진다는 것이오. 백성이 부자인데 임금이 가난한 법은 고금에 없답니다."

그해 9월이 되었다. 방방곡곡에서 백성들의 소리가 크게 들려 왔다.

"우리가 세금과 부역을 면제받은 지 벌써 3년이 넘었다. 우리는 살림이 넉넉해져서 집집마다 배불리 먹고 노래를 부르는데, 대궐은 허물어지고, 나라의 창고가 텅 비었으니, 어찌 이대로 버려둘 수 있겠소. 백성이 넉넉하다 보니 길에 떨어진 것을 줍는 자도 없고, 거지도 없는 세상이 되었소. 이런 때에 우리가 스스로 세금과 공물을 바쳐 대궐을 고쳐드리지 않으면, 그 죄를 어떻게 면할 수 있겠소."

천황은 그런 백성의 소리도 외면했다. 다시 몇 년이 지났다. 마침내 칙령을 내려 부역을 명하고 세금을 거두기로 했다. 백성들이 노소를 불문하고 다투어 목재를 나르고 흙을 져서 밤낮을 도와 대궐을 수리하니, 몇 달이 지나지 않아 대궐은 제 모습을 되찾게 되었다. 나라를 다스리는 임금은 어떤 일보다도 백성의 살림을 걱정해야 그 나라가 잘 된다는 이치를 천황이 몸소 실천해 보인 것이다.

천황은 국토를 개발하는 큰 공사를 잇달아 지휘했다. 도성 주위의 가와치 평야에서의 수해를 막고 전답을 개발하기 위해 나니와에 운하를 파고 둑을 축조했다. 이것은 야마토 최초의 대규모 토목 공사였다. 곳곳에 관개 용수를 끌어들이고, 둔창屯倉을 짓고 저수지를 조성했다. 모두 백성들의 농사를 도와 부를 축적하는 데에 초점이 맞추어져 있었다. 백제의 국군경계國郡境界 제도를 배워 와서 나라 안의 각 고을과 마을의 경계를 분명하게 만들어 분쟁을 막았다. 이런 대규모 토목공사의 결과로 전답이 광대하게 조성되었다. 천황은 언제나 일찍 일어나 밤늦게까지 국정을 살펴서 백성의 부담이나 세금을 경감시켜 재산을 형성하도록 돌보았다. 이렇게 널리 덕을 펴고 혜택을 주어 곤궁한 사람들을 힘써 구휼했다. 죽은 자를 조문하고 병든 자를 치료해 주며 과부와 홀아비를 거두어 주었다. 천황의 영은 널리 시행되어 태평성세가 20여 년이나 계속되었다. 천황이 87세가 되는 해에 노환으로 붕어하니, 백성들이 모두 이를 슬퍼하고 십 개월간의 장례 절차를 거쳐 모즈노노능百舌鳥野陵에 장사 지냈다. 후일의 오사카부大阪府 사까이시堺市 다이센료大仙陵 고분인데, 전방후원분前方後円墳으로 전장 486m, 높이 35m로 이집트의 쿠후왕의 피라미드, 중국의 진시황디릉秦始皇帝陵과 함께 세계 삼대 능묘의 하나이다. 능을 조성하고 있을 때 사슴이 달려들어 죽었다. 사슴의 귀속에서 모즈(때까치)百舌鳥가 나왔다고 하여 모즈노노능이라고 부르게 되었다. 또한 그의 선정을 칭송해서 닌토쿠 천황으로 시호를 올렸다. 이 천황을 전후한 시기에 야마토의 국력이 크게 신장했다. 신하들과 백성들이 거대한 왕묘를 건설해서 천황들의 공덕을 칭송했다. 소위 고분시대古墳時代가 그 극성에 달한 시기가 되었다.

제13장

동북아의 패자가 된 고구려

1. 천지天池의 정기精氣

　새까만 먹구름이 이리 떼처럼 빠른 속도로 하늘을 가로질러 다가왔다. 하늘이 온통 구름에 덮였다. 몸을 가눌 수 없을 정도로 휘몰아치는 바람에 숨을 쉴 수가 없었다. 압록강을 따라 올라간 일행은 백두산 천지天池에 오르는 서쪽 길 중간에서 한 발짝도 더 떼지 못하고 주저앉았다. 수백 그루의 미인송美人松의 붉은 둥지가 열 길이 넘게 솟았는데, 정수리의 솔잎 가지들이 바람에 윙윙 울었다.

　"마마, 오늘은 여기에서 쉬도록 합시다. 아무래도 오늘 천지까지 오르기는 틀렸나 봅니다."

　키가 아홉 자는 되는 듯한 건장한 청년이 칼로 잡초를 치면서 길을 만들고 있었다. 극건克建이었다. 그는 국조 주몽왕의 군사軍師 재사再思의 후손으로 올해 스물이 된 검술의 달인이었다.

　"그래? 오늘이 벌써 이틀째인데 이렇게 오르기가 힘들어서야, 나 원 참."

　열네댓으로 보이는 소년은 등에 활을 메고 허리에 칼을 찬 것이 귀공자임이 분명했다. 고구려 호태왕의 왕자 거련巨璉이었다. 일행은 다섯이었다. 극건을 필두로 세 사람의 무사와 길잡이를 하는 말갈인 사냥꾼이 왕자를 앞뒤에서 옹호하며 등반을 하고 있었다. 모두 여기까지는 말을 타고 오다가 가파른 언덕길이 험하여 고산회가 자라고 있는 둔덕에 말을 매어 놓고 빈손으로 올라가다가 비구름과 강풍을 만난 것이었다.

해가 저물어 갔다. 점점 어두컴컴해지는 산허리에서 말에 실었던 자리를 땅에 깔고 잠자리를 마련했다. 찐 수수 말린 것을 한 입씩 입에 털어 넣고, 허리춤에 찬 물 주머니에서 물을 한 모금 마셔 요기를 했다. 육포도 찢어서 자근자근 씹으니 달짝지근한 육즙이 입 안에 퍼졌다. 멀리서 늑대들이 길게 우는 소리가 들려 왔다.

"이 근처에는 호랑이와 스라소니가 자주 나타난다고 합네다. 모두들 조심하소서."

산길을 안내하던 말갈인 사냥꾼이 말했다.

"호랑이라고? 스라소니도? 그것 잘됐군. 나오면 때려잡아야지."

거련을 따라온 무사들이 입을 모아 큰 소리를 쳤다.

한여름이었지만 비가 촉촉하게 내리는 원시림에서는 기온이 점점 내려갔다. 모두들 거적을 몸에 감고 누워 잠을 청했다. 멀리서 부엉이가 우는 소리가 들렸다.

동이 텄다. 동쪽의 산 능선에 가렸던 불덩어리가 순식간에 솟았다. 오랜만에 얼굴을 보인 해의 모습이었다. 잔뜩 찌푸렸던 날씨가 오늘은 새벽부터 갰다. 그렇게 많던 구름이 동쪽 하늘 끝으로 가물가물 물러가고, 머리 위에는 구름 한 점 없었다. 일행은 무기와 행낭을 주섬주섬 챙기고 산 등성이를 올라가기 시작했다. 까마득한 오르막의 왼편 끝으로 뾰족한 봉우리가 머리를 드러냈다.

"저 봉우리가 마천우麻天隅입네다."

말갈인 사냥꾼이 말했다.

"게까지는 아직 반 시진은 걸리겠네."

일행 가운데 두 번째로 나이가 많은 맹광孟光이 말했다. 그는 대대로 왕비를 많이 낸 절노부 사람으로 활을 잘 쏘았다.

"아니야. 더 걸릴 것 같아. 한 시진은 걸릴 것 같아."

일행 중 왕자를 제외하고는 가장 나이가 어린 갈로葛盧가 들고 있던 도끼로 관목을 치면서 투덜거렸다.

"웬 놈의 잡목이 이렇게 많은 거야? 이만큼 올라오면 나무도 못 자랄 것인데."

마천우까지 오르는 길은 한 마장이 더 되는 듯했다. 마지막 관목을 치고 나니 잡초만 우거진 초원이 나타났다. 일면에 애기금매화가 피어 있었다. 조금 더 올라가니 이번에는 노란 만병초 꽃밭이 펼쳐졌다.

무성하게 핀 꽃밭을 지나 오르막을 두어 식경 올라가니, 갑자기 눈앞이 확 트였다. 마루턱에 올라서니 눈 아래에 커다란 호수가 있었다. 호수의 가장자리에는 깎아지른 듯한 산봉우리 여럿이 서로 어깨를 겨루며 검푸른 호수의 물을 에워싸고 섰다.

깊이를 모를 호수는 만고의 고요함을 담은 듯, 귀가 멀 정도로 조용했다. 올해 열넷이 된 고구려의 왕자 거련이 감격해 목이 멘 소리로 외쳤다. "단군 할아버지께서 강림하셨다는 천지가 여긴가? 저 푸른 물을 보아라. 어찌 저렇게 깊어 보일까? 저 속에도 생물이 살고 있을까? 납덩이처럼 묵직한 호수의 빛깔이 나를 잡아당기는 것 같아 소름이 끼치는구나."

벌써 몇 번째의 시도였던가? 국내성을 떠난 지가 보름이 넘었는데 백두산을 오르다가 궂은 날씨와 강풍으로 세 번이나 등반에 실패했다. 이번이 마지막이라고 생각하면서 다시 올라온 것이 마침내 소원을 이룬 셈이었다. 그를 따라온 무사들도 환호성을 올렸다. 모두 나이가 한두 살 밖에 차가 나지 않아, 형제처럼 지내면서 왕자 거련을 보좌해 온 사람들이었다.

이들은 국내성을 떠나 기마로 압록수를 따라 북진했다. 봄에 압록수를 따라 서남으로 답사해서 박작성과 졸본성에 다녀온 적이 있는데, 칠월에 들면서 압록수의 수원을 찾아 동북으로 강을 따라 올라왔다. 압록수는 동북으로 거슬러 올라갈수록 강폭이 좁아져, 어떤 곳에서는 맨발로도 강을 건널 수 있을 정도였다. 장백長白산맥과 그 지맥인 용강龍崗산맥, 노령老嶺산맥이 뻗어 내려오는 일대에 백산白山 용암 고지가 있었고 그 위에 백두산과 천지가 있었다. 백두산은 원래 태백산太白山이라고도 했다.중국인들은 이 산을 장백산長白山이라고 했다. 백두산이나 태백산이나 장백산이나 모두 백산白山을 말하고 있는데, 백산의 뜻을 살펴보면 광명사상光明思想과 연관되어 있음을 알 수 있다. 동이족은 환단의 옛 시절부터 사람들이 모여 살던 마을 근처의 높은 산을 신성한 산이라는 뜻으로 밝달 또는 밝뫼라 불렀다. 그것이 한자로 백산, 백두산, 태백산, 장백산으로 옮겨진 것이었다.

천지가 내려다 보이는 언덕에는 가루처럼 부서진 부석浮石이 일면에 깔려 있었다. 천지가 형성될 때에 분출된 부석이 모래알처럼 내려앉았기에, 산꼭대기가 온통 흰 분가루를 덮어 쓴 듯했다.

"자, 많이 쉬었지? 이제 천지를 한 바퀴 돌아보도록 하세. 서쪽의 청석봉青石峰부터 돌아가면 얼마나 걸릴까?"

거련 왕자가 말갈 사냥꾼에게 물었다.

"여기서 청석봉까지가 한 시진, 청석봉에서 한허계곡까지가 한 시진, 다시 백운봉白云峰까지 두 시진, 거기에서 다시 녹명봉鹿鳴峰을 거쳐 용문봉龍門峰까지가 다시 한 시진 반, 용문봉에서 소천지小天池까지가 두 시진이 족히 걸릴 것입네다. 모두 일곱 시진에서 여덟 시진은 걸린다고 생각하면 될 겝네다. 한허계곡에서 백운봉까지 가는 길이 다소 가파른 오름길이 되겠습네다. 얼마나 빨리 걷느냐에 달렸는데, 오늘처럼 날씨가 좋을 때에는 부지런히 가면 일곱 시진이면 호수를 반쯤 돌 수 있을 것입네다."

"아니, 그렇게 걸어도 호수를 반밖에 못 돈단 말인가? 다시 이곳으로 돌아오려면 엄청 시간이 걸리겠네."

갈로가 말했다.

"용문봉에서 소천지로는 내리막입네다만 용문봉까지는 산의 능선을 따라 오르내리기를 거듭해야 하기 때문에 그렇게 걸립네다. 용문봉에서 소천지로 내려가는 길에는 기암괴석이 즐비하고 웅장한 장백폭포長白瀑布도 있어서 가볼 만할 것입네다."

"아니, 용문봉에서 소천지로 내려간다면 이곳으로 돌아오는 길은 어떻게 되는가?"

이번에는 극건이 물었다.

"다시 능선을 타고 돌아가거나 산 밑으로 내려가 계곡을 따라 돌아오는 수밖에 없습네다."

"그럼 우린 어떡한담?"

맹광은 항상 신중한 사람이었다.

"무얼 고민하고 있는가? 먼저 가보기나 하세."

극건이 말했다.

"왕자마마, 용문봉까지 가시렵니까? 천지를 한 바퀴 두르는 것은 너무 힘들 것 같으니 서파西坡에서 북파北坡까지만 답사하는 것이 좋을 것으로 생각됩니다. 어찌하시겠습니까?"

극건이 왕자 거련에게 물었다.

"그렇게 할까? 북파를 내려가면 송화강에 이른다고 들었네. 그 정도면 백두산 주변을 대강 파악할 수 있을 게지."

일행은 산을 오르기 시작했다. 천지 주변에는 모두 열여섯 개의 봉우리가 있었다. 봉우리들을 따라 산허리를 타고 오르막과 내리막이 번갈아 있었다. 선두에서 말갈인 사냥꾼이 길을 안내했다. 그 뒤를 갈로가 따르고,

그 다음에 거련 왕자, 그리고 맹광과 극건의 순으로 걸었다. 백두산이 장백산맥에서도 가장 높은 탓인지 주변의 산세가 한눈에 들어와 경관이 수려했다. 천지도 어느 봉우리에서 내려다 보는가에 따라 모습이 달라 보였다. 한허계곡에 도달해 얼마간 휴식을 취한 이들은 다시 백운봉을 향해 걸음을 재촉했다. 다행히 날씨는 계속 맑았고 순풍이 간간이 불어 산행에 큰 어려움은 없었다. 장백산맥의 날씨는 변덕이 심하고, 특히 천지 주변은 짙은 안개나 구름에 덮여 시야가 막히기 쉽기 때문에 길을 가늠하지 못하는 경우가 많다고 말갈인 사냥꾼이 길을 가면서 설명했다.

"천지와 백두산 열여섯 봉우리들이 왕자님이 오신 것을 환영하고 있는 것 같습네다. 이렇게 좋은 날씨는 저도 별로 겪지 못했습네다."

사냥꾼의 말이 계속되었다.

"왕자님은 필시 하늘이 돌보시는 분이신가 봅네다."

"그럼. 우리 왕자마마가 어떤 분이시라고. 천제와 하백, 그리고 칠성님과 부처님이 돌보아 주시는 고귀한 신분이시지. 산신이 어찌 해를 끼치리."

갈로가 신이 나서 말했다. 왕자보다 두 살 위인 그는 모든 일에 적극적이었고 항상 웃음을 잃지 않았다.

한참을 다시 내려가는데 사냥꾼이 말했다.

"저기 보십시오. 저것이 달문闥門입네다. 저 달문을 지나 내려가면 거대한 폭포수에 이릅네다. 폭포수가 떨어지는 소리가 들리지 않습네까?"

얼마 걷지 않아 비룡폭포飛龍瀑布에 도달했다. 천지의 북쪽 천할봉天豁峰과 용문봉 사이의 달문에서 흘러나온 물줄기가 벼랑을 만나 낙차가 서른 길이 넘는 폭포를 이루었다. 물이 떨어지는 소리가 몇 리 밖까지 울렸다. 가까이 가 보니 흰 물보라가 흩날리며 무지개가 서리는 게, 마치 흰 용이 꿈틀거리는 것 같았다. 물줄기가 위에서 내려오다가 중간에 튀어나온 바위에 부딪혀 두 폭으로 갈라지면서, 서른 길의 높이에서 곤두박질 쳐서 바닥으로 떨어졌다가 산 아래로 길게 흘러 내려갔다.

"백두산에는 60여 개의 폭포가 있는데, 그 가운데 으뜸이 비룡폭포입니다. 이 폭포는 장백폭포라고도 하는데 엄동설한에도 얼지 않고 떨어집니다."

사냥꾼이 큰 소리로 설명했다. 하지만 폭포수가 떨어지는 소리에 사냥꾼의 목소리는 잘 들리지 않았다.

폭포를 내려다 보며 일행은 요기를 했다. 벌써 점심 때가 훨씬 지났기에 모두들 허기가 졌다. 한 식경을 쉰 일행은 다시 폭포수를 지나 산길을 내려갔다. 마침 가는 길에 온천이 있었다. 움푹 파인 웅덩이 여럿에서 김이 무럭무럭 나고 있었다. 이도백하二道白河라 부르는 개천이 이 온천군의 옆을 지나가는데, 강의 오른쪽에 열세 개의 온천물이 솟아나는 온천안溫泉眼이 집중되어 있었다. 체온을 약간 넘는 열탕이 3개, 체온보다 낮은 저온온천이 3개이고 나머지는 모두 손도 담그지 못할 만큼 뜨거워 계란도 삶을수 있을 정도의 뜨거운 온천이었다. 유황 냄새가 코를 찔렀다. 일행은 온종일 산을 탄 피로를 열탕에 몸을 담가 풀었다. 다시 걸음을 재촉한 일행은 거의 해질 무렵이 되어서야 소천지에 이르렀다. 가는 도중에도 여기 저기에서 아직 땅속의 열기를 뿜는 연기가 무럭무럭 피어났고, 더러는 땅속에서 으르렁거리는 소리가 나기도 했다. 이러한 것을 보면, 백두산은 아직완전히 쉬고 있는 화산은 아닌 듯 싶었다. 소천지로 내려가는 도중의 중간언덕에 보라와 분홍, 그리고 노란 화초들이 여기 저기에 군생하고 있었다. 봄이면 총참꽃으로 분홍빛 꽃밭이 이루어져 아름답다고 말갈인 사냥꾼이말했다.

"이건 손바닥난초고, 저건 털쥐손이풀과 박쥐나물 입네다."

사냥꾼은 꽃 몇 송이를 꺾어서 갈로의 손에 쥐어 주었다. 갈로는 머리띠에 꽃을 꽂고 허리를 펴며 위세를 부렸다.

"거 참 멋지군. 자네, 새색시 같은데. 내게 시집 안 올래?"

맹꽁이 이를 놀렸다.

"아이 참. 부끄러워요. 나리."

갈로는 일부러 여자처럼 교태를 부리며 농을 받아 넘겼다. 갈로는 얼굴
이 희고 갸름하여 여자 같이 고왔다.

"왓하하하, 왓하하하."

모두 배꼽을 잡고 한바탕 웃고 나니 모든 피로가 씻겨나가는 것 같
았다.

소천지小天池를 지나서 이두백하가 송화강에 합류하는 지점까지 내려
온 일행은 근처의 부락에서 며칠을 쉬었다.

"우리 예까지 왔는데 다시 올라가 천지를 한 바퀴 마저 돌지 않겠는
가? 이대로 돌아가려니 아무래도 끝을 보지 못한 것 같아 꺼림칙하군."

왕자가 말했다.

"그럼 다시 올라가서 남쪽으로 천지를 마저 돌아보고 갑시다."

극건이 제안했다. 일행은 새벽 일찌감치 사냥꾼을 앞세우고 다시 동남
으로 발길을 돌려 천문봉天文峰으로 올라갔다. 천문봉에서 백암봉白巖峰과
쌍무지개봉을 거쳐 장군봉으로 갔다. 장군봉將軍峯은 천지를 둘러싸고 있
는 열여섯 봉우리 가운데 가장 높은 봉우리였다. 장군봉의 북쪽 천지 가까
이에는 비류봉沸流峰이 있었다. 장군봉과 비류봉을 사이에 두고 천지를 보
는 경관은 서파 등정에서 보는 것과는 또 다른 모습이었다. 장군봉에서 점
심을 든 뒤 일행은 다시 남하하여 제비봉에 이르고, 제비봉에서 다시 서
북으로 올라가 관면봉冠冕峰과 와호봉卧虎峰에 이르렀다. 여기서 처음 출
발한 지점으로 가는 것은 얼마 걸리지 않았다. 서쪽 끝에서 산을 내려가던
일행은 산 중턱의 대협곡으로 내려갔다. 백두산이 분화를 뿜으면서 대폭발
을 할 때에, 용암이 흘러 산골짜기를 깎아 내려갔다고 한다. 도중에 있던
현무암 덩어리가 용케 그것을 견뎌내고, 그 기괴한 모습을 드러내고 있었
다. 칠 선녀처럼 나란히 버티고 선 암벽이나, 외톨이 톱니처럼 버티고 선

바위들이 계곡을 따라 즐비하게 서 있는데, 그 사이사이로 맑은 물이 흘렀다. 서쪽 골짜기의 물은 천지에서 넘친 것이 아니었다. 천수가 숲 속에 스며들어 땅속에서 솟아오른 것이 모여서 개천이 되어 압록강으로 흘렀다. 바위와 바위 사이에서는 울긋불긋 꽃들이 고개를 내밀고 있었다. 어떤 곳에서는 소나무와 자작나무가 엉켜서 하나가 된 것도 있었다. 합환수合歡樹였다.

그런 나무 사이를 한 마리의 수달이 빠져 나가더니 곧 계곡의 웅덩이에 몸을 적셨다.

"저걸 잡아라."

극건이 소리치자 연곤이 얼른 활을 겨누었다. 휙 하고 소리를 내며 화살이 수달의 몸통에 꽂혔다.

"잡았다. 오늘은 수달 고기로 포식하겠군."

사람들은 연곤의 궁술에 갈채를 보냈다. 계곡을 흐르는 시원한 물에 몸을 적시고 나온 일행은 말을 맨 수림으로 찾아가 여장을 추슬렀다.

"이번 백두산 답사와 천지 참배는 우리의 심신 단련에 큰 도움을 준 것 같아. 다만 도중에 호랑이를 잡지 못해 아쉬웠어."

왕자가 말했다.

"그렇습니다. 백두산의 호랑이는 덩치가 크고 온몸에 노란 털이 나 있고 검은 줄무늬가 있습니다. 이마에 왕王 자로 검은 줄무늬 털이 나 있는 데다가 형형하게 불을 밝힌 눈동자가 밤에 보면 소름이 끼친다고 했습니다."

극건이 말했다. 몇 해 전의 일이었지만 극건은 혼자서 스라소니를 잡은 적이 있었다. 스라소니는 덩치가 호랑이보다 작으나 민첩한데, 스라소니가 잡은 짐승을 호랑이가 빼앗아 먹는 일이 있다고 전해진다.

"이곳에는 표범이나 반달곰도 있고, 사향노루나 사슴도 잡힙니다. 늪에는 수달도 있고요. 그래서 이곳의 모피는 사람들이 탐을 내는 물건들입니다. 호골虎骨, 녹용, 사향, 웅담도 약으로 쓰지요. 그뿐만 아니라 숲 속에서는 수리부엉이나 오색딱따구리, 원앙, 노랑때까치 같은 새도 볼 수 있습네다. 산속에 나는 약초 가운데에는 산삼을 제일로 치고, 북오미자北五味子나 두향杜香, 위령선威靈仙 같은 신기한 약초들도 캘 수 있습네다."

말갈인 사냥꾼이 자세히 설명했다.

"보아하니 장백산맥 일대에는 천연자원이 풍부한 것 같아. 금, 은, 구리, 석탄 같은 귀중한 자원이 있거든. 게다가 소나무, 작약나무, 미인송 같은 아름드리 목재가 많으니, 이를 벌채하여 압록강에 뗏목을 만들어 내려가면 국내성에서 요긴하게 쓸 수 있을 것이다."

거련 왕자가 말했다. 아직 나이가 어리나 거련은 보는 눈이 예리하고 생각이 깊었다.

"마마, 우리 고구려의 무사들과 장인들로 하여금 이번에 우리가 답사한 지역을 한 번 더 조사하여 이 무진장한 보고를 나라 살림에 보태도록 해야 하겠습니다. 국내성에 돌아가면 호태왕 마마에게 말씀드려 바로 착수하도록 해야 하겠습니다."

극건이 진언했다.

"그렇게 하세. 자 모두들 국내성으로 돌아가세. 가서 내일에 대비해서 더욱 많은 일을 준비하도록 하세."

왕자의 일성으로 모두들 짐을 챙기고 말에 올랐다.

2. 광개토대왕비廣開土大王碑

거련 왕자가 백두산을 다녀온 뒤 이 년이 지났다. 봄기운이 화창한 4월에 호태왕好太王은 거련을 태자로 삼았다. 7월에는 국동지방에 독산성禿山城을 비롯한 여섯 성을 짓고 평양에 고구려의 백성들을 많이 옮겼다. 호태왕은 8월에 남쪽 국경지대를 순찰했다. 이어서 영락 20년에는 동부여마저 병합하게 되니, 고구려는 만주와 한반도 북반부에 걸친 방대한 지역을 차지하는 큰 나라가 되었다. 영락 22년(서기 412년) 10월에 호태왕이 병을 얻어 39세로 돌아가니, 그 묘호를 국강상광개토경평안호태왕國岡上廣開土境平安好太王이라 올렸다. 태자 거련이 보위에 올랐다. 그가 장수왕長壽王이었다. 이 왕은 고구려 역사상 가장 오래 살면서, 호태왕이 기틀을 잡은 고구려의 강토를 더욱 확장하고 공고히 꾸려 나가게 된다.

장수왕이 등극한 지 육 개월이 지난 어느 날의 일이었다. 장사長史 고익高翼이 왕에게 아뢰었다.

"마마, 이제 선대왕께서 승하하신 지도 여섯 달이 되었습니다. 선대왕을 모실 능묘의 조성이 다 되어 가니, 서둘러 비석을 세워서 선대왕의 공적을 만천하에 칭송해야 할 것입니다. 능묘의 동쪽에 높이 삼십 척의 비석을 세울 것을 건의 드립니다."

"말씀 잘하셨소. 아바마마의 기일을 앞두고 서둘러서 기념비를 마련해야 할 것이오. 비에 어떤 내용을 담을 것인지 태학의 박사들과 상의해서 안을 만들어 올리도록 하시오."

장수왕은 광개토대왕의 장례를 성대하게 치러 고구려의 위상을 크게 높일 생각이었다.

동북아시아에서 고구려만큼 넓은 지역을 관장하고 있는 나라는 없었다. 고구려는 북으로는 흑룡강 부근에 이르고, 서로는 요동과 요서 지방을 차지하여 북연과 왕래하고 있었다. 동으로는 읍루挹婁를 거쳐 동해에 이르고 남으로는 아리수를 건너 백제와 신라를 거느리고 있었으니, 그 위세는 혼란을 거듭하고 있는 중국의 오호십육국五胡十六國과는 비할 수 없을 만큼 드높았다.

왕의 간곡한 부탁을 받고 대궐에서 물러나온 고익은 그 길로 태학을 찾아갔다. 태학에는 오경에 밝은 박사들이 있었다. 고익은 오경박사들에게 일렀다.

"광개토대왕의 능묘 곁에 거석으로 공적비를 세워서 대왕의 공적을 높이 칭송하면서 고구려가 온 누리의 중심에 있음을 만천하에 알리려 합니다. 그리고 능묘를 지킬 연호烟戶를 정하여 묘를 지키는 책임을 지울 생각입니다. 동서고금의 사례를 알아보고 문안을 기초해 주시오. 또한 예서隸書에 능한 자를 뽑아 거석의 사면에 각인할 수 있도록 준비해야 할 것이오. 서체는 예서로 정하기로 하고, 비문에 담을 내용은 어떻게 하면 좋겠는가?"

"먼저 우리나라의 시조이신 추모왕鄒牟王이 천제를 아버지로 하고 하백의 딸을 어머니로 하여 태어나신 거룩한 어른임을 적어야 하겠습니다. 이는 광개토대왕의 은혜를 방방곡곡에 미치고 나라를 안정하게 만드신 업적이 천제의 아들인 추모왕의 후손으로 천제의 뜻에 따른 것임을 천하에 알리는 일입니다. 우리 고구려를 세계의 중심으로 만들려면, 천제의 자손인 추모왕으로부터 대주류왕大朱留王을 거쳐 17세손인 광개토대왕까지 면면히 이어진 혈통을 알려야 하겠습니다. 그리고 광개토대왕께서 18세에 등극하신 일도 분명히 기록해야 할 것입니다."

우직이 말했다.

"그렇다면 영락 원년 9월에 북의 거란을 토벌해서 남녀 500여 명을 포로로 삼고 고구려의 유민 만여 명을 데리고 돌아온 일, 영락 5년에 비려碑麗를 쳐서 600에서 700에 이르는 부락을 격파하고 소와 말을 수없이 잡아들인 일, 그리고 부산富山을 거쳐 대릉하大凌河 북부의 염수鹽水를 돌아 양평도襄平道를 통해 북풍北豊 부근의 여러 고을을 살피고 인근 산야에서 사냥하면서 서울인 국내성으로 회유하신 일, 그런 일들을 빠짐없이 적도록 해야 할 것입니다."

명림어부明臨御夫가 거란契丹을 토벌한 사실을 적을 것을 권유했다.

"영락 6년에 광개토대왕께서 직접 수군을 이끌고 백잔을 쳐서 58성과 700촌을 공파하셨어요. 광개토대왕께서는 백잔 아신왕의 항복을 받아 왕제와 대신 10인을 포함해서 포로 1,000명을 잡아들이고 세포細布 천 필을 거두어 들이셨는데 이 또한 광개토대왕의 크나크신 업적이라 할 것이오."

고익이 백제 정벌에 대해 언급했다.

"영락 8년에 식신토곡息愼土谷을 살펴보고, 부근의 가태라곡加太羅谷 등에서 남녀 300명을 얻고 조공하게 하셨는데, 이 사실도 적으셔야 할 것입니다. 이는 두만강 건너의 숙신肅愼을 국토에 편입한 것으로, 동해안의 예와 신라를 영향권에 넣게 된 것이라, 이때부터 한반도 동남부에 대한 영향력이 커졌습니다."

명림어부는 나라의 동쪽 사정에 밝았다.

"영락 9년에 백잔이 이전의 맹세를 어기고 왜와 내통하여 신라를 침입하니, 신라의 매금이 구원을 청하고 직접 조공을 해 왔지요. 평양에 가셨다가 신라 매금의 구원 요청을 받은 광개토대왕께서 오만의 대군을 보내셨습니다. 이 군사들이 신라의 여러 성들을 부수고 약탈을 자행하고 있던 백잔군과 임나가라任那伽羅, 안라가야安羅伽倻, 왜倭의 연합세력을 격파한 뒤, 낙동강 하류 지역까지 진출하여 한반도 동남방을 석권했답니다."

고익이 영락 10년의 남정 대기록을 들먹였다.

사실 공적비에 서토에서 일어나는 일들을 일일이 언급할 필요는 없었다. 어디까지나 광개토대왕을 고구려가 세계의 중심이 되는 나라로 성장시킨 왕으로 기록하는 것이 박사들의 임무였다. 그래서 비문에 비려, 숙신, 백제, 신라, 동부여를 고구려의 속국으로 삼고 조공을 바치게 했다고 기록하게 되었다. 조공을 바치지 않는 경우에는 광개토대왕이 친정해서 토벌하고, 왜처럼 조공의 의무는 없더라도 고구려가 거느리는 천하를 어지럽히는 자는 광개토대왕이 직접 군사를 몰고 가서 정벌했다는 사실도 구체적으로 탈취한 성의 이름을 하나하나 들면서 상세하게 적었다.

"영락 17년에 보기步騎 5만으로 후옌의 숙군성을 공략해서 개갑鎧甲 만여 개와 많은 군수품을 얻었고, 귀로에 여러 성을 격파하셨지요. 이어

20년에 두만강 하류의 동부여가 조공을 하지 않자, 광개토대왕께서 이를 토벌해서 항복을 받았고요. 이렇게 동서남북으로 영토 확장과 민정 안정에 힘쓰시던 광개토대왕께서 영락 22년 10월에 39세의 젊은 나이로 돌아가시니 이보다 안타까운 일이 어디 있겠습니까? 그때까지 광개토대왕께서 빼앗은 성이 64개이고 마을이 1,400에 이르렀습니다. 이 모든 내용을 비문에 담도록 합시다."

고익이 마무리했다.

"그런데 묘를 지키는 수묘인守墓人에 대해서도 비에 각인해야 하겠습니다. 우리 국내성과 환도성에는 많은 능묘와 봉분이 있는데, 묘를 돌보는 사람이 명시된 적이 없어서 능묘의 관리에 대한 책임 소재가 분명하지 못했습니다. 대왕의 능묘에 대해서는 구민 110가家와 새로 편입된 한예韓濊 220가를 차출하여 국연國烟 30과 간연看烟 300을 맡게 해서 능을 관리하게 하는 것이 좋을 것입니다. 이런 수묘인을 비면에 기록해서 능묘를 관리하는 책임을 온 누리에 밝히고 수묘 제도도 확립하도록 합시다."

장사 고익은 유능한 참모였다. 비석을 세운 국강國崗 언덕 주변에 살던 사람을 비롯하여 매구여売句余, 동해가東海賈, 평양성平壤城, 신성, 남소성 등지의 고구려 원주민을 뽑아 국연으로 부르는 수묘인으로 삼았다. 고구려가 정복한 예나 백제의 사람들을 국연 한 집에 열 집씩, 하나의 노동조를 이루게 짝을 지어 배정한 것을 간연이라 했다.

장사 고익을 중심으로 태학의 박사들이 비문을 초하고 있는 동안에도 광개토대왕의 능묘는 착착 축조되어 나갔다.

남쪽의 압록강과 국강 언덕을 사이에 두고 맞은편 북쪽에는 여산如山이 높이 솟아 있었다. 이 여산의 남쪽 기슭에 왕릉이 축조되고 있었다. 무덤의 밑바닥의 한 변이 280척 가량 되게, 너비 8척에 높이 27척의 거대한 돌 다섯을 깔았다. 그리고 그 위에 네모난 돌을 다듬어 차근차근 쌓고 돌 사이를 막돌과 잔돌로 채워 나갔다. 정상 가까이에 서향으로 돌방을 만들 었다. 돌방 속에 널방玄室을 꾸미고 널방의 서쪽 벽 한가운데에 널길羨道 을 냈다. 지면에서 분구의 꼭대기까지의 높이는 72척으로 만들었다. 그리 고 기와를 이어 꼭대기에 작은 사당을 지었다. 사당을 받치고 있는 돌에는 '원태왕릉안여산고여악願太王陵安如山固如岳'이라는 명문을 새겼다. 광개 토대왕의 능묘가 산처럼 편안하고 큰 산악처럼 단단하기를 기원한다는 뜻 이었다. 능묘는 고구려 특유의 기단식基壇式 돌무지무덤積石塚이었다. 이 능묘의 동쪽과 남쪽에 돌담을 쌓아 능원의 면적이 4두락이 되도록 조성하 고 주위에 우산나무와 송백을 심었다. 이 성역을 국연 30가와 간연 300가 의 도합 330가의 수묘인이 지키게 되었다.

"비를 어디에 세우는 것이 좋겠는가?"

고익이 박사들에게 의견을 구했다.

"여산을 추모왕의 아버지이신 북부여의 천제로 보고, 압록강을 어머니 이신 하백으로 본다면 북쪽 여산의 중앙선과 남쪽 압록강가의 언덕인 동 강東崗의 중앙선을 잇는 중간 지점이 비문의 첫 머리에 있는 문장인 「惟昔 始祖鄒牟王之創基也, 出自北夫余天帝之子, 母河伯女郎」을 구현하는 위치라 생각됩니다. 이곳은 나라의 중심 언덕으로 국강이라고 부르는데 여기에 비 를 건립하도록 하는 것이 어겠습니까?"

풍수지리에 밝은 명림어부가 진언했다.

왕릉의 조성이 끝나고 비도 세우고 나니, 장례 준비가 다 되었다. 장수 왕은 순백색의 상복을 입은 문무백관과 오부 욕살 및 왕비와 궁녀를 거느 리고 장례식장에 나왔다. 광개토대왕을 어릴 때부터 훈도했던 순도 대사가 목탁을 두드리며 독경을 했다. 평생토록 대왕을 모셔왔던 혜청 화상이 그 동안 암굴 속 빈소에 얼음을 채워 모셔 왔던 대왕의 시신을 염을 다시 하고 새로 조성한 왕릉의 널방에 있는 곽에 모셨다. 동천왕 22년에 순사殉死와 순장殉葬을 금지했기에 광개토대왕의 경우에도 순장은 일절 하지 않았다. 그저 생시에 즐겨 쓰던 왕관, 금은보옥과 도검을 함께 묻을 뿐이었다.

장례 절차가 진행되는 동안에는 풍악을 울리며 노래하고 춤추어 대왕이 편히 쉬실 수 있도록 축제를 벌였다. 눈물을 흘리고 곡을 하는 일은 일년 전 초상 때에만 있었고, 이번의 장례식은 장엄하면서도 화려한 가운데 시종일관 즐겁게 거행되었다. 장례가 끝나자, 대왕이 입던 어의와 애용하던 노리개, 그리고 어가와 수레와 말을 능묘 앞에 내어 장례에 참석한 사람들이 나누어 가지고 가도록 허용했다.

장례를 마친 뒤에 장수왕은 이번 일에 공헌이 많은 사람들을 일일이 호명하며 포상했다. 그 자리에서 왕이 말했다.

"이번에 선대왕마마의 장례를 치르면서 보니, 능묘 구축이 큰 역사라 단시일에 완성하기가 매우 고생스러웠소. 민초의 수고를 덜어 주기 위해서, 짐의 능침은 지금부터 시간을 넉넉히 갖고 조성을 해 나갔으면 하오. 장사께서 한 번 더 박사들과 숙의해서, 마땅한 장소를 물색하고 능침을 미리 마련해 주시오."

"마마, 장소를 어디로 했으면 합니까? 마마께서는 왕자로 있으실 적부터 장백산맥과 노령산맥을 주파하시던 분입니다. 유택을 어디에 두시기를 원하십니까?"

명림어부가 여쭈었다.

"짐은 우리 고구려의 정기가 장백산맥의 영봉 백두산에서 흘러 내려온다고 생각해 왔소. 백두산 정상에 가 보면 천지가 있는데, 그곳에서 물이 흘러 압록강, 두만강, 송화강을 이루고 있소. 압록강을 내려다 볼 수 있고 천지를 바라다 볼 수 있는 언덕에 유택을 만들고 싶소. 명림어부가 조영을 맡는 주부가 되어 명당을 찾도록 하시오."

왕의 영을 받고 명림어부는 명당을 찾아 사방을 답사했다. 몇 달이 지난 뒤에 명림어부는 조사한 내용을 왕에게 보고했다.

"마마, 광개토대왕릉과 광개토대왕비를 이은 선을 동북으로 곧바로 이어 보면 왕릉에서 오 리가 채 못 되는 곳에 서남향의 언덕이 나옵니다. 이 자리에 마마의 능침을 만드는 것이 좋을 것으로 생각됩니다. 그러면 이 능침은 좌측에 압록수鴨綠水를 끼고 우측에 여산如山을 두어 좌청룡左靑龍 우백호右白虎의 절묘한 명당이 될 것입니다. 기단基壇의 한 변을 140척으로 하고 7단으로 화강석을 잘 다듬어 쌓아 올려 전체 능묘의 높이를 56척으로 하면, 모두 일곱의 배수가 되어 칠성의 기상이 하늘을 찌르게 될 것입니다. 각 변마다 세 개씩 너비 12척에 길이 20척의 큰 돌을 호석護石으로 삼아 기대어 두면 십이지신상十二支神像의 역할을 하여 능묘를 수호할 것입니다. 이에 더하여 능묘의 네 모서리 가까이에 네 개의 배총陪冢을 배설하면 능묘의 수호 체제가 완성될 것입니다. 그리고 정상에 사당을 만들어 제사를 지낼 수 있도록 하면, 능묘의 모양새가 조상 대대로 지켜 온 체제에 맞게 설계될 것입니다."

"참으로 정밀하게 설계하였소. 짐의 마음을 어떻게 이처럼 정확하게 맞추어내는지 신통하구려. 안악분安岳墳이나 통구사신총通溝四神塚에는 벽화도 그렸지만 짐의 능침에는 그런 그림은 그리지 않도록 하고, 선대왕 마마의 능묘와 마찬가지로 경건하고 질박한 돌무지무덤으로 조성하는 것이 좋겠소. 그리고 이 능침은 장군총將軍塚이라 이름 하시오."

장수왕의 결정에 따라 이 능침의 공사는 십여 년에 걸쳐서 서서히 추진되었다.

3. 장수왕長壽王의 외교 전략

장수왕이 고익에게 물었다.

"서토의 사정이 어떻게 변하고 있는가? 경은 서토의 형편에 밝으니, 우리가 그들과 어떻게 지내야 할 것인지에 대해 의견을 말해 주시오."

"마마, 서토는 그동안 오호五胡의 무리들이 황하와 장강長江을 중심으로 각자 나라를 세워, 서로 침략하고 백성을 괴롭혀 왔습니다. 지금부터 100년쯤 전에, 팔왕八王의 난으로 진晉나라가 혼란에 빠진 틈을 타서, 북방에서 호족이 중원으로 침입해 왔습니다. 그 바람에 진왕조가 멸망했지요. 그 뒤 왕족 가운데 한 사람인 사마예司馬睿가 장강 하구의 건업建業을 서울로 삼고, 나라를 세워 동진東晉이라고 한 것은 마마께서도 잘 아시는 일입니다."

고익이 동진에 대하여 그 기원을 설명했다.

"동진은 장강 이남을 차지하고 있고, 북쪽의 황하 유역은 오랑캐들이 차지하고 있는 것이 아닌가?"

왕이 물었다.

"예, 그렇습니다. 황하 유역에 열여섯 개의 나라가 잇따라 나타나서, 정권을 다투어 합했다가 갈라서기를 되풀이해 왔습니다. 그 바람에 백성들은 도탄에 빠지게 되었습니다. 오랑캐의 주된 족속은 흉노, 선비鮮卑, 흉노의 일파인 저氐, 갈羯, 강羌의 다섯 무리들입니다. 이들 가운데 저족氐族 출신인 전진前秦의 부견符堅 대왕이 장강 이북을 통합한 후, 남쪽의 동진을 정복하려다가 비수淝水의 전투에서 참패하고, 나라가 지리멸렬하게 되었지요. 이 대왕께서는 소수림왕 때에 불교를 우리에게 전달해 줄 정도로 대단히 우호적인 분이었습니다만, 그의 나라는 다시 여럿으로 쪼개지고 말았습니다. 전연 때 전진의 산하에 들어갔던 선비족의 모용씨는 후연, 북연 등으로 그 세력이 이어지면서 요하遼河 유역과 요동성 근방을 중심으로 우리 고구려와 공방전을 벌여 오고 있습니다."

고익은 커다란 가죽에 물감으로 그린 지도를 왕의 앞에 펴고 요소요소를 손으로 짚으면서 설명을 계속했다.

"그렇다면 장강 이남으로 내려간 동진은 어떤 상태인가?"

"비수의 전투에서 패하여 전진이 붕궤되자 동진은 잠시 안정을 찾았으나, 곧이어 왕실과 호족들 간의 권력 다툼이 계속되었습니다. 그래서 정치가 혼탁해진 데다가 관원의 부패가 심해서, 백성의 생활이 어려워지고 사방에 도적들이 준동하게 되었습니다. 그럼에도 불구하고 이 나라는 학예를 장려해 왔기 때문에, 그 수준이 매우 높아 사령운謝灵运, 도연명陶淵明, 왕희지王羲之, 고개지顧愷之 등 문학과 서법, 그리고 회화에 걸출한 사람이 많이 나왔습니다. 이런 사정을 살펴볼 때 동진과 수교를 하면, 첫째는 서토 북부를 차지한 북연이나 북위를 견제할 수 있겠고, 둘째로는 남쪽 백잔과의 교통을 막아 백잔의 힘을 약화시킬 수 있는 데다가, 마지막으로는 동진의 높은 문예를 배워 올 수 있어 일석삼조의 결과를 얻을 수 있을 것입니다. 그래서 동진과 수교하기 위해 예물을 갖추어 사신을 보내는 것이 좋을 것으로 생각합니다."

"그럼, 경이 수고를 해 주시겠소? 동진의 황제께 백마를 예물로 드리고, 우리 고구려와 교역을 활발히 할 수 있도록 추진해 주시오."

고익은 왕명을 받들고 동진의 서울로 찾아갔다. 배에서 내린 그는 동진의 관리들의 안내를 받아 대궐로 들어가 안제安帝를 배알했다. 안제는 어릴 때부터 병약하여 말을 하지 못했다. 곁에서 시중을 하던 사마덕문司馬德文이 말했다.

"먼 길을 장사께서 수고가 많으시오. 우리 동진이 북방의 만족들을 소탕하노라 편안한 날이 없는 터에, 고구려에서 진귀한 말까지 보내어 수교를 청하니 심히 갸륵하게 생각하는 바이오. 다 함께 북방의 만족을 공격하여 태평성세를 이루도록 합시다. 우리의 맹방으로 인정하는 징표로 그대들의 왕을 고구려왕낙안군공高句麗王樂安郡公으로 봉하니, 길이 충성을 다하도록 하시오."

옛날부터 중국의 왕조는 외국과 수교할 때에 작위를 수여하는 것을 관례로 삼아 왔다. 고익이 귀국하여 동진이 고구려 사신을 우대하고 태왕에게 동진의 가장 높은 품계인 고구려왕 낙안군공이라는 작위를 수여했다고 보고하니 장수왕이 크게 기뻐했다.

이보다 먼저 영락 18년에 후연을 접수한 고운高雲이 북연을 세웠다. 북연의 황제가 된 고운은 고구려 왕실과 친척 간이라 서로 돕는 관계가 형성되었다. 그래서 나라의 서북변이 잠시 안정을 이룰 수 있었다. 그런데 황제 고운이 부하에게 시해되고 장군 풍발馮跋이 황제가 되어 북연을 통치하게 되었다. 결과적으로 화북華北과 요녕遼寧 지역에는 북위와 북연의 두 나라가 양립하게 되었다.

장수왕 12년(서기 424년) 2월의 일이었다. 신라의 눌지 마립간訥祗麻立干이 사신을 보내 왔다. 박제상이 볼모로 고구려에 와 있던 신라왕의 동생 복호를 데리고 간 지도 6년이 지난 시점이었다. 그동안 신라에서는 해마다 조공을 해 오긴 했으나, 본격적인 교역을 위한 사신은 보내지 않았던 터라 장수왕이 신라의 사신을 보고 크게 반겼다.

"신라의 매금은 어떻게 지내는가? 벌써 여러 해가 지났지? 박제상이 데리고 돌아간 복호 왕자는 잘 있는가? 우리나라와의 관계가 소원해진 듯하여 못내 아쉬웠는데, 이렇게 교역을 요청하는 사신을 맞고 보니 반갑기 한량이 없소. 이 사신을 극진히 대접하고 세포 열 필과 호피 한 장을 하사하도록 하여라."

신라의 사신은 장수왕의 성은에 머리를 땅에 닿도록 절하면서 사례했다.

그런 일이 있은 지 얼마 지나지 않았는데 서토의 북부에서 대소동이 일어났다는 소식이 세작을 통해 보고되었다. 다시 고익이 북연의 서울에 가서 상황을 자세히 알아보고 왔다. 고익의 보고를 받은 장수왕은 제가회의諸加會議를 소집했다. 고구려의 오대 부족 족장인 상가相加와 2품의 대로對盧, 3품의 패자沛者, 4품의 고추가古雛加가 모였다.

동진과 북연을 다녀온 고익이 국궁을 하고 왕의 앞으로 나왔다.

"지금 우리 고구려의 북서쪽에는 유연柔然이라는 나라가 바이칼 호수와 음산陰山산맥 사이의 넓은 초원과 고비 사막 지대를 안고 대흥안령大興安嶺산맥에서 동남쪽의 시라무렌 강까지 이르는 방대한 지역을 차지하고 있습니다. 그 아래에서 북연이 요서지방에서 화북까지의 영토를 확보하여, 북위北魏와 국경을 사이에 두고 싸움을 하고 있습니다. 북위 또한 고국양왕 3년에 선비 족의 일파인 탁발씨拓跋氏의 왕족 규珪가 세운 나라입니다. 서토의 장강 이남에는 그동안 동진이 있었으나 유유劉裕라는 자가 장수왕 8년에 송宋나라를 만들고, 지금은 문제文帝의 대가 되어 내정에 힘쓰고 산업을 진흥시켜서 민생이 안정을 되찾고 있다고 합니다."

고익은 여기서 말을 잠시 끊고 신하들의 표정을 살폈다. 별로 반응이 없자 그는 말을 이었다.

"그런데 남쪽의 한반도에서는 서남부에서 기호 지방을 차지한 백잔과 우리나라가 접경을 하게 되고, 동남부에서는 실직원悉直原과 하슬라何瑟羅에서 우리나라가 신라와 이웃하게 되었습니다. 여러분께서 아시듯이, 백잔은 지난번에 광개토대왕께서 남정하시면서 과거의 원한을 용서하시고 관용으로 다스렸는데도, 그 은혜를 잊어버리고 계속 우리를 적대하고 있습니다. 한편 신라는 지금의 매금인 눌지 마립간이 우리의 도움으로 왕위를 차지한 이후로, 계속해서 우리 고구려에 조공을 보내고 있으며 최근에는 교역을 청해 왔습니다."

"그렇다면 장사의 생각으로는 우리 고구려가 어떤 일을 해야 할 것인가?"

왕이 물었다.

"우리 고구려에는 몇 가지 시급히 실시해야 할 일이 있습니다."

"그것이 무엇인고?"

"무엇보다 먼저 국론이 통일되어야 하겠습니다. 오부의 족장들이 각각 다른 생각을 가져서는 안 되겠습니다. 그리고 위로는 왕족과 귀족에서 아래로는 상민에 이르기까지, 나라를 사랑하고 임금께 충성을 다하며, 부모에 효를 다하고 자비를 베풀어 이웃을 도와나가는 생각으로 뭉쳐야 하겠습니다. 이를 위해 소수림왕 때부터 포교한 불교를 장려하여, 단군조선 이후로 믿어 온 홍익인간의 사상과 접목하도록 해야 할 것입니다. 광개토대왕께서는 이미 평양성에 아홉 개의 절까지 만드셨지 않습니까? 광개토대왕의 유지를 받들어 불교를 장려하고, 호국 사상으로 모든 백성을 정신 무장하는 일이 무엇보다 급선무라 생각합니다."

고익의 말을 듣고 있던 사람들이 두런거리기 시작했다. 고구려의 귀족들은 단군 이래의 홍익사상을 신봉하거나, 칠성을 믿거나, 공맹의 교를 지상으로 생각하는 사람 따위로 여러 갈래로 갈라져 있었기에, 불교로 사상을 통일한다는 의견에는 크게 거부감을 느끼는 사람이 많았다. 어수선해지는 분위기를 왕이 추슬렀다.

"그것뿐인가? 몇 가지라고 했으니 또 다른 건의가 있을 것 같은데."

"예, 둘째로 중요한 것은 나라의 중심이 되는 서울의 위치를 다시 정해야 할 것이라 생각합니다."

이 의견 역시 제가회의에 참석한 대신들에게는 청천벽력과 같은 소리였다. 사백 년이 넘게 살아온 서울을 옮기다니, 그것은 각자의 터전을 바꾸라는 뜻이 되어 불안하고 불쾌했다. 웅성거리는 소리가 더욱 커지자 왕이 손을 들어 진정시켰다.

"아니, 천도하란 말인가? 우리 고구려가 졸본에서 이곳 국내성으로 옮겨온 지 사백 년이 넘었는데 이제 와서 서울을 옮겨야 한단 말인가?"

"국내성은 북방을 경영하고 서토를 공략하는 데에는 압록강과 여산 사이의 분지에 있어서 지리를 얻고 있습니다. 그러나 워낙 좁고 추운 지역이라 날로 증가하는 백성을 모두 수용할 수가 없습니다. 그리하여 광개토대왕 때에도 여러 번 백성들을 서쪽과 남쪽의 넓은 들로 옮긴 바 있습니다. 요양遼陽에 있는 평양성으로 서울을 옮기게 되면, 우리의 국력의 기반이 되는 강철을 확보할 수 있는 요동과 요서 지방을 확보할 수 있게 됩니다. 요양은 요동 평야의 중심지에 있어 사통오달하니 우리나라 전역을 장악하기가 쉬운 요긴한 곳입니다. 게다가 서남으로 내려가면 발해만을 통해 황해로 진출할 수 있으니, 그동안 길러 온 수군을 발해만과 조선만의 두 방면에 배치하면 황해를 지배할 수 있게 됩니다. 그렇게 하면 앞으로 한반도 남부의 백잔을 공략하기가 전보다 훨씬 쉬워질 것입니다."

고익의 설명은 높은 곳에서 낮은 곳으로 물이 흐르듯 막힘이 없었다. 제가회의에 참석한 대신들도 불만은 있었으나 이의를 제기하지 못하고 그저 귀를 기울이고 있었다.

"그건 그렇다 치고 다음으로 더 할 말은 없는가?"

"마지막으로 말씀드릴 것은 이웃 나라들과 어떻게 지낼 것인가에 대한 방침입니다."

"말해 보아라. 아마도 먼 나라와 사귀고 가까운 나라를 공격하자는 안이 아닌가?"

왕은 이 대목에서는 고익의 생각을 예견하고 있었다.

"예, 그렇습니다. 우리 고구려가 광개토대왕 마마 때에 확보한 넓은 강토를 계속 장악해 나가면서 만백성이 풍요하고 편안히 살게 만들려면, 가까운 곳에 있는 적들을 쳐부수고 다시는 우리에게 적대하지 못하게 만들어야 합니다. 그러기 위해서는 가까운 적의 밖에 있는 먼 나라들과 교역을 하고 문물을 교환하는 외교 관계를 수립할 필요가 있습니다. 중국 본토의 북부에 새로 일어난 북위와 남부의 동진을 승계한 송과 수교해야 하고 동남의 야마토와도 가까이 할 수 있도록 사신을 보내는 것이 좋겠습니다."

고익의 말이 끝나자 장내는 숙연해졌다. 이윽고 왕이 말했다.

"장사가 참으로 내 뜻에 맞는 전략을 말해 주었다. 제가회의에서는 장사의 세 가지 전략에 대하여 차질 없이 수행할 수 있는 방안을 논의하여 상신하도록 하여라."

제가회의에서는 갑론을박했으나, 결국 불교를 호국 종교로 더욱 장려하기로 하되, 다른 종교나 학문도 함께 학습하도록 허용하기로 했다. 그리고 천도와 외교정책은 고익의 건의대로 추진하기로 하고, 천도를 위한 도성의 축조를 서부에서 주관하고 나머지 각 부에서 일꾼과 식량, 석재, 목재, 철 제품 등을 공출하기로 했다.

장수왕 15년에 요양에 새로 보강한 평양성으로 천도하게 되어 왕족과 대부분의 귀족이 가솔을 인솔하고 이사했다. 국내성과 그 외성인 환도성은 동부의 장성들이 남아 지키게 했다.

왕은 천도에 앞서 북위에 처음으로 사신을 보내어 수교를 청했다. 그러나 북위와 고구려가 정식으로 외교 관계를 맺게 된 것은 이보다 팔 년이 지나서였다. 그만큼 고구려의 서북 방면은 강대해진 북위의 등장으로 복잡하게 사정이 얽혀 있었다. 마침내 장수왕 23년 6월에 장수왕이 사신을 보내어 예물을 바치고 국가의 지위를 정하기를 청했다. 북위의 황제 세조世祖는 고구려의 왕통과 국왕의 이름을 기록한 것을 주면서 원외산기시랑員外散騎侍郎 이오李敖 편으로 고구려왕에게 작위를 수여했다. 북위로서는 외국인에게 주는 최고의 관직인 도독료해제군사都督遼海諸軍事 정동장군征東將軍 영호동이領護東夷 중랑장中郞將 요동군遼東郡 개국공開國公 고구려왕高句麗王을 삼은 것이었다. 말하자면 요녕 지역 이동을 모두 거느리고 동이를 보호하는 고구려왕이라는 인증을 한 셈이었다. 장수왕은 가을에 사신을 다시 북위로 보내어 감사의 뜻을 표했다.

한편 고구려와 북위 사이의 완충 역할을 하던 북연은 국가 존망의 위기가 닥친 것으로 알고 이를 극복하기 위해 북위의 산하에 들어갈 생각으로 화친을 간청했으나, 북위는 이를 거부하고 북연을 공격하기 시작했다. 이에 북연왕 풍홍馮弘은 송에게 구원을 청하는 한편 고구려에 상서尙書 양이陽伊를 보내어 만일의 경우 고구려에 망명할 수 있도록 교섭하게 되었다. 결국 북위가 북연을 병합하려고 하는 바람에 동북아시아 일대에 큰 파장이 일어나 북위, 송, 고구려가 관련되는 국제적인 분규가 생기게 되었다.

4. 북연北燕과 북위北魏

북위로서는 고구려와의 관계를 우호적으로 만들 필요가 있었다. 북쪽 대사막 지대에서 대흥안령大興安嶺산맥까지를 석권하던 유목 기마 민족인 유연柔然이 북위를 공격해 왔기 때문이었다. 북위의 태무제太武帝는 유연에 대비해서 대사막의 남쪽에 둔병까지 설치하면서 북연을 정복하러 친히 나섰다. 북위는 북연의 서울인 화룡성和龍城은 점령하지 못했지만, 10여 개의 군을 장악하고, 북연의 상서 고소高紹가 거느리던 일만여 가구를 토벌하여 큰 성과를 내고 그 해 4월에 북연의 백랑성白狼城을 공격했다. 사태가 위급해진 북연왕은 사신을 고구려에 보내어 구원을 청했다.

장수왕은 갈로와 맹광을 불렀다. 장수왕과 함께 백두산 천지에 다녀왔던 소년들이 이제는 장성하여 갈로는 대모달이 되어 전군을 지휘하고 있었고, 맹광은 상위 말객으로 갈로를 돕고 있었다.

"지금 북연왕이 북위의 공격을 받아 궁지에 몰려 구원을 청해 왔다. 장군들이 군사를 거느리고 나아가 도와주어라."

"북연에서 누가 구원을 청하러 왔습니까?"

갈로가 물었다.

"북연의 상서 양이가 왔군."

"그럼 양이와 협의해서 지원군을 인솔해서 가겠습니다."

대궐을 나온 두 장군은 군영으로 돌아와, 양이를 데려 오도록 사자를 객사로 보냈다. 초조한 기색을 감추지 않고, 양이는 잰 걸음으로 나타났다.

맹광이 양이를 보고 말했다.

"대모달 갈로 장군께서 귀국을 구원하는 군사를 동원하시기로 했습니다. 그런데 고구려가 귀국을 돕더라도, 본색이 드러나지 않도록 위장을 했으면 합니다. 북위가 우리 고구려군이 따로 뒤에 버티고 있다고 착각하게 만들려고요. 좋은 방안이 없겠습니까?"

맹광의 말에 잠시 생각하더니 양이가 말했다.

"우리 북연의 서울 화룡성에는 많은 병장기와 군복이 비축되어 있습니다. 고구려의 군사가 거기에 가서 갑옷을 바꾸어 입고, 북연의 병장기와 기치를 들고 나가면, 우선은 북위를 속일 수 있을 것입니다."

"그것 좋은 생각이시오. 그런데 화룡성에 수용되어 있는 북연의 백성들은 대략 얼마나 됩니까?"

이번에는 갈로가 물었다.

"대략 사만 명은 될 것입니다. 그러나 여자가 반이 넘습니다."

"그래요? 그러면 이렇게 하는 것이 어떻겠소. 남녀를 가리지 말고 북연의 양민들을 되도록 많이 동원해 주시오. 이들에게 갑옷을 입히고 중군을 이루게 하는 겁니다. 이 중군의 앞을 북연 군 일만 명으로 선봉을 삼아 지키도록 합시다. 그러면 북연 복장으로 위장한 우리 군사 삼만 명이 후진을 맡아 옹호하겠소. 양이 상서께서는 날랜 기마병 일천을 거느리고 이렇게 형성한 방진方陣의 주위를 옹호해 주시오. 북위의 군사가 4만이라고 하나, 이렇게 방진을 펼친 우리 군사의 수가 그들보다 많게 보이면, 북위의 군사들이 압도되어 쉽게 덤비지 못할 것입니다. 그러는 동안에 북연의 군주께서는 나머지 백성들을 인솔해서 고구려로 피신을 하시는 겁니다."

"알겠습니다. 그럼 지금 곧 제가 먼저 화룡성으로 들어가, 우리 마마께 고구려가 구원해 오니, 그 편에 피난하시라고 여쭙겠습니다. 두 장군만 믿고 가겠습니다. 잘 부탁드립니다."

양이는 들어올 때와는 딴판으로 밝은 얼굴을 하고 나갔다.

화룡성에 돌아간 양이가 북연왕을 알현하고 자초지종을 보고했다.

"아무래도 고구려가 북위와 정면대결을 하려고 하지는 않을 것 같습니다. 마마께서 안전하게 피신하시는 것을 확인하면, 우리 군사들과 백성들은 고구려군과 함께 고구려로 후퇴하게 될 것입니다. 그러니 마마께서는 조종의 위패와 귀중한 보화를 모두 챙기고 떠나시고, 도성에 불을 질러 북위가 다시는 쓰지 못하게 모조리 태워 없애야 하겠습니다."

"초토 작전을 하자는 게요? 그렇지. 아무리 북위의 군사들이 세더라도, 거처할 집과 식량이 없으면 요서의 겨울을 넘길 수가 없겠지."

그해 5월에 북연왕은 많은 백성들을 거느리고 화룡성을 떠나 동쪽으로 향했다. 왕이 떠나면서 도성의 대궐에서 불길이 올랐다. 불은 열흘 동안이나 꺼지지 않고 성내를 모조리 태워 나갔다. 북위의 지휘관 아청娥淸은 냉철한 사람이었다. 그는 북연군이 예상 밖으로 숫자가 많아 북위의 4만 대군을 압도하고, 유연이 북쪽에서 침범해 오는 마당에 고구려의 증원군마저 가세하면 협공되어 낭패를 당할 것으로 생각했다. 아청은 태무제에게 군사를 돌려 회군할 것을 건의했다. 태무제는 회군을 준비하도록 지시하고, 산기상시散騎常侍 봉발封撥을 고구려왕에게 사신으로 보냈다.

장수왕 앞에 나타난 봉발은 거만한 자세로 말했다.

"고구려왕께 아뢰오. 우리 위의 황제께서는 고구려왕을 친형제처럼 아끼시는 바인데, 어찌 북연을 치는 일에 지원을 하지 않으시오? 듣자니 북연왕이 고구려로 도망쳤다고 하는데, 그를 내놓으면 그간의 허물을 묻지 않도록 할 것이니, 잘 알아서 하시기 바라오."

북위의 사신의 오만한 언사에 고구려의 군신이 발끈했다.

"어찌 저런 놈이 있나. 예의도 모르고. 우리 고구려를 무엇으로 아는가?"

"당장에 저놈의 목을 치고 북위와 일전을 합시다."

"어차피 되놈들과는 상종할 게 못 되지. 우리 고구려의 맥궁 맛을 보여야 할 것이야."

혈기 왕성한 청년 당주幢主들이 웅성거렸다.

"조용히들 하시오. 어전이오. 외국의 사신에 대해 함부로 말하지 맙시다."

대대로大對盧로 임명되어 국정을 총괄하게 된 고익이 군신들을 진정시켰다.

"위의 사절은 객관으로 물러가 있으시오. 조만간 우리 고구려가 귀국에 보낼 답서를 마련하리다."

왕이 말했다.

고구려왕의 답서는 정중했다. 그런데 북연왕인 풍홍과 고구려왕 거련이 모두 북위 황제의 은총을 받들 것을 맹서했으나, 결코 북연왕을 북위로 보낸다는 말은 한마디도 없었다. 북위의 태무제는 이 답서를 받아 보고, 격노했다.

"구려의 왕이 짐과의 선약을 어기고 북연왕을 비호하다니. 당장에 이들을 쳐서 무찌를 것이다. 전군 모두 발진하도록 하여라."

황제의 노기를 달래려고 참모 유계劉潔와 낙평왕樂平王 비조가 나섰다.

"지금은 가을이 깊어 가고 있습니다. 얼마 가지 않아 삭풍이 불게 되면, 설령 고구려 영내에 들어간다 해도 군량을 보급하는 데 어려움이 있을 것입니다. 마침 고구려가 표문을 보내어 복종을 맹서하고 있으니, 이를 받아들여 군사를 돌리시는 것이 상책인가 합니다."

참모들의 간곡한 만류에, 태무제는 북위의 4만 대군에게 회군할 것을 명령했다.

비록 북위가 회군을 했으나, 장수왕으로서는 내버려둘 일이 아니었다.

왕은 다음 해 2월에 북위를 달래기 위해, 사신을 보내어 조공을 했다. 그런 한편 장강 이남을 차지하고 있는 송나라에도 사신을 보냈다.

장수왕 26년 3월이었다. 북연왕 풍홍이 요동에 이르렀다는 기별을 받고, 장수왕은 사신을 보내어 이를 위로했다. 그런데 다음과 같은 왕의 표문이 북연왕 풍홍의 비위를 심히 거슬렀다.

"고구려 태왕이 용성왕 풍홍에게 알리노라. 이제야 우리의 성지城地의 교외에 이르렀으니, 군사와 말이 모두 피로할 것이니라. 부디 충분한 휴식을 취하도록 하라. 우선은 교외에서 임시로 거처하다가, 북풍北豊으로 옮기도록 하라."

풍홍은 화가 났다. 그래도 자기가 고구려왕과 대등한 것으로 생각했는데, 용성왕으로 격을 낮추어 부른 것도 분한데, 기껏 옮기는 곳이 요동의 북풍이라 하니, 언제 또 북위에 쫓길지 모른다는 불안감이 앞섰다. 풍홍은 생각했다.

"우리 북연은 지금은 형세가 불리해서 구려의 신세를 지게 되었지만, 모든 문물이 구려보다 앞선 나라이다. 구려가 우리의 정치 제도와 상벌 체계를 배워서 도입해야 할 것이야. 사람을 보내어 그런 뜻을 구려의 거련에게 전하리라."

풍홍의 건의를 받은 장수왕은 폭소를 했다.

"나라를 망친 녀석이 무슨 뚱딴지 같은 소리를 하는가? 건방진 소리를 하지 못하게 시종들을 모두 빼앗고, 태자 왕인을 볼모로 내놓으라고 하여라."

식솔을 고구려에 뺏긴 풍홍은 원망과 분노가 머리끝까지 차 올랐다. 그는 비밀리에 사람을 송나라로 보내어 구원을 청했다. 송의 황제 태조太祖는 풍홍의 요청을 받고, 왕백구王白駒로 하여금 군사 칠천 명을 인술하고 고구려에 가게 했다. 왕백구는 고구려의 도성 밖에 군사를 주둔시키고, 대궐에 들어와 장수왕을 배알하고 말했다.

"마마, 우리 황제께서 북연왕 풍홍을 송으로 모시기로 하셨습니다. 마마께서는 북연왕이 송으로 가는 것을 허락하여 주소서."

"무슨 말인가? 용성왕이 언제 송과 내통을 했는가? 경호를 맡은 군사들은 무엇을 했는가? 당장 용성왕을 잡아들이도록 해라. 순순히 따라오지 않으면 참형에 처하여도 되느니라."

장수왕의 불호령이 내렸다.

왕의 특명을 받은 장군 손수孫漱와 고구高仇가 북풍으로 군사를 몰고 달려갔다.

"태왕마마의 특명이시오. 용성왕은 나와 포박을 받으시오."

"구려인들은 어찌 이리도 무엄한가? 짐이 무슨 죄가 있어서 그들의 포박을 받을 것인고?"

용성왕은 막무가내였다. 마침내 용성왕 풍홍은 칼로 가슴을 찌르고 자결하고 말았다. 풍홍이 자결했는데도 항복하지 않고 대항하는 그의 자손 십여 명을 손수와 고구가 도륙했다. 그러자 송의 왕백구가 군사 칠천여 명을 거느리고 그들을 엄습했다. 난전 속에서 고구가 전사했다. 손수는 사로잡혀 송나라로 이송되었다. 장수왕은 격노했다. 그는 송의 황제에게 사신을 보내어 왕백구를 문책하고 손수를 석방하라고 요청했다. 송의 황제는 고구려왕의 시퍼런 서슬에 그 뜻을 받아들이기로 하고, 왕백구를 잡아서 하옥시켰다.

장수왕 25년 3월부터 북위가 화룡성을 본격적으로 경영하기 시작했다. 장수왕은 북위에 특사를 보내어 화친을 구했다. 이때의 고구려는 아직 내부의 국론 통일이 되지 않고 있었고, 평양성으로의 천도로 인한 분규가 그칠 줄 몰라 나라의 힘을 하나로 추스르기가 쉽지 않았다. 북연의 인적 자원과 재화를 취하고, 그 대신 요서 지방을 북위에게 내 준 상태에서 일단 마무리 지을 수밖에 없었다.

한편, 한반도의 남쪽에서는 백제가 여전히 말썽이었다. 백제는 고구려의 평양 천도에 대응하기 위해 다각적인 외교를 했다. 송나라와 긴밀한 외교를 벌였고, 동남의 야마토와 왕래를 자주 했다. 백제는 이미 야마토와는 왕자들을 보내어 가까운 사이가 되어 있었다. 야마토도 백제를 문물을 배우는 스승으로 모실 뿐 아니라, 병력을 자주 파견해서 실질적인 도움을 제공하고 있었다. 백제는 비유왕毗有王 3년과 4년에 연달아 송에 조공을 했다. 송 역시 답사를 보내어 백제를 책봉했다.

비유왕 7년 7월에는 백제가 신라에 사신을 보내어 화친을 요청했다. 이는 신라의 눌지 마립간 17년이었다. 다음 해 2월에 백제는 좋은 말 두 마리를 신라에 보내고, 9월에 다시 흰 매를 한 마리 보냈다. 그러자 신라에서는 10월에 황금과 구슬을 보내어 백제에 답례했다. 두 나라 사이는 점점 가까워져 갔다. 백제로서는 강대한 고구려에 대항하기 위해서는 가야와 야마토만으로는 연합 세력이 충분하지 않다고 생각했기에 신라와의 화친이 중요했다. 한편 신라에서도 고구려군이 국내에 주둔하고 있는 상태가 거북하여, 언젠가는 그 통제를 면하고 싶었다. 신라는 그간 고구려의 내분과 서북 변에서의 인근 제국과의 마찰에 대해서 소상히 알고 있어서 이때야말로 고구려의 간섭에서 벗어날 수 있는 호기라고 생각했다.

장수왕 37년 5월에 장수왕이 신라의 매금 눌지 마립간을 만나 자손 대대에 걸쳐 형제처럼 지내기를 하늘에 맹서했다. 그리고 이를 기념하기 위해 충주忠州에 큰 비석을 세웠다. 장수왕이 눌지 마립간과 만나서 합의를 하는데 성공했으나, 이때부터 신라의 자립 의욕은 수그러지지 않고 도리어 한결 높아져 갔다.

그러나 백제와 신라의 동맹은 이로부터 삼십여 년이 지나기까지는 구체적으로 형성되지 못했다. 장수왕 38년에 고구려의 장수가 국경 지대인

실직원에서 사냥을 했는데, 신라의 하슬라성何瑟羅城 성주 삼직三直이 군사를 보내어 이를 잡아 죽였다. 고구려의 장수가 지방민을 괴롭히고 안하무인으로 굴기에, 성주가 칼을 든 것이었다. 장수왕이 이를 문책해 군사를 보내어 토벌하려 하자, 신라의 매금 눌지 마립간이 얼른 사과하는 사절을 보내어 이를 무마했다. 장수왕 42년 7월에 비슷한 일이 다시 일어나니, 장수왕은 더 이상 참을 수가 없었다. 군사를 보내어 신라의 북변을 침략했다. 그동안 상호 접근의 움직임을 보이던 신라와 백제의 화친은 장수왕으로서 방치할 수 없는 일이었다. 특히 신라가 고구려의 영향권에서 이탈하려는 움직임을 보인 것에 대해, 고구려로서는 이를 방치할 수가 없었다.

한편 고구려의 서쪽에서는, 북위가 북연을 멸망시킨 후 장수왕 27년에 중국 북부를 통일했다. 이제 북위는 중국의 중원을 차지하는 대국이 되어, 남으로 송, 북으로 유연, 동으로 고구려, 서로 토욕혼과 이웃하게 되었다. 이 가운데 먼저 토욕혼이 여러 차례의 북위의 공격으로 장수왕 33년에 서쪽 끝으로 패주하게 되어, 그 이후로 북위를 상대하는 나라로 송과 유연, 고구려가 남게 되었다. 이처럼 나날이 강성해지는 북위와 대항하기 위해 장수왕은 여러 가지로 고민을 했다. 먼저 서북쪽에서 북위와 자주 싸움을 벌였던 초원의 기마 민족 유연柔然과 우호 관계를 구축해야만 했다. 유연은 음산 일대에 진출해서 고비 사막의 북쪽의 여러 부락을 뭉쳐 큰 세력으로 성장했다.

장수왕 38년에 북위는 황제가 친정을 해서 송의 수도 건강建康을 바라다보는 장강 북쪽 기슭까지 진격했다. 그러나 장강의 험악한 지세와 도도히 흐르는 강물을 북위의 재주로서는 건널 수가 없었다. 송의 완강한 저항과 때마침 유연이 북쪽에서 침공한다는 소식을 듣고, 북위는 장강 이북의 광활한 송의 영지를 철저히 파괴하고 철군하게 되었다. 이 전란에서 송은 왕족에서 서민에 이르기까지 군비를 강제 징수하는 바람에 백성들의 원성이 하늘을 찔렀다. 마침내 30년간이나 어진 정치를 해 오던 문제文帝가 시해되고, 효무제孝武帝가 등극하니, 황실 내부에서부터 분란과 반란이 속출해서 송은 거의 망하기 직전에 이르렀다.

장수왕은 그동안 유연과 송을 이용해서 북위를 견제해 왔으나, 이제는 북위와 가깝게 지낼 수밖에 없게 되었다. 장수왕 43년에 고구려가 백제를 치니 신라가 백제에 원군을 보내어 고구려에 대항했다. 오랫동안 지속되어 오던 고구려와 신라의 우호적인 관계가 무너지고, 본격적인 나제동맹羅濟同盟이 생기게 되었으니, 장수왕은 이에 대항하는 수단으로서도 북위와의 관계를 개선해야만 했다.

"대대로, 이제 북연이 망한 지도 이십여 년이 되었으니 북위와 다시 수교하고 싶은데 어떻게 하면 좋겠소."

"마마, 북위는 지금은 중원의 북방을 통일하고서, 막북漠北의 유연과 싸우고 있습니다. 백제와 신라가 동맹해서 우리를 대항하기 시작했으니, 이제는 북위와 다시 수교할 때가 된 것 같습니다. 그러나 중원 북부의 북위와 갑자기 수교를 하기 전에, 먼저 장강 남부를 차지하고 있는 송나라에 사신을 보내어, 그 결과를 보고 북위에도 사신을 보내는 것이 좋겠습니다."

고익이 의견을 말했다.

거듭된 전란으로 백성이 피폐해지고, 잔혹한 군율과 형벌을 시행하는 바람에 북위의 태무제는 민심을 잃게 되었다. 그런 틈을 타서 장수왕 40년에 환관 종애宗愛가 황제를 시해하고 말았다. 환관 종애는 황제를 시해한 뒤 권력을 장악하여 횡포를 부리다가, 북위의 다음 황제마저 시해하여, 중국 역사상 처음으로 두 황제를 시해한 환관이 되었다. 그 다음에 황제가 된 문성제文成帝가 간악한 환관의 무리와 그 삼족을 멸하고 권세를 탈환하면서, 북위는 다시 한 번 더 융성하게 되었다.

장수왕 43년에 고구려는 사신을 송나라에 보냈다. 송의 세조世祖가 장수왕을 거기대장군車騎大將軍 국부의동삼사國府儀同三司로 책봉했다. 그 동안 북위의 동향을 상세히 파악한 장수왕은 장수왕 50년 3월과 53년 2월 에 사신을 거듭 북위로 파견해 교역을 시도했다. 거듭된 사신의 파견으로 북위와의 국교가 정상화되어 거의 매년 북위에 사신을 보냈다. 그런데 54년 3월에 사신을 보낸 때에 큰일이 벌어졌다.

북위의 문명文明 태후太后가 황제의 후궁이 미흡하다고 하며 고구려 왕녀를 후궁으로 추천하라는 교서를 내렸다. 고구려의 왕실에서는 이를 두 고 왈가왈부가 많았다.

"마마, 공주마마를 후궁으로 보낼 수는 없습니다. 거절하소서."

"정비로 모신다면 모르지만, 어찌 북위 황제의 측실이 될 수 있겠습니 까? 마땅히 거절하셔야 할 일입니다."

왕실에서나 조정에서나 반대가 심했다.

"그렇다고 이제 국교가 정상화된 마당에, 무턱대고 거절할 수는 없지 않은가?"

"그렇다면 이렇게 하시면 어떻겠습니까? 공주마마는 이미 출가하셨다 고 하고, 태왕마마의 누이 가운데 한 분을 추천하시면."

장수왕이 이 안을 윤허하여 사람들은 왕의 여동생을 골라 북위에 추천 했다. 문명 태후는 안락왕安樂王 진眞과 상서 이부李敷 등을 파견하면서, 청혼의 폐백으로 비단 100필을 보내 왔다. 폐백을 받은 고구려에서는 또다 시 반론이 대두했다.

"북위는 전부터 여러 주변국과 혼인 정책으로 관계를 맺어 왔습니다. 마땅한 구실을 만들어 거절하심이 지당할 것으로 아옵니다."

고익은 북위에 글을 보내어 왕의 누이가 기동이 어려워 출가할 수 없게 되었다고 했다. 북위에서는 고구려가 통혼을 피하려고 방책을 쓰는 것으로 생각했다. 화가 난 문명 태후는 가산기상시假散騎常侍 정준程駿을 보내어 고구려왕을 크게 책망하면서, 다른 왕녀를 추천하라고 강박했다. 왕은 이 이상 양국 간의 관계가 험악해지는 것을 바라지 않았기에 사신을 보내어 자신의 뜻을 전했다.

"과거의 허물을 묻지 않는다면 북위의 황제의 뜻에 따르리라."

이런 일이 일어나고 있는 동안에, 혼인 당사자인 북위의 황제가 죽어 고구려와의 통혼 얘기는 자연히 연기처럼 사라졌다. 그러나 북위와 고구려와의 관계는 한동안 매끄럽지 못하게 되었다.

장수왕 56년 2월에 장수왕은 말갈 군사 일만 명으로 신라의 실직주성을 공격하여 탈취했다. 다음 해 8월에는 백제가 군사를 일으켜 고구려의 남쪽 국경을 침입했다. 장수왕 60년과 61년에 유연이 다시 돈황敦煌에 진출했다. 북위와 서역 각국 간의 장삿길을 차단하려는 시도였다. 이에 북위가 전후 아홉 차례나 출병해서 유연을 공격하여 유연의 세력이 차츰 쇠약해졌다. 북위의 효문제孝文帝가 어려서 즉위하니 풍태후冯太后가 수렴정치를 하게 되었다.

5. 개로왕蓋鹵王과 백제의 천도

"하늘이시여, 어찌 이다지도 무정하십니까? 소녀를 지아비가 있는 곳으로 인도하소서."

하얀 소복을 입은 여인이 삼단 같은 검은 산발을 허리까지 드리우고 아리수 강가에서 울고 있었다. 도미都彌의 아내였다. 도미는 백제 사람이지만 호적에도 들지 못할 만큼 지체가 낮은 하찮은 백성이었다. 그러니 도미의 아내 역시 그 아름다운 인물과 올바른 행실 이외에는 볼 것이 없는 여인이었다. 그러나 비록 신분은 비천해도 백옥 같은 얼굴에서는 검은 진주 둘이 눈이 되어 반짝이고, 윤이 나는 붉은 입술, 저고리가 터지도록 풍만한 젖가슴과 나근나근 흘러 내려가는 허리, 그리고 커다란 복숭아처럼 튀어나온 엉덩이를 가지고 있어 남정네마다 안아 보고 싶은 욕정을 느끼게 됐다.

그래서 많은 남정네들이 도미의 아내를 유혹했으나, 그녀는 정절이 대쪽 같아서 쉽게 범할 수가 없었다. 이러한 소문은 금세 온 나라에 퍼졌다.

"도미가 하늘의 복을 탔어. 어쩜 그런 계집을 아내로 얻었을까?"

"돼지 목에 진주지. 저런 미색을 그대로 썩히다니. 참으로 안타깝군."

사람들마다 한마디씩 뇌까렸다. 이런 소문이 마침내 대궐에 있는 왕의 귀에까지 들어갔다.

이때의 왕은 여경餘慶으로, 뒤에 개로왕蓋鹵王이라고 시호를 받은 백제 21대 왕이었다. 왕은 하도 기특한 얘기인지라 사람을 보내어 도미를 대궐로 불렀다.

"마마, 소신 도미 대령했습니다. 무슨 분부가 계시옵니까?"

"그대의 아내가 정숙하다고 소문이 자자하더구나. 그러나 부인이란 정절을 내세우지만 교묘하게 꾀면 넘어가는 법이다. 어두운 밤에 침소로 다가가, 부귀와 영화로 유혹하고 부드러운 애무로 욕정을 자극하면, 넘어가지 않는 여인이 없을 것이다. 어떠냐? 짐과 내기를 할 생각이 없는가?"

왕은 벌써 음탕한 생각에 입가가 아래로 처져 있었다. 도미는 겨드랑이에 식은땀이 흐르는 것을 느꼈다. 간신히 입을 연 도미가 말했다.

"마마, 사람의 마음은 가히 헤아릴 수 없는 것입니다. 그러나 소신의 아내만은 비록 죽더라도 두 마음을 갖지 않을 것입니다. 착한 백성의 아내를 희롱하지 마소서. 모두 마마의 백성이 아닙니까?"

그러나 왕은 음흉한 생각을 실천에 옮기고 싶었다.

"무어라고? 네가 감히 짐보고 희롱한다고 했는가? 무엄한 놈이군. 짐을 무엇으로 아는가? 여봐라, 저놈을 당장 하옥시켜라. 짐이 백성의 아내를 희롱한다고 비방을 하는구나. 엄히 치죄하리라."

왕의 불호령에 도미는 불문곡직하고 하옥되고 말았다.

왕은 근신을 불러 은밀히 일렀다.

"도미의 아내에게 가서 도미와 내기를 했다고 해라. 짐의 행세를 하고 도미의 아내에게 근접해서, 모정을 품은 지 오래라고 하고, 정을 통하면 궁녀로 맞겠다고 해 보아라."

근신이 한밤중에 도미의 집에 가서 왕인 척하고 도미의 아내가 자는 것을 덮쳤다. 그러자 도미의 아내는 근신의 거친 손길을 물리치면서 귓속말로 속삭였다.

"마마, 마마의 말씀에 어찌 거짓이 있겠습니까? 마마께서 이 미천한 계집을 그토록 사모한다 하시니, 황송하기 짝이 없습니다. 먼저 마마께서 잠자리에 드시옵소서. 소녀는 나가 몸을 정결히 씻고 칠보단장해서 마마를 모시도록 하겠습니다. 잠시만 기다리소서."

근신은 가슴이 뛰어 터질 것만 같았다.

"그럼 그렇지. 미천한 년이 구중 대궐의 궁녀가 된다는 말에, 지가 안 넘어 가고 배길 건가?"

도미의 아내는 방에서 물러나와 부엌으로 갔다. 그리고는 부엌 곁방에서 곤히 잠자던 하녀를 흔들어 깨웠다. 깜짝 놀라 부스스 일어나는 하녀의 입을 손가락을 세워 막았다.

"쉬. 말하지 마라. 내가 지금 일러주는 말을 잘 듣고 그대로 행동해라. 그러면 뒤에 큰 상을 줄 것이다. 지금 임금이 와서 나와 잠자리를 함께 하자고 하는구나. 나는 너도 알다시피 낭군이 있는 몸이니, 명을 받들지 못하겠구나. 그래서 너를 대신 들여보내려고 한단다. 어서 몸을 깨끗이 씻고 분단장해서 들어가 마마를 모시도록 해라."

하녀는 원래 이런 일에 능숙해서 평소에도 동네 머슴들이 집적거리면 도리도리 하다가 함께 밤을 지내기에 이골이 나 있었다. 그러기에 얼른 차비해서 방으로 들어갔다. 어둠 속에서 여인의 옷이 스치는 소리가 나며 분냄새가 코를 간질이자, 왕의 근신은 그녀를 왈칵 품에 안고 자리에 눕혔다. 그믐달도 없는 칠흑의 밤을 그들은 한껏 지새웠다. 하녀는 신음을 연발하며 교태를 부려 근신을 녹초로 만들었다. 동이 틀 무렵에 잠깐 눈을 붙인 근신은 하녀가 차려 주는 밥상을 물리고, 하녀를 가마에 태워 말을 타고 함께 대궐로 돌아갔다.

근신은 왕을 뵙고 아뢰었다.

"마마, 소신이 성공했습니다. 도미의 아내를 궁녀로 삼겠다고 꾀어 함께 잤습니다. 정숙하다고 소문이 났으나, 실은 방사에 능한 여인이었습니다."

"아, 그래? 그렇다면 짐이 내기에서 이겼군. 도미도 큰소리를 치더니 별 수 없었군. 그래, 그 여인은 어떻게 했는고?"

"소신이 가마에 태워 대궐로 데리고 왔습니다. 한번 보시겠습니까?"

"그러지. 참, 도미도 옥에서 데리고 오너라. 아내의 정절을 굳게 믿더니, 그놈의 상판이 일그러지는 모습도 보고 싶군."

얼마 뒤 도미가 끌려 나왔다. 도미와 하녀가 대면했다. 왕이 말했다.

"이놈 도미야. 네가 내기에서 졌노라. 여기를 보아라. 네 지어미가 짐의 근신에게 몸을 바치고 여기에 와 있지 않으냐?"

왕의 말이 떨어지기가 무섭게 도미는 앙천대소했다.

"이놈이 누구 앞에서 이리도 무례한고? 어전이다. 어서 엎드리지 않을까?"

근신이 나무랐다.

"아니 이처럼 우스운 일이 어디 있습니까? 여기 이 여인은 제 아내가 아닙니다. 제 아내의 몸종 언년이랍니다. 하하하하하하."

그 소리를 들은 근신은 얼굴이 새파랗게 질렸다.

"무어라고? 몸종이라고? 이년, 도미의 말이 맞느냐? 정말 네가 몸종이냐?"

근신이 물었다.

"직여 주이소. 지는 마님의 몸종이랑께. 마님이 시키는 바람에 함께 잔

것 뿐이랑께."

언년이가 땅바닥에 엎어지면서 말했다.

"이 연놈들이 기군망상欺君罔上 하는군. 불충한 것들이. 여봐라. 이 연놈을 모두 엄히 다스려라. 그리고 도미의 지어미를 잡아 대령하라."

속은 것을 안 왕은 격노했다. 왕은 도미와 언년을 엄벌에 처했다. 특히 도미는 총총한 눈동자로 왕을 쏘아보았다고 하여, 두 눈동자를 빼고 작은 배에 실어 아리수에 띄웠다. 왕을 말리다가 무관 고이만년古爾萬年이 쫓겨났다. 고이만년은 억울하게 형을 받아 작은 배에 실려 표류하던 도미를 도와 고구려로 탈주했다.

한편 왕은 다시 사람을 보내어 도미의 아내를 대궐로 불러들였다. 도미의 아내는 이번에는 쉽게 넘어갈 수 없다는 것을 알고 골똘히 생각했다. 도미의 아내는 아랫도리에 개짐을 이중 삼중으로 차고서 왕을 찾아갔다. 왕은 도미의 아내가 오자마자 침실로 들어오게 한 뒤 그녀를 덥석 안았다. 왕은 이번에는 무슨 핑계를 대도 속지 않으리라 단단히 마음먹고 덤볐다. 도미의 아내는 왕의 품에 안기면서 귓속말로 속삭였다.

"마마, 이미 남편을 잃은 이 몸을 어찌 그리도 귀여워하십니까? 남편이 없으니 소첩이 혼자 살 수가 없는데, 이처럼 마마께서 아껴 주시니 마마를 정성껏 모시도록 하겠습니다. 그런데 한 가지 곤란한 일이 있습니다."

"무슨 말인가? 그저 짐과 함께하면 될 것을."

왕은 도미의 아내의 적삼을 벗기려 들었다.

"아뢰옵기 황송하오나, 소첩이 달마다 있는 월경이 한창이라 몸이 더럽습니다. 수삼 일만 말미를 주시면 몸을 정히 씻고 마마를 모실까 합니다."

그 소리를 듣고, 왕은 얼른 그녀의 치마 속을 손으로 더듬었다. 두꺼운 천으로 기저귀를 겹겹이 찬 것이 손에 만져지자 왕은 탄식했다.

"어쩔 수 없는 일이군. 별실에서 지내다가 사흘 뒤에 다시 만나자."

왕의 허락을 맡고 별실로 물러나온 도미의 아내는 대궐에서 빠져나갈 궁리를 했다. 별실을 지키고 있던 궁녀에게 갖고 있던 패물을 건네주고, 잠시 집을 다녀온다고 하고 대궐을 나왔다. 도미의 아내는 그 길로 아리수 강가까지 달려갔다. 하지만 낭군이 어디로 끌려갔는지 알 길이 없어 한탄만 할 수밖에 없었다.

"하늘이시여, 절 어여삐 여기시어 인도하소서. 우리 낭군 계시는 곳으로 인도하여 주소서."

도미의 아내가 한 번 더 울부짖는데, 고이만년이 배에서 내렸다. 고이만년은 도미를 천성도泉城島로 무사히 탈출시키고, 다시 도미의 아내를 데리고 갈 생각으로 아리수 강가에 돌아왔던 참이었다. 울고 있는 도미의 아내를 본 고이만년은 얼른 그녀의 손을 잡고 다시 배에 올랐다. 북쪽으로 배를 몰아 천성도에 도착하는데, 두 눈에 붕대를 감은 도미가 오두막에서 슬피 울고 있었다.

"서방님, 제가 왔습니다. 얼마나 아프십니까? 무도한 왕이 서방님의 눈을 이렇게 망가뜨렸군요. 이제는 걱정 마세요. 제가 돌보아 드리겠습니다."

아내의 울먹거리는 소리를 들은 도미는 벌떡 일어서더니, 두 팔을 뻗쳐 휘저었다. 마치 무엇인가를 잡으려는 듯이 휘졌다가 아내를 잡고 가슴에 꼭 안았다. 두 사람은 서로 붙들고 한참을 엉엉 울었다. 이것을 보고 있던 고이만년도 함께 울었다.

이윽고 고이만년이 말했다.

"다들 고정하시오. 이곳은 아직 백제 땅에서 그리 멀지 않은 곳이오. 혹시라도 왕의 군사가 뒤쫓아 올지 모르니, 어서 멀리 떠나도록 합시다."

얼마 후 일행은 함께 배를 타고 고구려의 산산蒜山 밑에 도착했다. 산산의 고구려 사람들은 전후 사정을 듣더니, 오막살이 한 채를 비워 주고, 도미 부부가 살 수 있게 옷가지와 식량을 대 주었다. 이렇게 하여 도미 부부는 이곳에서 평생을 함께 살게 되었다.

백제의 무관 고이만년은 도미 부부가 살 집이 마련된 것을 본 뒤 길을 떠나 고구려의 서울로 갔다. 그곳에는 여러 해 전에 백제의 무도한 왕에게 항거하다가 쫓겨난 재증걸루再曾桀婁가 고구려 남부군에서 장군으로 일하고 있었다. 오랜만에 만난 두 사람은 그동안의 회포를 풀고, 후일을 도모하기 위해 밤새도록 술을 마셨다.

도미의 아내를 빈으로 삼으려다가 실패한 왕은 발을 구르며 분통해 했으나 이미 일은 그르치고 만 뒤였다. 왕은 왕족으로 주요 보직을 임명하여 왕권을 더욱 강화시켰다. 왕은 송 대명大明 2년에 황해 건너, 장강 이남에 있는 송의 황제에게 표문을 보내어 왕족인 여기餘紀, 여곤餘昆 등 열한 명의 장수에게 송의 관직을 제수하도록 부탁했다. 예를 들면 여기에게는 관군장군우현왕冠軍將軍右賢王, 여곤에게는 정로장군좌현왕征虜將軍左賢王을 주었으니 송에서도 이를 인정하여 동등한 관직을 주라는 것이었다. 우현왕이나 좌현왕은 기마민족 고유의 것으로, 흉노나 부여계 민족이 선우나 국왕을 보필하는 부왕副王으로 마련한 관직이었다. 개로왕은 기존의 지배층을 철저히 배제하고, 새로운 왕족 중심의 중앙집권 체제를 확립하려고 했다. 일방적인 이런 조치는 기존 귀족 세력의 지지를 받지 못하여, 백제 각 부족의 결속력을 무너지게 만드는 한 원인이 되었다.

고구려 장수왕 56년 10월 초하루의 일이었다. 평양성에 일식이 있었다. 사람들이 놀라서 우왕좌왕하는데 승려 도림道琳이 장수왕을 알현하기를 주청했다. 왕이 도림을 대전에서 만났다.

"마마, 소승 도림, 문후 드립니다."

"오, 화상께서 오랜만이시오. 그동안 어디 있다가 오시는 거요."

"소승은 백두산에서 수도를 하다가 천기가 변동하는 것을 보고 하산했습니다."

"마침 잘 오셨소. 오늘 해가 개에게 먹히는 현상이 벌어졌는데, 천관이 그 해석을 여러 가지로 해서 어지러운 판이오. 화상께서 적절히 해설해 주시오."

"마마, 이는 길조입니다."

"무슨 말씀이시오. 해가 잠시 개한테 먹혀 천지가 캄캄해져 사람들이 아우성을 하고 있는데, 어찌 길조라고 하시오."

"마마, 해가 없어진 것은 잠깐이었고, 다시 천지가 환해지지 않았습니까? 캄캄해진 것은 남쪽의 백잔의 운명을 예시한 것이라 사료됩니다. 그리고 다시 환해진 것은 고구려의 상징인 삼족오가 해를 다시 받들어 나타나게 한 것입니다. 남쪽을 상징하는 여름이 지나고 북쪽을 상징하는 겨울이 다가오는 시점에, 묵은 해가 없어지고 새로운 해가 뜨는 것은 남쪽의 백잔이 큰 변을 당하고 북쪽의 고구려가 흥함을 뜻하는 것입니다. 참으로 경하 드릴 일입니다."

"고맙소. 그러나 도림 화상, 남쪽의 백잔이 광개토대왕 마마의 은덕을 잊어버리고, 신라와 왜놈들과 연합해서 걸핏하면 우리 고구려의 남변을 침범하니, 대책을 시급히 세워야 할 판이오. 화상에게 좋은 계책이 있으면 말해 주시오."

"마마, 소승이 듣기로는 백잔의 왕 여경이 음탕하고 욕심이 많아, 부녀자를 겁탈하고 온조 이래의 귀족인 해씨를 배척한다고 들었습니다. 게다가 이 왕은 바둑에 심취해서, 자칭 해동국수海東國手라고 뽐내고 있다고 합니다. 소승이 천문을 살피니, 이 자가 백제의 국운을 흔들어놓을 것으로 보입니다. 소승이 바둑을 좀 둘 줄 아옵니다. 백잔의 왕을 꾀어, 우리나라에 큰 도움을 드릴까 합니다."

"고마운 말씀이오. 그런데 어떻게 하면 화상이 백잔왕에게 가까이 갈 수 있을꼬?"

"이렇게 하소서. 먼저 소승이 마마를 욕하고 다닌다고 소문을 내십시오. 그러고는 잡아서 곤장 삼십 대를 치고 멀리 추방하소서. 그리고 그 소문을 온 나라에 퍼뜨리소서. 그러면 소승이 고구려를 떠나 백잔으로 도망칠 구실이 생깁니다. 소승이 백잔에 들어가, 백잔왕을 주무르는 데에는 삼 년이면 족합니다. 그 뒤에 소승이 백잔의 형편을 알릴 것이니, 마마께서 그 기회를 이용해서 백잔을 치시면, 반드시 아리수 이남을 빼앗고, 백잔왕 을 사로잡게 될 것입니다."

"알겠소. 어디 화상의 계책대로 추진해 봅시다."

개로왕 7년 초여름에 개로왕이 아우 곤지琨支를 불렀다.

"군군軍君은 야마토로 가서 그곳의 천황을 보좌하도록 해라. 천황은 본시 우리 백제가 보낸 담로擔魯이니, 야마토 일원을 잘 다스릴 수 있도록 도와주어야 하느니라."

담로는 백제가 한반도 이외 지역에 있는 해외 식민지를 효과적으로 통 치하기 위해 왕족을 담로국 왕으로 임명하여 다스리게 한 제도였다. 곤지 가 답했다.

"마마의 명을 어찌 거역하리까? 그러나 소신이 그곳으로 가기 위해서 는 마마의 부인을 하사하여 주셔야 힘을 쓸 수 있을 것입니다."

왕이 부인을 곤지에게 하사했다. 그런데 이때에 왕의 부인은 임신을 한 상태였다. 왕이 말했다.

"짐의 부인은 이미 산월이 되었다. 만일 야마토로 가는 도중에 출산하 게 되면, 그곳이 어디든 간에 바로 배에 태워서 이곳으로 돌려보내도록 하 여라."

곤지가 하직하고 떠났다. 임신한 부인이 쓰쿠시의 각라도各羅嶋에 도 착하여 6월에 사내아이를 낳았다. 곤지는 이 아이의 이름을 시마斯摩 또는 도군島君이라 짓고 배 한 척을 마련해서 부인과 함께 백제로 돌려보냈다. 뒤에 사람들은 각라도를 주도主嶋라 불렀다. 가을에 군군 곤지가 야마토의 도성에 도착했다. 그에게는 도군 외에도 이미 아들이 다섯이나 있었다.

개로왕은 곤지를 야마토로 보낸 뒤에 한성으로 온 고구려 중 도림을 대궐로 불러들였다.

"도림 대사, 구려에서 죄를 짓고 온 것으로 아는데, 무슨 죄를 지었기에 바둑의 고수가 예까지 왔소?"

"구려왕 거련이 제멋대로 국정을 운영하여 백성의 살림을 돌보지 않기에 좀 비난을 했지요. 북위하고 수교한다고, 북연의 풍씨족을 몰살한 것도 불도에 어긋나는 짓이라 반성해야 한다고 떠들었지요. 궁한 새도 품에 들면 이를 잡지 않는다고 하는데, 북연왕 풍홍과 그 가족을 죽인 것은 인면수심이 아니면 있을 수 없는 일이었답니다. 그랬더니 거련이 자기를 욕하고 다닌다고, 소승을 붙잡아 곤장 30대를 치고 도성 밖으로 추방했답니다. 지금 다시 생각해 보아도, 거련이야말로 인간의 도리를 저버린 무지한 놈입니다."

도림은 아직도 분이 풀리지 않은 듯 얼굴을 붉히면서 큰 소리로 말했다.

"듣자니, 대사는 구려의 바둑 명인이라지요. 바둑의 묘리에 대하여 한번 들려주지 않겠소?"

"소승이 알기로는 대왕마마께서야말로 삼한 으뜸의 바둑 명인이신데, 어찌 소승에게 바둑의 묘리를 물으십니까?"

"무슨 과찬의 말씀을. 짐이 조금은 바둑을 둘 줄 아나, 어디 대사만큼이야 하겠소. 겸손이 지나치면 예의에 어긋난다고 들었소. 어서 한 수 가르쳐 주시오."

여경은 바둑을 좋아했다. 속으로는 이 중이 아무리 잘 두더라도, 자기만은 못할 것이라고 자부하고 있었다.

"그럼, 소승이 아는 데까지만 말씀드리겠습니다. 바둑의 역사는 참으로 오래된 것으로 생각됩니다. 원래 바둑은 태고 시절에, 조약돌과 조개껍질로 천문을 알아보고 운수를 점치기 위해 개발했던 것입니다. 진나라의 장화張華가 쓴 『박물지博物誌』에 의하면, 약 삼천 년쯤 전에 요堯가 아들인 단주丹朱를 가르치기 위해 바둑을 만들었다고 합니다. 공자의 『논어論語』에도 '바둑 두는 것이 아무 일도 하지 않는 것보다 어진 일이다'라는 말이 있습니다. 황제 요는 만년에 깨달음이 있어 성현을 찾아 제위를 물려 주려고 마음먹고 평소에 잘 알고 지내던 포이蒲伊 선인仙人을 만나러 산중으로 찾아갔습니다. 포이에게 제왕의 자리를 물리겠다는 뜻을 비치자, 포이가 이를 거절했답니다. 포이는 자기 대신 그때 시골에서 농사를 짓고 있던 순舜을 추천했습니다. 요의 아들 단주에 대하여는 제왕의 재목이 못 된다고 하면서, 그의 성품에 적합한 혁평奕枰, 즉 바둑을 가르치라고 충고했습니다. 요가 바둑의 이치에 대하여 물으니, 포이 선인은 이렇게 말했다고 합니다. '만물의 수는 하나로부터 시작됩니다. 반면에는 361로의 눈이 있는데, 모든 수의 근원은 천원天元으로부터 시작하여 사방에 미칩니다. 360이라는 수는 하늘이 일회전하는 일수를 표현하고 있는데, 춘하추동 사계절을 네 귀에 나누어 외주의 합계가 72로에 이릅니다. 이는 1년을 72절후로 구분하는 것과 같으며, 360개의 기석이 흑백 반반인 것은 음과 양을 표시하는 것입니다. 바둑판은 네모지고 편평하여 정적이지만, 바둑돌은 원형으로 다듬어서 쓰니, 동적인 힘을 상징합니다. 바둑을 많이 두어 왔지만 같은 바둑 판은 한 판도 없으니, 바로 일일신日日新을 뜻합니다' 이런 포이의 말에 심취한 요가 포이에게서 바둑을 배우고 이를 아들인 단주에게 전수하였다고 합니다. 바둑을 통해 대국을 파악하고 국지전에 집착하지 않는 전법을 익혀서 흥망성쇠를 이루는 이치를 배워야 한다고 믿은 것입니다."

도림의 유창한 설명을 듣고 있던 백제왕 여경은 혀를 두르며 탄복했다. 과연 바둑에 입신한 명인이로구나 하고 느끼면서, 자기도 한마디 해야겠다고 생각했다. 그래서 여경이 거드름을 피우며 말했다.

"바둑은 둥근 하늘과 네모난 땅의 형상을 본떠서 만든 것이니, 검고 흰 돌의 다툼 속에 천지의 음과 양의 동정이 작용하고 있다고 하오. 바둑판에 치렁치렁한 성좌를 질서 정연히 펼치면, 풍운의 변화가 그로 말미암아 일어나게 되는 거지. 살아 있던 바둑돌이 죽는 수도 있어서, 한 판 두는 동안에 변화해 가는 양상이 마치 산하가 변천하는 조화와 같으니, 사람이 사는 세상의 도리나 부침이 하나같이 바둑의 이치와 같지 않은 것이 없을 것이오."

왕의 주장에 도림은 짐짓 동의하는 표정을 지으며 화답했다.

"그렇습니다. 바둑을 공부하면 천문을 살피고 미래사를 점칠 수 있게 됩니다. 그런 이치를 바둑을 두면서 터득하는 것은 가장 큰 즐거움이 될 것이지요."

이런 문답을 하다가 두 사람은 서로 뜻이 맞았다.

다음 날부터 두 사람은 점심을 먹고 나면, 의례 서너 판의 바둑을 두면서 정치와 인생에 대해 의견을 주고받았다. 몇 달이 지난 어느 화창한 봄날이었다. 이날도 두 사람은 바둑판을 벌이고 있었다. 그동안의 승부는 비슷했다. 도림은 왕에게 이길 듯 말 듯 돌을 놓아 가다가, 마지막에 실수를 해서 지는 경우가 더러 있었다. 도림의 머릿속에는 어떻게든지 왕의 오기를 살리면서 비위도 맞추어야 한다는 일념만이 있었다. 왕은 한 판을 지면 다음에는 꼭 이기겠다고 기를 쓰고 덤볐다. 이번에는 도림이 흑 번이어서, 비자나무 바둑판의 천원에 당하고 맑은 소리를 울리며 돌을 놓았다. 왕이 묵묵히 바둑판을 뚫어지게 내려다 보더니, 흰 돌을 들어 검은 돌 위에 쾅 하고 두들겼다. 검은 돌이 탁하고 튀어서 판 밖으로 날아갔다. 천원을 뺏기고 나니 둘 곳이 마땅치 않아, 힘으로 눌러 버리겠다는 기세였다.

"허허, 이건 너무하십니다. 마마. 이럴 수는 없습니다. 다시 두소서."

"아니야. 짐이 군왕인데, 천원에 짐이 두어야지 대사가 두어서야 쓰겠는가?"

"이러시면 바둑을 둘 수가 없습니다. 다시 두소서."

"허허허허. 오늘은 그만두세. 대사와 비긴 걸로 하세."

"그러시지요. 그런데 마마, 소승이 드릴 말씀이 있습니다."

도림이 옷깃을 여미며 말했다.

"무엇이오. 어디 말해 보시오."

"다름이 아니라 소승은 백제의 적국인 구려에서 온 사람인데, 마마께서는 소승을 버리지 않고 은혜로서 대하셨습니다. 소승은 바둑 한 가지로만 마마를 섬길 수는 없다고 생각하여, 백제에 이익 될 만한 일을 했으면 합니다."

"말해 보시오. 나라에 도움이 된다면 대사의 말에 따르리라."

"황공무지로소이다. 그럼 제가 살펴본 도성의 운세에 대하여 말씀드려 보겠습니다."

"그러게나. 우리 한성이 어떻게 보이는가? 구려의 평양성보다 크고 튼튼해 보이지 않는가?"

"아닙니다, 마마. 평양성보다 훨씬 작고 볼품이 없습니다."

"무어라 했느냐? 작고 볼품이 없다고?"

"예, 마마. 평양성은 북쪽에 산이 솟고, 동, 서, 남 세 면을 강이 둘러막아 해자처럼 외적을 쉽게 막을 수 있는 곳에 자리 잡았습니다. 이에 비해 욱리하郁里河가 남쪽을 둘러막고 있는 한성도 동북에 용마산龍馬山과 아차산阿且山이 병풍처럼 솟아 있어, 일견 비슷한 지대에 자리 잡고 있다 볼 수 있으나, 한성은 서쪽이 툭 트인 들판이라 평양성에 비하면 허술하기 짝이 없습니다."

"그럼 어떡하면 좋겠는가?"

"아차산에는 온조대왕 14년에 축조한 아차산성阿且山城이 있는데, 높이가 여섯 길에 둘레가 2리 반 정도에 지나지 않고, 석벽에 낮은 토담을 쌓아 올린 것입니다. 욱리하를 건너면 풍납리토성風納里土城과 몽촌토성夢村土城이 있는데, 모두 토성에 목책을 세운 보루에 지나지 않습니다. 몽촌토성은 조금 나은 편이나 모두 토성 수준이라 평양성처럼 석축을 쌓아 더욱 견고하게 하지 않으면, 구려의 남침에 견디지 못할 것입니다. 마땅히 견고한 성을 쌓고, 그 안에 대궐과 정청을 장대하게 지어서 나라의 위엄을 만천하에 떨쳐, 아무도 감히 넘보지 못하게 해야 할 것입니다."

도림의 말에는 일리가 있었다.

개로왕은 왕이 될 때에 개국 이래로 정권을 지고 있던 해씨와 진씨를 비롯한 귀족들을 숙청하면서 왕권을 확보해야 했다. 요직에 왕족인 여餘씨를 임명하고 있었지만 그래도 왕권을 더욱 강화해야 할 형편에 있었다. 왕권을 떨치기 위해서는 서울의 궁궐과 누각을 크게 지어야 한다고 생각하고 있던 왕에게 있어 도림의 권고는 시기가 적절했다.

왕은 즉석에서 상좌평 문주汶洲를 불렀다. 문주는 왕의 맏아들이었다.

"상좌평은 지금 곧 나가서, 내두좌평內頭佐平과 병관좌평을 불러 도성을 개축하는 대역사를 시작하도록 해라. 이는 국가의 가장 긴요한 일이니, 백성과 군사를 총동원해서라도 단시일 내에 완수하도록 하여라. 지금부터 3년의 기간을 줄 것이니, 기필코 구려의 평양성을 능가하는 해동의 대 도성을 만들어야 하느니라."

그날부터 백제의 방방곡곡이 떠들썩해졌다. 백제의 5부 가운데 북방의 경비를 맡은 북부만 뺀 나머지 4부의 모든 장정이 동원되었다. 산과 강에서 큰 돌을 캐다가 성벽을 쌓았다. 돌이 모자라는 곳에는 흙을 찧어 덩어리를 만들어 쌓았다. 성벽이 사성蛇城의 동쪽에서 숭산崇山의 북쪽에 이르렀고 성벽의 사이사이에 목책을 만들었다. 그리고 도성 안에 궁궐과 누각을 웅장하게 지었다. 3년 동안 이런 공사를 해 나가니, 비축해 두었던 국고가 바닥을 보이게 되었다. 그러니 백성의 원성이 하늘을 찌르게 된 것은 두말할 나위가 없었다. 왕은 그런 공사가 진행되는 동안에 오전에는 도림을 데리고 공사 현장을 돌아다니며 독려했고, 오후에는 도림과 바둑 삼매에 몰입했다. 정사는 저녁때에야 잠깐 돌보고, 밤이 되면 전국에서 뽑아 온 미녀들을 곁에 두고 주흥으로 지새웠다. 도림은 주연에도 참석했다. 밤이나 낮이나 왕을 곁에서 모시면서, 왕의 비위를 맞추며 온갖 헌책을 했다.

도림이 오기 전인 개로왕 15년에, 백제는 고구려의 남부 지역을 선제 공격하고, 요충지 청목령青木嶺에 큰 방책을 세우고 쌍현성雙峴城을 수축했다. 3년 뒤에 개로왕이 송이나 북위에 금은보화를 공물로 바치며 표문을 올린 것도 도림의 사주에 의한 것이었다. 백제의 고구려에 대한 원한이 아무리 크더라도 이 표문은 지나치게 비굴했다. 우선 스스로 북위에 대해 신칭臣稱을 했을 뿐 아니라, 공주를 북위 황제의 후실로 들여보내 궁궐의 청소를 맡게 한다거나, 동생을 마구간의 마부로 일하게 하겠다는 것은, 고구려가 북위와 대등한 관계로 외교하고 있는데 비해 너무나 스스로를 비하한 것이었다. 그런데 이처럼 간절한 백제의 표문에 대한 북위 황제의 회신은 차가운 내용 밖에 없었다. 북위는 당시 남조의 송과 대치하고 있었기 때문에, 요동까지 확장한 고구려를 적대할 수 없는 상황이었다. 어쩔 수 없이 개로왕은 신라와의 동맹을 강화할 수밖에 없었다. 왕이 태자 문주를 신라에 보내어 구원을 요청하게 된 것도 이러한 사정 때문이었다.

　개로왕 30년 7월에 도림이 잠적했다. 도림은 개로왕을 사주해서 백제의 국력을 탕진하게 하고, 백성이 도탄에 빠져 왕을 원망하게 되자, 한성에서 잠적해 고구려로 도주했다. 평양성에 도착한 도림이 장수왕을 알현했다.

　"대왕마마, 드디어 백잔을 도모할 때가 되었습니다. 소승이 약속한대로 백잔의 왕 여경이 한성에 대규모 토목 공사를 벌여 국고를 탕진하게 되었습니다. 북위와의 관계가 고구려에 유리하게 된 지금이야말로 백잔을 공격하면 쉽게 이길 수 있을 것으로 사료됩니다."

　"대사야말로 어떤 상장군도 이룰 수 없는 공헌을 혼자서 해냈구려. 참으로 가상하다 하겠소. 짐이 후한 상을 내리리라."

　장수왕 63년 9월 남부의 3만 군사가 두 길로 나뉘어 진격했다. 하나는 수군을 이용해서 바다 건너 관미성關彌城을 거쳐 한성 북쪽의 아차산성을 공격했다. 나머지는 육로로 나아가 풍납리토성으로 다가갔다. 아차산성은 쉽게 함락시킬 수 있었다. 두 길의 군사들이 풍납리토성과 남쪽의 몽촌토성을 포위했다. 바다 편으로 아차성을 급습한 부대는 대로對盧 제루齊婁가 지휘하고, 육로로 간 군사는 백제 사람 재증걸루와 고이만년을 선봉장으로 세운 장수왕이 진두지휘하고 있었다. 재증걸루는 개로왕이 등극할 때에 이를 반대하다가 고구려로 망명한 장수였고, 고이만년은 도미 내외를 구출한 장수였다. 두 장수가 다 개로왕에 대한 원한에 잠을 제대로 이루지 못하는 사람들이었다. 고구려의 급습을 받아 아차산성이 함락되고 강 건너의 풍납리토성과 몽촌토성이 고구려군의 포위를 당하게 되자, 개로왕은 하늘을 우러러보고 크게 탄식했다. 다급해진 개로왕이 태자 문주를 불렀다

"태자야, 내가 어리석어서 나라를 이 지경으로 만들었구나. 백성들이 나를 배반하고 귀족들과 군사들이 도망쳤으니, 이제 무엇을 믿고 싸울 수 있겠는가. 짐은 여기서 죽을 것이니 태자는 성문을 빠져나가 신라에 가서 구원을 청하도록 해라. 신라는 우리를 반드시 도울 것이니라. 태자가 그들의 도움을 받아 왕통을 잇도록 하거라."

태자가 울면서 하직을 고하고 몽촌토성 뒷문으로 근위 병사 백여 명을 거느리고 동쪽으로 도망친 뒤, 왕은 성문에 올라 고구려군을 향해 외쳤다.

"오너라, 이놈들. 짐이 상대해 줄 것이다. 목숨이 아깝지 않거든 쳐들어 오너라."

풍납리토성을 함락시킨 고구려군은 사기가 충천해 있었다. 고구려군은 바람을 이용해 성의 사대문에 불을 지르고 함성을 크게 지르며 공격해 왔다. 공방전 7일 만에 몽촌토성마저 함락되자, 개로왕은 군사 수십 기를 거느리고 성을 빠져나와 서쪽으로 도망쳤다. 마침 가는 길목을 재증걸루와 고이만년이 거느린 고구려의 선봉이 지키고 있었다.

"폭군 여경이 저기로 도망친다. 사로잡아라."

재증걸루가 크게 호령을 하자, 군사들이 도주하는 왕의 군사를 덮쳤다.

격전 끝에 결국 개로왕은 고구려군에게 잡히고 말았다. 이들은 왕을 아차산성으로 끌고 갔다. 재증걸루가 포박되어 온 왕의 얼굴에 침을 뱉었다.

"폭군의 말로는 이렇게 되는군. 마땅히 참형에 처할 것이니라."

이 싸움에서 죽임을 당하거나 포로로 끌려 간 사람은 8천여 명에 이르렀다. 개로왕만이 아니라 태후와 왕자들까지 모두 고구려군에게 죽임을 당했고, 한성을 포함한 욱리하 일대가 모두 고구려의 점령 하에 들어갔다.

장수왕은 한성을 점령하고 개선해 온 군사들을 앞에 두고 이렇게 말했다.

"드디어 할바마마의 원수를 갚게 되었구나. 백잔이 망하게 된 것은 오로지 군왕의 실덕에 의한 것이니라. 군사는 용맹한 것을 제일로 삼지만, 용병의 지혜와 정확한 정보에 의한 전략을 세울 수 있는 것이 용맹함을 웃도는 법이다. 그러나 무엇보다도 중요한 것은 민심을 살피고 백성들을 하나로 뭉치게 하는 큰 덕을 지니고 있어야 함이다. 그래야만 나라가 흥하는 법이다. 백잔은 이 모든 일에서 실수를 해서 마침내 그 도성을 잃고 군왕이 비명에 가게 된 것이다."

신라로 가서 구원병 1만 명을 얻은 문주는 밤을 낮으로 삼아 서쪽으로 달려 왔으나, 이미 한성이 고구려에 점령되고 부왕이 참형을 당한 뒤였다. 문주는 어쩔 수 없이 남쪽의 웅진熊津에 서울을 정하고 왕통을 이었다. 문주가 왕이 되었으나, 이미 왕실의 권위는 땅에 떨어진지 오래고, 귀족들이 발호하여 나라를 통치하기가 어려웠다. 금강 유역을 중심으로 한 마한계 세력들을 요직에 임명하자, 부여계 귀족 중심의 권력 체계가 무너져 정국이 더욱 어지러워졌다. 문주왕은 해구解仇를 병관좌평으로 임명했다. 그러다가 한성 출신 귀족인 해구가 너무 권한을 남용하자 이를 견제하기 위해 동생인 곤지昆支를 다음 해에 내신좌평으로 임명하고 맏아들인 삼근三斤을 태자로 삼았다. 그런 가운데, 결국 왕을 능가하는 세도를 갖게 된 곤지를 해구가 암살했다. 다음 해 8월이 되니 병관좌평 해구가 군왕을 무시하며 권력을 남용하고 법을 어기기 시작했다. 한 달 뒤인 9월에는 문주왕이 사냥을 갔다가 해구가 보낸 적도에 의해 시해되고 말았다. 문주왕의 뒤를 이은 삼근왕의 나이가 열세 살밖에 되지 않아, 해구는 군권과 정권을 모두 관장하게 되었다. 그러나 한성 시대부터의 세도가인 진씨 세력은 해구 일당의 전횡을 못마땅해 했다. 그래서 해구를 제거하려고 획책했다. 요서의 백제 분국의 장군 모도牟道(일명 여도)가 진씨의 요청에 따라 해구를 견제하기 위해 요서 군사를 인솔하여 백제 본국으로 들어왔다. 이를 보고 해구가 은솔恩率 연신燕信의 무리와 더불어 대두성大豆城에서 항거하는 것을 삼근왕이 좌평 진남眞男에게 군사 2천 명을 주어 토벌하게 했으나 이기지 못했다. 삼근왕은 다시 덕솔 진로眞老에게 명해서 정병 500으로 해구를 급습해서 참살했다. 패전한 연신은 고구려로 도망쳤다. 진로는 연신의 처자를 붙잡아 웅진에서 참하고 효수했다. 진씨 세력과 모도가 이끌고 온 요서 분국 군사는 백제 본국을 장악한 후, 삼근왕 3년 4월에 삼근왕을 죽였다. 삼근왕이 죽었다는 소식을 들은 야마토의 유우랴쿠雄略 천황이 곤지의 다섯 아들 중 둘째인 말다왕末多王 모대牟大를 궁중으로 불렀다. 말다왕은 젊고 총명한 왕자였다. 천황이 말다왕의 머리를 친히 쓰다듬으며 타일렀다.

"왕자가 백제로 가서 왕이 되셔야 하겠소. 쓰쿠시의 군사 오백과 무기를 줄 터이니 왕위를 계승하셔야 하겠소."

6. 극동 대국 고구려

백제의 서울인 한성 일대를 수중에 넣은 장수왕은 평양성으로 개선해서 이번 전쟁에 공훈이 큰 승려 도림, 대로 제루, 그리고 백제 출신의 장수 재증걸루와 고이만년을 크게 포상했다. 왕이 축하연을 베풀면서 말했다.

"이번의 승리는 우리의 개마 기병과 수군의 강공 전략이 주효해서 얻어진 것이오. 그리고 도림 대사가 백잔왕을 바둑으로 유인하여, 큰 토목 공사로 국고를 탕진케 만든 작전이 크게 도움을 주었소. 옛날부터 싸우기 전에 적이 피로해지도록 만들면 쉽게 이긴다고 하는 말이 있는데, 그것을 우리가 실천한 결과지. 모두들 수고가 많았소. 다들 술과 안주를 마음껏 들며 오늘 밤은 실컷 즐기도록 하세. 악사들은 풍악을 울리고 무희들은 춤 으로 주흥을 돋우도록 하여라."

사람들은 술에 취해 어전인 것도 잊은 듯 술을 따르는 미녀들을 희롱하 면서 와자지껄 밤새도록 떠들고 즐겼다.

다음 날 아침에 열린 조정 회의에서 왕은 향후의 외교에 대한 지침을 시달했다.

"이제 백잔이 웅진으로 내려갔고, 신라도 실직성 이남에서 우리를 방 비한답시고 축성에 여념이 없으니, 남부의 군사들로 이들을 대비하면 당 분간 남쪽은 걱정이 없을 것이오. 이제는 북방의 물길勿吉과 서토의 남북 조南北朝에 대한 외교를 잘하여, 그동안 병란과 전역으로 고단해진 민생을 돌보도록 해야 할 것이오. 이에 대한 방안을 강구토록 하시오."

대로 제루가 앞으로 한 발짝 나서며 말했다.

"대왕마마, 북방의 물길은 말갈의 일족으로 그 근원이 옥저沃沮에 있 습니다. 말갈족은 수십 부로 나뉘어 있는데, 전체를 통솔하는 왕이 없고 각 부마다 추장이 부족을 인솔하고 있습니다. 그 가운데 주도권을 잡는 부 족의 이름을 따서 읍루挹婁, 숙신肅愼, 물길勿吉로 불러 왔습니다. 이들은 송화강과 눈강嫩江 주변의 넓은 평원에 살고 있습니다. 우리 고구려의 북 쪽에 있으면서, 남으로는 백두산, 서로는 도얼하洮儿河에 이르는 광대한 지역을 무대로, 들짐승을 사냥하면서 살았습니다. 그러다가 차차 농사를 짓게 되어 조, 수수, 보리를 가꾸고 소, 말, 양을 기르게 되었습니다. 이들 은 숲에서 살다가 겨울이 되면 흙을 쌓고 굴을 파서 움집을 만들어 살고 있습니다. 원래 활을 잘 쓰는데, 활의 길이가 넉자로, 그 위력이 쇠뇌처럼 강력합니다. 최근에도 마마의 지시로 말갈의 군사 1만이 신라의 실직주성을 공격해서 함락시키는 큰 공을 세웠지 않습니까? 물길은 이런 말갈족과 동본이니, 그들을 회유하여 우리 고구려의 속민으로 삼으시면 크게 도움이 될 것으로 생각합니다."

"좋은 생각이오. 물길에게 우리 고구려의 산하에 들어오면 다른 백성들과 마찬가지로 돌보아 줄 것임을 말하고, 고구려의 백성이 되면 어떤 이득이 있는지 잘 설명해 주시오. 그런데 서토에 대해서는 어떻게 하는 것이 좋을까?"

왕이 물었다. 그러자 상가의 벼슬에 있던 갈로가 말했다.

"마마, 북연이 멸망한 뒤로, 서토는 장강을 경계로 남북으로 갈라져 두 왕조가 대치해 왔습니다. 그 가운데 북조는 북위가 통일해서 우리 고구려와는 이미 사신을 교환하여 우호관계에 있습니다. 남조는 동진의 뒤를 이어 한족이 세운 송을 최근에 남제南齊의 태조인 소도성蕭道成이 찬탈했습니다. 북위와의 친교와 함께 남제와도 수교하는 것이 좋을 것으로 사료됩니다."

"백잔은 남제와도 연맹하려 들 것이니, 경의 말이 참으로 시기에 알맞은 것으로 생각되오. 지난 4월에 남제의 사신이 다녀가지 않았는가? 남제의 태조가 짐을 표기대장군으로 책봉했는데, 이에 대한 답례도 해야 할 것인즉, 누가 사절로 갈 것인고?"

왕의 말에 벌써 여러 번 남조에 사신으로 다녀온 경험이 있는 여노餘奴가 나서며 말했다.

"소신이 가겠습니다."

"경이 가겠소? 예물로 황금 이백 근과 백은白銀 사백 근을 갖고 가도록 하시오. 지금까지 북위에 주던 예물과 같으니, 남제의 황제도 기뻐할 것이오. 뱃길이 험하고 머니 조심해서 다녀오시오."

이리하여 여노는 선편으로 남제를 향해 떠났다. 그러나 곧 북위의 수군에 걸려 포로가 되고 말았다. 수군 도독이 여노를 북위의 조정으로 보내니, 북위의 황제는 크게 화를 냈다.

"대저 고구려왕은 의리가 없는 사람이군. 남제의 소도성은 그 임금을 시해하고 보위를 찬탈한 자인지라, 짐이 멸망한 송의 왕실을 부흥시킬 생각으로 군사를 동원하려는 참이었다. 고구려왕이 그런 역적과 통하려 하다니, 어찌 우리의 형제국이라 할 수 있을 것인가? 짐이 고구려왕의 허물을 용서할 수 없을 것이나, 구정을 생각해서 이번만은 그냥 넘어갈 것이니라. 그대는 바로 돌아가서, 다시는 이런 일이 없도록 왕에게 일러라."

여노가 황급히 돌아와 장수왕에게 자초지종을 아뢰었다.

"북위의 황제가 단단히 화가 났군. 그러나 남제와의 교역은 반드시 성사시켜야 한다."

장수왕 69년에 다시 사신을 남제에 보내어 마침내 친교를 맺었다. 다행히 이번에는 북위에 들키지 않았다. 그러나 3년 뒤인 장수왕 72년 10월에 북위에 간 사신이 풍태후에게 크게 꾸중을 듣고 홀대를 당했다. 북위는 고구려의 사신을 남제 다음의 자리에 앉게 했다가, 그래도 5년 뒤에는 고구려의 사신을 남제의 사신과 동등한 자리에 앉게 해서 고구려를 동쪽의 강국이자 제일가는 우방으로 대접했다. 장수왕 77년 9월에는 군사를 파견해서 신라의 북변에 있는 고산성孤山城을 함락시키니, 고구려의 강역이 엄청나게 넓어졌다. 남으로 서쪽의 아산만牙山灣에서 동쪽의 죽령竹嶺에 이르는 선으로 백제와 신라에 접경했고, 북으로는 요하 이동 만주의 대부분을 차지하여, 동북아 최대의 제국을 건설하게 되었다. 장수왕은 내정에도 힘을 기울여 종래의 부족 중심 5부제를 동, 남, 서, 북, 중의 지역 중심 5부로 개편하여 왕권의 신장을 도모했다.

한편 북위의 풍태후는 균전제均田制를 실시하는 것을 필두로 많은 제도 개혁을 추진했다. 장수왕은 북위의 대대적인 개혁이 궁금해서, 사신을 보낼 때마다 그 내용을 알아 오게 했다. 사신이 북위를 다녀와서 왕에게 아뢰었다.

"마마, 두 번째 섭정을 하게 된 풍태후는 본격적인 제도 개혁에 나섰습니다. 그 주된 것을 들면 다음과 같습니다. 첫째, 고과를 실시해서, 관리의 업적이 좋으면 해마다 한 급씩 승진시키고, 업적이 좋지 못하면 강등하거나 파직시켰습니다. 다음으로 주州, 군郡, 현縣에서 조세를 거둘 때에 쓰는 척관법을 고쳐서, 긴 자나 큰 말이나 속이는 저울을 쓰지 못하게 했습니다. 관리의 봉록제를 반포하고, 봉록 이외의 뇌물을 받으면 비단 한 필을 착복해도 사형에 처했습니다. 모든 관리의 품계를 정했는데, 정正, 종從으로 각각 9품으로 나누어 관작을 주는 표준을 삼아 공적에 따라 서품을 했습니다. 그러니 관리들이 부정을 하지 않고, 오로지 나라를 잘 다스리는 일에만 전념하게 되었습니다."

"참으로 대단한 개혁이군. 우리나라도 이를 본받아 국정을 혁신할 필요가 있어. 툭하면 각자의 이익만 챙기니 나라를 위해 일하려는 사람이 없단 말이야. 그건 그렇고, 백성들을 위해서는 어떤 일을 했는고?"

"풍태후는 농경지를 분류하여 균전령均田令을 반포했습니다. 백성의 논밭을 노전露田과 상전桑田으로 나누어 주면서, 노전은 70세가 넘으면 나라에 반환하고, 상전은 민간이 매매할 수 있게 했습니다. 그리고 조세 규정을 새로 제정했습니다. 그러는 한편 여러 민족을 통합하기 위해, 먼저 선비鮮卑의 구습을 혁파하고, 옷도 호복을 금하고 한인漢人과 같은 옷을 입게 했습니다. 심지어 선비어를 조정에서 쓰지 못하게 하고, 한어를 쓰게 했습니다. 선비의 성씨도 한성으로 고치라고 했지요. 이때의 개혁으로 전국의 호수는 오백여 만으로 증가하고, 농업과 수공업이 모두 발전하게 되었습니다. 그리하여 모든 백성들의 살림이 넉넉해졌습니다. 특히 제련과 제강 기술을 개발하여 상주相州에서는 예리한 칼을 생산하기에 이르렀습니다. 장사와 유통을 장려하기 위한 통화로 태화오주전太和五銖錢을 주조해서 전국에서 쓰게 했습니다. 이 모든 조치가 나라의 질서를 바르게 잡고 백성을 돌보아 주는 데 중점을 둔 것이었습니다. 북위의 정권이 다른 나라와 근본적으로 다른 점은 바로 선비족이 갖고 있던 유목 사회의 부족 체제를 과감하게 탈피한 데 있다고 하겠습니다. 이때의 개혁으로 북위는 농경 체제로 전환한 것입니다. 군사력을 강화하기 위해서 부병제府兵制를 실시해서, 군사를 쉽게 모집할 수 있게 제도를 고쳤습니다. 그리고 한족 문화에 빨리 적응해서, 한족의 협력을 쉽게 얻을 수 있었던 점이 북위가 하북을 통일할 수 있게 된 가장 큰 원인이라 해도 과언이 아닙니다."

"우리도 그들 못지않게 나라의 질서를 바로잡고 민생을 돌보며 군사력을 강화해야 할 것이다. 모든 신료들은 각자 자기가 맡은 임무를 충실히 완수하여, 우리 고구려의 기반을 더욱 튼튼하게 만들지어다."

장수왕의 일성에 모든 신료들이 고개를 숙였다.

풍태후는 개혁을 중단하지 않았다. 마침내 여러 호족들이 반대하던 새로운 행정 체제를 강권을 발동해서 실천에 옮겼다. 이른바 삼장제三長制였다. 삼장제는 대신으로 있던 이충李沖이 종주독로제宗主督护制를 폐지하고 도입하자고 주장한 것이었다. 다섯 집을 하나의 린鄰으로 만들고 5린을 1리里로, 다시 5리를 1당黨으로 엮어 주현州縣에 직속하게 하여, 중앙에서 조세를 징수하고 행정을 장악하기 쉽게 하는 제도였다. 삼장제를 통해 중앙의 정부가 백성을 직접 통솔하게 되니 세수를 늘리면서도 백성들의 부담을 경감해 줄 수 있었다. 한편 풍태후는 교육을 장려하고 유학儒學을 권장했다. 그러면서 복술과 도참圖讖 및 위서緯書를 배우는 것을 금했다. 풍태후는 평소 모든 생활을 검소하게 보냈다. 비단 옷을 입지 않고 머리 장식을 화려하게 하지 않았고, 오로지 효문제孝文帝를 성군으로 키우는 일에만 몰두했다. 장수왕 69년에 북위의 풍태후가 49세의 젊은 나이로 별세하고, 효문제가 친정을 하게 되었다. 효문제는 수도를 낙양洛陽으로 옮기고, 황실의 성을 원씨元氏로 고치며 대대적인 한화漢化 정책을 추진했다.

장수왕 79년 12월 말에 장수왕이 98세로 돌아갔다. 장수왕의 붕어를 전해들은 북위의 황제는 위모관委貌冠을 쓰고 베로 심의深衣를 지어 입어 도성의 동쪽 교외에서 애도의 뜻을 표했다. 동시에 복야僕射 이안상李安上을 고구려에 파견하여, 장수왕에게 거기대장군 태부 요동군 개국공 고구려왕車騎大將軍太傅遼東郡開國公高句麗王을 추증하고 강왕康王이라는 시호를 올렸다. 이것은 북위가 다른 민족에게 수여한 추증 가운데 가장 높은 것이었다. 이와 함께 대홍로大鴻臚를 파견해서 장수왕의 손자 나운羅雲을 사지절 도독 료해 제군사 정동장군 령호동이중랑장 요동군 개국공 고구려왕使持節都督遼海諸軍事征東將軍領護東夷中郞將遼東郡開國公高句麗王에 임명하고 의관 복물과 수레와 기치를 수여하면서 고구려의 세자를 입조하라고 지시했다. 그러나 장수왕을 이은 문자명왕文咨明王은 세자가 병이라고 말하고, 종숙인 승升을 보내어 북위의 황제를 뵙게 했다. 북위의 황제는 이를 엄하게 문책하려 했으나, 고구려의 막강한 힘을 인식하고 있던 주위의 대신들이 말려서 별탈이 없었다.

참고자료

< 저자/편자, 문헌 제목, 출판사, 출판연도 순 >

- 鎌田正 외, 漢詩名句辭典, 大修館書店, 1992년

- 駒田信一편, 중국의 고사와 명언 500선, 平凡社. 1980년

- 金富軾, 三國史記, 明文堂, 1993년

- 金廷鶴 외, 加耶史論, 고려대학교 한국학연구소, 1993년

- 김태식, 미완의 문명 7백년, 가야사, 푸른역사, 2002년

- 魯成煥, 古事記, 예전, 1990년

- 다할 편집실, 한국사 연표 (북한, 세계사 포함), 다할 미디어, 2003년

- 鹿島 昇, 倭와 日本建國史, 新國民社, 1997년

- 武光誠, 古事記, 日本書紀를 아는 事典, 東京堂出版, 2003년

- 朴炳植, 야마토 渡來王朝의 秘密, 三一書房, 1998년

- 白石柱 편저, 우리나라 전란사(상, 중, 하), 원민, 2006년

- 부산대학교 한국민족 문화연구소, 한국 고대사 속의 가야, 혜안, 2001년

- 부산일보, 日王家의 뿌리는 伽倻王族, 새學說로 再照明하는 韓日 古代史, (부산일보 연 재, 崔性圭, 東京支社長), 1991년2월20일~12월27일

- 寺尾善雄, 中國, 名言의 知惠, 三笠書房, 1990년

- 杉山正明, 遊牧民이 본 世界史, 日本經濟新聞, 1997년

- 三浦佑之, 古事記를 여행하다, 문예춘추, 2005~2007년

- 尚學圖書, 言語硏究所, 中國 名言名句의 辭典, 小學館, 1989년

- 兒玉幸多, 標準 日本史年表, 吉川弘文館, 1989년

- 역사와 여행, (기마민족 왕조 대 특집), 秋田書店, 1982년 11월

- 李基白, 韓國史新論, 一潮閣, 1989년

- 李丙燾, 三國遺事, 明文堂, 1992년

- 李瑄根, 大韓國史1, 11, 新太陽社, 1973년

- 이일봉, 실증 환단고기, 정신세계사, 2003년

- 李鍾旭, 新羅骨品制硏究, 一潮閣, 1999년

- 李弘稙 編 國史大事典 知文閣 1965년 3월 개정1판

- 林範植 저 필사본 '화랑세기'를 통해 본 화랑사花郞史, 도서출판 동과서, 2004년 8월

- 笠原一男, 地圖, 圖錄, 年表 日本史, 山川出版社, 1989년

- 장상철, 장경희 편저, 새로 쓴 국사사전, 교문사, 1999년

- 前田富祺, 日本語源大辭典, 小學館, 2005년

- 田中史生 著 倭国と渡来人吉川弘文館より2006年 11月 19日

- 止善會, 金海金氏三賢派大同譜(券首), 기종족보사, 1992년

- 止善會, 金海金氏三賢派大同譜(總編), 기종족보사, 1992년

- 진종구 지음, 임진강 주변 고구려 城을 찾아서, 어문학사, 2006년 11월

- 崔在錫, 百濟의 大和倭와 日本化過程, 一志社, 1997년

- 坂本太郎 외, 日本書紀 1~5, 岩波書店, 1997년

- Derik Mercer, Chronicle of the world, Ecam publications, 1989년

- Geoffrey Barraclough, Atlas of world history, Times Book, 1989년

- the National Geographic Society, People and places of the Past, the National Geographic Society, 1983년

- The People's Republic of China 지도, China Cartographic Publishing House, 1989년

- 廣辭苑 / 硏究社新英和 / 新和英中辭典, 세이코 전자공업주식회사, 1996년

- 엘리트영한, 한영, 새국어사전, 옥편, 카시오 EX-K2500, 2003년

- 동아메트로일한/한일사전, 샤프 Electronic Dictionary RD-6200, 2000년

〈 검색엔진 / web-page / 블로그, 주소 순 〉

- 김유신: 위키백과 - 우리 모두의 백과사전
- 김유신: 두산백과사전100.naver.com/100.nhn?docid=31860&from=kin_body -
- 김춘추: 두산대백과사전 http://mtcha.com.ne.kr/king/sinra/king29.htm
- 김춘추: Wikipedia.
- 〈 박노자의 거꾸로 본 고대사 〉 내용 2008년07월16일 제719호 박노자 오슬로 국립대 교수·한국학
- www.weblio.jp / content / 推古天皇 -キャッシュ
- 蘇我入鹿: フリー百科事典『ウィキペディア(Wikipedia)』
- 신라 태종무열왕: 위키백과 - 우리 모두의 백과사전
- 唐: フリー百科事典『ウィキペディア(Wikipedia)』
- 舊唐書http://www.hoolulu.com/zh/25shi/16jiutangshu/t-index.htm
- 화랑 김유신의 검술과 인품(2) - 한양대학교 체육학과 교수 이진수
- 백운산김유신기도원 www.icantour.co.kr/tour5/tour_29.htm -
- 김유신의 말: 코리아타임스 2008/06/25
- 易姓革命: フリー百科事典『ウィキペディア(Wikipedia)』
- 玄武門の変: フリー百科事典『ウィキペディア(Wikipedia)』
- 房玄齡: フリー百科事典『ウィキペディア(Wikipedia)』
- 杜如晦: フリー百科事典『ウィキペディア(Wikipedia)』
- 卷九 征伐第三十五(凡十三章)书名:贞观政要 作者:吴兢http://guoxue.baidu.com/page/d5eab9dbd5fed2aa/36.html
- 新唐书 / 卷001舊唐書卷一维基文库，自由的图书馆
- 二十五史(簡体中国語/繁体中国語)
- 『旧唐書』巻五十七 列伝第七「劉文静伝」
- 『新唐書』巻八十八 列伝第十三「劉文静伝」

- 『旧唐書』巻五十九 列伝第九「屈突通伝」

- 『新唐書』巻八十九 列伝第十四「屈突通伝」

- 大唐故左光禄大夫蒋国公屈突府君墓誌銘劉文静: フリー百科事典『ウィキペディア（Wikipedia）』

- 裴寂: 维基百科, 自由的百科全书

- 『隋書』巻五 帝紀第五「恭帝紀」

- 『北史』巻十二 隋本紀下第十二「恭皇帝紀」

- 《旧唐书》, 薛居正等, 中华书局, ISBN 7－101－00319－2

- 《新唐书》, 欧阳修等, 中华书局, ISBN 7－101－00320－6

- 『旧唐書』巻五十九 列伝第九「屈突通伝」

- 『新唐書』巻八十九 列伝第十四「屈突通伝」

- 大唐故左光禄大夫蒋国公屈突府君墓誌銘

- 天策上将: 维基百科, 自由的百科全书 zh.wikipedia.org/wiki/天策上将

- 世界帝国の形成』谷川道雄, 講談社現代新書452 新書東洋史2 中国の歴史2 1977年

- 『隋唐帝国』布目潮渢・栗原益男´講談社学術文庫´1997年

- 『世界史体系 中国史2 三国〜唐』山川出版社 1996年

- 『隋唐帝国と古代朝鮮』礪波護, 中央公論社 1997年

- 『隋唐の国際秩序と東アジア』金子修一, 名著刊行会 2001年

- 『絢爛たる世界帝国: 隋唐時代』気賀沢保規, 講談社 2005年『中国の歴史』06)

- 『旧唐書』巻五十五 列伝第五「劉武周伝」

- 『新唐書』巻八十六 列伝第十一「劉武周伝」

- 旧唐書』巻五十一 列伝第一「高祖太穆皇后竇氏伝」

- 『新唐書』巻七十六 列伝第一「太穆竇皇后伝」

- 『旧唐書』巻六十七 列伝第十七「李勣伝」

- 『新唐書』巻九十三 列伝第十八「李勣伝」

- 제 34 회〈왜 신라에만 여왕이 있었나〉— 방송 1999. 7. 3 — http://www.kbs.co.kr/history_old/review_txt/990703.txt

- 영류왕: 위키백과 ― 우리 모두의 백과사전. http://enc.daum.net/dic100/contents. do?query1＝b15a3192a

- 김유신 統一大業의 비밀―세계제국 唐과 決戰. 民族의 보금자리를 세운「民族史의 제1 人物」― 조갑제

- 민족사 2대 쾌거, 신라통일·대한민국 건국 ― 프리존뉴스 2008년 02월 24일자

- 『新撰姓氏錄の硏究 本文篇』: 佐伯有淸, 吉川弘文館, 1962年

- '일본 고대사 문제점의 새로운 규명'〔일본학]24집: 홍윤기, 동국대 일본학연구소 발행 논문집, 2005.12.

- '百濟王. 聖王は欽明天皇': 小林惠子1991

- 昆支: ― 차석찬의 역사창고 홈으로 ―

mtcha.com.ne.kr/koreaman/bagjai/man6―gonji.htm ― 4k ―

- 『新撰姓氏錄の硏究』全10卷, 佐伯有淸, 吉川弘文館 1981年～

- 田中卓著作集9『新撰姓氏錄の硏究』国書刊行会 1996年

- 高野新笠: フリー百科事典『ウィキペディア（Wikipedia）』역사와 신화의 경계 : 권선철, KINGWOOD, TEXAS, UNITED STATES http://gudaragouri.blogspot. com/2008/12/32―emperor―jomei.html

- 茅渟王: フリー百科事典『ウィキペディア（Wikipedia）』

- 皇極天皇: フリー百科事典『ウィキペディア（Wikipedia）』

- 山背大兄王: フリー百科事典『ウィキペディア（Wikipedia）』

- 藤原鎌足: フリー百科事典『ウィキペディア（Wikipedia）』

- 高麗, 新唐書 卷二百二十 列伝 第一百四十五 http://www001.upp.sonet.ne.jp/dassai/ shintoujo/kourai/kourai_gen.htm

- 朦胧塔_百度百科: baike.baidu.com/view/607093.htm 34K 2009―3―29 ― 百度快照

- 강소성(江蘇省) 숙천시(宿遷市) 자치정부에서 운영하는 장산삼림공원(嶂山森林公园) 홈페이지〔http://www.people.com.cn/GB/32306/33232/5763658.html〕〔http://wa-chli.51.net/company/wachli/html/9jia006.htm〕

- 唐太宗李世民与苏北朦胧宝塔 止木http://www.suqian.gov.cn/sqgk/syl02.htm

- 遼史 拾遺卷十三 錢塘厲鶚撰 志第二

- 朦朧塔：百科全书 www.chinavalue.net/wiki/showcontent.aspx？.. 37K 2009－2－2 －百度快照

- 張儉： 舊唐書列傳第三十二 許敬宗 李義府 少子湛 新唐書列傳第一百四十八奸臣 f ｜ 回 blog首頁 ｜ 舊唐書列傳第三十三 程務挺 張士貴 趙道興 新唐書列傳第十七.三十六

- 武寧王：フリー百科事典『ウィキペディア(Wikipedia)』

- 邪馬台国大研究・ホームページ / 歴史倶楽部 －韓国の旅・百済の旅－ / 武寧王陵(宗山里古墳群)

- 百済の武王(薯童)物語の歴史的背景 － 大分県三重町・APUと韓国との地域交流の展望 － 韓国圓光大学 羅 鐘宇教授(文学博士)

- 부여군 http://www.buyeo.go.kr/

- 百濟 威德王代 王興寺의 創建과 背景 梁起錫, The Foundation and its Background of Wan-ghueng－sa during the reign of King Widuk, Baekje, 文化史學 第31號, 2009. 6

- 土佐國土佐郡 朝倉神社 http://www.genbu.net/data/tosa/asakura_title.htm

- 間人皇女：フリー百科事典『ウィキペディア(Wikipedia)』

- 天智天皇：フリー百科事典『ウィキペディア(Wikipedia)』

- 舊唐書卷一百九十九上 列傳第一百四十九上 東夷 百濟 http://www.geocities.jp/intelljp/cn－history/old_tou/kudara.htm

- 史苑1－5 (논문)喜田貞吉, 1925,「大唐平百濟國碑に關する疑問」

- 武即天：返回百度百科首页 http://baike.baidu.com/view/2225.htm?fr＝ala0

- 武即天出典：フリー百科事典『ウィキペディア(Wikipedia)』

- 연개소문 － 위키백과, 우리 모두의 백과사전 ko.wikipedia.org/wiki/연개소문

- 연남건: 위키백과 － 우리 모두의 백과사전

- 〔잃어버린 발해사를 찾아〕〈2〉, 한규철 고구려인들의 영원한 고향 요동벌2007/01/13 020면

- 화랑도의 역할과 그 영향 국사: 2007/10/27/http://blog.naver.com/korea8358/10023330610

- 초기 신라의 인구변화: 一道安士, http://www.histopia.net/zbxe/8396 2005.05.14

- 7世紀 日本人口 http://www.nilim.go.jp/lab/bcg/siryou/tnn/tnn0162pdf/ks016204. pdf#search＝

- 吐谷渾: フリー百科事典『ウィキペディア(Wikipedia)』

- 吐蕃: フリー百科事典『ウィキペディア(Wikipedia)』

- 吐蕃王朝: フリー百科事典『ウィキペディア(Wikipedia)』

환단桓檀의 후예後裔 상

초판 1쇄 발행일 2016년 3월 10일

지은이 김영태
펴낸이 박영희
책임편집 김영림
디자인 박희경 · 박서영
마케팅 임자연
인쇄 · 제본 AP프린팅
펴낸곳 도서출판 어문학사
　　　　서울특별시 도봉구 쌍문동 523-21 나너울 카운티 1층
　　　　대표전화: 02-998-0094/편집부1: 02-998-2267, 편집부2: 02-998-2269
　　　　홈페이지: www.amhbook.com
　　　　트위터: @with_amhbook
　　　　페이스북 페이지: http://www.facebook.com/amhbook
　　　　네이버 블로그: http://blog.naver.com/amhbook
　　　　다음 블로그: http://blog.daum.net/amhbook
　　　　e-mail: am@amhbook.com
　　　　등록: 2004년 4월 6일 제7-276호

ISBN 978-89-6184-404-8 04900
정가 16,000원

이 도서의 국립중앙도서관 출판예정도서목록(CIP)은 e-CIP홈페이지(http://www.nl.go.kr/ecip)와
국가자료공동목록시스템(http://www.nl.go.kr/kolisnet)에서 이용하실 수 있습니다.
(CIP제어번호: CIP 2016004018)